人生の愉楽と幸福

ドイツ啓蒙主義と文化の消費

ミヒャエル・ノルト
山之内克子［訳］

法政大学出版局

Michael North
Genuss und Glück des Lebens:
Kulturkonsum im Zeitalter der Aufklärung

Japanese edition published by arrangement through The Sakai Agency

目次

日本語版への緒言

このたび、『人生の愉楽と幸福』の日本語による出版を、筆者は何よりも、二〇〇三年の初版以来、本書がさまざまな分野におよび起こしてきた共鳴の大きさを明示する証左としてとらえている。ドイツ語による原著ののち、二〇〇八年にアッシュゲート社から出版された英語版では、それまでにわかった誤植その他の誤りを訂正し、参考文献目録を追補したほか、フランク・トレントマン教授（ロンドン大学）の提案を受けて、イギリスおよびアメリカでの研究史とその議論、そして、トレントマン教授自身が主宰する研究プロジェクト、「消費文化調査プログラム（"Cultures of Consumption Programms"）」の成果を取り入れながらオリジナルのテクストに大幅な加筆を行なうことができた。このようにして、本書が国境を越えて反響をよび、新たな議論の可能性を広げていくなかで、訳者・山之内克子氏と法政大学出版局より日本語版の企画がもちかけられたことは、筆者にとってこの上なく喜ばしいできごとであった。

ヨーロッパ圏外において、ドイツの歴史と文化にたいして人びとがこれほどまでに大きな関心を抱く国は、日本をおいてほかにないだろう。数知れない日本人研究者が、ドイツ史のあらゆる時代とあらゆるテーマをとりあげ、組織的・体系的な調査に献身するさまを思うたび、まさに敬意に満ちた驚きを禁じえない。筆者自身、実際に、日本人の歴史研究者や、グライフスヴァルトに学ぶ日本人留学生との議論のなかで、つねに多くの新しい知見を得ている。だが、いま、こうして、一八世紀文化の「楽しみに満ちた」側面について、日本語を通じて読めるようになったことは、何よりも、啓蒙期ウィーンの文化史研究に取り組むかたわら、本書について、主題と背景全体を視野に入れつつ、誠実な態度で丁寧な翻訳に取り組んでくれた、親愛なる研究仲間、山之内克子氏の尽力の結果にほかならない。いかなる美辞を連ねても、その労力にたいして充分に報いることはできないだろう。

二〇一三年一〇月　グライフスヴァルトにて

ミヒャエル・ノルト

緒　言

本書が成立するきっかけとなったのは、筆者が一九九九・二〇〇〇年の冬学期に行なった中級ゼミナール、「啓蒙主義の時代における文化と消費」であった。このゼミナールを舞台に展開した活発な議論は、その大きな成果として、一八世紀の文化消費をテーマとする一連のすぐれたゼミ論文、修士論文、国家試験論文を生み出し、これらの業績がさらに、このゼミの主題をより深く掘り下げるための知見をひらくことになった。そして、このような研究の発展過程は、筆者自身が長年にわたって抱いていた「芸術コレクションと趣味《ゲシュマック》」についての関心を、多角的な視点から補うことになった。こうして筆者はほどなく、読書、音楽文化、演劇、オペラなど、さまざまな領域に対象を拡大して本格的な調査にとりかかったのである。これは実に興味深く、また、得るところの多い作業であったが、しかし、その結果として明らかになったのは、啓蒙主義の時代の、いわば「楽しみに満ちた側面」が、これまでいかに疎かにされてきたかということであった。

本書のように、きわめて多岐にわたるテーマを扱った執筆計画は、いうまでもなく、多くの同僚や研究者による積極的協力なくしては実現不可能であっただろう。筆者が歴史研究の仲間として厚い信頼を寄せるゲオルク・シュミット教授（イエナ大学）、ヴォルフガング・ヴェーバー教授（アウグスブルク大学）は、つねに手稿段階の原稿に細かく目を通し、有益な論評を付する労を厭わなかった。また、カルステン・ツェレ教授（ボーフム大学）、ヴァルター・ヴェルベック教授（グライフスヴァルト大学）は、文学史、音楽史研究の視座からさまざまなコメントをお寄せ下さった。まずは、彼らの助力にたいして、この場を借りて深い謝意を申し述べたい。

さらに、グライフスヴァルトでは、多くの同僚たちが、ときを選ばず親身な協力を惜しまなかった。なかでも、講師のマルティン・クリーガー博士は、いつもと同じように、原稿の内容に改善をもたらすような多くの助言を与えてくれた。また、修士を終えたばかりの研究協力者たちも、筆者の作業を実動力となって支えることになった。すなわち、コリーナ・ヘス氏が物質文化に関する文献調査と整理を、また、イェルク・ディースナー氏が文書館史料調査をすすんで引き受けてくれたのである。一方、ウフハルト・シュテーワー氏は、フリードリヒ・ユスティン・ベルトゥーフおよび『贅沢とモードの雑誌』に関する豊かな専門知識を、惜しみなく提供してくれた。そして、ドロテア・ゲッツェ、クララ・デーエケ、イングリット・ガーベル、イヴォンヌ・シュミット、バルバラ・ヴェスターブッシュ、クリスティアン・テスケは、夥しい参考文献を、多くは他図書館からの貸出システムを通じて取り寄せ、複写して、筆者のもとに届けてくれた。そのほか、文献収集への多大な協力に関しては、スザンネ・フリーべはじめ、他学科のスタッフらにも深く感謝したい。これらの人びとによるサポートがなければ、本書がこのようなかたちで世に送り出されることはけっしてなかったと確信している。

そして、筆者がその膨大な労力にたいしてもっとも感謝を寄せるべき協力者は、出版にいたるまでの長期間にわたる煩雑で苦労の多い作業の大半を、強い責任感をもって引き受けたドーレン・ヴォルブレヒト氏およびローベルト・リーマー氏である。ふたりは、テクストのレイアウト、図版や地図の調整はもちろん、一次文献からの引用の最終点検や、索引の作成にも、実に根気よく取り組んでくれた。

こうして成立した本書『人生の愉楽と幸福』を、わが娘、コンスタンツェに捧げたい。これで彼女はようやく、兄たちと同等に、自分に対する献辞を付した本を手にすることができるのである。

二〇〇三年四月　グライフスヴァルトにて

ミヒャエル・ノルト

人生の愉楽と幸福

——ドイツ啓蒙主義と文化の消費

凡例

一、本書は、Michael North, *Genuss und Glück des Lebens: Kulturkonsum im Zeitalter der Aufklärung*（Köln: Böhlau Verlag GmbH & Cie, 2003）の全訳である。ただし、原著者からの指示により、本文・註記ともに大幅に改訂が施されている箇所がある。

一、原文中のダーシおよびパーレンは、一部取り外して訳出した。

一、原文中の引用符は「　」で括った。

一、訳文中の（　）および——は原著者によるものである。

一、訳者による補足および簡単な訳註は、原則として〔　〕で括って挿入した。

一、原著で引用されている文献のうち、既訳のあるものに関してはできる限り参照するよう努めた。ただし、訳文については必ずしも既訳に拠らない。

一、参考文献については、原著者の指示によって追加された註記等の書誌情報を訳者が追加した。

一、原著の引用および参考文献について既訳のあるものは、わかる範囲で書誌情報を併記した。

一、原著の明らかな間違いや体裁の不統一については原著者に確認したが、一部、訳者の判断で整理した箇所もある。

一、索引は基本的に原著にもとづいて作成した。

【一八世紀の貨幣と通貨】

一ターラー（帝国ターラー）＝二四グロッシェン

一グルデン（フローリン）＝三分の二ターラー＝一八グロッシェン＝六〇クロイツァー

一マルク・バンコ（ハンブルク〔の通貨〕）＝約二分の一マルク・クラン〔ドイツ北部で広く流通していたマルク、のちのライヒスマルクの前身〕＝三分の一ターラー

一シリング・バンコ＝約一・五シリング・クラン＝一六分の一マルク・バンコ

一カロリン（金貨）＝八・五グルデン

序論　一八世紀——文化消費の時代

　一八世紀は、一般に啓蒙主義の時代とされている。こうした既存のイメージによるなら、あらゆる生活領域での理性の浸透、さらには、ヨーロッパ諸国における教育と学問の著しい発展こそが、まさにこの時代を根底から規定する典型的現象としてみえてくるだろう。したがって、啓蒙主義研究は久しく、綿密なテクスト分析を基本的方法論として用いる神学、哲学、そして文芸学の独壇場であった。また、社会学の諸研究は、これらを補完するべき試みとして、公共性の構造転換、すなわち、市民の文芸活動によって支えられた部分的・限定的公共性から、社会全体を支配し、解放する市民的・政治的公共性への移行プロセスを明らかにしてきた(1)。

　このように、公共性をほぼ政治的側面に限定して分析しようとした研究史の背景に照らせば、従来の啓蒙主義研究において、芸術や娯楽に関するテーマがほとんど注目を集めることなく、かつてドイツの代表的啓蒙主義者、フリードリヒ・ユスティン・ベルトゥーフが謳った「人生の愉楽と幸福」の理想が、後世においてしだいに色褪せたものになっていったことは、自明といえるだろう(2)。しかし、実際には、一八世紀とは、宮廷のみならず、多くの都市において、人びとの能動的、受動的文化消費行動が絶頂期を迎えた時代であったのだ。過去のどの時代も、芸術および音楽の分野に真に精通した愛好家をこれほど夥しい数で生み出すことはなかった。諸侯や宮廷人のあいだには、当時、芸術保護活動を通じて自身の個性を強調する人びとも現われた。すなわち、彼らのもとでは、狩猟やパレード、賭博ゲームなど、宮廷の伝統的な娯楽慣習に代わるものとして、特定の芸術の営みが日常的に親しまれるようになっていたのだ。一方、宮廷劇場や宮廷楽団の保護奨励、美術品収集および庭園の造設と平行して、人びとのあいだには、詩作、音楽演奏、デッサン、スケッチなどを趣味として嗜む習慣が広く定着しようとしていた。「芸術愛好」、「芸術保護」、あるいは「うちとけた交際」といったキーワードを目にするとき、ザクセン＝ワイマール＝アイゼナハ公妃、アンナ・アマーリアの宮廷で営まれた芸術サロン、ムーゼンホーフが典型例として浮かんでくるかもしれない。だが、こうした現象は、伝統的な神聖ローマ帝国諸侯の宮廷だけに限られたものではけっしてなかった。(3)

ヨーロッパ全土で芸術活動が展開され、同時に、増大する文化的供給物がすさまじい勢いで消費されていたのだった。美術、音楽、演劇の愛好家は、文化の商業化を通じて利益を得るようになった。市場化の進行により、芸術は徐々に作品そのものから乖離し、新たに登場した文化事業家が一世を風靡した。劇場およびオペラの興行主、出版業者、書店、美術競売会社、版画制作業者、画商や貸本業者は、文化芸術とその消費者のあいだをとりもった、これら仲介業の一例にすぎない。この種の業者が、一八世紀を通じて、新たな文化サービス業分野の立役者とはならないまでも、ある程度の社会的重要性を帯びるようになっていったのである。

文化におけるこのような商業化の結果として、文化的供給の幅がにわかに拡大し、文化消費の新たな可能性が成立した。この問題に関しては、以下の三つの点を強調しておかなければならない。

一、文化的供給の広がりと多様性。劇場やコンサート、展覧会などでの直接的な文化体験のほか、新聞、雑誌、書物、複製版画など、いわば間接的に文化を知覚するための多様な手段が形成され、また、カタログを通じて芸術品を注文することすら可能になった。このような過程のなかで、「上層文化」と「民衆文化」を分かつ境界線がしだいに曖昧なものになっていく。

二、文化がより身近な存在となったこと。たとえば、コーヒーハウスでは飲み物一杯の代金と引き換えにさまざまな新聞と雑誌が提供されており、また、美術品競売場や画商のギャラリーへの入場は無料で、実際、一〇グルデン以下で手に入る絵画も存在した。さらに、「ヴォックスホール」をはじめ、ロンドンの野外音楽演奏会場の入場料金は、一七九二年まではわずか一シリングにすぎなかった。ただし、オペラとコンサートだけはなお、観客にたいしてより高額の料金を課していた。

三、文化消費を通じたアイデンティティの形成。文化消費とは、特定の社会的アイデンティティを意味するものであった。劇場やコンサート、美術品競売所に足を運ぶことは、ひとつの自己表現手段にほかならなかった。文化に関する趣味は、むしろ社会的な事象としてみなされた。公共性はいまや趣味を判定する文化的審判の座を占め、コスモポリタン的な、よき趣味をもつエリートの〔価値観の〕一部となっていった。(4)

文化消費の現象は、当初、ロンドン、パリ、ナポリ、アムステルダム、ローマ、マドリード、リスボン、ウィーン、ハンブルクをはじめとする、ヨーロッパの中心都市に集中して起こった。こうした場所では、数多くの劇場とコンサートホールが公演を行ない、出版社や画商が活発な活動を展開し、また、これらを支える富裕な受け手にも事欠かなかったからである。しかし、その一方で、エディンバラ、ダブリン、ストックホルム、コペンハーゲン、ボルドー、バルセロナ、カディス、セビリア、フランクフルト、ドレスデン、ライプツィヒなど、人口一〇万人以下の諸都市においてもすでに、華やかな文化の営みがみられるようになっていた。一八世紀を通じて、文化消費の習慣はますます広い地域へと拡大しつつあった。たとえば、ドイツでは多くの宮廷所在地や大学都市がその格好の舞台となり、ちょうど成長期にあった官職エリートや教養市民らがコーヒーハウスや読書クラブに集い、芝居やオペラ劇団の公演を訪れ、アマチュア・オーケストラを結成してともに音楽を奏でていたのだった。

このようにして、ヨーロッパ全土に共通の、新たな文化的アイデンティティが形成されたのである。この新規のアイデンティティは、しばしば身分や国籍上の差異を無意味なものとなし、むしろ、あらゆる国と民族による多様な文化の諸要素を共生へと導いた。そして、その中心に位置したのは、新しい文化の発展に寄与したいという、啓蒙主義的貴族およびエリート市民たちによる熱望にほかならなかった。「よき趣味こそが、この文化消費者という新たな社会グループがそなえもつ特質であった。彼らはまさしく、アディソンとスティールが『スペクテイター』において『社交的な人（sociable man）』とよび、ヴォルテールが『社交家』のなかで『良識ある人（honnête homme）』と称し、また、ヴィーラントが『ドイツのメルクーア』にて『世界主義的精神（Kosmopoliten）』と表現した人びとなのだ(5)」。文化消費者とは、高い教養を身につけ、文学、音楽、美術を愛し、これらに精通しているばかりでなく、その専門知識を社会にたいして立証しようとしていた。カントはいう。「完全なる孤独の状況にあったなら、われわれは自分の住み家を小ざっぱりと美しく飾ることなどしないだろう。また、妻や子どもらなど、家人のためにもそうする気にはならないだろう。家を飾り、美しく保つ行為は、他人のためにこそ、そして、みずからを有利に見せるという目的のためにこそなされるのである(6)」。

本書は、このような全ヨーロッパ共通の背景を前提として、ドイツにおいてこれまでほとんど注目されることがなかった文化消費の諸要素、ならびに、一八世紀に成立した新たな文化市場のシステムについて、最初のアプローチを試みようとするものである。ジョン・ブルーアが著書『想像力の愉楽』において、イギリス文化の形成過程をあくまで「印刷」、「絵画」、「［音楽・演劇等の］パフォーマンス」の領域に焦点をしぼって検証したのとは対照的に(7)、ここでは、旅行から衣服、インテリア、庭園、嗜好飲料にいたるまで、さまざまな種類におよぶ文化消費の対象をとりあげる。すなわち、モードや住文化などもまた、従来、啓蒙の指示計とみなされてきた印刷文化と同じ次元で分析されなければならないのである。同時に、美術、音楽、文学の市場化と受容のプロセス、また、消費と享受の中心となった「場」の問題についても検討していきたい。ここではさらに、西部ヨーロッパからドイツ語圏への文化的伝達の形態が、再構築されることになるだろう。とりわけドイツでは、新しい文化は、実際の音楽演奏、演劇公演、美術作品のような、物質的な現実として認識されたばかりではなく、しばしば、雑誌、小説、書簡などのなかに、バーチャルな文学的構築体として現われることがあるからだ。たとえば、ある土地での実際の音楽活動についていうなら、演奏とほぼ同時進行的に、定期刊行物の誌上や芸術愛好家たちのあいだでの言葉による受容と議論がつねに確認できるのである。こうしたディスコースがいつ、どのような場所で、いかなるかたちで力をもちえたのか、それが文化消費にどのような影響を与えたのかという問題は、文化史家にとってきわめて興味深い論題といえる。また、こうした関連からさらに、個々の社会グループについてそれぞれ特有の文化的趣味を立証することは可能なのか、あるいは、文化研究の領域で生み出された常套句、「美術、文学、音楽の市民化」が示唆するような、貴族文化から完全に切り離された市民固有の文化的実践などというものが、ドイツにおいて現実に存在したのか、といった問題提起も可能だろう。文化消費がドイツおよびヨーロッパのアイデンティティ形成過程のなかで実際に果たした役割とは何か。この問いかけこそが、本書の中心課題なのである。

そして、本書のさらなる意図は、英米文化圏においてすでに長い期間にわたり展開されてきた、消費社会の成立をめぐる議論にたいして、ヨーロッパ大陸から一声を投げかけることにある。これらの議論はおおむね、ニール・マッケンドリックが確立した、一八世紀イギリスにおける消費革命こそが消費社会の成立を招いたというテーゼに依拠している。マッケンドリックはさらに、消費社会を近代の誕生および産業革命と結びつけて定義しようとした。そこでの最大の特徴は、貴族を模倣しようとする中流階級の人びとが、新しい消費物資を激しく求めた結果、これらが爆発的に普及したという現象であったとされている[8]。また、マッケンドリック以降、消費社会の起源を地理的・時代的に跡づけようとする歴史家も現われた。彼らのなかには、〔典型的な消費行動がみられた地域として〕北米一三州のイギリス植民地、最盛期のネーデルラント、ルネサンス時代のイタリアを挙げる人びともあれば[9]、他方、近代的な消費行動の拡大が一九世紀末から二〇世紀にかけての時代に起こったと結論づけるケースもあった[10]。いずれにしても彼らは、その基本姿勢において、一九六〇年代、欧米の大量消費を、西欧資本主義側の大規模経済成長ならびに工業化の過程と密接に関連づけた、新自由主義経済学者と方向性を同じくしていたといえるだろう[11]。そして、このような理論的パラダイムこそが、消費行動の歴史についての考察を、しばしば目的論的構造へと陥らせているのだ[12]。こうした研究史上の問題点から、あるいは、消費社会と近代とをあまりに安易に結びつけてきたことへの省慮から、近年、消費革命という概念そのものへの見直しがさかんに行なわれるようになった[13]。ここではとりわけ、北西ヨーロッパですでに明らかになっていた研究成果が、ヨーロッパ以外の社会について新たに得られた知見と対照させられた。たとえば、一七・一八世紀の中国において、砂糖や茶などの物資が夥しい量で、しかもきわめて広範な社会層において消費されていたという事実に、あらためて光が当てられたのであった[14]。そのほか、消費と生産との関連性を本格的に分析する作業があまりにも疎かにされてきたこともまた、激しい批判の対象となったが、こうした欠落点は、一八世紀の消費物資を扱ったマキシン・バーグによる研究『一八世紀イギリスにおける贅沢と快楽』を通じて、少なからず補塡されたといえるだろう[15]。さらに、フランク・トレントマンおよびその著書『消費プログラムの文化』は、消費者そのものに分析の焦点を定めたうえで（「消費者とはいつ、いかにして出現したのか」）、消費者のアイデンティティあるいは、彼らの自意識がいかなる条件下に形成されたのかという問題をとりあげたのである[16]。

一八世紀において、自身を消費者として意識していた人びとは、ドイツでもイギリスでも、みずからの思考を明確に表明することはけっしてなかった。だが、多様な地域を視野に入れながら、文化消費のあらゆる領域の事例をとりあげた本書の考察からは、少なくとも、文化的消費もその主導者たちも、確実に社会的に構築された存在であったという事実が明らかになるだろう。その結果として、当然、消費行動の場には、社会、文化、地域、あるいは国民によって、大きな差異が存在したのである。こうした差異を認識することは、消費の形態と社会的機能とを関連づけるという課題に応えるための最初のきっかけであり、この点で、二〇世紀、あるいは二一世紀の問題を論じる際にも、ある程度の有効性を発揮するにちがいない[17]。

第1章　書物と読書

……スウィフトを読み……、そしてゲッティンゲン広報のページを繰った。本当はスウィフトをもっと読みたいところだったが、しかし、その読書にあまりにものめり込み過ぎることを恐れてもいた。(1)

今日は本来、全身全霊をかけて仕事に取り組むべき日だったが、午前中は結局、無駄になってしまった。早朝、『トリストラム・シャンディ』を紐解き、その後はまたもやのらくらと時を過ごすことになった……。(2)

朝の整髪の際にはムーアを読み、いささか快活な気分になるが、その後ウィルト〔ウィット〕を手にとって、またいくらか打ちひしがれることになった。こんなことに気づいたなどとはけっして明言してはならないのかもしれないが、私は今日、これまでもたびたび感づいていたことをあらためて認識したのだ。つまり、このような本を読むことが、いかに私の心に害をおよぼすか、ということだ。(3)


地方書記官を務めながら文筆家としても活躍し、一八世紀に典型的な「本の虫」でもあったヨハン・アントン・ライゼヴィッツはこのように書いた。この記録は、彼自身による日常の読書のありさまばかりでなく、読書に付随するうしろめたい気持ちをも鮮明にドキュメントしている。というのも、読書は当時、ちょうど今日におけるテレビ観賞と同様、人びとにとって他のさまざまな用事を妨げる要因となっていたからだ。その記録によれば、ライゼヴィッツは、ドイツ語および英語による哲学的、道徳的著作に親しむと同時に、ラテン語の古典、そして何よりもイギリスの流行作家の作品を好んで手に取っていた。ジョナサン・スウィフト、ジョン・ムーアによる旅行記、オリヴァー・ゴールドスミスの『ウェークフィールドの牧師』、ヘンリー・フィールディングの『トム・ジョーンズ』、ジョン・ゲイの『乞食オペラ』、ジェームズ・トムソンの『四季』、ローレンス・スターンの『トリストラム・シャンディ』などである。さらに、ジョン・ロックの『市民政府論』、デイヴィッド・ヒュームの『イングランド史』、ロバート・ウィットの『実践的薬学に関する全著作』（英語からの翻訳版、一七七一年、ライプツィヒ刊）もまた、その読書リストに加わっている。ゲーテの『ウェルテル』は妻とともに読まれ、彼は妻のためにテクストを朗読してやったという。自身の読書記録簿によれば、一七七九年の一年間にライゼヴィッツは四〇冊の書物を精読したほか、五点の著作にざっと目を通して「ほぼ通読」し、九冊の本を読みはじめ、さらに、八冊の膨大なリファレンスワークをつねに参照し、抄録を取っている。(4)

いつの時代も、知識人層のあいだにはきわめて広範囲におよぶ読書を営む人びとが存在したことは確かではあるが、しかし、目の前にあるものをすべて読みつくそうという、いわば読書への強迫観念は、一八世紀に典型的な現象といえるだろう。ロルフ・エンゲルジングはこれを「読書革命」と呼び、読書のスタイルが、当時、同じ書物を集中して何度も読むという伝統的な「反復読書」の局面を脱して、新しい読み物をつぎつぎと消費していく近代的な「拡大的読書」へと移行したことを指摘した。(5) ここでいう「拡大的読書」もまた、今日からみればすでに過去の事象になっているとはいえ、また、こうした転換がけっして画一的な現象として展開したわけではなく、一八世紀においても土地や身分の差異に応じて多様な読書の実践形式が共存していたとはいえ、多くの人びとにとって読書行為が新たな意味をもつようになったことだけは確実であろう。(6) 読書はいまや――オペラやコンサートとは異なり――好きなときに自宅で自由に専念できる余暇行為として定着を始めていたのだ。文芸市場が成立し、それによって書籍生産の伝統的な枠組みが解体しようとしていた。新しいメディア、これまでにない情報伝達形態、そして読書を目的として新規に成立したさまざまな組織が、読者のニーズを巧みに考慮に入れながら、かたちとしての「読書革命」を可能にしたのであった。このような問題を視野に入れつつ、以下では、メディアおよび出版物、書物の所有と読書の嗜好について考察をすすめたい。

メディア

一八世紀においてとりわけ特徴的な現象は、メディアをめぐる状況の著しい複雑化である。新たなテーマと読者層を切り開いたのは、狭義における書物だけではなかった。定期刊行物の領域においてもまた、新たな類型が夥しい数で生み出されたのである。読書経験をほとんどもたない社会グループにとってはじめて手にする読み物となった暦や年鑑類のほか、さまざまな学問・知識の領域でそれぞれ専門誌が刊行されていた。とりわけ、モード、音楽、演劇、そして神学などの分野では、たいていはあまり長続きしない定期刊行物がつぎつぎに創刊され、なかには読者対象を女性にしぼる例も少なくなかった。同様に、インテリゲンツ・ブラットもまた、これらの出版物のなかで特別な位置を占めていた(7)。インテリゲンツ・ブラットは、当初、広告雑誌《アンツァイゲ・ブラット》として考案されたものであるが、やがて経済的・公益的啓蒙主義の媒体へと発展し、さらには、一八世紀前半に道徳週刊雑誌が果たしたような、道徳的・倫理的議論の基盤としての役割を担うようになっていた。もっとも著名な道徳週刊雑誌であった『ハンブルク愛国者』は、当時の推測によれば、一七二〇年代の段階ですでに五〇〇〇部を売り捌いていたという(8)。

世紀後半に入って、『ハンブルク愛国者』の発行部数の記録を凌駕したのは、ごく少数の雑誌だけにすぎなかった。

そのうちいくつかの例を挙げるなら、シラーの『女性のための歴史年鑑』は年度によって一万件の予約購読者登録を達成し、また、ヴィーラントの『ドイツのメルクーア』およびニコライの『一般ドイツ図書年鑑』はそれぞれ二五〇〇件の予約注文を獲得した。これらと比較可能な事例として、さらに、ベルトゥーフによる『贅沢とモードの雑誌』が得た約一五〇〇部という大量の注文数を挙げることができよう。だが、一般的にいって、当時の定期刊行物は、発行部数が五〇〇から七〇〇部に達すれば、ほぼ好調と判断された。実際、多くの雑誌は三〇〇人以下の読者を相手にやり繰りせざるをえなかったのだ。このような状況のなかで、多くの新刊雑誌が刊行から一年もたたずして姿を消した。刊行の期間が四年以上におよぶ雑誌は、読者による継続的な需要を裏づけるきわめてまれな例といえる。長い刊行期間をながらえた雑誌が、質の高い印刷や銅板による挿絵の添付などの点でもまた、短命に終わったライバル誌を大きくしのいでいたことは、いうまでもない。

一方、当時、定期刊行の新聞類が著しい興隆をみたことも、忘れてはならない。一七五〇年前後の新聞読者数は、すでに一〇〇万人を突破していたといわれる。七年戦争、アメリカ独立戦争、フランス革命などの大きな時事問題が、新聞の消費を計り知れないほどの規模で促進し、たとえば『ハンブルク中立通信』のような人気紙は、一八世紀末には発行部数三万部に達していたのである。この時代のドイツでは、平均して三〇〇部を発行する二〇〇種類の新聞が、週あたりのべにしておよそ三〇万人の読者を得ていたと推測していいだろう(9)。

こうした文芸市場の未曾有の拡大のなかで、出版業者だけではなく、ますますその数を増大させていた作家たちもまた、利潤を得ていたのであった。文筆業に手を染めた人びとの数は、一七五五年には二〇〇〇人から三〇〇〇人であったといわれるが、一八〇〇年前後になるとおよそ一万人にまで膨れ上がっていた(10)。レッシングがブラウンシュヴァイク・ヴォルフェンビュッテル公爵の図書館司書を務め、また、クロプシュトックがデンマーク王の給費作家としてコペンハーゲンに暮らし、ヴィーラントがワイマール大公子の家庭教師となり、ゲーテとシラーがそれぞれ、ワイマール公国の閣僚、イエナ大学の歴史学教授というポストを得ていたように、権威ある作家の多くは宮仕えの身であった。とはいえ、時代とともにより多くの文筆家が、専業作家として、ペンのみによって身を立てる道をあえて選ぶようになっていた。(11) 彼らをやむなく文芸市場へと向かわせた動機は、多くは経済的困窮であった。たとえば、ゾフィー・フォン・ラ・ロッシュは、ドイツ初の婦人雑誌、『ポモーナ』創刊（一七八三年）の背景について、夫がトリアー市の職を解かれたあと、二人の息子、カールおよびヴィルヘルムを養育するための経済的手段が必要だったため、と述べている。(12)

さらなる事例として、のちにゲーテの妻となるクリスティアーネ・ヴルピウスの兄、クリスティアン・アウグスト・ヴルピウスを挙げておきたい。ヴルピウスはすでに学生時代より、ライヒャルトの『小説年鑑』、さらに一七八四年以降は雑誌『オージャ・ポトリーダ』にも寄稿し、また、同時期には、のちに高い評価を得た小説作品、『リナルド・リナルディーニ』の習作とされる『パルメドの騎士の冒険』も上梓していた。将来の義弟による推薦をうけて、当時、クリスティアン・ヴルピウスは徐々に成功への道を歩みはじめつつあった。一七九二年以降は、ゲーテが総監督を務めたワイマールの劇場の制作にも、フリーのスタッフとして参加している。ここでの仕事は、新たな戯曲の制作のほか、外国語による原作の翻訳作業や、ディッタースドルフおよびモーツァルトのオペラのためにダイアログを補足することであった。しかし、その謝礼はあまりにも少なく、各種の編集作業は一回につきわずか一ターラー、オペラの台本制作でも一三ターラーにしかならなかった。その後、図書館の文書係となり、さらにゲーテの推薦をうけて、一八〇〇年に図書館秘書、一八〇五年に司書へと昇任してはじめて、ヴルピウスの経済状況はようやく安定したのであった。(13) それでもなお、盗賊の首領を主人公とするヴルピウスの小説、『リナルド・リナルディーニ』は、一九世紀においてもっとも広く読まれた娯楽小説として大ヒットを勝ち得ていた。ヴルピウスはまさに、ゲーテおよびシラーによる美学的基準から逸脱していたからこそ、読者の人気という点でこれらの古典作家を大きくしのぐことになったのである。しかし、文学史は、「読書革命」を根底から支えたヴルピウスのような作家にたいしてほとんど注意を払ってこなかった。(14) また、書籍生産に関する最重要史料である見本市カタログも、これらの娯楽読物に関する情報を充分には伝えてくれない。

書籍生産

一八世紀における書籍生産にアプローチを試みるとき、中心的な史料となるのが見本市カタログである。これらの新刊書目録は、ライプツィヒならびにフランクフルト・アム・マインの書籍見本市において、地域を超えて取り引きされた書物のタイトルを記録したものであり、この意味で、ドイツ語圏で生産された書籍を大部分において網羅しているといえる。ただし、見本市の端境期に出版された書物はカタログにとりあげられず、この点で、書籍市場の実態を伝える情報源として正確さに欠ける部分もある。しかし、それにもかかわらず、見本市カタログは、従来の研究史において、さらに今日もなお、書籍生産の発展過程をあとづけるための、また同時に、新刊書の専門分野ごとの百分率による変化を再現するための手段として、頻繁に引用されている。このうち、書籍生産数に関していえば、研究によって異なる概算が導出されている。たとえば、一七〇〇年に発行されたライプツィヒの見本市カタログがおよそ九八〇件のタイトルを挙げたのにたいして、その掲載数は一〇〇年後にはすでに四〇〇〇件に膨れ上がっていたという。さらに、一八世紀はじめの数十年間には、ドイツ語圏で一年間に出版される新刊書は一〇〇〇タイトルに及んでいた。別の考察によれば、一七〇〇年から一八〇〇年までに発行された新刊書目は一七万五〇〇〇タイトル、すなわち、年ごとに換算すると一七五〇タイトルが市場に流通したとされる。[15] ライプツィヒの見本市カタログにもとづいて算出すると、新刊書数は以下のようにして増加していたようだ（表1－1）。

新刊書発行数がとりわけ大きな飛躍をみせたのは、一七六〇年から一七七〇年のあいだである。この時期を境にして、書籍生産は継続的な増加を始めることになる。当時の人びとのあいだでは、一七八〇年以降の一〇年間に、年間五〇〇〇件におよぶ新たな書物が刊行されたとさえ言われていた。このような評価は、書籍出版業者の専門誌、『書籍および芸術品取引雑誌』のなかにも確認できる。ドイツ語圏の書籍研究で知られるラインハルト・ヴィットマンによれば、フランクフルトとライプツィヒの見本市の端境に出版されたため、見本市カタログに掲載されえなかった新刊書物をとりあげたタイトル・リストは、一七八〇年から一七八二年までに総計で七八四六件の新刊が市場に送り込まれた事実を明らかにするという。ちなみに、同時期の見本市カタログは、八三五四タイトルを挙げている[16]。これらを合わせて、三年間に発行された新刊書を総数で約一万五〇〇〇タイトル、年ごとにして五〇〇〇タイトルとする概算は、きわめて現実的な数値といえるだろう[17]。

書物の刊行総数についてのデータよりもさらに重要な意味をもつのは、見本市カタログが伝える専門分野ごとの新刊書数および、その相対的な変動プロセスである。こうした問題については、まずはルドルフ・イエンチュによる研究成果を挙げておくべきだろう。イエンチュは、一七四〇年、一七七〇年、そして一八〇〇年のライプツィヒにおけるイースター見本市のカタログに依拠して、次表のような数値を導き出した（表1－2）[18]。

イエンチュが提示したデータを解釈するにあたり、書籍史の研究者はみな、新刊書の専門分野をふたつに分類したがる。すなわち、約半世紀を通じて大きく変動した分野と、ほとんど変化のなかった分野である[19]。だが、分野ごとの変化に目を移す前に、ほぼすべての領域において、絶対数として、サンプル年度ごとにより多くの出版物が刊行されるようになっていたことを確認しておきたい[20]。変動したのは、むしろ、新刊書全体において各分野が占めたパーセンテージである。文献学、哲学、歴史・地理の割合がほぼ安定していた一方、神学、法学、そして一般教養書が目立って後退し

表1－1　ライプツィヒの見本市カタログによる新刊書数，1700–1800年

年度	タイトル数
1700	978
1710	1,368
1720	979
1730	993
1740	1,326
1750	1,296
1760	1,198
1770	1,807
1780	2,642
1790	3,560
1800	4,012

表1－2　専門分野ごとの新刊書数，1740–1800年

専門分野	タイトル数			新刊総数において占める割合(%)		
	1740	1770	1800	1740	1770	1800
神学	291	280	348	38.5	24.5	13.6
法学	97	61	129	12.9	5.3	5.0
歴史・地理	85	110	272	11.3	9.6	10.6
医学	50	91	209	6.6	8.0	8.1
哲学	44	34	94	5.8	3.0	3.7
芸術および諸学問	44	188	551	5.8	16.4	21.5
一般教養	40	52	37	5.3	4.5	1.4
通俗的修養書	25	39	119	3.3	3.4	4.6
数学・自然科学	25	71	183	3.3	6.2	7.1
古典文献学	18	35	78	2.4	3.1	3.0
国家学・政治学	10	32	93	1.3	2.8	3.6
農業・産業，その他	8	60	221	1.1	5.2	8.6
実用書，ハンドブック	7	16	53	0.9	1.4	2.1
文献学（古典を除く）	5	16	28	0.7	1.4	1.1
教育	4	20	105	0.5	1.8	4.1
通俗的定期刊行物	2	39	49	0.3	3.4	1.9
総　数	755	1,144	2,569	100	100	100

ている。これにたいして、いくつかの専門分野が、互いにまったく異なる成長指数で、しかし、共通してダイナミックに伸びている。すなわち、もっとも凄まじい成長をみせた「芸術および諸学問」、また、これほどの勢いにはおよばなかったものの、数学・自然科学、農業・産業、教育、そして通俗的定期刊行物である。一七四〇年前後の段階では、書籍市場はいまだ、神学、法学、そして一般教養的書物を求める知識人階層をターゲットにしていた。だが、これらの分野の優位は、一七七〇年以降しだいに、「芸術」、自然科学、そして実践的学問に関する新刊書によって脅かされていく。こうした変化は、実際、ラテン語で書かれた書物の後退と並行する現象であった。一七四〇年にはなお、カタログに記載されたタイトル全体の二八パーセントを占めていたラテン語書籍の割合は、一七七〇年には一四パーセントに減少した。この数値は同時に、当時新たに出版された書物のうち、八六パーセントがすでにドイツ語によるものであったことを明示してもいる。さらに一八〇〇年になると、ラテン書は全体のわずか四パーセントにまで落ち込んだ。

一方、ダイナミックな成長をとげた「芸術および諸学

問」に目を移すなら、その内容は書籍市場の発展を解明するためのさらなる興味深いヒントを提供してくれるであろう。なかでも最も目立った現象は、調査対象となった時代全体を通じて進行した小説の興隆である。小説の件数は、見本市カタログに設けられた「文芸作品」という分類項目とともに、大きな変化をとげようとしていた。一八〇〇年のイースター見本市のカタログは三〇〇タイトルの新刊小説、六四タイトルの戯曲、三四タイトルの詩集を挙げているが、一七四〇年には、小説はわずか二〇タイトル、戯曲は二タイトル、詩集は一〇タイトルにすぎなかったのである。しかも、小説本は主としてライプツィヒを含めた帝国北部で生産され、他方、戯曲の出版では南ドイツの諸都市が重要な役割を果たすという傾向にあった。これは、一面では北部ドイツにおける熱心な小説読書ブームの表徴といえるだろう。同時に、その背景には、自らの商品のために巧みに莫大な市場占有率を確保していった、北ドイツの出版社および書籍販売業者による挑戦的な市場戦略もまた、確実に大きな影響をおよぼしていたのである。

書籍出版業

書籍販売業もまた、一八世紀の時代の流れのなかで、大きな変化を体験することになった。その最大の要因が、バーター取引から純益取引への転換である。かつての書籍市場では、本を本と交換するかたちで営むバーター取引が主流であった。そこでは、本と同時にビラ類や暦、祈禱書など、あらゆるたぐいの印刷物が、現物取引の支払い手段として売られていた。この取引方法が広く普及したのは、一六世紀から一七世紀の書籍出版業者にとって益するところが多かったからである。物々交換方式で取引がなされるかぎり、業者は現金をもつ必要がほとんどなく、経営資本もごく少なくて済み、また、為替変動によるリスクや、通貨換算がもたらすさまざまなトラブルを回避することができた。同様に、既存の債務関係を、現金を用いることなく、数点の印刷物を交換することできわめて容易に解消することも可能であった。当時はまだ、印刷された言葉とテクストは固有の価値をもたず、取引対象となったのは、あくまで印刷された全紙であった。印刷全紙は、その内容にはまったく関係なく、一枚一律一プフェニヒで売買されていたのである。印刷経費や紙の値段が比較的高額だったのにたいして、作家の原稿料はほとんど問題にならなかった。この原則に応じて、書籍出版業者たちは、ライプツィヒおよびフランクフルトの見本市において、それぞれみずから生産した印刷全紙を、一対一の交換比率でやり取りしていたのだ。刷られたばかりの新たな印刷物を取り引きする場合には、一枚につき相手の業者から四、五枚の全紙、あるいはもう少し多くを受け取り、それをまた他の業者に売り捌くのが慣例であった。当時においては、こうした制度をうまく機能させるためのふたつの前提条件が存在していたのである。すなわち、書籍出版業者が、大学都市、宮廷所在地、そして商業の中心地を舞台として互いに密接な関係を築いていたこと、さらには、おおむね知識人によって構成された読者層が比較的均質な性質をそなえもっていたことである。

だが、一八世紀になって、娯楽読物にたいする需要が徐々に拡大するにつれ、やがて見本市で提供される北ドイツと南ドイツの商品のあいだに少しずつ不均衡が生じるようになり、その結果、伝統的なバーター取引に終止符が打たれたのであった。そのきっかけをつくった人物こそ、ヴァイトマン書籍出版会の共同経営者、フィリップ・エラスムス・ライヒにほかならない。ライヒは自分が雇った作家たちに当時の相場の数倍の原稿料を支払っており、こうしたことから、書籍販売業者が直接注文をうけて半年決済の現金取引を行なうという新しい制度の立ち上げを、みずからの使命と心得ていた。ライヒによるこの新たな取引方法、すなわち純益取引が、やがて同業者のあいだに広く普及するようになる。比較的大規模な資本投資にもとづいて経営した純益取引業者らは、まず何よりも市場の需要、すなわち読者の趣味にたいして意識を向けなければならなかった。ライヒもまた同じ理由から、しだいにドイツ語圏以外の作家の翻訳版を多く手がけるようになり、また、ヴィーラントのような人気作家を自身の出版社につなぎとめようと努めたのである。(21)

一方、南ドイツの業者たちは、純益取引への移行にたいして、すぐには従おうとはしなかった。彼らは、いまだに続いていたバーター取引に依拠しようとしたばかりではなく、ライプツィヒの書籍取引業者を、商品供給のための委託売買人として利用しようとした。こうして、結局、純益取引と委託取引との一種の妥協策として、今日もなお行なわれている条件つき取引（返品可能の留保つき納品）が成立したのである。この取引方法においては、出版社は新刊書を定期的に書籍取引業者のもとに送り、仲介手数料として彼らに売り上げの三分の一を支払うことになっていた。また、受け取った本があらかじめ定められた期限内に捌けない場合、取引業者にはこれを返本として送り返すことが認められていた。決済手続きは、この期限が過ぎてからはじめて行なわれた。これにより、出版業者にとっては、新刊書を効果的に販売するための広範なネットワークが確保され、他方、書籍取引業者および小売業者は、即時に支払いをすることなく、また、そのために資本を長期間拘束させられることもなく、数多くの出版社から届く豊富な在庫をつねに手元に置くことができた。しかし、こうした取引方法の変化によってもたらされた出版業者と販売業者との役割分担および分業は、全地域で画一的に進行することはなかった。一九世紀にいたるまで、ふたつの業種内容がさまざまなかたちで混交した過渡的形態が、各地に現われることになった。

書籍市場の拡大のなかで、出版業者や作家がいかにして、どれほどの利益を得たかは、場所によって大きく異なっていた。実際の史料に目を向ければ、こうした状況を明示する事例にはこと欠かないだろう。たとえば、ベルリンのフリードリヒ・ニコライは、ライヒおよび、南部における競合業者、フランツ・ファレントラップあるいはトーマス・エードラー・トラットナーらと並んで、啓蒙期を代表するもっとも重要な出版業者であった。一七五八年、兄の急逝により突如、父の出版業を継ぐことになったニコライは、当時の出版業界に開かれた大きなチャンスを見逃すことはなかった。家業の書籍業を実地に習ってきたことが、彼にとって大きな助けとなった。「啓蒙主義の喧伝者」ニコライは、やがて、一七八一年に自らドイツ全土をめぐった体験を一二巻におよぶ旅行記として上梓し、各地で出くわしたさまざまな状況にたいして仮借のない批判を展開したのである。旅行記というジャンルに包み隠されたニコライの文化批判的報告は、何よりもまず、啓蒙的プロテスタントの北ドイツ人が、カトリック・南部ドイツの人びとにたいして抱いた強い優越感を反映しており、その視座はなお、今日の啓蒙主義研究にも影響を与えている(22)。

小説作家でもあったニコライは、諷刺を啓蒙の一手段として用いようとした。たとえば、初版の発行後、たちまち四版を重ね、一万二〇〇〇部を売り上げてベストセラーとなった小説作品、『修士ゼーバルドゥス・ノータンカー氏の生涯と意見』のなかで、彼は、書籍取引業が置かれた状況についてとりあげ、つぎのように書いている。

みずから必要だと考えることを、作家に依頼して書かせようとする出版業者は、ひとりには限られなかった。つまり、物語や小説、殺人譚、誰も見てはいない事物に関する『信ずべき話』、誰も信じないような事柄についての証明、あるいは誰も理解できないようなわけのわからないものごと、等々である。私が知っている業者のなかには、自宅の長テーブルに一〇人か一二人の作家を座らせ、その各々にたいして、日当と引き換えに一日に果たすべき課題を与える者すらある。否定する気はないのだが——というのも、なにゆえに貧しさを恥ずべきことと考えなければならないのか？——私自身、この長テーブルの座に着いたことがあるのだ(23)。

だが、ニコライは単に批判を繰り広げただけでなく、出版業界におけるこうした動向の原因についても、接近を試みている。

この学識ある一群の人びとは、教える者、学ぶ者が集ってなした集団であり、数にすれば二万二〇〇〇人ほどであろうが、自分たち以外の約二〇〇〇万人におよぶドイツ語話者を心から軽蔑しているので、彼らのために本を書く労を取ろうなどとは考えもしないのだ。……このような、二万人の知識人による軽蔑にたいして、二〇〇〇万人の非知識人は忘却をもって報いている。すなわち彼らは、知識人などというものがこの世に存在することをまったくといっていいほど心得ていないのだ。知識人がひとりとして非知識人のためにペンを執ろうとはしない一方、非知識人の世界においては、知識人と同じくらいに読書にたいする需要が高まっているため、これら学のない人びとにむけて読み物を書くという職務は、結局、『ファルゼンブルク島』の著者、ヨハン・ゴットフリート・シュナーベルのような流行作家や、信心書作者、あるいは道徳週刊雑誌の文筆家によって占められることになるのである。教養ある作家とその読者とのあいだでは考えられないことだが、これらの作者の能力は、彼らの作品を読み物として選ぶ読者の能力とほとんど変わるところがなく、しかし、だからこそその作品は、偉大なる天才作家の著作よりもずっと熱心に読まれるのだ。だが、この種の読み物はけっして、読者をわずかなりとも高いレベルに引き上げるようなことはなく、それどころかむしろ、真なる知識人がもつ知の光が知識をもたぬ人びとのもとに伝播しにくいという現状の、大きな原因をなしている。こうしたことから、わが国ではほんのわずかの都市だけが〔啓蒙の光に照らされて〕明るく光り輝き、地方ではほぼ全土がいまだ暗澹たる闇に包まれているのである。(24)

つまるところ、必要なことは、学識に満ちた洞察を、いまだ無学な人びとのあいだに伝播させることであった。この理想にしたがって、一七八七年にニコライが提示した出版プログラムでは、教育に関する作品および教養書が娯楽読物を大きくしのいでいる。この点においてさらに重要な意味をもつのが、ニコライが編纂した定期刊行物、たとえば、レッシング、メンデルスゾーン、そしてのちにはトマス・アプトの協力のもと、一七五九年から一七六五年まで刊行された『新しい文学に関する書簡』であった。なかでも、書評誌、『一般ドイツ図書目録』は、さらに著名で影響力のある雑誌となった。イギリスの『マンスリー・レヴュー』を範にとったこの雑誌は、ドイツ語圏で発行される新刊書を教養知識層に向けて紹介することを最初の目的としていた。一七六五年から一八〇五年まで、四〇年におよんだその刊行期間を通じて、約八万点の書物が書評されたのであった。『一般ドイツ図書目録』は当時の基準からすれば非常に多くの読者を獲得し、その最盛期には二〇〇〇部を超える発行部数を誇っていた（本誌が達成した最大の発行部数は、一七七七年の二五四八部である）。だが、一七九〇年代になると、販売部数は急激に減少した（これはちょうど、『ドイツのメルクーア』の部数変動とよく似た現象である。この雑誌の発行部数もまた、一七七四年から一七九六年までのあいだに、二〇〇〇部から一〇〇〇部へと半減している）[25]。とはいえ、ニコライにとって『一般ドイツ図書目録』は、発行部数が一〇〇〇部を超えれば、年間数千ターラーの利益をもたらす有利なビジネスとして充分に成り立ったのであった。

　ニコライのように莫大な経済的利益を手にすることはできなかったが、ゲオルク・ヨアヒム・ゲッシェンもまた、デッサウの教養図書販売会社の代理人、取次人として生活を立てつつ、さらに、ワイマールの作家たちの作品を世に送り出す出版人として、書籍市場に地歩を固めようとしていた。一七八〇年代、フリードリヒ・ユスティン・ベルトゥーフを介して知り合ったゲッシェンとゲーテの利害は、みごとに一致した。ゲーテは当時、著者である彼自身が認めた正式な全集が出版されないことに頭を悩ませていた。国内外を問わず、多くの出版業者がゲーテ作品のリプリント版〔海賊版〕を市場に放出していたが、こうした出版形態は原著者であるゲーテ自身に一銭の利益ももたらさなかったのである。絶えず繰り返されるリプリント版の発行はゲーテにとって腹にすえかねるものであったが、ゲッシェンもまた、こうした出版界の慣習にたいして戦いを挑もうとしていたのだ。一七八六年にゲッシェンが八巻構成の作品集出版をもちかけたとき、ゲーテはその構想に飛びついた。出版計画の先行きは、きわめて明るいように思われた。ゲーテは二〇〇〇ターラーの報酬を要求したが、これにたいしてゲッシェンは、一部八ターラーで六〇〇〇部を発行し、一〇〇〇件の購買予約を取りつけようと計画していた。しかし、企画は彼らの希望通りには進まなかった。イタリア滞在を口実に、ゲーテは作品を印刷に回す準備を疎かにし、校正を読もうとすらしなかったのである。さらに、一七八七年に第一巻が発行されたとき、ゲーテはゲッシェン版の装丁に心底から落胆させられることになった。出来上がった本に関して、ゲーテは確言している。「この装丁は、ある程度の経年に耐えるべき書籍というより、むしろ、いっときだけ手に取られ、読み捨てられる雑誌のような印象を与える」[26]。

その後、二巻以降の刊行は遅れがちで、売れ行きもはかばかしくなかった。ゲッシェン自身、『贅沢とモードの雑誌』および『一般文芸新聞』に繰り返し広告を掲載し、予約購読を広く呼びかけたにもかかわらず、発行総部数四〇〇部のうち、購買予約を得たのはわずか六二六部にすぎなかった[27]。こうした販売不振の結果、一七九一年、ゲーテは、彼の作品が「多くの読者の人気を得ているほかの作家と比べて、時代の流れに応じていない」という、ゲッシェンの苦言を甘受することになる[28]。ゲーテの取り分もまた、当然、当初の計算よりも少なくなっていた。一方、ゲッシェンがより多くの利益を得たのは、一八〇二年にいたるまで、四二巻にわたって刊行された、ヴィーラント全集であった。この出版事業においてヴィーラントは、一万ターラーの定額謝礼を手にしたほか、オスマンシュテットの地所を購入するための資金として三〇〇〇ターラーの貸し付けをも受けていたが、それでもなお、自著の売れ行きにたいして必ずしも満足していたわけではなかった[29]。他方、ゲーテは、一七九二年にベルリンのウンガーのもとで再度刊行を試みた作品集を通じて五四〇〇ターラーを獲得し、これによってようやく、作家としてのいわばプロフィット・ゾーンに到達しえたのである。彼にとってこうした利益がほぼ保障されたものになるのは、のちにヨハン・フリードリヒ・フォン・コッタと手を結ぶようになって以降のことであった。

コッタは一七八七年、出版業と取次販売業を同時に営んでいたテュービンゲンの本屋を買収し、みずからの名を社名として掲げた。コッタはその後、短期間のうちに同時代の文学作品に照準を合わせた出版計画を組み上げ、コッタ社はほどなく、雑誌およびワイマール古典主義作家の作品の出版をリードする存在へと成長する。一七九四年、コッタは、みずからの財政状態の改善を強く望んでいたシラーと手を組み、文学の月刊誌、『ホーレン』を世に送り出した。そして、ゲーテがコッタと接触をもったのは、ほかならぬシラーを通じてのことであった。ゲーテはコッタのもとで、当初、やはり雑誌、『プロピレーエン』の刊行を試みたが長続きせず、一八〇五年になって、あらためて一二巻の作品集を上梓する運びとなったのである。ここにいたるまでに、きわめて熾烈な交渉を経なければならなかったとはいえ、一八〇六年から一八〇八年までに全巻が刊行されたこの作品集によってゲーテは一万ターラーの収益を手にし、その後の小説、『親和力』の刊行でさらに二〇〇〇ターラーを獲得したのであった。一八二六年から一八三〇年にかけて、コッタ社は、ゲーテにとっての最後の作品集を全四〇巻におよんで出版するが、この事業は作家の手に総額六万ターラーもの利潤をもたらした。その他の作品の原稿料も含めると、ゲーテはコッタ社から合計して一三万八〇九ターラーの利益を得ていたことになる。(30)

ゲーテにたいしてコッタがこれほどの多額の報酬を提供しえたこと、さらには、彼がそのほかヘルダー、ヴィーラント、ヘルダーリン、ジャン・パウル、シェリング、フィヒテ、ティーク、ヘーベルら、錚々たる人気作家を自社につなぎ止めていたことは、彼の資金力、ならびにコッタ社の強力な企業経営が内包した莫大な利益の可能性を示唆する事象にほかならない。その背景には、とりわけ、人気雑誌の発行のほか、すぐれた作家を集めるための新たな手法、そして、読者の意見を直接反映したテキスト制作などが大いに寄与していた。出版業と並んで、コッタが、ライン河およびボーデン湖の蒸気汽船運行事業やハイルブロンの亜麻布生産業など、別業種においても積極的に投資を行なっていたことは、初期工業化時代の企業家としてまさに典型的な行動様式であったといえる。

こうした方略についていえば、コッタは、文化事業家フリードリヒ・ユスティン・ベルトゥーフと多くの共通点をもっていた。ベルトゥーフは、単にカール・アウグスト公の内帑金管理人としての役目を通じてのみ、ワイマール公国における文化的興隆に貢献したわけではなかった。なかでも彼が、「公国産業組合」と称する出版会社を立ち上げたことを忘れてはならない。この企業はまず雑誌の発行からスタートしたが、生産品目はやがてさまざまな贅沢品へと拡大していった。(31)その傍ら、ベルトゥーフは小文を手がける文筆家として、また編集者として、自身のキャリアをスタートさせたのであった。彼はまず、ヴィーラントの『メルクーア』に寄稿しながら、この雑誌の財政面での責任者となった。それと並行して、『ドン・キホーテ』の翻訳に着手し、さらに、一七八〇年から一七八二年にかけては、スペイン語ならびにポルトガル語文学を主題とする雑誌を自費出版している。さらに、一七八五年には『一般文芸新聞』が、一七八六年には『贅沢とモードの雑誌』が相ついで創刊され、大好評を得た[32]。これよりも少し前に、ベルトゥーフ夫人によって設立された造花工場は、ゲーテのパートナーとなり、のちに妻となったクリスティアーネ・ヴルピウスが勤めていたことでも知られている。ベルトゥーフはさらに、一七九〇年、子ども向けに自然界の法則を説明する『子どものための図解本』シリーズによって、出版業者としてのみずからの活動領域を拡大した。

続いて、有名な紀行文集（『旅行記文庫』）、『ロンドンとパリ』、『一般地理学日誌』に代表されるジャーナル類など、年を追うごとにますます多様で数多くの印刷物が発行されるようになった[33]。ベルトゥーフの成功を支えたのは、何よりも、彼が、市場の動向および文芸政策と比類ないかたちで連携を保ち続けたことにあった。ベルトゥーフはけっして、当時の流行に盲目的に従っていたわけではない。出版人として、彼は、営業上の利益と啓蒙主義的なアンガージュマンをみごとに両立できる分野、すなわちジャーナル類およびシリーズものの刊行に全力を傾けたのであった。他方、ベルトゥーフは、ワイマール古典主義作家のような文芸作品の刊行がともなうリスクについては、これを極力回避しようと努めた。彼の企業戦略と、結果としてもたらされた著しい成功については、作家たちに支払われた多額の報酬のほか、刊行物が示す高い採算性をみれば一目瞭然であろう。たしかに、ゲーテが『ヘルマンとドロテア』の出版に際してベルリンの出版業者、ヨハン・フリードリヒ・フィーヴェクから全紙一枚あたりにして一〇〇ターラーの謝礼を受け取ったことに比べれば、ベルトゥーフによる報酬は最高額だったとはいえない。だが、一七八二年に『メルクーア』の原稿をめぐってヴィーラントとのあいだで合意をみた、全

図版1　フリードリヒ・ユスティン・ベルトゥーフ，カール・アウグスト・シュヴェルトゲブルトによる点刻銅板画，1808年（ワイマール古典期財団美術館所蔵）

紙一枚あたり一〇ターラーという報酬額は、当時の基準からみれば充分に高いレベルに達していた。一七八六年度の『一般文芸新聞』では、書評家ですら、七ターラーもの原稿料を受け取っていたという。すでに一七九〇年には、ベルトゥーフは書評の原稿料を一律一五ターラーと決めて支払うようになっていた。たとえば『ロシアのためのジャーナル』のような、それほど採算の期待できない学問的な雑誌においてさえ、書き手は全紙一枚分の原稿につき三ターラーの報酬を約束されていた。もっとも、この定期刊行物は、熱心な広告キャンペーンの甲斐もなく、結局、実際の刊行にいたることはなかった。

ベルトゥーフがいかにみごとに利益率を計算していたかについては、彼のもとで刊行をみた雑誌の収益が明示している。『贅沢とモードの雑誌』の売上による利潤は経費の四六から七四パーセントをカバーし、ベルトゥーフならびに共同出資者のクラウスに毎年七〇〇から一〇〇〇ターラーの収入をもたらすことになった。この雑誌は、啓蒙主義的議論の発信源となることを目的としたものではなかったが、各種のライバル誌をものともせず、人気雑誌の座を守りとおした。

『贅沢とモードの雑誌』の各地における販売状況を表わした次ページの地図は、この刊行物が神聖ローマ帝国全域、さらにはその国境を越えて流通していたことを明示している。雑誌はさらにロシア、イギリス、オランダ、北欧諸国へも転売されていたが、それに関するデータはこの地図には反映されていない(34)。ここでは、ワイマール、ベルリン、ライプツィヒそしてハンブルクが明らかに主要な販売先であったことがわかるが、そのほかの多くの都市にも三〇人を超える読者が存在していた。また、雑誌『ロンドンとパリ』や『子どものための図解本』シリーズも、同じく市場において著しい成功をみた。たとえば、『ロンドンとパリ』は、一八〇七年に発行された一三二五部のうち少なくとも一二八五部を売り切り、経費を賄うために必要最低限とされた販売部数、七〇〇部を大きく上回って、莫大な利潤を生み出すことになった。彼のもとでは、『商業マガジン』にいたるまで、すべての定期刊行物が経費をカバーするだけの利潤をあげ、その結果、ベルトゥーフの「産業組合」は、ナポレオン軍による占領とその後の書籍生産販売の

ワイマールから発送された『贅沢とモードの雑誌』荷受人分布（1791 年）

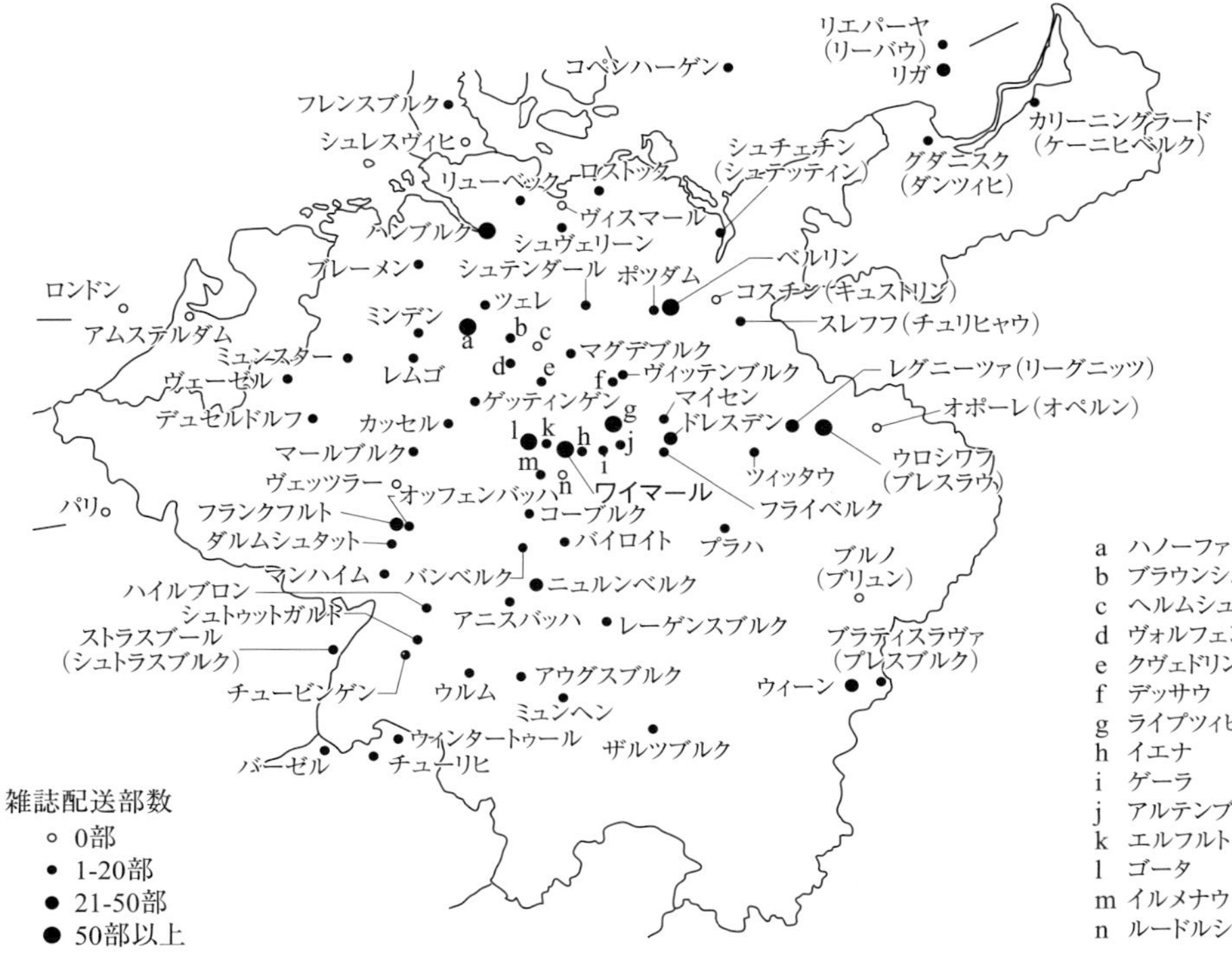

a　ハノーファー
b　ブラウンシュヴァイク
c　ヘルムシュテット
d　ヴォルフェンビュッテル
e　クヴェドリンブルク
f　デッサウ
g　ライプツィヒ
h　イエナ
i　ゲーラ
j　アルテンブルク
k　エルフルト
l　ゴータ
m　イルメナウ
n　ルードルシュタット

制限にもかかわらず、ほぼすべての出版品目においてプロフィット・ゾーンに到達していたのであった。(35)

書物の所有

ここまでは、雑誌および書籍の生産について、市場化という視野から考察した。では、ここで想定しうる読者たちは、こうして新たに供給された商品にたいしてどのような反応を示したのであろうか。あるいは、彼らはそれを、どのようなかたちで求めたのだろうか。読者の歴史についていうなら、多種多様な史料が利用可能な状態にあるにもかかわらず、実際には、ブレーメンに関するロルフ・エンゲルジングのケース・スタディ、『読者としての市民』(36)を除けば、現在までほとんど体系的な研究がなされていない。主要な史料のひとつとして、たとえば、公共図書館や読書室の記録簿を挙げることができるだろう。ここには、所蔵書目だけにかぎらず、図書の貸借プロセスや、特定の読者による借り出し実態なども、併せて記録されていることが多い。さらに、私蔵書の競売カタログおよび、遺品目録の存在もまた、けっして無視できない。これらは、幅広い社会グループのなかで、どのような人びとが書物を所有し、あるいは所有しなかったかを立証する、重要な史料なのである。(37)一方、その内容を普遍化することはできないとはいえ、ことさら鮮やかな印象を与えてくれるのは、何よりも、自叙伝的記録のなかに登場する読書体験についての証言であろう。他方、それとはまったく対照的な性質をもつのが、読書クラブの会員リストおよび貸本屋のカタログであり、これらはふたたび、より広い読者層に光をあてるための手がかりを提供してくれるのだ。こうした史料からはじめて、一八世紀における読者の行動様式および、読書の実態を知るための最初の糸口が得られるのである。ここで必ず問題になるのが、書物を所有した人びとが実際、本当に自分の蔵書を読んでいたのか、あるいは、私蔵書以外に読み物を手にする可能性があったのか、という問いかけであろう。

読者の現実にアプローチするための最初の事例として、ここではまず、「公共の」図書館、すなわち、ヴォルフェンビュッテルのアウグスト公図書館をとりあげたい。この図書館での館外貸し出しによる一般利用については、一七一四年から一七九九年まで、詳細な記録が残っている[38]。この時期、すなわちほぼ一八世紀を通じて、ヴォルフェンビュッテルの図書館はその性質を根本から変化させようとしていた。アウグスト公図書館は、これまであくまで学術図書館として存在し、そのきわめて貴重な蔵書が内外の知識人を魅了し続けてきた。この施設は同時に、宮廷図書館としての役割をも担っており、宮廷貴族や廷臣たちは、職務に利用する目的で、あるいは精神的修養のために、ここから本を借り出すことができた。しかし、一七五四年に宮廷がブラウンシュヴァイクに移転すると、図書館はヴォルフェンビュッテルの市民にも開放され、これが契機となって図書の貸し出し件数が飛躍的に増加したのである。一七八〇年代から九〇年代の時期には、図書館長、エルンスト・テオドール・ランガーが、「利用者は司書の敵」という、今日なお支配的なモットーに従って、このような傾向に歯止めをかけようと試みた。すなわち彼は、開館時間の短縮や貸出禁止措置を通じて、広い利用者層を図書館から遠ざけようとしたのであった。だが、こうした妨害にもかかわらず、一八世紀全体で、一六四八人の利用者が二万一八四八タイトル（分冊にして合計三万一四八五冊）の本をアウグスト公図書館から借り出す結果となった。本を借り出した人のうちおよそ半数は、比較的自由な開館規定が布かれた一七六〇年から一七八〇年の期間の利用者であった[39]。

表1－3　アウグスト公図書館から借り出された書物の分野別データ（1714–1799年）

分　野	貸出数	比率（%）
文芸作品	4,385	20.1
歴史	4,336	19.8
神学	3,022	13.8
古典作品	1,711	7.8
地理	1,489	6.8
哲学	955	4.4
一般教養書	949	4.3
法学	872	4.0
国家学および政治学	831	3.8
自然科学	544	2.5
軍事	493	2.3
言語	488	2.2
美術史	443	2.0
その他	1,328	6.2
総　数	21,846	100

アウグスト公図書館での人びとの読書実態を分野ごとに分類

（個々の私蔵書における分野別図書の百分率による割合）

フォン・ジーネン（1804）	ジレム（1793）	ギュンター（1806）	フォークト（1839）
7.67	4.27	3.26	4.70
—	—	1.90	法学に含む
3.55	25.60（法学のみ）	26.57	16.85
—	2.22（化学・植物学を含む）	—	—
14.15	5.87	3.57	7.45
文芸書のデータに含む	—	3.79	0.51
30.10	17.01	14.01	33.38
—	8.47（歴史の補助分野を含む）	1.96	3.03
30.38（芸術関連書を含む）	15.33	6.37	31.10
—	—	35.47（ハンブルク郷土史）	0.69（ハンブルク郷土史）
85.85	77.87	96.90	93.17

ある。

すると、文芸作品と歴史書が、神学、地理学、ギリシャ・ローマの古典作品を大きく引き離して、読者が求める人気書物のトップを占めたことがわかる（表1－3）[40]。

文芸作品は、利用者のなかで多数派を占めた宮廷官僚のあいだですら、歴史書と並んでしだいに多く借り出されるようになっていた。女性読者層（利用者全体のうち一三パーセント）がこの種の書物をとりわけ好んだことは、いうまでもない[41]。

このデータと比較する対象として、一八世紀から一九世紀にかけてのハンブルク市民による私蔵書をとりあげることにしたい。これらの文庫の内容を伝える史料は、多くは競売用に作成された目録である。ファブリチウス、リヒェイ、そしてライマールスらが影響力をふるった一八世紀前半のハンブルクでは、ブレーメンと同様、知識人が仕事に利用するための学術文庫が支配的な位置を占めていた[42]。そのなかで唯一、市参事会員で作家でもあったバルトルド・ハインリヒ・ブロッケスの私蔵書だけが、膨大な数の文芸作品および、芸

表1－4　ハンブルクにおける私蔵書の分野別内容構成

分野＼所有者	ファブリチウス（1738–41）	ブロッケス（1747）	リヒェイ（1761/62）	ライマールス（1769/70）
神学	35.11	12.36	17.32	25.37
哲学	4.79	7.39	2.41	4.90
法学，政治，経済	6.98	16.31	11.38	8.73
医学	2.80	1.78	2.00	—
数学，自然科学	6.30	7.64	3.87	8.41
芸術，音楽	0.25	3.57	0.48	—
地理，旅行記，歴史	9.52	12.74	37.40	19.76
古典および現代文献学	20.74	11.46	9.44	14.25
文芸	13.51	26.75	14.61	17.78
その他	—	—	—	—
総　計	100	100	98.91	99.20

「—」が記された箇所は，複数の私蔵書の比較という目的のために有効なデータを明示しえない部分で

術・音楽に関する文献を含んでいた(43)。

これにたいして、一八世紀後半に入ると、史料によって伝えられる私蔵書のなかに、大量の文芸書が現われるようになる（表1－4）(44)。たとえばハンブルク市長、ヤーコプ・アルブレヒト・フォン・ジーネンは、文学と芸術関連の書物および、同時代の古典的な旅行記を多く所蔵した。また、都市法律顧問を務め、図書コレクターとしても名を馳せたガルリープ・ジレムもまた、職業上必要とした法律書と並んで、クロプシュトック、ビュルガー、ブロッケス、ゲレルト、ハーゲドルン、グライム、モーリッツ、ヴィーラントらの作品、ルソー『エミール』、そして多数のハンブルク郷土史作品をみずからの文庫に集めていた。さらに、同様の愛書家として知られるのが、市参事会員、アルノルト・ギュンターである。ギュンターは青年時代、富籤で当ててはじめて手にした現金を、本を買うために使ったと伝えられている。彼はその死後、八〇〇〇冊を超える蔵書の大部分をハンブルク愛国協会に寄付し、一部の文芸書だけを親

類に遺贈した。その私蔵書は、全体としてみれば、文学作品や文芸書よりもむしろ学術書とハンブルク郷土史の書目に収集の比重が置かれていたといっていい。そのほか、ギュンター文庫においてとりわけ目を引くのは、国家学の分野の充実である。これは、彼の職務、さらには愛国者協会において培われた政治的・社会的改革への強いアンガージュマンを考慮に入れるなら、充分に説明のつくことである。とりわけ、統治学に関する多くの出版物とともに、あらゆる国や都市において救貧を目的に出された規定が集められていることは、こうした志向の表われにほかならない。一方、ハンブルクの商人たちの私蔵書のなかでもひときわ群を抜いているのが、カスパー・フォークトの文庫である。彼の蔵書は、のちにフロットベクの模範農場を舞台にみごとに実践に移された農業、造園、植物学への深い関心を反映している。フォークトはそのほか、文芸作品および旅行記の読書を楽しんでいたようである(45)。

このようにしてハンブルク市民の私蔵書を概観するなら、おおよそつぎのようなことがいえるだろう。すなわち、一八世紀末には、神学書を中心とする伝統的な知識人文庫がすでに時代遅れになり、市参事会員など役職者、商人らのあいだでは、文芸書が広く普及していたのである。その先駆的存在として、作家ブロッケスの私蔵書では、この分野の図書がすでにきわめて重要な役割を果たすようになっていた。だが、商人グループ全体、あるいはその他の住民層の読書については、このデータから情報を得ることはできない。これについてある程度の手がかりを与えてくれるのが遺産目録であるが、ただしそれも、これらの文書が物故者の所有した図書について幾分なりとも記録していた場合に限られる。

ヴァルター・ヴィットマンは、書籍所有の問題に接近する目的ではじめてフランクフルト市民の遺産目録の調査を手がけ、つぎのような結論に達した。一七〇〇年の段階では、調査対象となった商人の遺産目録五〇件のうち、遺品として書物を記載していたものは三六件（七二パーセント）であった。そのうち二七件（五四パーセント）においては宗教書しか確認できず、世俗的なテーマに関する書物を五冊以上所有した商人はわずか七人（一四パーセント）にすぎなかった。一方、一七五〇年になると、一〇七件の調査対象のうち、図書を含まない目録が一七件（一六パーセント）に激減するが、しかし、全体の約半数（五六件、五二・三パーセント）がなお世俗書を一冊も挙げていなかった。それでも、すでに二八人の商人（二六・二パーセント）が宗教的主題に関連しない書物を五冊以上遺していた。一八〇〇年についての調査結果は、残念ながら説得力に欠けるものである。一一五件の商人遺産目録のうち約半数が、書物を記録していなかったからだ。しかし、いずれにしても、この調査から、一八世紀の一〇〇年間にフランクフルトの商人グループのあいだで書物にたいする関心が高まり、同時に、読者層の二分化が進行したプロセスが明らかになってくる。小市民を中心とするグループが、家族のなかで代々受け継がれてきた宗教的読書をいまだに好んで実践した一方で、新しい世俗的なテーマを積極的に求める人びとも確実に存在したのである。このような傾向は――それを裏づけるための史料がやや少なくなるとはいえ――明らかに一八〇〇前後まで続いていた。この時期になると、ここでもやはり、地理学・歴史学関連書のほかに、ゲレルト、ヴィーラント、クロプシュトック、レッシングらによる啓蒙主義的文芸書が現われるようになる。だが、ゲーテ、シラーの作品がみられるのは、ほぼ例外的なケースに限られていた。一方、一七五〇年における手工業者の遺産目録では、二六三件が宗教書のみを記録し、三五件が一から三冊の、また三一件が三冊以上の世俗書を含んでいた[46]。手工業者の読書はいまだほぼ宗教的内容に支配されていたのであり、こうした状況はおそらく、一八〇〇年になってもほとんど変化しなかったようだ。すなわちこの年の史料では、手工業者の遺品目録全体のうち一九五件（六五・二パーセント）が書籍をいっさい挙げておらず、さらに、二六四件（八八・三パーセント）が世俗書を一冊も含んでいなかった。これらの人びとによる読書行為とは、一七五〇年代かそれよりも以前の時代に古い世代の人びとが紐解いていたのと同じ宗教的著作を、さらに繰り返して読んでいくという、集中的読書のスタイルにほかならなかった[47]。これらの味気ない数値データに生気を吹き込むためには、実際に標準的な手工業者の遺産目録を引き合いに出す必要があるだろう。一七七七年に死去したフランクフルトの蹄鉄工、アウグスティン・ガイセマーの遺産に関する記録は、当時の手工業者グループによる読書行為のひとこまを、きわめて有益なかたちで例示してくれる。堅牢な家財道具を整えて暮したこの職人が所有していた書物とは、以下のようなものであった。

―ミュンスターのコスモグラフィア、フォリオ版
―メリアンの聖書
―アルントの信心書
―ミュラー、天国の口づけ
―アルノルトの信心書
―アルント、真のキリスト教[48]
―フランクフルト大讃美歌集

ガイセマーの蔵書は、フランクフルトに限らず、手工業者による書物所有のひとつの典型であった。『真のキリスト教についての四書』を著わしたヨハン・アルントは、テュービンゲンならびにシュパイヤーの市民のあいだでも最高の人気を博していたし、さらに、『天国の愛の口づけ』の著者、ハインリヒ・ミュラーは、マルティン・ルターと並んでもっとも広く読まれた宗教作家であった[49]。テュービンゲンの市参事会関係者（市政にかかわる官職に就いた人びと）、商人、そして手工業者においてもまた、宗教的著作の読書が圧倒的に優勢だったのである。世俗的内容の書物は、一八世紀の半ば（一七五〇から六〇年）になってもなお、遺産目録に記録されたすべての書物のうち、わずか一八パーセントを占めたにすぎなかった。一八〇〇年前後になると、その割合はようやく二二パーセントと、わずかな増大傾向を示すようになる[50]。一七八〇年から一七八六年のシュパイヤーについても、エティエンヌ・フランソワが、宗教書が全体の八〇パーセントを占めるという、類似のデータを示している[51]。

テュービンゲンの史料における書物の分布を社会的視点からさらに分類するなら、つぎのような結論が導出される

だろう。一七五〇年から一七六〇年にかけての時期、ふたりの市長が合計二五八点の蔵書を共有したのにたいして、一八〇〇年から一八一〇年には、市長の座に就いた四人の人物の蔵書数は平均してひとり三〇冊に激減した。同様にして、商人グループによる書物の所有も後退している。一九世紀初頭、研究対象となった六人の市民が合計して一六三冊の蔵書しかもたなかったのである（ひとり頭に計算すると、以前の時期には五五冊だった蔵書数が二七冊に減ったことになる）。手工業者グループにおいてもまた、蔵書数はわずかに減少しているが、この社会層においてもっとも多くの書物を所有したのは、とりわけ靴屋、パン屋、仕立屋、そして肉屋であった(52)。こうした現象とともに、書物を一切挙げていない遺産目録がかなりの割合で存在したことにもふれておくべきだろう。一七五〇・一七六〇年の史料では一一パーセント、さらに、一八〇〇・一八一〇年の史料では二二パーセントが本を一冊も含んでいない。このように、当時、年を追うごとにより多くの書物が生産されるようになっていたにもかかわらず、それがすぐに直接、書物の所有数に影響することはなかったのである。書物のテーマ、あるいは啓蒙主義の受容に関してもまた、同じことが推測できる。テュービンゲンについて考察したヒルデガルト・ノイマンは、この地の大学関係者をはっきりと除外したうえで、市民たちが（もし単に書物を所有しただけでなく、実際に読んでいたと仮定するなら）何よりも宗教的修養を目的に読書を営み、しかも、おおむね、先祖から受け継いだ書物を手にとっていたことを結論づけている。啓蒙主義や疾風怒濤《シュトルム・ウント・ドラング》、古典主義の作品が、テュービンゲンの私蔵書において、一部の例外を除きほとんどみられないことは、これを裏づける現象といえるだろう。これらの作家群のなかでももっとも広く読まれたと思われるのは、一八〇〇・一八一〇年の史料において一五件記録されたゲレルトで、そのほかは、シューバルト（一件）、シラー（五件）、ゲーテ作品集（一件）が確認されるにすぎない(53)。

　プロト工業期の産業地帯として知られるシュヴェービッシェ・アルプ、ライヒンゲンの人びとの私蔵書もまた、宗教的傾向によって全面的に支配されていた（世俗書の割合は全体のわずか一・五パーセントにとどまった）。ここではほとんどすべての世帯が書物を所有していたが、このことは、敬虔主義が当地の住民のあいだに形成した、例外的といえるほど高度のリテラシーを充分にうかがわせる。さらに注目すべきは、一八世紀後半のテュービンゲンで住民一人あたりの書物の平均所有数が一〇冊から七ないしは八冊に減少したのとは対照的に、ライヒンゲンでは一一冊（一七四八・一七五一年）から一三ないしは一四冊（一七四八・一七五一年）へと増えていることである。[54]この蔵書数の増加の背景には、おそらく、亜麻布生産業の好況と、その結果この地の住民に広くもたらされた経済的繁栄が作用していたのであろう。しかし、ゲレルトをはじめとする世俗書や諸学の専門書を読み、ブルジョア的生活様式のなかに新しい読書文化を構築しながら、啓蒙主義的・市民的リテラシーを身につけたのは、教師、牧師、外科医、商人、官吏など、ごく一部の住民層に限られていた。[55]

それに加えて、ルター派信仰と敬虔主義によって特徴づけられたこの地域には、おそらく、遺産目録が記録の対象としないような、ページ数の少ない安価な印刷物が大量に流通していたと思われる。本を所有した人びとの実像と行動様式についての情報を補足し、より現実に近いものにするためには、こうした読み物も視野に入れていく必要があるだろう。[56]

読書クラブと貸本屋

一八世紀において「知識人の専門的読書」「精神的修養のための読書」の形態を、エンゲルジングがいうところの「拡張的読書」へと転換させることになった、夥しい数の新たな読み物を、われわれは、いったい、どのような場所に探し求めるべきなのか。拡張的読書を営む人びとの存在は、まず何よりも、新たに設立された読書クラブや貸本屋などにおいて確認されることになる。とりわけ読書クラブは、市民的啓蒙の中心となるべき組織として、社会全体からつねに強く求められていた。[57]ここではとくに、道徳週刊雑誌を通じて大陸に広く伝えられた、イギリスのモデルが重要な役割を担っていたといわれる。たとえば、一七五〇年代のブレーメンでは、牧師たちが、「余暇」を楽しく、かつ有益に過ごすという目的で、イギリスの週刊雑誌を共同購入していた[58]。さらに、ドイツにおける読書クラブの先駆は、一七五〇年にシュトラールズンドで創設された「英語および英文学研究のための私的結社」であったとされている。その後、一七七〇年から一八〇〇年までの間に、四〇〇件を超える同種の団体が設立されたのであった[59]。とりわけその中心となったのは、北部ドイツ、ザクセン、テューリンゲン、そしてライン・マイン地域一帯であった。

読書クラブは、さまざまな段階を経て発展した。その原点は書籍ないしは雑誌の共同購入と回覧であったが、やがて専用の読書室が整備されて会員同士に談話がうながされるようになり、のちには会員に向けて多様なサービスを提供する本格的な読書クラブとして隆盛をみることになる[60]。また、これらの団体は、規模と構造の点でみても、上層知識人を中心とする小規模かつ排他的なサークルから、夥しい会員を抱える大所帯の協会にいたるまで、きわめて多様であった。貴族、聖職者、そして知的職業を中心とする市民階層が、しばしばひとつの読書クラブに結集し、ここに共通の読書趣味が形成されることになった。その典型的な事例が、宮廷都市ボンの読書クラブである。四九人の貴族、二五人の神学生、六五人の官吏、一九人の大学教授およびギムナジウム教員がその会員として名を連ねたこのクラブは、さらに、領邦君主に職務を与えられたエリート官僚層全体を結びつける組織となっていた[61]。ほかに、ルードヴィヒスブルクの読書クラブでもまた、一七七〇年から一七九六年にかけて、貴族層が高い割合で参加していたのであった。さらに、トリアーや、宮廷都市デトモルトに複数存在した読書サークルにおいても、同じような現象が確認できる[62]。

一方、ハンブルクでは、知的階層の人びとが読書の夕べに集い、たとえば、レッシングの戯曲、『賢者ナータン』を、参加者それぞれに役を振り当てて朗読する、といった活動がなされていた。そのほか、都市内には数多くの読書サークルが存在したが、なかでも一七九〇年創設の「文学読書クラブ」は、上層の人びとだけに会員を限定することにより、他の団体とは一線を画していた[63]。この時期、ブレーメンでもまた、読書サークルが本格的な設立ブームを迎

図版２　ザクセン＝ワイマール＝アイゼナハ公妃，アンナ・アマーリアのもとでの夜の集い（食卓の集い），ゲオルク・メルヒオール・クラウスによる彩色ペン画，1795 年頃（ワイマール古典期財団美術館所蔵）

えようとしていた。ここでは、一七九一年までに三六件の団体が発足した。会員数は二〇人から一〇〇人までと、個々の団体によって大きな差があったが、むろん、クラブの数そのものが少なかった都市においては、さらに多くの会員を抱える例も珍しくはなかった。たとえばマインツのクラブは一七八八年の段階ですでに三〇〇人の会員を数え、さらにのちには四五二人が参加するようになったという。

だが、われわれの関心をより強くそそるのは、団体の規模よりもむしろクラブ内に流通した書物の内容である。この点においては、個々の読書クラブの書物に関する方針と同時に、その内容に関する伝達状況にも配慮して考察を進めなければならない。したがって、まず、読書クラブの最初の類型として、騎士譚や盗賊噺のような通俗的な読み物の読書に重点を置く団体を挙げるべきだろう。このタイプの読書クラブは、多くはその後、ゆるやかに貸本屋へと姿を変えていくことになる。デルメンホルストの雑誌、『ひそかな喧伝者』（一八〇八年）のコメントは、このような事態をはっきりと例示している。

……しかし、聖職者の説教に耳を傾ける者も少なくなった今日、誰がそれをわざわざ文字で読む気になるというのだろう。（ヴルピウスの）リナルド・リナルディーニや、それと同様の怪物じみた人物をめぐる馬鹿げた物語であっても、意に介すつもりはない。当地の貸本文庫（そのほか、よく読書文庫とも呼ばれるが）にやって来て、騎士や盗賊、魔女等々にまつわる読み物を求めてみれば、これらの本がみな、貸し出されて出払っているか、あるいは、多くの読者のあいだで回し読みされたすえに、背や角が擦れて傷んでいるのがわかるだろう。他方、その他のいわゆる有益な書物は、あたかも釘で打ちつけられたように書棚に置かれたまま、誰も手にとることなく埃にまみれているのだ(64)。

第二の類型は、雑誌および外国語による書物を中心に活動したクラブである。ここではおおむね、「一般教養的知識と道徳的啓蒙、そして政治的な情報」の提供と共有が目的として掲げられていた(65)。したがって、これらのクラブは、理想的には娯楽と実益を相互にうまく結びつけなければならず、そのために、人びとにたいして、同時代の紀行文のほか、『ドイツのメルクーア』、ライヒャルトの『オーラ・ポトリーダ』（これはむしろ感傷主義的な娯楽読み物としてであろうが）などの雑誌、詩集、戯曲、小説などの読書を勧めていた。小説のなかでもとりわけ強調されたのは、フィールディングの『トム・ジョーンズ』、スモレットの『ハンフリー・クリンカー』、クニッゲの『わが人生の物語』、ニコライの『ゼーバルドゥス・ノータンカー』などの作品であった。だが、現実はこのような理想どおりだったのであろうか。少なくとも、ブレーメンのシュミット読書協会が一七七冊の書籍を購入した際の記録では、雑誌、紀行文、小説のタイトルがこれらの方針と一致をみている。ここで購入された小説のなかにはジャン・パウルの作品二点が含まれていたが、この作家が、われわれが基礎データとして用いるテュービンゲンをはじめ、南部ドイツではまったくみられなかったことは、興味深い現象である。他方、典型的といえるのは、ここで大量の小型本および年鑑類が求められたことで、そのなかには当然、多くの婦人向け暦も含まれていた(66)。

一七九〇年代のハノーファー選帝侯領における読書リストもまた、同様の傾向を伝えている。当時、フランス思想の伝播を防ごうとしていたハノーファーの官庁にたいして、領内の人びとは、認可を求めるべくこのようなリストを提出しなければならなかったのだ。領内の小都市もまた、ハノーファー当局の求めに応じたため、ヴンストルフ＝アン＝デア＝ルーテやヨルク＝アム＝アルテン＝ラントのような地域についても史料が現存し、そこに営まれた読書の地平の再現を可能にしている。たとえばヴンストルフには二件の読書サークルが存在し、その書庫は、雑誌に関していえば、ドイツにおける重要な定期刊行物をほぼすべてカバーしていた。すなわち、『ドイツのメルクーア』、ニコシュレーツァーの『国家広報』、『一般文芸新聞』のみならず、『贅沢とモードの雑誌』、『オーラ・ポトリーダ』、ニコライの『一般ドイツ図書年鑑』もまた、購読されていたのであった。一方、書籍の領域では、戯曲、小説、回想録および怪奇物語などの読み物が中心を占めており、これは、読者の関心が主として娯楽と精神修養にあったことを裏づけている。一方、古典主義作家の作品はここには一冊も見当たらない。かろうじて、ビュルガーの詩集、そして、ブラウンシュヴァイクとハノーファーを舞台にしたカール・フィリップ・モーリッツの小説、『アントン・ライザー』のタイトルが確認できるのみである[67]。

だが、エルベ＝ヴェーザー地域におけるいくつかの小規模読書クラブに関する研究によれば、これらのサークルのあいだには、蔵書数の点でもその内容についても、ほとんど共通点はみられないという。とりわけ蔵書の内容は、教養的価値観と娯楽的価値観のあいだで激しく揺れ動いていたことがわかる。クラブでは、これらについて、さまざまな方法で考慮をめぐらせていたようである。たとえば、ニーダーザクセンのシュターデに開設された枢機卿ヴァータ
ーマイヤーの読書クラブは、六七点の学問的著作や娯楽読物を所蔵したが、全タイトルの四分の一が小説、戯曲、叙事詩によって占められており、その多くがヘルティ、モーリッツ、エーベルト、ビュッシュら、北ドイツの作家群による作品であった。研究対象のうちで二番めに小さいシュターデの読書クラブは、ヴィルハディ教会の牧師、F・ゲルケンが主催するサークルで、二四冊の蔵書はほぼ、地理、歴史、宗教書に的をしぼっていた。宗教書はほとんど重

要視されておらず、また、小説をはじめとする文芸書は一冊もみあたらない。これとは対照的に、副牧師リューニヒが設立したフェルデンのクラブでは、一一六タイトルのうち、娯楽読物がおよそ四分の三に達していた[68]。

これら読書クラブの主催者は、主として牧師、教師、芸術家、郵便局長などであった。クラブ運営の動機としては、全体としてみれば何よりも教養的関心が勝っていたが、同時に経済的関心からサークル開設に手を染める人びともあった。調査対象のなかで、フェルデンの読書クラブだけが、規模、蔵書の内容ともに、貸本屋と著しい類似点を示している。

だが、そもそも、読書クラブと貸本屋に明快な境域を画すことは、必ずしも容易な作業ではないのだ。両者を分かつためのもっとも重要なメルクマールは、まず、営利的意図の有無である。貸本屋においては経済的利潤が強く前面に押し出されているのにたいし、読書クラブでは、これはせいぜいのところ副次的効果にすぎない。こうした事情に応じて、貸本屋は、しばしば何千冊もの在庫書籍を並べるための本格的な図書室を備えていた。フランクフルト・アム・マインおよびカールスルーエでは、すでに一七五〇年代にこうした貸本屋の存在が確認できる。これに続いて、ブラウンシュヴァイク、ゲッティンゲン、ミュンヘン、ケーニヒスベルク、プラハおよびウィーンでも、一七七〇年代までには同種の業者が営業を始めていた。一八世紀末になると、貸本屋はほぼすべての中小都市および市場町にまで普及し、ライプツィヒのような大都市ではその数は九件にもおよんだ。一八一一年のベルリンでは、二七の貸本屋が開業しており、そのうち最大規模を誇ったルドルフ・ヴェルクマイスターの「ムゼウム」は、一八〇七年の段階で二万五〇〇〇冊の書物を提供していた。また、近郊のオラニエンブルクでも、郵便局長が同じく貸本屋を開設して、読書熱にとりつかれた人びとのために、一万二〇〇〇冊の書籍と一〇〇種の雑誌を取り揃えていた。また、一八世紀末のフランクフルトでは、少なくとも一八件の貸本屋が数えられたが、なかでもフライシャー美術商は、やがて都市における文化サービス業の中心へと発展することになった。ヴィルヘルム・フライシャーが一七九五年に新設した店舗では、隣りあう三つの読書室と同時に、四つ目の部屋として、談話室が人びとの利用に供され、のちには数室の娯楽室も増設された。その壁は絵画で上品に飾られ、また、古代彫刻の石膏模型が特別に洗練された雰囲気を醸していたという。フライシャー美術商のこうした施設を利用するためには年会費一・五カローリン（約一七グルデン）が必要だったが、のちの時代になると、フランクフルトに在住しない利用者のために、月会費も設定された。ここでは、ジャーナル類や雑誌を無料で利用できたほか、新刊書に関しては、しばらくの間読書室に展示された後、有料で貸し出すことになっていた(69)。

これらと並んで、地方においては、いわゆる「文化芸術ファン」による文芸サークルが発展をみた。ブレーメンの医師、ニコラウス・マイヤーもまた、こうした熱心なディレッタントのひとりであった。イエナおよびワイマールで文芸茶会に参加したマイヤーは、素人芝居のための台本を手がけたほか、ブレーメンでは複数の談論サークルを立ち上げた。参加者たちはここで同時代の芸術について語り合い、また、ワイマールからもたらされる最新ニュースの議論に興じたのだった。マイヤーは、ヴルピウスやゲーテとの文通を通じてつねに最新の情報を手にし、ゲーテにたいしてはその返礼に定期的にボルドー・ワインを贈っていた。そのほかに彼は、文芸結社「カジノ」にて「文芸」に関する連続講演を企画した。また、一八〇三年には、その広い交友関係を温泉治療医としてのみずからの利益に結びつけ、複数の私的結社の設立を通じて、ブレーメン近郊の湯治場、リリーエンタールを、魅力あふれる婦人用保養地へと変身させたのであった(70)。

このようにして、結局のところ、全体としてみれば、意義ある読書であれ、単に余暇形成の一環としての行為であれ、かつてに比べてより多く「読まれる」ようになっていたことはもはや確実なことである。だが、読書ブームはけっして画一的な現象ではなく、読書とはなおまったく無縁な社会グループや地域が飛び地のように存在し、逆に、これら読書文化のおよばぬところに、ふたたび高度なリテラシーの飛び地が確認されることもある。さらに、これらのリテラシーが必ずしも啓蒙主義や文芸作品の発展と歩みを同じくするものとはかぎらなかったことにも注意を向けておきたい。ましてや、ここで人びとが古典主義作家を好んで読んだなどということはけっしてありえなかったのだ。

ジャン・パウルは、ドイツ全体の文学的公衆〔＝読者〕について、読書クラブの会員や貸本屋の顧客層も含めて最大で三〇万人と見積もったうえで、つぎのように細分化している。

ドイツにはつぎのような三種類の公衆、あるいは読者がいる。（一）多数の、ほとんど知識と教養をもたない貸本屋の読者たち――（二）教授や博士号受験資格者、大学生、評論家などからなる、学識ある読者――（三）教養ある紳士・淑女、芸術家、知的上流階層によって形成される読者グループ。この第三のグループのもとでは、少なくとも交際と旅行が人格陶冶の手段となっている。（むろん、これら三つのグループはしばしば互いに交流しあうこともある）。[71]

すなわち、書籍生産の商業化は、当時、わずかに増大しつつあった読み書き能力をもつ少数派グループを引き続きとらえ続け、まず第一に彼らの娯楽にたいする需要を満たしたのであった。啓蒙主義、それどころか古典主義作家の作品ですら、「教養ある紳士・淑女」による周縁的グループにおいてのみ認められていたにすぎない。だからこそゲーテは、ヨハン・フリードリヒ・ライヒャルトに宛てた書簡のなかで読者の趣味についてつぎのように特徴づけたとき、これほどまでに悲観的にならざるをえなかったのである。

ドイツ人は、平均してみれば正直で誠実な人びとではありますが、独創性と着想、性格的特徴と一貫性、そして何より芸術作品をみずからのもとに採り入れることに関しては、いっさいの心得を欠いているといえるでしょう。要をいえば、彼らには趣味というものがないのです。このことは、概して考えれば自明でありましょう。いまだ未熟な人びとは気散じと誇張ばかりを求め、また、教養あるグループですら、せいぜいのところある種の礼節のようなものを欲しているにすぎないのですから。騎士に盗賊、慈悲深き善人、恩返しをする人、まじめで愚直な第三階級、下劣な貴族等々の登場人物、そしてうまく作り込まれた凡庸なストーリーが、ともすれば平凡な結末に、下手をすると大変なナンセンスへと結びつく。これこそ、ここ一〇年来、わが国の小説や戯曲の性格を決定づけてきた基本要素なのです(72)。

第2章——旅と旅行文化

この世界のいかなる時代においても、いまだかつて人びとが今日ほど盛んに旅に出たことはないだろう。いまや旅は、社会において、たとえていうなら一種の流行病のように広まっている……。不如意な学者ですら書見台を離れ、大旅行とはいわないまでも、少なくともちょっとした遠足に出かけようとする。なかには、そこでの体験をもとに現世に関するコメントをでっち上げ、かかった旅費をその稿料で埋め合わせようという腹づもりの輩も少なくない。これほど盛んになった旅行が果たして良いのか悪いのか、愛国心を強化することになるのか、それとも逆に弱めるのか、真の知識をより広く波及させるのか、あるいは低下させるのか。こうした疑問にたいしては、ここではあえて答えを出さないでおきたい(1)。

一七八四年の『ドイツのメルクーア』は、このようにして、一八世紀における旅行習慣の変化と旅の文化を批判している。とはいえ、人びとは、啓蒙主義の時代以前から、すでに盛んに旅に出ていたのだ。現代における団体旅行の先駆ともいえる、巡礼の旅を想起してみるとよい。サンティアゴ・デ・コンポステーラへといたる「ヤコブの道」をたどった巡礼者の数は、しばしば年間五〇万人に達したといわれている。同様に、皇帝、王、宗教改革者および人文主義者らもまた、好んで旅に出た。商人、手工業者、芸術家や学生らが諸国を行脚したのも、必ずしも修業を積んだり、生活の糧を得るという実際的な目的だけにはかぎられなかった。それに加えて、一六世紀になると、貴族のあいだに一種の修養旅行としてグランド・ツアーの習慣が定着する。貴族をはじめとする上流階級の子弟たちが、同時代のヨーロッパにおける政治や文化の現状を見聞し、また重要人物の知己を得るべく、大旅行に出かけたのであった。

だが、一八世紀以降、旅行者たちが旅という行為にたいして新たに教養の基礎としての意味づけを与え、これを自分たちの必要性に適合させたことにより、旅そのものに関する認識が根本から変化したのであった。その結果、まさにこの時代において、旅にはまったく新しい価値が生まれたのである。すなわち、旅とはもはや特定の社会グループに許された特権ではなく、教養を得たいと望む「すべての」人びとにとっての重要な関心事となったのだ。旅行はいまや、専門教育を達成する目的にかぎって営まれるべきものではなく、また、単なる行楽でもなくなった。旅とは、思考力を鋭敏にし、知識を増大させ、そして何より心情を陶冶するための手段となった。それに加えて、ヨーロッパにおいて地域的・民族的アイデンティティがより強固になりつつあった当時、人びとは、旅を通じて個々人の愛国心および、祖国に貢献するための能力と精神力、技量が強化され、増進されなければならないと考えた。

こうした状況に相応して、一八世紀には、職務上の旅行も、以前よりもずっと盛んになった。官吏や官僚は、新しいポストに就いたとき、あるいはみずからの専門知識を広げたいと望んだときには必ず旅に出た。一方、大学教授や牧師、芸術家らは、知人との交流を深め、あるいは新たな交友関係を結ぶべく、訪問旅行を計画した。当時、公私を含めた旅行がどれほど多様性に満ちたものであったか、その一端を伝えるのが、ワイマール公、のちにケーテン候の宮廷楽師および都市ライプツィヒの官吏（聖トーマス教会のカントール）を務めたヨハン・セバスティアン・バッハの旅行計画である（表2－1）(2)。

このように、バッハの旅の目的は、音楽の専門家として演奏会、オルガン試験演奏に出向くことから、カールスバート旅行のように宮廷楽団を伴ったコンサートへの出演、さらにはベルリンでのチェンバロ購入にいたるまで、じつ

表 **2－1**　バッハの職業旅行（**1703–1750** 年）

目的地	年（事由）
ザンガーハウゼン	1702 年（オーディション）
アルンシュタット	1703 年（オルガン試験演奏）
リューベック	1704/05 年（ブクステフーデ『夕べの音楽』その他の演奏会）
ランゲヴィーゼン	1706 年（オルガン試験演奏）
ミュールハウゼン	1707 年（オーディション），1709，1710 年（招待演奏：『市参事会選挙カンタータ』）
ワイマール	1708 年（オルガンコンサート，城内礼拝堂）
トラウバッハ	1712 年（オルガン試験演奏）
ヴァイセンフェルス	1713 年（宮廷での招待演奏：BWV 208），1725 年（招待演奏：BWV 249a），1729 年（招待演奏），1739 年（目的不明，妻アンナ・マグダレーナを同伴）
ハレ	1713 年（オーディション），1716 年（オルガン試験演奏），1719 年（ゲオルク・フリードリヒ・ヘンデルとの会見を企図するが，失敗）
エアフルト	1716 年（オルガン試験演奏）
ゴータ	1717 年（招待演奏：受難曲）
ライプツィヒ	1717 年（オルガン試験演奏，パウリーナー教会）
ドレスデン	1717 年（マルシャンとの競技演奏），1725，1731 年（ゾフィーエン教会でのオルガンコンサート），1733 年（ミサ曲 BWV 232 の奉呈），1736 年（リープフラウエン教会でのオルガンコンサート），1738，1741 年（目的不明）
カールスバート	1717, 1720 年（レオポルト候およびケーテンの宮廷楽団とともに）
ベルリン	1719 年（チェンバロ購入のため），1741，1747（宮廷での招待演奏，ピアノおよびオルガンコンサート）
ハンブルク	1720 年（オーディション）
シュライツ	1721 年（宮廷での招待演奏）
ツェルプスト	1722 年（宮廷での招待演奏）
ゲーラ	1724 年（オルガン試験演奏）
ケーテン	1724, 1725 年（アンナ・マグダレーナとともに招待演奏），1728 年（招待演奏），1729 年（レオポルト候の葬儀に際しての招待演奏，アンナ・マグダレーナおよびヴィルヘルム・フリーデマンを同伴）
目的地不明	1729 年（3 月 20 日以前に 3 週間にわたりライプツィヒを離れる），1736 年（7 月 17 日以降，2 週間の留守）
カッセル	1732 年（オルガン試験演奏，アンナ・マグダレーナを同伴）
アルテンブルク	1739 年（オルガン試験演奏）
ナウムブルク	1746 年（オルガン試験演奏，ヴェンツェル教会）
ポツダム	1747 年（宮廷での招待演奏，ピアノコンサート）

にまちまちであった。その目的地が北部から中部ドイツに集中していたとはいえ、バッハはこれらの旅を通じて、確実に自身の音楽的、政治的、地理的、文化的視野を著しく拡大したはずである(3)。

だが、当時は実際、バッハと同じように、多くの人びとが公用、私用の目的でおおいに旅をしたのであった。湯治を求めて移動する保養客のほか、古くから知られる遍歴の徒弟や興行師たちも、これら「旅する人びと」を代表していた。一方、長距離を移動する大規模な巡礼は、しだいにまれな存在となりつつあった。かぎられた地域内で営まれた近距離の聖地巡礼は、ここに生じた体験の喪失を補うことにはならなかった。

また、貴族の子弟たちによる修養旅行《カヴァリエス・ライゼ》も、一八世紀を通じてその本質を大きく変化させようとしていた。その第一の目的は、もはや、青年たちを貴族社会へと導き入れることではなく、むしろ、将来、君主ないしは高位官職の座に就く若者にたいして、専門教育の仕上げをすることにあると考えられるようになった。修養旅行はいまや、政治的な職責を果たすべき人びとにとっての、情報収集の旅へと変わったのだ。家庭教師を務めた知識人らは、旅程を組むにあたり、教え子たちが現地で著名な学者や芸術家、企業家らと直接会って話ができるよう気を配った。そのほか、鉱山や精錬所、刑務所と矯正施設、あるいは政治機関の訪問も、旅行計画のなかに必ず組み込まれた。一七七二年、フライターク少尉に伴われた若きカール・アウグスト・フォン・ハルデンベルク侯爵が、ヴェッツラーで神聖ローマ帝国最高法院を、レーゲンスブルクで帝国議会を、ウィーンでは王宮を、さらにベルリン、ドレスデンはじめ、ドイツの主要な選帝侯の宮廷を訪問していることは、こうした旅の理想を如実に表わす事例といえるだろう(4)。

ネーデルラントを訪ねる場合には、この地の美術コレクション見学のほか、デン・ハーグでのオランダ議会《スターテン・ヘネラール》への訪問が欠かせないプログラムとなっていた。さらに、ジュネーヴ共和国の最高機関、「コンセーユ・ジェネラール」の議場に参列することは、たとえば一七八九年から一七九〇年にかけてこの地を訪れたテューリンゲン侯爵家の公子、ルードヴィヒ・フリードリヒおよびカール・ギュンター・フォン・シュヴァルツブルク゠ルドルシュタットのような未来の統治者にとって、古きヨーロッパの政治文化にふれるための貴重な機会を意味していた(5)。後世の啓蒙主義研究および、旅行を主題とする歴史的アプローチがことさらに強調してきた、貴族と市民階級の旅行スタイルの差異は、これらの情報収集旅行においては、しだいに曖昧なものとなっていった(6)。

旅が盛んになるにつれ、旅行の流儀にも変化が生じてきた。国内旅行という、新しい旅の類型が成立したのである。これら、ドイツの地方を目的地とする旅の出現は、ひとつには、各地に展開した固有の文化的状況にそれぞれ個性を見いだそうとする傾向が徐々に強まっていた事実を反映するものである。たとえば、ユストゥス・メーザーによる『オスナブリュック史』のような郷土史の著作がブームになったことも、その現われといえるだろう。同時に、地方旅行の流行は、各地方とその主要都市が人びとの注目を集め、為政者たちもまた、これらに強い関心を払うようになったプロセスを明示してもいる。こうしたことから、やがて、旅の目的地も多極化していったが、これは、旅のねらいの多様化にも対応する現象であった。このような状況を具体的に例示してくれるのが、以下のふたつのケースである。

ゲッティンゲン大学での学業(一七五九－一七六二年)ののち、数回にわたる旅行を企てた官房学者、ヨハン・ベックマンは、新しいタイプの旅行者を代表する人物といえる。彼はまず、一七六二年にブラウンシュヴァイクへ向けて出立し、ショッペンシュテットの伯父を訪ねたほか、ヘルムシュテット、ヴォルフェンビュッテル、ブラウンシュヴァイクを見学した。その旅行日誌には、移動ルートと到着・出発時刻、支出、食事およびその際に食したバターつきパンの数など、実際的な事象についての細かい覚え書きだけでなく、訪問した図書館、博物館、博物標本室、城館、教会、工場などについての仔細が記録されている。帰郷したベックマンは、同じ年のうちにさらに一カ月間の旅行を計画し、こんどはオスナブリュック、ユトレヒト、ナーデン、ロッテルダム、アムステルダム、ライデン、デルフト、デン・ハーグ、フローニンゲン、エムデン、オルデンブルク、ブレーメンを訪れることになった。ネーデルラントでの見どころはとりわけ、炭鉱、製塩所、そして、ゴーダの陶製パイプ、ライデンの織物生産、デルフトのファヤンス焼をはじめとする伝統産業の工場であった。のちの一七六三年、ベックマンはサンクトペテルブルクにおいて聖ペテロ・ギムナジウムの数学・物理学・自然史の教授として職を得たが、一七六五年にはこのポストを離れている。ロシアをあとにしたベックマンは、スウェーデンからさらにデンマークにいたり、結局、ウプサラ大学で教鞭を執っていたカール・フォン・リンネのもとでさらに勉学を積むことになる。一七六六年、ついにゲッティンゲン大学の経済学教授として招聘され、その後は一八一一年に没するまでこの職にとどまり、科学技術および技術史についての数多くの書物を著わして名声を得たのであった。『発明の歴史に関する論集』は、その代表作のひとつにすぎない。ベックマンはまた、旅行記に関する書評および、紀行文のビブリオグラフィーを手がけ、とりわけ後者においては、ヨーロッパ以外の地域を対象とする外国語の旅行記を数多く紹介した。(7) このように、豊富な旅行経験が、ベックマンにとってはまさに出世栄達の手段となったのだった。

一方、ドイツにおける典型的な教養旅行の典型を示してくれるのが、ヨハン・ヴォルフガング・ゲーテの父、ヨハン・カスパー・フォン・ゲーテである。一七三九年一二月三〇日、法学博士号を修めたばかりの三〇歳の青年は、イタリアに向けて旅立った。もっとも彼はそれ以前に、レーゲンスブルク帝国議会とウィーンの帝国宮廷法院にそれぞれ半年間滞在した経験をもっていた。のちに枢密顧問官となるゲーテはここで、きわめて古典的な旅行計画に沿って旅したが、その際、伝統的な修養旅行の構造基盤が大いに助けとなった。冬のウィーンを出発した彼は、ちょうど謝肉祭の時期にヴェネツィアに到着できるよう道を急いだ。その旅路は水の都からさらに、ボローニャ、リミニ、アンコナ、アペニン山脈を越えてローマへといたり、最終目的地としてナポリを目指した。一方、帰りの旅は、ローマを経由して、ヴィテルボ、ピサ、ルッカからフィレンツェをたどり、ふたたびヴェネツィアに戻ることになっていた。ヴェネツィアを発ったあとは、ヴェローナ、ミラノ、トリノ、ジェノヴァを訪れ、そこから船でマルセイユに渡った。帰郷から数年経過したのち、ゲーテはようやく、他の紀行文を参照しながら、『一七四〇年のイタリア旅行』というイタリア語表題を掲げた、一〇〇〇ページを超える旅行記を仕上げたのであった。イタリア旅行に関するこの思索的な総括では、個人的な体験と出会いがとりわけ大きな役割を担っていた。なかでもとくに好んでとりあげられた主題は、さまざまな聖遺物および奇跡をめぐるイタリア人の盲信ぶりであった。聖ヨゼフの魂を封じ込めたという瓶のエピソードはその一例であり、敬虔なルター派信者として、また啓蒙主義的な懐疑論者として、ゲーテはこれらを激しく嘲弄したのであった。その一方で彼は、ヴェネツィアの指導者層がそなえた偏見のない開放性については、惜しみない賞賛を送っている。エリートたちの率直さは、フランクフルトにおける都市貴族の排他性に直面してきた若いゲーテの心に、きわめて強い印象を残したに違いない。また、イタリア人が過去の歴史にたいして抱く誇りについても言及し、ゲーテはこれを、同時代の人びとが模範とすべき美徳として強調している。概していえば、偉大な詩人ゲーテの父は、批判的・思索的距離を置いてイタリアをとらえ、この国で出会ったさまざまな珍しい体験を、彼自身のドイツ的世界観にしたがって整理・分類したといっていいだろう。この旅行記が一般読者によってどのようなかたちで受容されたのかについては、何ひとつ明らかになってはいない。しかし、イタリアへの教養旅行がヨハン・カスパー・ゲーテにとって人生最大の特別な体験となったこと、そして、この父の体験こそが、息子ヨハン・ヴォルフガングをしてイタリアへの熱い憧憬へと駆り立てたことだけは、ほぼ間違いないだろう(8)。

これらふたりの人物の例が明示するように、旅の意義はもはや、(かつてのグランド・ツアーのように)単に人格形成に役立つだけにはとどまらなくなっていた。教養ある市民にとって、それはまさに、人生経験と世態人情に関する知識を積み、さらに、のちの職業経歴の準備をするための手段となったのだった。多くの研究者が言及するフランツ・ポッセルトの『旅行術《アポデミック》』(一七九五年)によると、旅という営みは、以下のような無限の可能性を秘めていたのである。

……〔旅を通じて人間は〕芸術を観察し、また、新たにえた印象や想像を、既知の体験の結果と比較し、それについてじっくりと熟考することができるのだ。これにより、思考力と判断力、理性が鍛えられ、鋭敏になり、いっそう完全なものになっていくはずである。……頻繁に、そして長期にわたって旅行をしてきた人は、したがって、旅の途上でみずから見聞し、体験する機会を得たさまざまな事柄、およびそれに関する洞察を通じて、より大きな視野と、物事を判断するためのより優れた基準を得ることになるだろう……。[9]

それに加えて、政治的・文化的中心地を欠いたまま、いわば分裂状態にあった当時のドイツにおいて、旅は、〔フランス思想の〕「文芸共和国」に依存することのない、独自の、そして伝達力に優れたネットワークを確立するための手だてとなるべきものであった。こうした理想に相応して、多くの旅行者にとり、旅は実際に、談話の続き、あるいは新たな会話の始まりを意味していた。すなわち、事情に通じた旅行者は、他の旅人にとって、まさに歓迎されるべき情報提供者であったのだ。当時出版ブームを迎えた旅行書が、多くは単に情報の公開だけを目的として書かれ、また紀行文というジャンルの特性にとらわれざるをえなかったのにたいして、こうした人びととの意見交換は、より確実な情報源となりえたからである。そして、旅する人びととの実際の観察と情報は、出版されることによって公の性質を帯びるようになり、また、さらなる公論形成のプロセスを促す要因となっていった。いずれにしても、旅することと、そして〔その途上で〕志を同じくする人びとと交流することは、貴族、市民にかかわらず、すべての教養旅行者にとって、自己の存在を確認する便《よすが》となったのだった。

資金に欠けた教養人に、しばしば旅行に出るための絶好のチャンスを与えることになったのが、皇太子、王子、公子らの教育係、あるいは、家庭教師のポストであった。これらの職務にある人びとは、貴族の子弟の供として、修養旅行に参加することができたのである。たとえばヨハン・ゲオルク・カイスラーは、一七一三年、青年時代のカール・マキシミリアンおよびクリスティアン・カール・フォン・ギーヒ侯爵に随行して神聖ローマ帝国各地、ネーデルラント、フランスを周遊したとき、この機会を、みずから図書館を訪ね、各地の学者・研究者との交流を広める目的のためにおおいに利用している。さらに、その後、ガルトーのベルンシュトルフ家にて家庭教師の職を得たことが、新たな旅の可能性を開くことになる。カイスラーはベルンシュトルフ家に三〇年にわたって仕え、ふたりの兄弟、アンドレアス・ゴットリープとヨハン・ハルトヴィヒ・エルンストの人生観に大きな影響を与えたのであった。兄弟に歴史、国政学、地理を教授したのち、カイスラーはふたりに同伴してヨーロッパ各地をめぐり歩いた。彼はテュービンゲン大学でのふたりの学業を監督し、とりわけ、のちにデンマーク王国の外務大臣となるヨハン・ハルトヴィヒ・エルンストには、コペンハーゲンからさらにレーゲンスブルクへとつき添い、この地で公子が帝国常設会議のホルシュタイン使節として、はじめて公職に就くのを見守っている(10)。

また、カルステン・ニーブールは、デンマーク王室の学芸保護の恩恵によって、アラビアからインドへと赴くことができた。一七六一年、デンマーク王フレデリク五世と外相ヨハン・ハルトヴィヒ・エルンスト・ベルンシュトルフによる学問推進政策の一環として、デンマークは東方探検隊を結成し、当時ゲッティンゲン大学の学生であったニーブールもまた、地図製作者として、他の学者たちとともにここに加わったのであった。彼の著書、『アラビアおよび周辺諸国についての旅行記(11)』には、みずから見聞した異郷のものごとを、啓蒙主義的な手法を通じて、百科全書的に、可能なかぎり客観的に描写しようとした試みの痕跡が読み取れる。自費出版されたこの著作は、残念ながら、ニーブールの希望に反してベストセラーとなることはなかった。このことは、難解で学問的な文体が時代にかなっていないのではないかという彼自身の予測を、みごとに裏づけることになった(12)。一方、ニーブールとは対照的に、異国の旅行記というジャンルで大きな成功をおさめたのは、多作の文筆家、ヨハン・ゲオルク・フォルスターであった。もっとも、文筆を専業としたフォルスターは、自身のペンの力で生活を立てる必要に迫られていたのだった。キャプテン・クックによる二度目の世界航行に同行したフォルスターは、その探検のありさまを文学的に紹介することで、全ヨーロッパの注目を一身に集めた。同時に彼は、同じ精励さと鋭い洞察力をもってヨーロッパ内をも旅し、カイスラーと同様、各地の博物標本室や珍品コレクション、芸術収集室に関して精細な報告を残している(13)。

旅の前提条件

一八世紀における教養旅行普及の背景には、さまざまなファクターが作用していた。旅行の安全性がますます高まっていたことも、その大きな要因のひとつである。ヨーロッパにおける凄惨な宗教戦争の時代は、兵士や難民を故郷から根こそぎにする一方で、社会全体にいわば強い非移動性をもたらした。すなわち、三十年戦争の時代には、戦闘にまき込まれ、あるいは略奪兵や追剝の手に落ちることを恐れて、人びとはごくまれにしか旅に出なかった。これにたいして、一八世紀になると、多くの領邦国家が、盗賊団にたいして断固とした措置をとることで交通制度をより安全なものとし、かつての危険に歯止めをかけることに成功した。それでもなお悪評の絶えない地域については、旅人はこれを迂回して避けることができた(14)。さらに、一七世紀にはまだ、他宗派の人びとにたいする心理的留保が、新教地域を通過するカトリックのローマ巡礼者の存在をいかがわしいものに思わせ、また、逆にカトリック社会では、各地を行脚した巡礼が、じつは隠れ改宗者となって帰郷するのではないかという恐れを生み出していた。しかし、こうした偏見も、しだいに解消する傾向にあった。啓蒙主義の精神が、もはやこのような疑念を許さなかったからである。

同じように重要な役割を果たしたのが、公共交通機関として整備された郵便馬車およびそのネットワークであった。ただし、郵便馬車の定期的運行が達成されるまでには、なお多くの時間を要した。たしかに、一六二〇年代からすでに、デュッセルドルフからネーデルラントへの定期的な旅客便が存在してはいた。しかし、最初の正式な郵便馬車として一般に知られるのは、一六四九年に運行を開始し、一四日ごとにフランクフルトとカッセルを往復した帝国郵便の箱馬車である。一六五五年には、郵便馬車は各地で相互に接続してブラウンシュヴァイクからツェレ、ハンブルクへと路線を延長したが、北ドイツ諸邦の反対にあったため、その運行は長くは続かなかった。その後、一六六〇年代にはブランデンブルクの郵便街道がクレーフェとメーメルを一本の路線で連結した。また、別の路線として、帝国郵便とザクセン郵便が運営した、アーヘンからケルン、フランクフルト、ライプツィヒをつなぐルートがあったが、これはさらに、ライプツィヒにてポーランド郵便の馬車と連絡して、ワルシャワからさらにロシアへ向かうことを可能にした。このようにして、一八世紀の帝国郵便は、帝国最高裁判所での審理や、各地の業者が所持した特権の買収、さまざまな相互契約を経てようやく、定期的な馬車運行を創始したのであった。とりわけ商人および、手工業を営む企業家たちは、馬を替えずに、なかば幌なしで走る田舎馬車に代わって、このような郵便馬車路線が整備されることを強く望んでいた(15)。快適な車体の導入、乗合馬車、そして、「ジュルナリーレン」の呼称で親しまれた毎日運航路線の定着が、旅の文化を根本から変化させようとしていた。

なかでも重要だったのは、技術的困難の克服、路線の最適化、そして、便数の増強であった。主要な路線は毎週運行され、また、もっとも重要な区間、たとえばパリ～フランクフルト～ドレスデン間などでは、往復ともに、毎日、馬車が走行した。こうした状況からすでに、当初の顧客による需要の動向が読み取れるだろう。しかし、それでもなお、地理地形、あるいはとりわけ道路の状態から生じる難点には、乗り越え難いものもあった。たとえば、一七二二年、ザクセンとプロイセンの郵便馬車が速度基準をそれぞれ時速四・五キロ、七・五キロと定めていたのにたいして、帝国郵便馬車の運行時間から割り出される実際のスピードは時速三から四キロにすぎなかった。むろん、道路の改良、そして車両の改善は、確実に目的地までの走行時間を短縮していった。だが、著しい遅延は、なお日常茶飯事であった(16)。それが証拠に、多くの都市の商人たちが、郵便馬車の運行時間が当てにならないことについて苦言を呈しており、また、当時の旅人たちはみな、概して彼らの嘆息に同調するのである。

劣悪な道路状況、窮屈な郵便馬車、停車場におけるあまりに長い停留時間などは、当時よく聞かれた苦情の代表例にすぎない。一方、啓蒙期の旅行者たちはしばしば、フランスのよく整備された舗装道路と、イギリスで普及した、軽い車体にスプリングを備えた「駅馬車《ステージ・コーチ》」の素晴らしさについて注意を喚起している(17)。こうした声に応えて、速度の点でも快適さにおいても、旅行文化に一種の革命を引き起こしたのが特急郵便馬車であるが、その登場にはなお、一九世紀の幕開けをまたなければならなかった。この特急馬車制度の立ち上げにおいて先手を切ったのは、一八世紀の段階ではまだ南部諸邦の舗装道路網に大きく遅れをとっていたプロイセンである。旅客を郵便物と同様に迅速に輸送したいという願いが、この交通革命の最大の動機であった。最初の特急馬車が走ったのは一八二一年、コブレンツ、ケルン、デュッセルドルフ間の舗装道路であり、このときには時速一二から一三キロのスピードが達成された。走行時間の短縮には、そのほか、停車時間について、馬の交換には五分、食事の際は三〇分という規定ができたことも、おおいにあずかっていた。パリ～ベルリン間を結ぶ馬車の毎日運行（さらにベルリンからサンクトペテルブルクへの接続）も、こうした諸事情の改善によっていよいよ可能になった[18]。

ヨーロッパ全域をカバーする郵便馬車網の整備こそ、一八世紀後半にみられた集中的な旅行ブームの前提条件にほかならなかった。旅行がいまだ高くつくものであったとはいえ、郵便馬車という手段はますます盛んに利用されるようになった。たとえば、「厄介な同乗者」を避けるために、普通郵便馬車ではなく、特別馬車をチャーターして移動することを薦める啓蒙知識人旅行者、ニコライの警告は、馬車旅行が当時、いかに広く普及していたかを明示している。実際、ニコライ自身、ドイツ旅行に際して、郵便馬車街道に専用馬車を走らせるという、もっとも値段の張る方法を選んだが、これについて彼は、つぎのように説明した。「長い旅に出る場合、快適な馬車は、まさに、人生における快適な住居と同じ意味をもつのだ[19]」。だが、それによって、異郷の環境とのかかわり、異国のものごとに関する認識も、当然、限定されたものになる。この点で、ニコライは、旅路にあってなお、本当の意味で郷里ベルリンから離れることはけっしてなかったという、同時代人の誹りを免れえなかった。ヘルダーのイタリア旅行にみるように、当時の文筆家の多くが特別馬車を仕立て、いわば自分だけの空間を確保して移動したのに対し、ヨハン・カスパー・リースベックのように、他人との接触を意識的に求めて、「公共の、ごく普通の郵便馬車」を選ぶ人びともあった。「旅の道連れについていえば（何のことはない、ユダヤ人、カプチン派の修道僧、そして高齢の女性たちからなるグループにすぎなかったが）、私にとってこの上なく心地の良い人びとであった[20]」とリースベックは書いている。リー

図版３　特別馬車をチャーターしてドイツを旅する英国人，18 世紀後半のエッチング（フランクフルト，コミュニケーション博物館所蔵）

スベックの体験を裏づけるのが、ヴォルフガング・ベーリンガーによる研究である。乗合馬車による旅行の事例として、彼は、神学者ヨハン・フリードリヒ・アベッグが一七九八年夏の旅行においてどのような人びとと同行したのかを、つぎのように具体的に列挙している。「イエナ出身者がひとりと、植物学を専攻する学者が一名」（一七九八年八月三日、ゴータからアイゼナハ経由、ベルカへの道中）、「眼鏡屋を名乗るユダヤ人ひとり、乗車記録には双方とも学生として登録している薬剤師の徒弟二名」。ベルカからヘルスフェルトまでの区間では、妻とその侍女を伴った騎兵隊士官が同道し、さらに、ヘルスフェルトからアルスフェルトにいたる道中、アベッグはヘッセンの士官との談話をおおいに楽しんだという。アルスフェルトでは近隣の領主のもとで働く料理女が乗り込み、また、しばらくのちには、「美しく着飾ったご婦人が乗ってきた。この地の山林監督官の妻で、隣の集落の知り合いを訪問するのだという。ご婦人は料理女と間断なくおしゃべりを続け、私と少尉殿は、それに耳を傾けて心ゆくまで楽しんだ」[21]。異郷の人びととのふれ合いと体験は、ここにおいて、文字どおり肉薄のレベルに達するのである。

旅行をめぐる慣習と需要の変化に応じて、宿屋で提供されるサービスにも変化が生じてきた。郵便馬車の停車場も、その多くが徐々に、宿屋と同様の宿泊施設を備えるようになった。それに加えて、ドイツにおける宿屋の数は、一八〇〇年前後には約八万件へと増大していた[22]。これらについて、アウグスト・ルードヴィヒ・シュレーツァーは、一七九五年、宿屋の大多数が「洗練された」あるいは「そこそこ洗練された」状態にある一方、「きわめて洗練された」旅亭は、フランクフルトやハンブルクなど、大都市の中心部にみられるのみである、とコメントしている[23]。だが、この言葉とは裏腹に、多くの人びと、とりわけイギリス人旅行者はつねに、ドイツの宿屋の悲惨な状況に嘆息をもらしていた。旅行案内書においてもしばしば、旅行者にたいして可能なかぎり自身の清潔を心がけるよう呼びかける言葉がみられるが、これは、一八世紀の人びとの「悪名高い水嫌い」を考えれば、おそらく無駄な忠告にすぎなかっただろう。宿屋での蚤や虱による被害を避けるべく、専用の旅行用寝台の携行が推奨されたが、たとえばヨハン・ヴォルフガング・フォン・ゲーテなどは、この提言に忠実なまでに従っていた[24]。

旅について考察を進めるとき、その経済的な側面を無視できないことは、いうまでもない。ある領邦の住民が旅に出れば、それはその地域の邦貨を流出させることになったが、他方、ほかの領邦から旅人を迎えることになれば、逆に夥しい額を国内に流入させる結果へとつながった。旅行者から利得をえたのは、宿屋や雇われ御者だけにはかぎられなかった。しだいに勢いを増す旅行ブームのなかで、馬車製造業者、鞍職人、鍛冶屋などの業者もまた、仕事と収入にありついたのであった。また、この時期、旅行文化によって促進された独自の産業分野が、手工業の諸業種をまき込みながら発展しつつあった。旅行荷物専用の荷箱やトランクが製造されるようになり、上品な街着が旅行に適さないことがわかると、人びとは、旅の途上での酷使に耐えるだけの丈夫さと快適さをかねそなえた衣服を求めるようになった。さらに、カトラリーや筆記用具など、場所をとらない旅行専用の各種道具類も、旅人たちにとっておおいに役立った。紀行文の作家、地図製作者とともに、印刷業者および出版社もまた、当時の旅行ブームによって著しい儲けを手にすることになった。というのも、地図ならびに旅行をテーマとする書籍の生産・販売は、一八世紀、未曾有の活況を体験していたからだ。一七七〇年から一七八〇年までの期間に、書籍生産数が倍増するなかで、旅行関係書籍の出版数は約五倍にまで成長していたという。当時ちょうど成立期にあった教養市民層が旅にたいして寄せた、このような熱い関心をとりわけ顧慮したのは、一方では旅行記や短い紀行文を盛んに掲載した各種雑誌であり、また他方では旅行文学をすすんで在庫に取り入れ、人びとに貸し出した貸本屋であった。

旅の目的地

ベルトゥーフ編集の『贅沢とモードの雑誌』、『ロンドン・パリ・ジャーナル』に掲載された最新報道のほか、帰郷した旅行者たちの口伝の報告、また、それを活字化して出版した旅行記などを通じて、旅の目的地を選ぶ基準がしだいに定まってきた。修養旅行であれ、教養旅行であれ、その訪問が旅人の社会的威信にとって不可欠であるような都市や名所が、旅行計画における一種の「規範」としてみなされた。

たとえば、一七世紀の修養旅行では、パリ、マドリード、ローマ、そしてヴェネツィア、ウィーンの訪問が、いわば必須の条件であった。ちょうどこのころ、フランスがヨーロッパ列強として、同時に文化的中心地として勢威をふるうようになると、つぎのような箴言が現われた。「やんごとなき生まれのドイツ人は／他人からその振舞を褒められねばならぬ／〔そのためには〕まず何よりもパリへと急ぐことだ[25]」。フランスにたいするこのような高い評価は、フランス貴族学校の名声、あるいは、外交、学問、文学の領域におけるフランス語の普及、さらにはルイ一四世のもとで確立したフランス絶対主義の理想像によってもたらされたものにほかならない。文化的影響力とますます発展する郵便馬車のネットワークは、七年戦争の終結ののち、フランス革命がついに教養旅行ブームに終止符を打つまで、年ごとにますます多くの教養旅行者をフランスへと引き寄せることになった。しかしその後は、「革命旅行者」が彼らにとって代わることになる。フランスのほか、ローマ、ヴェネツィアなどイタリア諸都市もまた、旅の目的地として広く宣伝された。一方、この時代になると、マドリードは旅行者のあいだでかつての魅力を失っていた。

しかし、その一方で、フランスにたいして態度を留保する人びともあった。それどころか、慎重な教師や教育者は、お気に入りの教え子に、悪名高いパリの「罪業の淵」を回避させようと努めたほどであった。たとえば、ヨハン・ゲオルク・カイスラーはつぎのような要望を述べている。「……ドイツ人が、旅を続けたいという気持ちをあまりに強くもつあまり、現地にさらに長く滞在することになった場合、フランスよりもむしろイタリアの方が好ましい。とりわけ若い人たちがパリに長期にわたって逗留することは、避けるべきだ」[26]。パリにおいて人びとを誘惑する悪習については、いわゆる「赤信号ガイド」が詳しく解説していた[27]。他方、イタリアでは、古典古代と教養、そして敬虔な宗教性が人びとをただ魅了してやまなかった。もっとも、イタリアにもまた、その温暖な気候、治癒力のある鉱泉と同時に、さまざまな悪習が存在しないわけではなかった。いずれにしても、イタリア旅行に新たな刺激を与えたのは、ヨハン・ヨアヒム・ヴィンケルマンの『ヘルクラネウム発掘』（一七六二年）および、『古代美術史評論』（一七六七年）であった。これらの著作の出版後、ナポリとポンペイ、ヘルクラネウムが、旅の規範において不動の位置を占めることになる[28]。こうして、一八世紀末に、イタリアに関する「再発見」がなされたのであった。ゲーテによる一七八六年のイタリア紀行は、その典型といえるだろう。父による旅行記、彼が所蔵した文献や絵画によって形成されたイメージを抱いて「新たな世界」に到着したゲーテは、文字どおり「カルチャーショック」を受けたのだった。「……なぜなら、このような言い方をしてもよいと思うが、自分が表も裏も知り尽くしていたはずのものの、その総体を、このようにしてわが目で見るとき、そこには新しい人生が広がるからだ。……すべては私がかつて自分の胸に想像したとおりであり、また、同時に、すべてがまっく新しかった」[29]。まさしくここに、ゲーテ親子によるそれぞれのイタリア旅行のあいだにパラダイム転換が起こったのである。息子のイタリア体験においては、父カスパーのような知識の習得ではなく、自然、芸術、人間にたいする個人的な印象が中心的な役割を果たしていた。息子カール・アウグスト公の摂政を辞した直後、イタリアに出立したアンナ・アマーリア公妃もまた、ゲーテが伝えた南国の「癒しの効果」から逃れることができなかった。一七八八年から一七九〇年にかけて各地を巡り、ヘルダーが「美神《ミューズ》の旅」と称賛したそのイタリア旅行において、公妃はひたすら、当地の気候と芸術、音楽に親しむことに専念した。当時、なかば義務とみなされていた芸術作品の見学のほかに、アンナ・アマーリアは、現地においてディレッタントとしての本領を発揮しようと努めた。ナポリではギターのレッスンを受け、楽譜のほか、少なくとも一台のギターをワイマールにもち帰って、新しいギター・ブームを先導したのだった。ギターの流行については『贅沢とモードの雑誌』にもとりあげられているが、これは公妃が熱中していたことを理由に組まれた記事であろう(30)。

イタリアと並んで、オランダもまた、旅の目的地としていまだに重要な意味をもっていた。当時、ライデンの織物工業やデルフトのファヤンス陶器製造はすでにヨーロッパにおける主導的役割を失いつつあったとはいえ、これらの土地への訪問は、旅行者にとってなお意義あるものとなりえたのであった。そのほか、絵画芸術の黄金時代がもたらした偉大なる遺産は、人びとの関心を強く惹きつけ続けた。実際、メクレンブルク゠シュヴェリーン公子、フリードリヒをはじめ、多くの貴人が、オランダの絵画コレクションおよび画家のアトリエをめぐる、いわば「美術見学旅行」に出たのであった。さらに、彼らのオランダ旅行は、以後、ヨーロッパ各地に諸侯たちによる夥しい絵画コレクションを成立させるための、直接の契機となったのである。同様に、知識人や学者にとってもまた、オランダ、とりわけその大学都市は、まさに抗いがたい魅力をそなえていた。たとえば、前述のカイスラーは、ユトレヒトにて著名な古代史家、オリエント学者のハドリアン・レラントと出会い、さらに、レラントの紹介により西欧各地のさまざまな学者の交友をえて、かずかずの図書コレクションの閲覧を許されたのであった(31)。

そのほかにも、旅の目的地として新たに脚光を浴びた場所がある。とりわけ、ドイツ市民の親英主義および、社会政治的、社会解放的な関心の結果、イギリスもまた、旅に出ようとする人びとの熱い注目を集めることになった。雨の多い気候と変化を欠いた食文化が妨げとなって、英国旅行が実際に大ブームを引き起こすことにはならなかったが、

図版４　スイス，トゥーン湖近郊，聖ベアトゥス鍾乳洞での団体旅行，カスパー・ヴォルフ画，1776年（アーラウ，アールガウ・クンストハウス所蔵）

他方、政治生活の開放性、イギリス人の個人主義、風景庭園、そして魅力あふれる新しい物質文明などが、ことに政治的関心の高いドイツの教養市民層のほか、学者や技術者、農場経営者、造園家らの心を強く引きつけたのであった(32)。

それにたいして、一八世紀後半、自然界に興味を抱く人びとはみな、スイスを目指すようになっていた。新たなスイス旅行ブームの核をなしたのは、もはや、脅威を含む自然への学問的な関心ではなく、自然への熱狂、ロマン主義的な自然美化にほかならなかった。まぎれもない「スイス礼賛」の火つけ役となったのは、アルブレヒト・フォン・ハラーの詩集『アルプス』、ザロモン・ゲスナーの田園詩をはじめ、文学における山岳風景の「発見」である。また、ルソーによるヴァレー賛歌およびレマン湖の風景にたいする心酔は、「スイス愛好主義《フィルヘルヴェティスムス》」を生み出すための主要因となっていた。イギリスではすでに以前から多くの人びとが好んでスイスへと旅していたが、この地がいよいよ本格的な観光地として開発されたのは、一八世紀末葉のことであった。この頃になると、すでにその風光明媚を広く知られたレマン湖やローヌ氷河に加えて、ベルナー・オーバーラント、ルツェルン湖などが、新たな旅行地として人気を博すようになった。旅館をはじめとする旅行業および、道路事情に関する高い評価は、この時期からすでに、実際の旅行者たちの口づてによって広まり、今日にいたるまで、観光国スイスの名声を確固たるものにしてきたのである(33)。

旅行者たちがスイスに寄せた強い関心に応えて、芸術家たちはやがて、スイスの風景を主題とする絵画や版画に専心するようになった。この分野においてもっとも著名な画家は、カスパー・ヴォルフ（一七三五－八三年）であろう。ヴォルフは、ルツェルンの収集家、ヨーゼフ・アントン・フェリックス・バルタザールのために数多くの海洋画や、岩と木立を描いた風景画を制作したほか、ベルンの印刷出版業者、アブラハム・ワーグナーの依頼で、複製版画版の元絵として、二〇〇点を超えるアルプス風景画を手がけたのであった。ワーグナーは、ヴォルフによるオリジナル作品を、売却を目的とすることなく自身の画廊に展示したが、これらはのちに、銅版画集『スイス山岳の注目すべき風景』（ベルン、一七七七－七八年）の編纂に際して、基礎として用いられたのであった。一七七九年、ワーグナーはみずからの画廊、「ワーグナーの陳列室」をパリに移し、彩色アクアチント技法によってこの銅版画集のフランス語版を出版した(34)。

そのほか、ヨハン・ルートヴィヒ・アベルリ（一七二三－八六年）、バルタザール・アントン・ドゥンカー（一七四六－一八〇七年）、ハインリヒ・リーター（一七五一－一八〇八年）、ヨハン・ヤーコプ・ビーダーマン（一七六三－一八三〇年）、ジグムント・フロイデンベルガー（一七四五－一八〇一年）といった画家たちが、山の風景画、風景を描いた絵みやげ、彩色エッチング、水彩画、パノラマなどにたいしてスイス旅行者らがもたらしたさらなる需要を、充分に満たすことになった。なかでもアベルリの版画作品は、かつてないほどの人気を博し、画家はみずからのアトリエにて自作の大判バージョンを制作すべく、彩色工程のために数人の助手を雇い入れて作業に取りかかったという(35)。

旅行記

一八世紀末に凄まじい勢いで消費された読み物のなかでも、旅行記、紀行文は、読者の人気がもっとも集中したジャンルであった。この事実をいま一度裏づけるのが、ゲーテがコッタに宛てて書いた書簡である。ここで彼は、ヨハン・クリストフ・ザクセの『旅する従僕の自伝』をみずからの出版者に勧めながら、つぎのように述べている。「同種の作品は、図書室などで非常に多く読まれ、品切れを起こしている状態です。そしてこの小品もまた、貸本屋などにおいておそらく多くの利益を生み出すことでしょう」[36]。一八〇〇年前後に旅行記を集めた大規模なシリーズが相ついで登場したのは、理由のないことではなかった[37]。これらの作品は、その読者グループの社会的な幅広さを反映して、テクストのレベルもテーマもきわめて広範におよぶものであった。つまり、出版業者は、多様な読者層が具えた互いに著しく異なる関心と知識にたいして、充分な配慮を払っていたのである。フリードリヒ・ユスティン・ベルトゥーフの「新旅行記叢書」がつぎつぎにその巻に加えていったような[38]、一八・一九世紀の初期探検旅行や数多くの学術調査旅行についての報告記のほか、ヨーロッパ内での旅行記録もまた、重要な意味をもっていた。記述の対象となる国がどの程度の知名度があるかによって、旅行記の内容にも差が生じた。また、文学的内容の旅物語がますます影響力を増す一方、客観的事実にもとづく情報は徐々に除外されていった。そして、まさにこうした傾向を通じて、旅行記は新たな読者層を獲得したのである。これらのテクストがもはや実際の情報提供を第一目的とせず、ブルジョア読者の娯楽にたいする需要を満たそうとしたからである。しだいにさらに多くの紀行文を掲載するようになった雑誌類もまた、異国に向けた現実の旅に代わるべき、いわば「安楽椅子での読書旅行」を計算に入れていた[39]。これらの叙述は概して随筆的なもので、一般的なテーマ、あるいはエピソードの描写に力点が置かれた。他方、細部についての記録や、一歩踏み込んだ考察などは、断念されざるをえなかった[40]。

だが、なかでも特別な位置を占めたのは、旅行術《アポデミック》に関する書物であった。すなわち、旅行についての実践的な情報を提供する文献である。あらゆる旅行術は、その起源をたどるなら、必ずテオドール・ツヴィンガーに行きつくだろう。ツヴィンガーは一五七七年、遍歴の徒弟たちの無計画な生き方に対策を講じるべく、旅行の方法を幾分なりとも組織化することを目指して、『メトドゥス・アポデミカ（*Methodus apodemica*）』を著わした。その後、ダヴィット・ケーラーによって書かれた『古今における利巧の規律』[41]もまた、同じ意図から、ツヴィンガーの『メトドゥス・アポデミカ』および、ハインリヒ・フォン・ランツァウの『メトドゥム・アポデミクム（*Methodum apodemicum*）』[42]に言及している。さらに、一八世紀における旅行の流行にともなって、かつての時代の報告を寄せ集め、そこに最新の情報を補完するかたちで、繰り返し新たな旅行術が編み出された。その代表的な例として、ここでは少なくとも、一七五八年にヨハン・ペーター・ヴィレブラントが上梓した『ドイツ、ネーデルラント、フランス、イギリス、デンマーク、ボヘミア、ハンガリーをめぐる旅に関する歴史的報告および実践的注釈』[43]を挙げておくべきだろう。旅行記とハンドブックを組み合わせたこの著作は、出版から一一年のうちに八版を重ね、また、夥しいリプリント版を通じて広く流通した。ヴィレブラントはここで、これらの国々の政治形態と法制度、通貨と計測単位など、一般的な情報についてコメントするだけでなく、郵便馬車の御者にたいする心づけ、手形証書を通じた旅費の捻出から知的な旅行体験にいたるまで、いわゆる国民性、すなわち、現地の人びとの生活に結びついた、日常の事象についても細かく観察し、それについて多くの実践的なアドバイスを提供したのであった。その内容の一部を、以下に紹介したい。

三七、現地の国法、商業、利得、工業について、できるだけ正確に、またできるだけ多くの情報を得るように努めることだ。そして、こうした情報収集にもっとも適した場所は、名の知れたコーヒーハウスよりほかにないだろう。

三八、各地を遍歴する徒弟らのごとく、公共建造物を外から眺めるだけで満足してはならない。その内部に営まれているさまざまな施設、とりわけ工房や工場、製作所、あるいは救貧院、公営質店、孤児院、矯正院などの組織について、詳しく尋ねてみるがよい。

三九、いずれの地でも、有能な知識人、できれば芸術家と面識を得るよう努めるがよい。もし可能なら、各地において、君主に仕える官職、法律家、さまざまな業種の商人と知り合えれば、なおよいだろう。

四〇、できるかぎり頻繁に書店に足を運ぶことだ。というのも、知識人との交友を得るためには、それがもっとも早道だからだ。

四一、〔旅先で出会う〕さまざまな国民がもつ風習や慣習のなかに、何がしかためになるものを見いだすよう努めるがよい。帰郷した折に、祖国でこれらを役立てるために、そのつどメモをとることを忘れてはならない。

四二、スイス人を怒らせてはならない。フランス人をからかってはならない。また、ドイツ人に酒を飲ませてはならない(44)。

いわゆる国民性について詳しく観察したのち、ヴィレブラントは、他の旅行術作家と同様、そこからさらに歩を進めて、ドイツ人と他国人の精神性についての新たな発見を、つぎのようにして説明している。

上に挙げたような点で、互いにこれほどまでに大きな差があるのだ。気質においても、風習においても、また能力においても、ドイツ人のあいだにはこのように著しい変化があるのである。メクレンブルク人、ホルシュタイン人、ポンメルン人、ブラウンシュヴァイク人、ハノーファー人、ヘッセン人、ヴェストファーレン人、シュヴァーベン人、オーストリア人は、その気性も素質も、ブランデンブルク人やオーバーザクセン人、シレジア人、フランケン人とはまったく異なっている。その違いは、フランス人がイギリス人やスペイン人と、イタリア人がハンガリー人と、ポーランド人がオランダ人と、ギリシャ人がスイス人と、性質や考え方を根本から異にしてい

図版５　旅行術の著作のひとつ，ペーター・アムブロジウス・レーマンによる『もっとも洗練されたヨーロッパ旅行』（ハンブルク，1729 年刊行）の扉および銅版画による扉絵

るのと同様である。(45)

こうした文脈の背景には、ステレオタイプと紋切り型のイメージが決定的な要因として作用している。たとえばゴットリープ・フリードリヒ・クレベルは、同じくベストセラーとなった旅行記、ペーター・アムブロジウス・レーマン著『もっとも洗練されたヨーロッパ旅行』を、繰り返し版を改めて刊行し、そのたびごとに、オリジナルのテクストとは一線を画すかたちで意見やコメントをつけ加え、情報をより豊富なものにしていった。みずからのアイデンティティを確立すると同時に、おそらくそれによって売れ行きをのばしたいという意図があったのだろう。旅先での異邦人とのコンタクトは、危険をともなうものであったにもかかわらず、つねに自己強化のために役立つ具体的手段として尊重されている。

われわれと反対の立場をとる人びとは、たしかに、フランス、イタリア、スペインを周遊した旅行者たちがしばしば、帰郷してから結局、ただ異国の悪習をもち帰るだけのことにしかならない、という批判を投げかけるだろう。すなわち、フランス人の放埒さ、イタリア人の厚かましさと性的不道徳、スペイン人の悪意に満ちたしつこさ、それに常軌を逸したさまざまな風習、鼻もちならない身振り、過剰なまでの肩書、滑稽な儀式、奇妙な服装、もったいぶった話し方等々を身につけてくる一方、ドイツ的な祖国の美徳を完全に失ってしまうのだ、と。こうした批判はたしかに、ある面では認めざるをえないものだろう。というのも、多くの人びとが、郷里において善きモラルを習得し、異国〔の風土・風俗〕の観察から自身にとって有益なものを引き出す能力を養うよりも以前に、すでに旅に出てしまうからである。だがしかし、ある物事について、その乱用がみられるからという理由で、それを正しいかたちで営もうとする試みまでも締め出すべきではないだろう(46)。

旅行術作家のもうひとつの内容的重点として、教育的な観点にもふれておかなければならない。フランツ・ポッセルトはつぎのようにいう。

本書の目的は、すべての教養層の子女にたいして、また、駆け出しの知識人や芸術家にたいしてもまた、とりわけて有益に旅を営むための手引を示すことである。……ただ単に異国の邦々をめぐり歩き、漠然と名所名跡を眺めてまわるだけでは、何の勉強にもならない。旅する人が、自分がいま何を見、何について尋ねるべきなのかを意識していないかぎり、また、芸術作品を見聞し、その体験について思索をめぐらすだけの能力を身につけないかぎり、いくら世界中を周遊したところで、結局は、より聡明になることも、より善き人間になることもできず、分別の点でも思慮の点でも何の改善も望めず、また、この世界にとってより有益な存在へと成長することも期待できないだろう。だが、実際、多くの若い旅行者、なかでもブームに乗じて旅をする人びと、すなわち、単に旅行することだけを目的に旅に出る人たちは、異国の地で彼らに許されたものを残らず見物したことで、すべてを成しとげたと信じ切っているのである。彼らにとっての唯一の功績は、『自分はそれもこれも見たことがある』といってのけられることだけなのだ(47)。

旅行そのものではなく、正しい方法で旅行することこそ、人間形成に役立つのだ。これまで、多くの若者が、みずからの旅行のためにしばしば「非常に高い授業料」を払ってきた、とポッセルトはいう。というのも、彼らは多くの領域において、とりわけ旅行の技巧において、あまりにも無知であったからだ(48)。

ポッセルトにとって、世界との交流は、両親や教師による教育の偶然性に左右されることのない、一種の「自己形成」にほかならなかった。自己形成とは、「みずからの理性と心情および趣味をより高度に養おうとする個々の人間の努力に応じて(49)」進行する、きわめて自由なプロセスであり、この意味で、啓蒙主義と古典主義が喧伝した教養理想にもかなっていた。

旅行を通じて、旅する人のアイデンティティも変化した。こうした視野の転換と自己評価の変化を、啓蒙主義の研究者たちは、きわめて本質的な問題として新たに強調してきた。だが、その理想とは裏腹に、あらゆる旅行者にたいして推奨された徹底的な準備作業と事前情報の収集が、実際には、彼らが自発的に新たな世界に飛び込んでいく可能性を最小限にまで狭めていたのであった。しかしそれでもなかには、「[準備に]無頓着な」旅行者も、たしかに存在した。たとえば、一七九四年に『リヴォニア人によるリガからワルシャワへの旅』を著わしたヨアヒム・クリストフ・フリードリヒ・シュルツは、みずから記すところによれば、リトアニアの土地の言葉を習得するよう勧める旅行記作家のアドバイスにいっさい従うことなく旅立ったという。彼にとっては、「馬」を意味する単語のほかは、とり急ぎ通貨制度(「正しく勘定する術」)を身につければ、それで充分だった。前知識を回避しようとする、この無知への志向は、土地の文化へのシュルツの評価や、リヴォニア、クールラント、リトアニアおよびロシアの「農奴」にたいして彼が示した態度と符合するものである。その言説を通じてシュルツもまた、これらの地域をめぐる紋切り型のイメージをさらに広めていくことになった。

シュルツによれば、これらの土地にはたしかに「怠惰と投げやり」、「不精な気質」が蔓延しているが、それは、住民にきびしい労働力投入を強いることでより多くの利益を要求しようとする、農奴制の領主の責任であった。「このようにして、怠惰だけでなく、下劣な気性、すなわち、あらゆる奴隷根性がそなえもつ狡猾さ、毀傷の喜び、悪だくみ、欺瞞によって特徴づけられる気質もまた、報いとして領主の身に跳ね返ってくるのだ(50)」。ここには明らかに、書き手自身の無頓着さと既存の固定イメージが綯《な》い交ぜになっているといえるだろう。

一八世紀後半におけるほど、旅という行為について人びとが真剣に思いをめぐらせた時代は、それまでには存在しなかった。当時、旅は決定的にポジティブなものとしてとらえられた。それは人びとの視野を拡大し、人格を陶冶する営みにほかならなかった。また、異郷の人びとと向き合うことは、自身の文化、自身の故国にとってもおおいに利するところがあると考えられた。ただし、異国人との交流、あるいは「旅の流行」は、度を超えればカリカチュアの対象となることもあった。また、はじめから異郷的なるものとの触れ合いを可能なかぎり多く予見しようとした旅行術の文献においては、異郷人はまったく危険性をもたない存在として想定された。そのほか、旅行者がしばしば、自分が見たいもの、見るべきものだけを見学するようになったことは、旅の行動様式が標準化していったプロセスのひとつの結果であった。すなわち、イタリア旅行の中身は、自分専用の特別馬車をチャーターしようと、現代風にいうところのパッケージ・ツアーに参加しようと、ほとんど相違がなくなったのであった。異郷人は事実上、旅の世界から閉め出され、都合良く解体され、飼い馴らされていったのである。こうして異国の事物は、旅行術の文献のなかではもはや特別な魅力を発揮することがなくなった。それがなお人びとの心をとりこにしたのは、旅を主題とする小説や、一部の旅行記が描く世界のなかだけであった。

さらに、一八世紀の末葉に旅行術に関する書物が下火になると、それにともなって伝統的な旅の規範もまた崩壊をはじめる。若い旅行者たちは、旅の理想としてひたすら博識を求める強迫観念からようやく解放されて、自分たちがなぜ、どこへ旅するのかについて説明する必要がなくなり、やがてそのような説明能力を失っていった。目的地の可能性は際限がなく、成年に達した若者たちが時間と財力の許すかぎり旅を続けるには、充分すぎるほどであった[51]。こうした状況を何よりも巧みに表現するのが、クリスティアン・アウグスト・クローディウスが一七八〇年に制作した、つぎのような諷刺詩である[52]。

旅

――では、あなたはパリとローマとロンドンへ出かけられるというわけですか。

――ええ。

――理由は?

――私の叔父も兄も、彼の地を旅したからです。

――その方たちはさぞかし学識を積まれて帰郷されたことでしょうな。

――ええ、もちろんですとも。ともかくご馳走には事欠かなかったということです。何しろ、パリじゅうのカフェなら、どんなちっぽけな店でも、すべて地図で示すことができるほどですから。

――ローマに行かれた後は、おそらくナポリへとまわられるのでしょう、ヴェルギリウス、ホラティウス、カトゥルスの墓碑を訪ね、これら古き詩人への理解をさらに高めるために。

――いえいえ、詩人は私の関心事ではありません。

――では、パリの名女優、クレロンがあなたの好奇心を刺激したというわけですか?

――いいえ。

――さもなければ、古典古代の愛好家でいらっしゃるとか。

―まさか。古典の勉強はじつに怠けていましたから。

―白状してください、それではきっと、自然界にとりわけ関心をお持ちなのでしょう？

―私が自然界に、ですか？――いやいや、とんでもない。

―それでは、パリの社交界で認められるような、洗練された礼儀作法や生活術に魅了されたのでしょうか？

―礼儀作法などとかかわりをもったことは、いままで一度たりともありませんよ。

―ということは、ひょっとして、秘められた政治的目的があってのご出立なのかもしれませんね。わが国の利益に与するべく、ノース閣下やサン・ジェルマン伯爵と会見される目的でのご旅行なのでは？

―そんな人たちの名前は、いまはじめて聞きましたよ。

―では、いったいどんなご計画でいるんです？

―ねえ、あなた、ご冗談をおっしゃいますな。どうして計画など要りましょうか。郵便馬車の停留所をたどって行けばおそらく世界中をまわることができるというのに。

作者がこの寓話を通じて描きたかったことは何か。

それは、ドイツで営まれている多くの旅の、きわめてドイツ的な似姿である。(53)

第3章 モードと奢侈

流行は私を不安にさせる。なぜなら、ドイツ人はいま、この新たな欲望にとらわれて身をもち崩すための、最初の一歩を踏み出そうとしているからだ。そうなってしまえば、装うものすべてが流行にかなったものでなくてはならなくなるのだ[1]。

フランス語の"à la mode"に依拠した「モード（Mode）」という語がドイツに入ってきたのは、一七世紀半ばのことであった。本来、衣服の流行との関連で用いられていたこの単語は、やがて、生活様式およびそれに関連するすべての事象を指す、きわめて広義な言葉へと発展することになった。また、やがて、「ア・ラ・モード本」と呼ばれる、徹底したフランス文化批判的な立場の著作も現われた。

一八世紀の初頭になってはじめて、貴婦人たちが身につけるべき礼儀作法を百科事典的な手法で総括する、『洗練されたモードのための概要』が編まれた。他方、これらの階層に属さない同時代人にたいしては、ツェードラーの百科事典がつぎのような説明を行なっている。

……一般的に、あるいはもっとも広義においていうなら、それ〔＝モード〕は流儀、やり方、風習、習慣、類型、形態、作法、仕方、規範を意味するが、とりわけ今日では、通常の、あるいは広く普及している衣服とその着こなし、さらには、家具や馬車、部屋、家屋、工芸品の使い方、文章の書き方、話し方、挨拶の仕方、儀式やその他の華美な催事、祝宴などを含めた、その他の生活様式全般を指すようになっている。(2)

他の事典編纂者、たとえばアーデルングの辞書（一七九八年）は、このような見解をさらに強化して、モードを「社交生活に導入された礼儀作法、風習、習慣、そして狭義においてはつねに変化する衣服の着こなし……」として定義している。(3) しかし、一般的な用語法においては、この言葉にはより狭い意味づけが与えられていた。このような状況にたいしてしたたかに抵抗を試みたのは、当時のドイツでおそらくもっとも多くの読者を得た一種のライフスタイル・マガジンとして知られる、『贅沢とモードの雑誌』の編集発行者、フリードリヒ・ユスティン・ベルトゥーフであった。彼はみずからの努力を、一七九四年、「ギロチンの発明と存続」と題した記事を通じて、きわめて露骨に表現したのだった。

われわれは、読者がそこにただ〔口当たりの良い〕美酒《ネクトル》や佳肴《アンブロシア》だけを求め、ひたすら楽園の芳香を嗅ぎたがるような、〔浅薄な〕ご婦人向け雑誌、あるいはお洒落の指南書を世に送り出そうとしているわけではないのだ。このような試みは、他の出版物にゆずることにしたい。いまの世の精神性がモードによって支配され、方向づけられ、そのかたちを決定されるかぎり、われわれはここに、こうした現代精神の年代記を記したいのだ。このような観点からみるなら、われわれの観察の視野がきわめて広く、その外観もきわめて多様で人目をひくものであることは、容易に理解できるだろう。(4)

こうした意図に応じて、『贅沢とモードの雑誌』は当初より、読者にたいする月ごとの報告を計画していた。

……贅沢な生活に属するいかなる領域もすべて網羅しつつ、フランス、イギリス、ドイツ、そしてイタリアに現われたあらゆるモードと新発見について〔月ごとに報じることにしたい〕……。ここでの関心の対象は、つぎのような事がらである。一．婦人および紳士の衣服　二．晴れ着　三．装身具　四．室内装飾用の置物　五．家具調度　六．銀製、陶製、ガラス製など、あらゆるテーブル食器、グラス類　七．馬車、馬具、お雇い御者のお仕着せを含めた、乗り物全般　八．家と部屋の内装と装飾　九．庭園と郊外邸宅[5]。

この種の記事とともに、誌面には、「社交界からの報告」、および、文芸欄《フィユトン》と呼びうるような芸術・文学関係の論説などが掲載された。ベルトゥーフはここで、モードという語を、一八世紀において同じようにその意味を著しく拡大させていた「贅沢《ルクスス》」の概念と結びつけようとした。すなわち、「贅沢」は、当時、これまでのような、浪費、派手好み、無駄遣いといった、一方的にネガティブなレッテルをはがし取られ、さまざまな分野にわたる学問的関心を通じて、あらゆる角度からあらためて分析されようとしていたのだった[6]。「贅沢」という概念がなお内包した意味の矛盾について、ベルトゥーフほど巧妙に言い表わしえた人物は、ほかにないだろう。『贅沢とモードの雑誌』の緒論のなかで、彼はつぎのように述べている。

重農主義論者の見解では、贅沢とは、国家にとってまさにペスト〔のごとき恐ろしい疫病〕であるという！　それは、豊かな収穫の結果として得られた財を、不毛な支出のためにたちまち使い果たし、再生産を妨げ、国民の重農主義的能力を消耗させ、名誉と道徳の感性を打ち消し、一門の裕福を破壊し、揚句、国内に夥しい物乞いの群れをもたらすというのだ！

他方、銀行家や産業技術の専門家によれば、贅沢は国家にとって比類のない富の源泉なのだという。すなわちそれは、工業の測り知れない原動力であり、もっとも力強い経済流通の駆動装置なのだ。贅沢はやがて、人びとの風習のなかから野蛮さの痕跡を跡形もなく消し去り、芸術、学問、商業と産業を形成することになるだろう。また、人口を増大させて国家の力を増強し、人びとの生活に楽しみと幸福をもたらすであろう！――これら相反する意見のうち、どちらが間違っているのだろうか？――この重要な題材についてこれほどまでにひたすら熱弁をふるおうとするかぎり、どちらも間違っているといえるのだろう。この論争は、贅沢に関する不適切な、あるいは少なくとも充分正確に規定されない概念にもとづいているのだ(7)。

だが、一八世紀においては、新規のメディアが引き起こした、贅沢をめぐる論議そのものが、まったく新しい現象であったのだ。その起源は、例にもれずフランスにあった。フランス、とりわけパリでは、最新流行のドレスの精巧なミニチュア版を着せた着せ替え人形《モーデ・プッペン》や、木版画、銅版画などを媒介として、はじめてファッション画が普及したのであった。これらの一連の絵図は、やがて新たな娯楽のメディアへと発展し、『モードのギャラリー』においてその頂点をみることになる。この叢書は、一七七八年から一七八七年にかけて刊行され、総数にして約四二〇点の彩色銅版画を紹介したのであった(8)。

それにたいして、モードに関する書籍の生産は、当初はまだ取るに足らないものだった。レティフ・ド・ラ・ブルトンヌによる『モードの金字塔』のようなベストセラーが出現するのは、ようやく一八世紀後半になってのことであった。ちなみにこの作品は、一七七四年から一七九三年までのあいだに、優に一五版を重ねたといわれている(9)。そのほかにモード年鑑やモード暦書の存在も無視できない。その最初のモデルが刊行されたのは、一七七四年のことであった(10)。ただし、暦や年鑑の領域では、たとえば一七五〇年の『御婦人の暦書《カランドリエ・デ・ダム》』におけるように、モードはすでにそれ以前から主要な役割を担うようになっていた。また、多くはきわめて短命に終わったさまざまなジャーナル類においても、モードは不可欠の話題として扱われていた。

そのなかで唯一、比較的重要な意味をもったのが、パリの社交界を痛烈に批判し、女性読者のあいだでの議論を促進しようと努めた文芸雑誌、『ル・ジュルナル・デ・ダム』であった。この雑誌は、一七六一年には、フランス国内の三九箇所の都市のほか、カディスからサンクトペテルブルクにいたる四一箇所の諸外国都市へと配送され[11]、ここに明らかに、モードという主題に中心的な価値を見いだすような、新たな読者層を開拓していったのである。こうした状況に対応するべく、狭義でのモードに集中して記事を組み、毎月、最新流行の情報を伝える新しいジャーナル類が、まさに雨後の筍のように出現した。たとえば、『モードの急使または趣味のジャーナル』は、一七六八年五月一日から一七七〇年まで、欠かさず毎月一日に発行され続けた。また、イギリスではすでに、裕福な婦人たちはみな、『完全版婦人手帳』をはじめとする各種の暦を通じてモードについての最新情報を得るようになっていたが、ここでも、ほぼ同時期に、同じようなモード雑誌の刊行が始まっている。ロンドンで一七七二年から翌年にかけて出された『洒落男と演劇雑誌、あるいは当世の流行と娯楽に関する月間記録』、ならびに『レディース・マガジン』（一七七〇年から一八二五年、一八三二年刊）は、その一例にすぎない[12]。

それから約一〇年を経て、『キャビネ・デ・モード』やベルトゥーフの『贅沢とモードの雑誌』が創刊されたのであった。なかでも、一七八五年から一七九三にかけて刊行された『キャビネ・デ・モード』はフランスで最初の本格的なモード雑誌であり、「最新流行の紹介をその主要な任務と心得て、テクストと図版を通じてこの課題を定期的に果たそうと」望んでいた[13]。これらの雑誌は例外なく、モードと趣味とを、洗練されたセンスの形成という、より大きな文脈のなかでとらえようと試みた。そのために、芸術とモードを相互に結びつけ、それによってモードが内包した文化との密接な関連性を、いま一度より強い説得力をもって立証しようとしたのであった。たとえば、一八〇一年の『レディース・マガジン』は、つぎのように書いている。

いかなる時代においても、服装に気を配ることにたいして激しい批判をぶつける人びとがあったが、他方、同じくらい昔から、記憶に値するような著名な〔モードの〕擁護者たちもいた。実際、もっとも洗練され、啓蒙された国民とは、まさしく、優雅に装う術を培ってきた人びとであることは、すでに証明ずみの事実である。服装に関する趣味が、ある意味で、芸術の趣味の度合いを測る指標とみなしうるかぎりにおいていうなら、両者のあいだには不変の関連性が存在するように思われる(14)。

『キャビネ・デ・モード』では、取り扱われるテーマとして、婦人のファッションが紳士のファッションおよび装身具類（靴のバックル、ベルト、指輪など）を圧倒していたとはいえ、女性読者の知識欲を満たすための要因として、センセーショナルな事件の話題、社会批判的な考察、書評・演劇評などを並べた文芸欄もまた、大きな役割を担っていたのであった。そのほか、特定の商人による、専門的なコメントを付された広告欄の重要性も、看過してはならない。また、とりわけ注目するべきなのは、本誌が読者に、チュイルリー宮やパレ・ロワイヤルの庭園、ブーローニュの森、あるいはシャンゼリゼ大通りで最新流行の服を身につけるよう推奨するような場合、つねに、さまざまな自己演出についてのアドバイスがなされたことである(15)。紳士にたいして、前身ごろをボタンで止めたチョッキに、左手を半分ほど差し入れておくようを勧めた助言はその一例だが、このポーズはのちにナポレオンによって忠実なまでに実践され、当時の自己演出のいわばトレードマークとなったことは、いまさら指摘するまでもない。『キャビネ・デ・モード』は、ジャコバン支配下の一七九三年に発行停止処分を受けることになったが、ロココからナポレオン時代にいたる社会的・政治的激変を背景に、目まぐるしく変化したモードの現実を具現化している点で、きわめて貴重な史料といえる。

『キャビネ』が姿を消したことでヨーロッパの市場に発生した間隙を埋めたのは、新たにイギリスで創刊された雑誌、とりわけ、『酒脱な宮廷手引書《ファッショナブル・コート・ガイド》』ならびに『ギャラリー・オヴ・ファッション』であった。これらのメディアはイギリスのモードを大陸に向けて宣伝し、ファッションの中心地としてのロンドンの地位をたしかなものにした。しかし、彼らはけっして新しいトレンドを創出したわけではなく、ただ、すでに上昇気流に乗りつつあった時好を巧みに計算に入れただけのことであった。とりわけ、イギリスから発信された紳士服の流行は、一七七〇年代から八〇年代には、紅茶を飲む習慣や、スプリングつきのイギリス風馬車と同様、すでにきわめてポピュラーなものとなっていた。フランス人の「英国かぶれ」について、一七六八年、パリに滞在した文筆家ペーター・ヘルフェリッヒはつぎのように報告している。

ときおり、いまどきのフランス人の英国かぶれに辟易させられることがあります。虚弱でか細い身体を乗馬用コートに包み、手足をじたばたさせながらあちこち逍遥する輩には、いたるところでお目にかかることができるでしょう……。なんとも奇妙に思えるのは、自由の息子たちが、流行となれば卑屈になって無条件にこれに順応し、一方で、恭順なフランス人たちがつねに自分たち独自の装飾品を依然、苦心してでも身につけ続けていることです。その結果、厩番を思わせる〔乗馬〕ジャケットの胸元に大きな花束を差し込み、襟首からはプディングほどもあろうかという短いイギリス風束髪が膨らんでいるという、なんとも奇妙な形姿が街を闊歩することになったのです。お嬢《ミス》さんが鳶色の巻き毛に美しく覆われたお頭《つむ》の天辺に、薔薇の花を飾ったチップ・ハットを小粋に載せようとすると、イギリス風の帽子は髪粉をたっぷりふるったこのフランス嬢の顔の上に斜めに傾き、薔薇はさながら花綵《ギルランデ》のように垂れ下がる、というわけです(16)。

一方、ロンドンやパリにおける物質的な現実は、ドイツではテクストによる構築物のかたちでもたらされた。とりわけ、ハンブルクやフランクフルトなど、大都市部を除いた諸地域では、ジャーナル類、小説、手紙などのテクストが、西部ヨーロッパにおける消費文化を再現することになった。他の文化の諸分野と同様、モードの領域でもやはり、ドイツ諸邦は、西ヨーロッパとのあいだに生じた遅れを取り戻す必要があった。こうした状況に対応すべく、さまざまな雑誌がテクストと図版を通じて新しい衣服のスタイルを紹介し、最新流行を模倣した製品を、安価に生産することを可能にしたのであった。とくに彩色銅版画は、衣服をさらに感覚的に把握しやすいかたちで伝え、手工業者たちがこれらを技術的に再生産するための基礎を作った。この過程で、人びとは、新しいイギリスの流行と、古くからのフランス的特徴とのあいだを行きつ戻りつすることになった。とりわけ（北ドイツの）教養市民らがイギリス風の生活様式に憧憬を抱くようになったのにたいして、パリの文化は依然として貴族社会の典雅を特徴づけるファクターとして作用していた。新しい「英国スタイル」にしても、これがヨーロッパ大陸に本格的に伝播し、商品化されたのは、あくまでパリが起点となってのことであった。このような二重基準のなかで、ときとして、ひとつの家族の内に文化的亀裂が生じることさえあった。たとえば、『贅沢とモードの雑誌』はつぎのように報じている。

メクレンブルク人もまた、ほかのドイツ各地の住人と同様、イギリスとフランスを真似たがる。しかし、人びとのあいだにも違いがあって、男性たちは服装から家具、馬車、庭にいたるまで、イギリス風の趣味に従って整えるのにたいし、お洒落な女性たちは頑固にも、売れ残って傷んだ商品を北方へと送ってくるパリの服飾業者から目を離そうとはしないのだ(17)。

読者の興味を惹きつけておくために、男女の役割が作為的に作り上げられ、さらにそれを、英仏の文化的対立構造のような、国ごとのステレオタイプによって巧みに脚色したのであろう。『贅沢とモードの雑誌』はいう。「われわれがその魔法の杖の効力を恐れねばならない相手は、フランスだけとはかぎらない。イギリス、ことにその工場にみられる、技能を磨くための完璧なまでの勉励は、フランス同様、必然的にわれわれにとって危険な存在となるに違いない(18)」。というのも、ヨーロッパ大陸において当時ますます魅力を発揮していたのは、新しいイギリス風の物質文明と消費文化にほかならなかったからだ。

イギリスがそのすべての工業製品を通じて伝える術を心得た、あの洗練された簡素と堅牢は、われわれドイツ人にとって比類ないほどの好感と魅力を与えるものである。いまでは、英語、あるいは英国製品といった単語ですら、われわれにとって抗いがたい魅惑的な雰囲気を漂わせつつ、技能の勉励の結果として生まれた作品がもつ完全無欠、究極の美とほとんど同義語としてとらえられるようになっているのだ[19]。

読者にたいして約したとおり、ベルトゥーフは毎月、外国での流行と発明だけにかぎらず、社交生活、芸術、文芸についても誌面で詳しく報告した。とりわけ、演劇公演やコンサート、新刊書に関する評論の掲載については、ベルトゥーフは当初、まったく想定していなかったが、しかし、時代とともにこれらは記事のなかできわめて大きな割合を占めるようになっていった。こうした推移は、雑誌のタイトルにも鮮明に反映されることになる。すなわち、ベルトゥーフの人気雑誌は、一八一三年には『贅沢とモード、芸術の主題についての雑誌』、さらに一八一五年には『文学、芸術、贅沢とモードの雑誌』へと、その表題を改めたのであった。

ベルトゥーフの『雑誌』には、独立した折り込み広告として、いわゆる『インテリゲンツ・ブラット』が付録され、出版業者のほか、手工業の生産者や商人らがそれぞれの製品について宣伝を打っていた。ここに公告された商品は、イギリス風紅茶沸かし機から胡瓜のスライサー、ロスト美術出版社の書籍、新刊の楽譜、さらに、壁紙から仕掛け時計、気球を模った暖炉にいたるまで、じつに多岐にわたっていた。これらの奢侈品はまさに、イギリス製品と比肩するものであった。とりわけ、一八世紀の新たな技術革新にともなって廉価かつ規格化された模造品が市場に出まわるまでは、銀細工、陶磁器、ガラス、時計、家具などの奢侈工芸品がここでの主導的な位置を占めていた。やがて、純銀の代わりに銀の薄板あるいは真鍮を用いた茶筒、磁器にとって代わったウェッジウッドの炻器類などが、流行のサ

図版６　1701年と1801年のファッション，『贅沢とモードの雑誌』1801年1月号の口絵銅版画

イクルのなかですっかり定着していくが[20]、同様の過程は、ベルトゥーフの広告のなかにも確認できる。『インテリゲンツ・ブラット』は、「骨董宝石ふうに仕上げたウェッジウッドの美麗ないわゆるカメオ・ボタン」[21]と同時に、ザクセン＝ワイマール製の安価な模倣品をも広告していたのであった。これらの奢侈品は、見本市と問屋制度を巧みに利用したベルトゥーフの「公国産業組合」を通じて、容易に取り寄せることができた。『贅沢とモードの雑誌』を熟読し、ベルトゥーフのもとに商品を注文することで、人びとはヨーロッパの物質文明および消費文化の世界にみずから参加することが可能となったのである。

読むという行為は消費願望の形成にとって決定的な要因として機能し、読まれたテクストについての文芸的談話は、個人の生活様式のなかに一定の美的対象物を導入することになった[22]。こうして、『贅沢とモードの雑誌』は、ちょうど成立期にあった市民階層の文化生活を代表する論調をかたちづくり、同時に、伝統的にフランス文化を志向した貴族階層のほか、趣味に関してはいまだ非常に未熟な状態にあった官職エリートの生活様式にもまた、たしかな影響力をおよぼしていた。したがって、この雑誌は、われわれ歴史研究者にとって、今日、並はずれて貴重な史料となっている。[23] さらに、一二冊につき四ターラーという年間購読料は、読者にとっても手ごろな価格であった。この雑誌刊行の企画そのものが、経済的にみて比類のない成功であったことを証明するのは、一七八六年に一四八八人、一七九九年には一七六五人に達した予約購読者数だけではない。(実質的な読者数に関していうなら、読書クラブやその他の共同購読の結果、この数字の約十倍に達していたと考えられる。) 四一年におよんで毎月刊行を続けた当誌の息の長さは、同様に、その成果を裏づける証左であろう。

一八世紀における流行およびスタイルの変遷

これまでタイトルを挙げたようなモード雑誌類は、一八世紀に進行した流行とスタイルの変遷過程を、はっきりと記録している。なかでも、この一世紀のうちに起こったスタイルの変化をもっとも具体的に示すのが、一八〇一年の視点から一七〇一年の流行を回顧した、『贅沢とモードの雑誌』の口絵銅版画であろう(図版6)。

この図版に加えられた解説は、過去一〇〇年間における流行の推移の激しさをあらためて確認している。宮廷の趣味によって形成された伝統的な規範が、新たな市場の基準にとって代わられた。新しいモードがつぎつぎに現われ、古いモードを駆逐していった。こうしたプロセスが本格化したのは、一七一五年にルイ一四世が死去し、オルレアン公フィリップ二世が幼いルイ一五世の摂政の座に就いたときであった。この政治状況にちなんで「摂政時代」と呼ばれた流行の一時期において、貴族たちは、伝統にしばられたヴェルサイユの宮廷を離れ、パリにみずから構えた都市宮殿、とりわけそこでそれぞれが営んだサロンを、いわば小宮廷へと生まれ変わらせたのであった。彼らの館は、夥しい内装装飾品で豪華に飾られた。さまざまなシノワズリー装飾、とりわけ中国的なモチーフをあしらった壁紙は、その代表的な例である。(24) 婦人たちが普段からフープスカートを身につけるようになった様子は、美術商ジェルサンが掲げた、ヴァトーの手になる著名な看板画がいまに伝えるとおりである。

こうした状況は、ハンブルクにおいてもほとんど変わるところはなかった。たとえば、一七一二年の『物好きな古物商』は、つぎのように報告している。「ご婦人たちは下部ほど横に広く張り出したスカートをはいていて、そのさまは、まるでなかに樽の箍が入っているかのようである。そのため、女性ふたりが狭い小路で行き交おうものなら、干し草を満載した馬車が鉢合わせしたのと同じ混乱に陥るというわけである」(25)。この時期以降、フープスカートは一七六〇年代にいたるまでその姿を消すことはなかったが、ただし、ちょうどフランス式の宮廷儀礼と同様、モードにおける決定的要因としてのその影響力は、ときとともにしだいに失われていく。これに代わって、より簡素なスタイルのドレスが広く定着していったが、これらは、女性の体形によりしっくりと馴染むだけでなく、プライベートと快適さ、機能性を重視するイギリス的な理想にも適合するものであった。

男性のファッションもまた、一八世紀を通じて、しだいに簡素化する傾向にあった。ジュストコール〔丈長の上着〕とチョッキ、キュロット〔細身の半ズボン〕を組み合わせて着る伝統的な着こなしには変化はなかったが、ジュストコールは横に張り出した大きな裾がなくなって、袖が長くなり、やがてイギリスの乗馬ジャケット、すなわち「フロック」の形態に近づいていった。時代がすすむにつれて、チョッキは腰丈まで短くなり、一方で、キュロットのシルエットはよりタイトなものへと変わっていった。

こうした変化がいかにイギリスでの発展過程に準拠していたか、あるいはそこから直接的な影響を受けていたかは、イギリスの状況を詳しくみていけば、おのずと明らかになるだろう。イギリスでは、すでに一八世紀前半、絹製のジュストコールに代わって、単色のウール製上着、「フロック」が、普段着として広く普及していた。このフロックコートは、一七五〇年代になると、軍隊のユニフォームの影響を受けて、その典型的な細身のシルエットを完成させたのであった。フロックの下には、布あるいはなめし皮製の、ぴったりとした膝丈のズボンをはいていた。これに合わせてさらにチョッキを着ることになっていたが、イギリスで「ニュー・マーケット」と呼ばれたこの胴着は、たいてい白いピケ織か、または色鮮やかな絹布でできていた。ドイツでは、疾風怒濤《シュトルム・ウント・ドランク》の世代が、青のフロック、黄色のチョッキに膝丈のズボンという、いわゆるウェルテル風スタイルを身に着けるようになっていた。彼らはこの服装によって、ゲーテの『若きウェルテルの悩み』の読書を通じて形成された自己のアイデンティティを表出しようとしたのであった。こうした新たな着こなしでは、さらに、黒い丸型帽子が欠かせないアイテムであったが、この帽子はのちにシルクハットの原型となった。さらに、剣に代わってステッキをもつようになったことも、宮廷文化からの解放を象徴する現象といえる。

イギリスでは、女性たちもまた、フープスカートとロココ風の髪形を放棄しようとしていた。世紀後半には、体型により適合したドレスが好まれるようになったが、これらの服はのちに、「イギリス風ローブ」として、ヨーロッパ全土に広く普及することになる。ただし、当時の人びとは、お尻の部分に「パッド」と呼ばれるさまざまな形態のクッションを着けることを好んだ。この「パッド」を下に着けることで、スカートは腰の部分でほどよく緩やかな襞をかたちづくるのだった。そのほか、紳士服における新しい傾向が、女性のファッションにそのまま採り入れられることもあった。たとえば、ブラウス風の上着、「カラコ」は、明らかにフロックを連想させるものである。外套には、男女とも、「レデンゴート」（英語の「ライディング・コート」が訛ってできた語）を着用した。女性たちの髪形はより自然なものに変化し、小さな巻き毛が自然に広がって肩まで伸びるスタイルは、その上から麦藁帽やフェルト製の帽子をかぶるのにぴったりだった。

これらのスタイルは、まさしく、ベルトゥーフの『贅沢とモードの雑誌』がドイツの読者に伝えようとした理想そのものであった。その創刊号の彩色扉絵は、イギリスにおける最新の紳士および婦人のファッションを紹介している。ここに付された記事、「イギリスの婦人服」は、つぎのような内容のものであった。

こうした服は健やかに成長した身体をこの上なく引き立てるものである。下部が狭く、上部が緩く幅広に作られたコルセットは、全体の気品のなかに美しいウエスト・ラインをつくり出す。まさに、華美ではないが、女性の魅力を際立たせる、趣味のよい簡素さ、上品さを全面に押し出したスタイルである。(26)

ドイツでもまた、文筆家たちが、イギリス風モードを伝播させるための基盤を作ろうとしていた。たとえば、ユストゥス・メーザーは、オスナブリュックのインテリゲンツ・ブラットに掲載された連載、「愛国的空想」のなかで、服装やモードのテーマについて繰り返し意見を述べた。一七六七年には、「わが義父に宛てた書簡」と題する記事のなかで、ひとりの若い夫を登場させ、これまでのファッションを、当世の「ギリシャ風」スタイルに取り換えることを、いかにして妻に納得させたかについて説明させている。くるぶしまでの丈のスカートに、飾り気のない黒い靴、そして農民風のふちなし帽をかぶった妻の服装は、メーザーが志向した、身分の高い既婚婦人および農家の女性たちにふさわしいシンプルなファッションの理想とみごとに合致するものであった。(27) ゲーテはさらに、衣服（「それは人間の外見をある意味で際立たせるものである」）と身体の美的調和を称賛することによって、この主題そのものをより高いレベルへと引き上げた。彼自身、イタリア滞在中に、のちのハミルトン夫人が、当時はまだ恋人同士だったハミルトン卿のナポリの家でギリシャ風の衣装を披露したときに、こうした調和が生み出す優美な光景を心から享受したのだった。

ただし、『贅沢とモードの雑誌』の誌面からは、書き手がイギリス風スタイルおよび英国文化そのものに強い共感を感じながらもなお、フランス、とりわけパリのモードについてより詳しい情報を提供しようとしていたことが、明らかに読み取れる。こうした事情は、たとえば、快適で実用的な子ども服の導入に賛成するベルトゥーフの意見表明にも明確に現われている。機能的な子ども服が充分な成果をもたらしたことは、一七九八年、『贅沢とモードの雑誌』がみずから確認しているところである。ベルトゥーフの記事は、まず、啓蒙主義的な視点から、「子どもはその服装からして、すでに子どもらしい様子を示さなければならず、大人の紳士、あるいは小さな貴婦人のように見えてはならない[28]」としたうえで、新たな子ども服のスタイルを披露した。これに関連して、ベルトゥーフは、子どもの教育についてのヒントや、子どもにふさわしい遊び、また、のちにはさらに、独自に編纂した子ども文庫シリーズを紹介している[29]。

自身、英国にたいする深い共感を抱いた一方で、ベルトゥーフもまた、イギリスの機能性とフランスの典雅とのあいだに容易には解消しがたい競合関係があること、その結果、ドイツ国内に文化的な二分化が起きていることを認めざるをえなかった。

フランクフルトとライプツィヒの見本市に出品された商品が、いま、いたるところのモード関連商店に分配され、この分野での新開発や最新流行を概観することが可能になっている。フランス製品は、わが国において、ライン、

図版７　盛装《グランド・パリュール》の若い婦人，『贅沢とモードの雑誌』1804 年 1 月号より

マインの左岸まで達している。その優雅な商品の消費を先導するのは、フランクフルト、マインツなどの諸都市である。他方、ライプツィヒをはじめとする北方都市、ハンブルク、ブレーメンなどは、イギリス製品の導入を通じて、中部ドイツの生活様式をより豊かなものとなしている。したがって、われわれは、流行商品の供給に関して、国内に差異が生じていることを念頭に置かなければならない。すなわち、あちらの地域〔ドイツ西部〕ではより洗練された、エレガントで軽く、上品な商品が集中するのにたいして、こちら〔北部から中部〕では、精緻かつ小さく頑丈だが、しばしば堅苦しく気取った趣味が目立つのである。(30)

ドイツ諸都市のなかでも、とりわけウィーンは、いまだに完全にフランスの影響下にあったようである。

ことモードに関していうなら、概してウィーンはなおパリから目を逸らそうとしない。高位の婦人や服飾業者のなかには、定期的にフランスからミニチュアのマネキン人形やモード画を取り寄せる人びともいる。ドイツの地が新たなモードの発信地となることは滅多にないし、たとえそのようなことが起こったとしても、ここに生み出された流行が、パリのモードに与えられた高い評価をしのぐことはけっしてないだろう。(31)

その極端なフランス贔屓から、『贅沢とモードの雑誌』のウィーンにたいする態度はおのずときびしいものになった。たとえば、現地では〔住民に娯楽の手段を提供するための〕慈善的施設と称していた駆り立て猟劇場についての言及にみられるように、その論調はときとして嘲弄的な調子を帯びることさえあった。いずれにしても、フランス批判的な言説の背景には、当時のイギリス・ブームのいわば「影の部分」が確実に投影されていたことを看過してはならない。すなわち、ドイツ独自のモードの伝統を確立するという目的からみるなら、イギリス風モードの上首尾もまた、マイナス効果をおよぼしえたのである。

現在、あらゆるモード商品において、フランスよりもイギリスが、主導的役割を担いながら、ドイツの市場を独占しつつあることは、非常に目につく現象といえる。しかし、それによってドイツに利益がもたらされるのかという問題については、筆者は当然、疑問を抱かざるをえない。というのも、イギリス産モード商品もまた、あくまで流行品であるかぎり、モードの気まぐれな変化に支配されているのに、その一方で、これらはあまりに堅牢で価格も高いからである。したがって、ドイツはややもすると、イギリスにたいして、かつて流行を支配したフランスに比べて二倍の利子を払わなければならない羽目に陥るだろう。[32]

だが、他方、ドイツでは、衣服において、イギリス的要素とフランス的要素との共生的な傾向が生まれてもいた。その起源は、すでにフランス革命以前までさかのぼることができる。たとえば、女性たちは、普段着として「イギリス風に」ゆるやかなネグリジェをまとい、逆に、たとえば宮廷への参内など、公の場での晴れ着には「フランス風の」盛装《グランド・パリュール》を身に着けた。こうした傾向は、フランス革命後も本質的な変化をみることはなかった。ただ、革命後、宮廷で好まれたロココ風のモードが完全に克服されたことで、人びとはイギリス風の無造作で自然なスタイルをことさらに強く志向するようになり、さらに革命や軍隊風のモチーフでこれにアクセントを添えるようになった。ジャコバン党員がかぶったフリジア帽はベルトゥーフの雑誌では婦人帽にアレンジされ、また、ボタンのバリエーションとして、「バスティーユ風」、「市民衛兵風《ア・ラ・ギャルド・ブルジョワーズ》」、「国民風《ア・ラ・ナシオン》」、あるいは「平民風《ア・ラ・ティエール・ゼタ》」といった表現がしばしば聞かれるようになった。[33]フランスの紳士たちは、サンキュロットを真似て、軍隊風のファッションを身に着けるようになっていた。市民衛兵隊や国民衛兵隊のユニフォームは、『贅沢とモードの雑誌』の誌上で、ドイツの読者にも紹介された。こうして、革命期を境に、それまで流行した古典古代風のさまざまな象徴物が、しだいに軍隊風のシンボルに入れ替わったのである。このような風潮のなかで、とりわけ人気を博したアクセサリーは、「カスク・ドゥ・ミネルヴ」と呼ばれるヘルメット風の婦人帽で、髪を結い上げずに平らにゆるやかに仕上げ、髪粉をつけない新しいヘアスタイル

図版８　最新流行の婦人用髪飾り５点,『贅沢とモードの雑誌』1795年1月号より

に合わせてこの帽子をかぶるのが、粋なスタイルとされた。

当時、画家でありながら、同時にいわばデザイナーとしての役割を担った人物が、ジャック・ルイ・ダヴィッドであった。ダヴィッドは、古典古代の衣装に関する膨大な知識をもち、共和国時代の婦人服デザインに大きな影響をおよぼした。彼が描く肖像画はファッション界に直接作用したが、とりわけ、当時のモード界の主導者、レカミエ夫人をモデルとした作品が呼び起こした反響は、はかり知れなかった。こうして、一七九〇年代のなかばには、古代様式を模した衣装が定着し、これらは、ナポレオン帝政時代にはアンピール様式と呼ばれるようになる。その代表的存在が「シュミーズ・アングロ・グレック」、すなわち「イギリス・ギリシア風ドレス」であった。胸のすぐ下にウエストを切り替えたこのドレスは、時代とともに胸元がさらに大きく開いていった。短い袖からむき出しになった腕や、深くカットされた襟ぐりなどからわかるように、人びとはしだいにみずからの「肉体」を露わにするようになり、また、肌色のメリヤス下着やパッドを用いて、それをさらに強調することすらあった。このような「フランスにおける嫌らしいヌード趣味」についてのカリカチュアと辛辣なコメントは、『贅沢とモードの雑誌』にとって格好の題材となった。ドレスの襟《デコルテ》ぐりがうまくおさまらない場合、人びとはなんとかこれを補正しようと躍起になっていたようだ。

簡潔にいうと、ご婦人たちのあいだでは、自分の腕に蠟製の用具を装着して充填し、ふくらみをつけ、より肉付きよく見せるという習慣が根づいているのだ。バストが自然によって恵まれないとなれば、これまた蠟蝋でできた人工の代用物をあてがうのである。これらは非常に巧みにぴったりと作られ、調整されているので、胸パッド製造工場の発明を突き止めた不遜なお喋り屋が、その秘密をみなに触れてまわるという裏切り行為に出さえしなければ、百の目をもつといわれる巨人、アルゴスですら、この些細な罪のないごまかしをけっして見破ることはできなかっただろう(34)。

一方、当時の女流流行作家、カロリーネ・ド・ラモット・フーケのように、新しい軽やかな衣服のスタイルについて肯定的な意見を表明する人びともあった。かつて貴族の所領の屋敷を豪華に飾ったダマスク織のタペストリー、シャンデリア、肘掛け安楽椅子に代わり、廉価な壁紙、彩色ガラスのランタン、馬毛の詰め物をしたソファなど、新たな消費財が氾濫し、その高貴な雰囲気を貶めていることを嘆く反面、フーケは、新しい身軽な外形がもたらした、これまでにない心地よい身体感覚を強調している(35)。それでもやはり、一八〇五年に、透ける素材を好む傾向が収まり、ふたたび厚みのある服地が求められるようになったとき、『贅沢とモードの雑誌』は安堵の声をもらさずにはおれなかった。こうした流行の転換には、ナポレオンの戴冠式、とりわけ、このとき皇后ジョゼフィーヌが身に纏った、過去のさまざまな時代を連想させるモチーフをちりばめたビロードと絹の礼服が、持続的な影響力をおよぼしていた。レースの飾り襟にみられるようなルネサンス様式の模倣、あるいは、ナポレオンのエジプト遠征を機に巻き起こったエジプト・ブーム（紐で幾重にもしばったマムルーク風の袖は、ファッションにおけるその現われの一例である）が、モード界に新たなアクセントをつけ加えることになった。これらの新流行が、ほどなくドイツにも波及したことは、いうまでもない。

国民的趣味形成のための宣伝

同じころ、モードの世界におけるフランスの独裁状態から離脱しようという努力が、しだいに目立つようになっていた。このような動きは、しかし、けっして新しいものではなかった。すでに『贅沢とモードの雑誌』の創刊年において、ベルトゥーフは、国内の手工業と芸術の技巧を促進し、それによって国内のエリート、とりわけ官職エリートの消費を活性化するという構想を全面的に支持している。

こうしてベルトゥーフは、雑誌の初年度の一七八六年、国民的風俗に関して世論に探りを入れるべく、つぎのような問題提起を行なったのであった。「ドイツ独自の国民的衣服を導入することは、果たして有益かつ可能な課題なのだろうか」。ベルトゥーフはここで、フランスの流行に盲目的に従う風潮を、倫理的にも財政的にも、また貿易差額の点でも有害であるとみる伝統的なステレオタイプ、すなわち重商主義的な見解に則って議論を進め、国民的な衣服の独自の特質を創出することがぜひとも必要であると結論づけた。

〔この問題に関しては〕とりわけつぎのふたつの点が重要になってくるだろう。

一、衣装の選択

二、その衣装についていかにして意見を一致させ、導入していくか

最初の点に関して、筆者は以下のような基本原則を提案したい。〔ドイツ人の〕衣装とは、つぎのようなもので

なくてはならない。

a　値段が手ごろであること。

b　汚れが目立ちにくい色で、丈夫で、洗濯が容易であること。気まぐれな流行の結果として生み出されたものであってはならず、また、流行に左右されてもならない。

c　どのような年齢にも適応すること。

d　貴賤や貧富の差を問わず、誰もが容易に入手し、着用できるものであること。

e　わが国の気候に適していること。

f　奇を衒わないこと。

g　人間の自然な身体を歪め、損なわないこと。

h　ドイツ的な特徴をそなえていること。

i　四季を通じて着用できること。

残念ながら、このような意見すべてを笑いものにする人びともいれば、また、ここに何らかの危険で腹黒い要素を読み取ろうとする者もある。また、なかには、自分自身、あるいは自分が所属する党派が見つけ出し、提案したもの以外は認めようとしないという人びともいる。これは悲しむべきことである。これらの人びとがここでの提言の挙げ足を取り、これを不当に扱うだろうことは、覚悟せざるをえないだろう。だが、だからといって、筆者が不安に駆られることはけっしてない。というのも、自分が善良で誠実な、心から故国ドイツを愛する意図からこうした提言を行なうのだということを、しっかりと意識しているからである。筆者は不偏不党の立場にあり、ここでのプランはあくまで自分自身が案出したものにほかならない。ここでの提案がもし実現をみたなら、たとえ考案者としてみずからの名が明らかになるという名誉に浴さずとも、ただそれだけで筆者にとっては大きな喜びとなるであろう(36)。

ところが、その後、ひとりの女性読者が「女性による反乱」を宣言したことで、この構想は断念されることになった。以下に挙げる投書はたしかに、女性たちの雑誌にたいする興味を呼び起こし、あるいは彼女たちとの対話の糸口を作る目的で、捏造されたか、あるいは文筆家に依頼して書かせたものである可能性が高い。しかし、それでもなお、「熱心な読者、フリーデリーケ・S」による議論は、まじめにとりあげるだけの意義を含んでいるといえるだろう。

……私が思うに、ドイツの国民的衣服を導入することで、衣生活の有害な奢侈を抑制するということでの賢明な主目的(というのも、国民独自の衣服を創出し、ドイツ的特徴を強調することは、筆者殿にとってはおそらく副次的な目標であるようですから)が達成されないばかりか、こうした計画は結局、ドイツにとって多くの不都合を生み出すことになるのではないでしょうか。ドイツにおける多くの手工業の労働者は、現在、製造すべき製品の種類、顧客の選択と趣味の多様さを通じてこそ、生活の糧を得ているのです。もし、生地と色にほとんど変化のバリエーションをもたない国民的衣服などというものが採用されたなら、彼らは生きる術を失い、多くの手工業者が一気に物乞いに姿を変えるか、あるいはただちに祖国を去るよりほかなくなるでしょう。なぜなら、ビロードやタフタ、木綿の布織工はもはや、普通の織物工や毛織物工としてはやっていけないからです。……そして結局のところ、ドイツ人に未来永劫、統一された衣服を与えようというこの利口な紳士は、私たち女性を国民の一部としてみなしてはいないのです。つまり、彼はじつに不当にも、われわれ哀れな女たちを、おそらくふたたび、大年寄りのおばあさんたちが一六世紀に着ていたような不格好なコルセットや胴着のなかに押し込め、まるで修道女のように、どんなときも黒と白と灰色に装わせ、われわれからあらゆる癒しと慰めを奪い去ろうというのです。殿方のみなさん、後生ですから、いちどお考えになってみてください。最新流行のリボンやボンネット、ふちなし帽、ドレスやシースが存在しなかったなら、私たちは、カフェハウスやお茶の席、散歩のときなど、数時間にわたるお喋りの話題を、どこから見つけ出せばよいというのでしょう。〔こうして女性の楽しみを奪うことで〕殿方たちは、確実にふたつの危険を冒すことになるのです。すなわち、私たちはその結果、これまで誰にも邪魔されることなく男性の特権として留保されていたふたつの領域に侵入せざるをえなくなるからです。学問に首を突っ込んで、内外の男性たちによるさまざまな著作や宗教的権限について激論をかわすようになるか、あるいは、政治問題に割り込み、意味のない素人評論を繰り広げることになるでしょう。ですから、このようにして私たちを横暴にも破滅に追いやろうとするこの紳士にたいして、その悪しき計画を思いとどまらせるために、貴方がたの力を尽くしてください。さもなければ、私は彼にたいして、ドイツ人女性による反乱がまき起こることを警告します。そうなったときに私がどのような行動に出るかは、予測に難くはないでしょう。[37]

しかし、ドイツ的な国民的衣服を導入しようとするベルトゥーフの努力に同調する人びとも少なくなかった。ユストゥス・メーザーはすでに、身分によって等級づけしたドイツ特有のドレスコードを導入し、これによって、着衣を通じて社会的ステイタスを競って誇示しようとした当時の人びとの指向、および、蔓延しつつあった衣服をめぐる極度の奢侈に歯止めをかけることが必要だと主張していた。だが、こうした主張が積極的に受け入れられたのは、結局、ドイツ国外でのことであった。その一例が、一七九一年にデンマーク学術アカデミーが公募した、国民的衣服の導入を目的とするデザインコンペである。応募者はここで、必然的に、一七七八年にスウェーデンで公示された服装に関する法令や、サンクトペテルブルクおよびバルト海沿岸のロシア属州に布かれたドレスコードを参考にすることになった。[38] しかし、国内での充分な反響が得られなかったとはいえ、ドイツ的な衣服のトレンドを創出する必要性は、その後も、ときには公然と、またときには婉曲なかたちで、アピールされ続けた。そして、とりわけ紳士服の領域においては、こうした訴えは、事実、ある程度の効果をもたらしたのであった。たとえば、ベルトゥーフの雑誌は、やはりその初年度の巻において、『キャビネ・デ・モード』から借用したフランス風の騎手の図と、ドイツ人が理想とすべき騎手の姿とを対比させている。ドイツ風の騎手にはイギリスの影響が明らかに現われているとはいえ、ここにはつぎのような評論が付されている。

黒いリボンをあしらった三角形の、少しばかり軍隊風にまくりあげられた帽子は、その頭部に自由で高貴な雰囲気を与える。前方に突き出した鍔は、馬上にすっくと垂直に立つ身体を、より美しく見せている。完璧なまでに調和のとれた丸い大きな帽子、とりわけその折り返しは、雨天の際に肩が濡れるのを防いでくれるだけでなく、鍔の前側が傷んできたら、折り方を変えるだけで容易に整えられる。また、顔のまわりに鍔を下ろせば、強い日光から眼を守ることもできる。……丈が短めで、胸のところでふたつのボタンで軽く合わせて、少し裾広がりのスタイルに仕上げたいわゆるベルリン風フラックは、胸部を強調する一方で、上腿部や、馬のみごとなフォームを覆い隠すことなく、また、泥除けとしての機能も果たすのである。このフラックは、何より、騎手の姿にエレガントかつ軽快で機敏な印象を与えてくれる。下に白いシャツを着るため、フラックにはこれに合わせて白い裏地がつけられている。この白と、黒いビロード製の襟、同じ生地による海軍風の袖の折り返しは、この服装に幾分、軍服風のトーンを生み出し、それがまた見る者の目を楽しませるのである。(39)

こうした表現に関して、『贅沢とモードの雑誌』は明らかに、前述の大きな流行の傾向、すなわちウェルテル・ブームを直接的に受けついでいるといえる。小説『ウェルテル』の受容は、教養市民の若い世代において、作法、余暇行動、読書習慣や服装を、決定的に変化させることになった。この意味で、「ウェルテル風（青いフラックに黄色いチョッキ、膝丈のズボン）」の流行は、一八世紀ドイツ文化において、文学およびそれに関する談論が起源となって引き起こされた、はじめてのモードであったといっていい。ザクセン＝ワイマールのカール・アウグスト公がみずからの宮廷にもウェルテル風の服装を広く普及させたことは別として、この流行は、宮廷が何ら主導権をもつことなく発生し、伝播したという点でも、特記すべきものである。まさしくここに、物質文化のトレンドが文学的フィクションによって突き動かされるという、新たなモード文化の形式が起こったのである。これはいうまでもなく、ドイツにおけるあらゆる雑誌類にとって、きわめて重要なことであった。ウェルテル風の装いをすることで、若い世代は自身のアイデンティティを主張しようとしたのであり、この意味で、この服装で公の場に姿を現わすことは、たとえば今日、フォーマルな席でジーンズを身に着ける行為にたとえることが可能だろう。ウェルテル・ファッションの大流行を後押ししたのは、もちろん、小説作品の読書だけではなかった。それがイギリスのジェントリやプロイセン軍人の服装をポジティブなかたちで連想させた点も、大ブームの要因として確実に作用していたのである。

上流・中流にかかわらず、モードに従おうとするベルリンの若者たちは、軍隊風の趣味に則って、朝から晩まで長靴に丸型帽、赤い襟のついた青色の上着に身を包み、たいていは不潔な下着を着けている。彼らはこの服装のまま、結社の集会に参加し、ウンター・デン・リンデンを散策し、コーヒーハウスに立ち寄り、食事をし、そのあとまたウンター・デン・リンデンへと繰り出し、劇場に行って芝居を楽しみ、そしてしばしば社交の場にまで姿を現わすのである。というのも彼らは、両親に求められたとき、あるいは恋愛沙汰やその他、特別な用事のあるときにしか社交の場に顔を出さないので、そのために特別に着替えをすることができないのである。(40)

その国固有の趣味を創出するべきだという主張は、ヨーロッパにおける多数のモード雑誌に一般的にみられた現象であり、ドイツにおける事例は、ほかのヨーロッパの国々、とりわけフランス、イギリスでのステレオタイプをそのまま取り入れたものであったといえるだろう。そのなかで、『贅沢とモードの雑誌』は、新たなトレンドを発掘し、趣味の形成に寄与することを通じて、市場において売り手と製造者、小売商のあいだに生まれた間隙を埋めようと努めたのであった。(41) この雑誌を読むことで、ドイツ全土の読者たちは、ヨーロッパにおけるモード商品の世界にみずから関与しえたのである。

衣装箪笥《ワードローブ》の現実

これまでみてきたように、『贅沢とモードの雑誌』は、一八世紀から一九世紀への転換期に展開されたモード論について、たいへん興味深い展望を切り開いてくれる。だが、ここでの議論は、実際の慣習のなかにどの程度まで反映されていったのだろうか。それよりもまず、この雑誌がどれほど広範に普及していたのか、また、ヨーロッパの大都市を中心に、五カ月から七カ月のサイクルで推移するモード界のなかに、実際に新たなトレンドを創出しえたのか、という問題を投げかけるべきだろう。『贅沢とモードの雑誌』が、大都市では数百部の規模で予約購読され、また、比較的小さな宮廷都市などでも、少なくとも読書クラブを通じて受容されていたことについては、すでに確認した(第一章、地図を参照)。だが、たとえば遺産目録などを通じて再構築しうる、物質的な現実性のレベルにおいていうなら、この雑誌の影響力はあくまで部分的なものにとどまったようである。こうした結論を導く際にはもちろん、史料となる遺産目録の年代分布を考慮する必要があるだろう。すなわち、服装の現代化が進行したという意味で、まさにモードの転換期にあたる一七七〇年から一七九〇年にかけての時期には、残念ながら、この種の史料が極端に少ないのである。

それでもなお、これらの目録のなかには、『贅沢とモードの雑誌』から読み取れる服装の変遷を現実に裏づけるようなものもある。たとえばハンブルクでは、小売商人の未亡人、アンナ・プレーンは、二点の絹製上掛けドレス《コントゥシエ》のほか、木綿製のものを同じく二点、遺している。(42) イギリス趣味への適合がしだいに進行していた事実をさらに明快に語るのが、一八世紀末のミュンスターでの目録のなかに現われるイギリス風ドレスの存在である。木綿生地ならびに木綿製ドレス（おそらくゆるやかなシュミーズ型のドレス）が好まれるようになったことも、当時のイギリス風のモードへの志向を充分に納得させる証左となるだろう。[43] このようにして、遺産目録にはモードの質的な変化が直接に反映されていたが、同時に、ここに記録された衣類、手袋、帽子、ケープやその他の装身具類の数と種類、とりわけ色や生地のバリエーションが、この時期になると明らかに増加していくのであった。[44]

新しい紳士服の流行についても、少なくとも一件の史料によって実証されている。すなわち、一七九五年に死去したフランクフルトのユダヤ系商人、フリードリヒ・マクシミリアン・ベーアの遺産目録は、「木綿製ナイトガウン」および、絹仕立ての黄色の花柄ナイトガウン（タフタの裏地とベストつき）、一四点のズボン下、三七点のドレスシャツ、数えきれないほどの木綿および絹製靴下のほか、緑色のウール地の乗馬ズボン、黒の織地のズボン、黒のカシミア製ズボン、黒の絹ズボン、霜降り生地のズボン、グレーのカシミア製ズボン、中国のモデルを真似た、茶と黄の木綿縞地の南京風ズボンなど、膨大な数の衣料品を記録したのであった。ジャケット類のなかでは、グレーのイギリス風上着、木綿地の縞模様のフラック、そして黄色のボタンがついた青色のジャケット（これはまさにウェルテル風のスタイルである）が際立っている。また、ベーアによる、三六点ものチョッキのコレクションは、他に例をみないものであった。ベーシックな白モスリン製から、白地に絹の色地で縁取りがされたもの、赤地に黄色の縞と緑の市松模様のカシミア製、さらに絹混の花柄生地に黒い縞をあしらったものなど、その種類はじつに豊富なものであった。[45] これらの衣類一式を着まわすことで、ベーアは、『贅沢とモードの雑誌』が一七九一年に紹介した「ロンドン風伊達男または洒落者」、あるいは「ウェルテル・スタイル」の理想を、ほぼ完璧なかたちで実践しえたはずである。

ベーアの遺産目録は、当時のさまざまな雑誌が煽り立てた、モード熱に取りつかれるのは女性だけだとする（偏った）意見をみごとに反駁する事例といえる。だが、ベーアのケースがこの点でむしろ例外であったのか、それとも、このような着衣の贅沢が、当時、ある程度一般的に普及していたのかを突き止めるためには、とりわけ一九世紀初頭の遺産目録をもとに、さらなる調査研究が求められるだろう。

「モードの女神は、けっしてひとつの祖国にとらわれることのないコスモポリタンであり、矛盾を志向するその生来の性質から、好んで密輸品でわが身を飾ろうとするのだ[46]」、としたベルトゥーフの声明は、まさに正鵠を射ていた。『贅沢とモードの雑誌』に代表されるドイツのモード雑誌は、一方では読者にたいして、モードの後進国だと誤解されているドイツ国を構成する一員として語りかけ、他方では、モード界におけるドイツのトレンドを西部ヨーロッパにおける流行のアイデンティティと比較したうえで、ドイツの進歩を正当に評価しようとしたのであった。イギリス、フランスでのモードの展開が、ハンブルク、メクレンブルク、ベルリン、ウィーンの流行と比較対照され、それを通じて、貴族の官職エリートや教養市民にたいしてさまざまなアイデンティティの在り方と可能性が提示されたのである。こうして、『贅沢とモードの雑誌』をはじめとするかずかずのモード誌は、かぎりのない文化消費の、いわばバーチャルな取引市場を創出することになったのだった。

図版９　ロンドン風伊達男あるいは洒落者，最新流行の仕立てと着こなし，『贅沢とモードの雑誌』1791 年 11 月号より

ナポレオン軍による占領によって社会に陰りがみえはじめると、とりわけ解放戦争のジャーナリズムを通じて、首まで覆うハイネックのデザインの、暗い色調の服装が、「ドイツの国民的衣服」のモデルとして様式化されていった。国民的感情が高揚をみるなかで、一八一四年には、『贅沢とモードの雑誌』においても、この種の服装がアピールされている。これらのメディアは、フランスのモードを通じて浸透したフランス風の風俗と、旧き帝国の崩壊とを直接的に結びつけ、フランスの影響こそ、旧来のドイツの慣習を損ない、そしてついに「〔神聖ローマ帝国の〕帝冠と国政の礎をも崩壊させた[47]」諸悪の根源であると結論づけたのだった。一八一四年、あるミュンヘンの女性が、「衣類に関する可能なかぎりの単純化を目指した」服装改革および、「すべての階層を対象とするきびしい服装規定」の導入を提案したのも、同様の理由によるものであった。その意見によると、ドイツ全土における男性の着衣としては、彼女の住む地方ではすでにある種の国民服と化していた、バイエルンの国防兵の服装を適用するべきだという[48]。バイエルン風のモードといえば、今日にいたるまで紡毛《ローデン》コートとギャザースカート《ディアンドル》の民族衣装で知られるが、しかし、一八一五年前後にみられた国民の服装に関するあまりに愛国的・熱狂的な提案の例にもれず、ドイツ全土でモードの「バイエルン化」が進行するようなことは、結局なかったようだ。

第4章——住まいの文化

……私は隣り合った三部屋を使っていますが、三つとも私にとって必要なものなのです。まず最初に、いわゆる応接室、そして真ん中の部屋が広間、それに続くのが私の居室で、そこにはごく普通の寝室がしつらえてあります。私の夫は、応接室の反対側に部屋をもっています(1)。

ゲッティンゲン大学教授の妻、ヴィルヘルミーネ・ハイネ・ヘーレンは、このように書いている。結婚して間もなくの一七九六年、妻は夫とともに暮らした住居の一部を、自分専用の空間として使用するようになっていた。この記述からは、一八世紀における住文化の転換にともなうひとつの特徴的な現象として、男女の住空間の分離が進行していた事実が、明らかなかたちで読み取れる(2)。ヴィルヘルミーネ・ハイネ・ヘーレンは、こうした行動様式において、すでにレオンハルト・クリストフ・シュトゥルムを参照していた可能性がある。シュトゥルムは一七二一年、『あらゆる市民向き住居に関する完璧なる助言開陳』のなかで、つぎのような提言を行なっている。

市民の住居においても、その間取りを決めるにあたっては／できるかぎり前もって／つぎのようにすべきである／つまり、夫が自室から妻の部屋へと／人びとが盛んに出入りする／玄関ホールを通らずして行きつくことができるように……ただし共同の寝室を、ふたりの部屋のあいだに直接に接するように配置することは／必ずしも必要というわけではない／また同じように／〔寝室を〕住居の中央に置くことも不要である／なるがゆえに、家の中央の場所はホールのために取っておくのがもっとも好ましい。もっともすぐれた間取りとは／夫と妻、独自の居室があるように、寝室もまたそれぞれが別にもてることである／そして両者のあいだにホールを配すのが理想である。(3)

当時においては、概して、伝統的な大部屋の住居から、それぞれに細かく区切られた小部屋および、家族生活の中心となるべき居間によって構成される新たな住まいのモデルへと、住環境をめぐる規範と理想が推移しつつあったのだった。この変化は、家具や住まいの文化のなかにも、鮮明に反映されることになる。(4)同時代の人びとは、南部ドイツの小都市や北ドイツのハンザ都市の建築の状況と住環境を、しばしば時代遅れで古めかしいものと決めつけ、とりわけ旅行作家らは、宮廷都市、大学都市の住文化だけを時代にかなったものとしてすすんで称賛した。しかし、これら旧来の諸都市においても、やはり住まいの形式は確実に変化しつつあったのだ。

少なくとも、都市に暮した中・上流階級の住宅建設においてみられた新しい傾向は、居室の大きさが、大部屋から小部屋へと変化したことであった。こうした変化の最初の兆候は、すでに一七世紀、低地ドイツの「ディーレンハウス」に代表される、巨大な広いひと間だけの単純な構造を備えたホール式建築が、細かい部分空間へと細分化されたプロセスにおいて、すでに確認しうる。だが、一八世紀になって、人びとは、本来、倉庫や貯蔵庫として用いられた上階部分を本格的な居住空間として改造し、このフロアをいくつもの小部屋に区分するようになったのだった。商人らの伝統的な家屋では、ファサードにより多くの窓が設けられたことで、メインフロアである大部屋だけでなく、建物全体に光が行きわたるようになった。そのほか、使用目的に応じてさまざまな別室が配置されるにともなって、古くからの大部屋もまた、その大きさや、本来の特徴であった多機能性に、著しい変化を来たした。このような過渡的状況のなかで、経済的余裕のある階層は、たとえば居間のほかにもう一間、応接間を設ける、というように、目的を特化した空間をしだいに増やしていった。しかし、他方、比較的貧しい人びとは、いまだに、居室と台所、あるいはひと間だけの間取りに甘んじざるをえなかった。目的に応じて区分された居住空間にたいする需要については、集合住宅や、フロアごとにそれぞれ一戸の住居を配置した大規模な賃貸住宅を新築する場合にも、これを充分に考慮に入れる必要があった(5)。いたるところで、家屋のあまりに贅沢な「近代化」が目を引くようになっていた。たとえば、一七九七年のシュテッティンについては、つぎのような記述が残っている。

……ご主人に奥方、お嬢様がたに若さまがた、そして召使いと下女にいたるまで、各々が専用の自室をもちたがる。召使いたちも、これまでのようなお粗末な使用人部屋では満足せず、冬の暖房は彼らにとってもはや必須の条件となっている。それに加えて、化粧室、応接室、食堂、玄関ホール、その他、無数の部屋べやを呼ぶために、どれほど多くの名前を要することだろう(6)。

旅行記や自伝的記録と並んで、当時の住まいの文化についてもっとも饒舌に語ってくれる史料が、遺産目録であろう。これらは、故人が残した物的遺産を記録するほか、後見人の指定、遺産分割、あるいは相続争いなどを文書のかたちで証明するのである(7)。この種の史料がどのくらいの割合で存在するかについては、ドイツ語圏内でも地域によって大きな格差があり、また、これらを用いた研究も、各地で均一に進行しているわけではけっしてない。イギリスやオランダ、あるいはスペインでは、こうした方向での研究史に長い伝統が存在し、その結果、過去の物質文化が正確に再現されてきた(8)。これにたいして、ドイツにおいては、ルート・モーアマンのような数少ない民俗学的研究と、ウーヴェ・マイナースによる研究を除いていうなら、この領域はほとんど白紙の状態にあるといっていい。後者はとりわけ、ニーダーザクセン、ヴェストファーレンの住文化について徹底的に掘り下げたという意味で、注目すべき研究成果といえるだろう(9)。一方、南部ドイツに関しては、数件の個別研究がなされているにすぎず、とりわけ都市部を対象とする調査・分析が、これまでのところ手つかずのまま残されている。本書の関心領域である一八世紀についても、史料と研究史の状況はまったく均質とはいえない。現存し、また、一部がすでに研究・分析されている遺産目録は、一八世紀の一〇〇年間を通して均等に存在しているわけではないし、また、社会層の点からみてもその分布には大きな偏りがあり、これらの分析結果を広い社会グループに普遍化することはとてもできないからである。したがって、ここではとりあえず、フランクフルトおよびハンブルクの遺産目録について新たに試みられた研究成果に目を配りながら、これまで積み重ねられてきた調査資料に甘んじるよりほかないだろう。これらの都市においても、一次史料そのものはごくわずかしか残されていないが、それでも、両都市の遺産目録、そして、コペンハーゲン、シュトラールズンド、グライフスヴァルト、リガ、タリンをはじめ、バルト海沿岸の諸都市にて近年、めざましく進行しつつある研究の諸成果は、新たな洞察の端緒を切りひらいてくれるに違いない(10)。

これらの目録のなかでも、われわれにとってもっとも興味深いのは、対象となる遺品を、それらが置かれていた部屋ごとに記録するというタイプのものである。こうした史料は、あくまで推測としてではあるが、各部屋の使用状況の再構築を可能にしてくれる。この種の目録が都市ミュンスターについて示唆するところによれば、手工業者の家においては、居室と仕事場、調理場を兼ねたいわばリビングキッチンが存在したのにたいし、プリンツィパル・マルクトに面した富裕な商人の「ディーレンハウス」では、そのきわめて高度な生活水準にもかかわらず、一七世紀になってもなお、ホールのような大部屋が多目的の機能を果たしていた。使用目的が特化された、いわば単機能の住空間への移行プロセスは、ヴェストファーレン（レムゴ）においては一八世紀になってようやく、寝室およびその他の私室の普及によってその終着点に到達した。他方、ブラウンシュヴァイクでは、すでに一七世紀より、特定の部屋に決まったタイプの家具とテキスタイル、あるいは書物や玩具、その他の装飾的要素が備えつけられるようになり、これらの空間がまさしく、家族たちが多くの時間をともに過ごす居間であったことを明示している[11]。

だが、一八世紀には、部屋の内装・調度と利用の仕方に関してもまた、事例によって著しい質的断層が存在したのである。住文化における新たな傾向（たとえば長持のような箱型家具から戸棚型収納具への移行、家具の機能の特化など）を細かくみていく前に、当時の住空間利用の実例をいくつか挙げておきたい[12]。ヴェストファーレンの諸都市の例にもれず、オスナブリュックでもまた、都市の上層市民は大広間を、みずからの経済的、政治的権勢をアピールするための顕示的空間として保持していた。たとえば、修道院の管財人かつ公証人でもあったカッペル家の広間は、新品の戸棚、胡桃材の衣装箪笥、同素材の鏡台、ビロード張りの腰掛けと安楽椅子、鏡、絵画によって荘厳に飾られていた。この部屋を舞台に、一家は、陶磁器や銀製の食器を用いて、贅沢な生活様式を実践していたのであった。それとは対照的に、御者であったノルマン、あるいは、夜警長の未亡人、ブシュマン夫人にとっては、簡素な家具と食器類を備えた大部屋ひとつでこと足りたのであった。もっとも、ブシュマン夫人はそのほかに、机と鏡、絵画を置いた私室を確保していた。他方、仕立屋の親方、ラントヴェーアは、ふたつの部屋、広間および、二間の比較的広い小部屋からなる家に暮らした。ふたつの部屋のうちのひとつは居間を兼ねた仕事場で、残るひとつには数枚の絵画、机、戸棚とベッドがしつらえられていた。家族たちはおそらく二階で何不自由ない生活を営んだのであろう。二階の小部屋のうち一室には、調度として、六脚の革張り腰掛け椅子、茶卓、肘掛け椅子、数台の戸棚が確認されている。この部屋にはさらに、聖書、信心書、ビールグラス、さらには石膏レリーフが置かれていた。

さらに細かい間取りがなされていたのは、たいへん富裕であったが、のちに破産に陥ることになるワイン取引業者、クニレの邸宅である。クニレの財産目録はすでに、その数多くの部屋を、書斎、子ども部屋、使用人部屋、庭園にいたる入口ホール、大広間、ビリヤード室（この部屋には絹の壁紙が張られていた）というように、目的ごとに分類して記録している。住まいにおける並外れた奢侈が、このワイン業者の財政的破綻の一因となったのかもしれない。だが、他方、破産という悲惨な結末がなければ、今日、クニレ家および仕立業者ラントヴェーア家の住文化について、このような詳細を知る手段は残されていなかったであろう(13)。

ハンブルクの目録の多くが、残された遺産をその材質や機能ごとに分類したのにたいして、フランクフルトの史料は、オズナブリュックと同様、配置された場所ごとに記録をとることで、各部屋、各家屋の調度の相違を浮き彫りにしている。富裕な手工業者、知的職業者、ならびに商人たちが暮らしたフランクフルトの家屋や住宅は、多数の部屋および室を備えていた。たとえば、一七七七年の目録によれば、宮廷鍛冶匠アウグスティン・ガイセマーは、一階の広間、四つの小部屋のほか、豪華な内装を施された三つの部屋からなる住居に暮らしたのであった。このうち広間には、胡桃材の肘掛け椅子などのほか、四脚の安楽椅子、コーヒー用小卓、伸縮式テーブル、多くのテーブル・リネンやシーツを収めた胡桃材の箪笥、子ども用の戸棚、おもちゃ箱、およびガラス戸棚が置かれ、ガラス戸棚のなかには、さらに、銅製のティーポット、陶磁器の卓上装飾、ふたつの脚つきグラスが仕舞われていた。一方、二階の部屋は、食器類、コーヒーポット、ティーポット、チョコレート用カップ、ごくわずかな冊数の書物（第一章参照）、オーク材および胡桃材の肘掛け椅子と安楽椅子、絵画、主として衣類を収納するための胡桃材の両開きの戸棚、ならびに、シーツやテーブル・リネン用のモミ材の戸棚を収めたのであった(14)。

さらに、ガイセマー家を上回るような贅沢な生活様式を伝えるのは、ロスマルクトの「デ・グローティッシェス・ハウス」に暮らしたルートヴィヒ・ゴットフリート・タンナー博士の未亡人、マルガレータ・バルバラ・タンナーの遺産目録（一七七五年）である。目録は玄関の間を別にして、全部で一三の部屋を数えている。なかでも、「一階の居間」と並んで、「ひとつ上階の」居室および寝室が、きわめて贅沢な調度を施されていたのだった。とりわけ居間には、ガラス製の額つき鏡、胡桃材の箪笥、同じく胡桃材のトレゾーア〔サイドボード形式の戸棚〕、青いクッションをあしらった六台の籐椅子を配していた。また、「胡桃材の飾り棚一台、銀製の盾二枚、陶磁器製の卓上装飾」によって飾られた二階の部屋の内装は、明らかに並外れて豪華なものだった。飾り棚のなかには重い銀製のコーヒー沸かし、コーヒーポット、サモワール、ティーポット、燭台、砂糖入れ、カップのほか、純銀製のカトラリー（ナイフ、スプーン、フォーク）が収められたが、これらは、たとえばガイセマー家の財産目録にはいっさい見あたらない品目であった。この部屋には、衣類が保管されたほか、箪笥のなかには銀の縁取金具を施した書物、カフス、その他の品々が仕舞われ、さらに、硝子戸がついた胡桃材の戸棚は、色とりどりの磁器の皿と鉢、それに合わせたティーカップ、チョコレート用カップ、花模様のコーヒーカップを並べていた。一方、寝室では豪華な装飾品は姿を消すが、しかし、（銀の額の）鏡のついた銀製のナイト・テーブルと燭台、同じく銀の小箱や容器が、持ち主の豊かな暮らしを充分に物語っている。[15]

これらの事例とは対照的に、たとえばシュトラールズンドやグライフスヴァルトのようなハンザ都市では、財産目録がさまざまな用途ごとに独立した居室を列挙するようになるには、さらにのちの時代をまたなければならなかった。こうした現象は、これらの都市の住居が、一八世紀に入ってもなお、概して単純な機能をもつ空間として利用された事実を裏書きしているといえるだろう。シュトラールズンドにおいては、すでに一八世紀初頭、ヒンリヒ・ボルテンの住居が、「玄関の間、……広い奥の間、小部屋、さらに狭い小部屋一室、……狭い小部屋がもう一室、上階の間、大広間、台所……」からなる複雑な構造をそなえていたことがわかっている。それにたいして、グライフスヴァルトでは、一七九九年になってようやく、たとえば市参事会員プリッツのような人物に関する史料のなかで、二階建の住居の内部に、広間および数室の居室、小部屋などが別々に記載されるようになるのである。[16]

家　具

住居内に存在したさまざまなものについて、物質文化の専門家は、品目ごとにグループ分けしたうえで考察を進めている。その際、彼らにとって最大の関心対象となるのが家財道具であるが、これらはふつう、大まかに、保管・収納家具、椅子類、テーブル類の三つに分類される。

保管・収納家具として、中世以来、きわめて重要な位置を占めてきたのが、長持型のチェスト、すなわち箱型家具であった。近世初期を通じて、これらのチェスト、長持、収納箱が、戸棚類によって取って代わられるようになるが、その移行プロセスの進行には、都市と農村、また地域によって大きな差異があった[17]。一八世紀にはいまだ多くの家庭において箱型家具が支配的役割を果たしていたとはいえ、これらの家具は、チェストを除いていえば、しだいに調度品としての機能を喪失し、かつて居間などの部屋のなかで占めていたその位置を、戸棚類にゆずろうとしていた。一八世紀の財産目録に目を通すなら、両開きの戸棚をはじめとして、多様な戸棚が、材質、装飾、機能によって分類されて列挙されているのがわかる。一八世紀のブラウンシュヴァイク公国の諸都市をとりあげたモーアマンは、主として「モミ材の」衣装箪笥およびリネン用収納戸棚を確認し[18]、史料の少ないハンブルクでも、オーク製、胡桃製、および「火炎模様の塗装を施された」多くの棚について言及がなされている。一方、これらの地域に比べて、フランクルトの富裕市民層の家庭では、戸棚類のバリエーションは、すでにきわめて多様なものになっていた。財産目録は九から一八件の戸棚類を記録し、これらを素材別（モミ、オーク、胡桃、ポプラ）のほか、機能別（衣装箪笥、シーツ用収納棚、本棚、台所戸棚、蠅帳、食料棚、牛乳用棚、隅戸棚、吊戸棚など）、扉の数、あるいはスタイル（古フランク風で時代遅れのスタイル、など）によって細分化しているのである。そのほか、キャビネット、サイドボード、トレゾーアのように、装飾的な性格をもつ収納家具や、陶磁器の装飾を施したさまざまな戸棚類も登場するようになる。

一八世紀に登場した最新式の保管家具の代表が、引き出しつきの箪笥である。その引き出しは銀器や、嫁入り道具であったリネン類を収めるのに適しており、また、ガラスの上飾を施せば、装飾的な戸棚として室内で充分な存在感を発揮しえた。ブラウンシュヴァイク公国でこのタイプの胡桃材の箪笥が最初に現われたのは、一七三〇年代、公爵の宮廷およびその周辺の人びと、たとえば、ヴォルフェンビュッテルの枢密顧問官で副法務長官のアレクサンダー、フランスの貴族カール・ルートヴィヒ・デヴォー、彫刻家アントン・デトレフ・イエンナー、ヴォルフェンビュッテ

図版10　引き出しつき箪笥，北ドイツあるいはスカンディナヴィア製，1760年頃
（シュトラールズンド文化史博物館所蔵）

ル市民衛兵隊長ブルンスの未亡人らの居室であった。この新たな家具の所有者層はおそらく、宮廷による文化的影響力の有効範囲を反映しているといえるだろう[19]。同様の例を示してくれるのが、一七三七年にフランクフルトで差し押さえを受けた、かつてのヴュルテンベルクの宮廷代理人、ヨーゼフ・ズュース・オッペンハイマーの財産目録で、彼もまた、胡桃材とモミ材の引き出しつき箪笥をそれぞれひと竿、さらに、黒く塗装したものをふた竿、所有していたことがわかっている[20]。

だが、財産目録において引き出しつき箪笥が登場するのは、概して一八世紀後半以降のことであった[21]。たとえば一七七五年の史料が伝えるタンナー家の家政は、ガラス戸をあしらった戸棚型のものを含む四竿の胡桃材の箪笥のほか、三竿の箪笥を家内に配して、そのよき趣味と富を顕示している。また、財産目録の記録によれば、フランクフルトの銀行家ゴーゲル、皮革取引商メルゲンバウムも、一八世紀半ばにはすでに同様の箪笥を所有していた。一方、ハンブルクでは、一七七〇年代に記録が残っている二世帯のうち、商人リョッターの財産目録（一七七四年）だけが、デスクタイプの箪笥を記録している[22]。また、ミュンスターでこの種の家具がはじめて登場するのは、ようやく一七八四年、富裕な小売商ヤンセンの目録においてであった。他方、ブラウンシュヴァイク公国では、多くの住人が箪笥を有していたことが確認されている[23]。さらに、古風な生活様式が保持されていたニュルティンゲンでさえ、たとえば、妻が産褥により死去したため一七八三年に財産目録を作成させた書籍取引業者、イェニッシュは、その居室において新しいガラス戸棚の上に古めかしい宝物箱を飾り、そのほかにも別の箪笥を所有していた。ニュルティンゲンではさらに、同年、商人フェールアイゼンの遺産として、三竿の箪笥のほか、デスクタイプの箪笥一件が記録されている[24]。このようにして、一八世紀末、戸棚類は、ちょうど一七世紀におけるベッドと同じように、富裕さの序列を決める決定的な要因となっていた。一九世紀になると、これに代わってソファ類が、家具・調度品としてステイタスシンボル的な役割を果たすようになるのである。

ただ、椅子類に関してもまた、一八世紀にはすでに変化の兆候が現われていた。すなわち、堅い腰掛けやベンチ型の椅子から、安楽椅子をはじめとする、詰め物をした布および革張りの、柔らかく座り心地の良い椅子への移行が、徐々に進行しつつあったのである。たしかに財産目録では、多くの場合、たとえば単に「背もたれつきの椅子」としか記されておらず、堅い椅子と安楽椅子がつねに区別されていたわけではない。しかし、一八世紀後半になると、はっきりと安楽椅子として登録されるケースが急激に増えてくる。これと同時に、椅子はしだいに六脚一組で数えられるようになっていた。たとえば、ハンブルクの商人、リョッターの目録（一七七四年）では、緑のフラシ天を張ったブナ材の椅子六脚、青のフラシ天を張ったブナ材の椅子六脚、ロシア革張りのブナ材の椅子六脚を記録している[25]。もちろん、胡桃やオーク材、また籐製の椅子も数多くみられた。そのほか、ブラウンシュヴァイク公国の史料には、イギリス製の椅子一〇脚（一七三二年）、ならびに、「トネリコ材のイギリス風椅子一二脚」[26]がみられる。この頃には、安楽椅子の種類もきわめて豊富になる。フランクフルトのタンナー博士家では、モケット張りの胡桃製肘掛け安楽椅子二脚、同じく胡桃材を用いて黄色の麻布を張った背もたれ安楽椅子四脚、青のラッシュ地カバーつき背もたれ安楽椅子一脚のほか、数脚の胡桃材の背もたれ安楽椅子を揃えて、心地よく座ることができるよう配慮がなされていた。さらに、色とりどりの六脚の「タブレ」、すなわちクッションをつけた小さな（背もたれなしの）スツールの存在は、この家の住人が「最新流行の《デルニエ・クリ》」優雅な住文化を追求していたことを示している。

一八世紀の末頃になると、新たな流行として、カナペ〔小型のカウチソファ〕、ソファ、カウチやオットマンなどが登場し、これらがしだいに革張りのベンチ型長椅子を駆逐していった。ヴォルフェンビュッテルの史料では、まず一七八九年に初めて「胡桃材と籐製のカナペ」が登場し、一年後には早くも「緑色のウール製の大きなシート・クッション二個とクッション二個からなるソファ」と「緑色の絹張りシート・クッションのソファ・ベッド」がこれに続くのである[27]。これら布および革張りの家具類が中上流階層家庭における標準的な調度品となるのは、おおよそ一九世紀初頭ことだといわれている。こうした一般論に照らすなら、一七九〇年代のデータを著しく欠いたハンブルクとフランクフルトの財産目録において、この種の家具がほとんどみられないことの理由が理解できるかもしれない。ただしそれでもなお、一七七六年のハンブルクの史料に記載された「緑の更紗地張りの休憩用腰掛け[28]」が、実際にはオットマンであった可能性もまた、排除できないのである。グライフスヴァルトでは、一七七六年にはじめて、ゾフィア・ウレリカ・ハルダーの結婚支度品として三台のソファが、また、一八二一年、市長オーデブレヒトの財産目録において、ディバン〔背もたれや肘掛けのないクッションつき長椅子〕一台と休憩用ソファ・ベッド一台が確認されている[29]。一方、マイナースは、一七九六年にニュルティンゲンの商人フィンクがソファ一台および六脚のクッションつき安楽椅子を、また、一七九八年にはヴァイセンブルク市参事会員で森林管理官プロイがカナペ一台と一二脚の安楽椅子を所有していたことを指摘している[30]。これにたいして、ミュンスターの家庭でソファがみられるようになるのは、一八一〇年以降になってのことであった[31]。他方、シュトラールズンドでは、すでに一七七五年、法律家ヘルクーレス家の調度品のなかに、「青いフラシ天張りのソファ一台」およびカナペ三台がみられた。ただし、これはむしろ例外的なケースであり、この種の家具がまとまって現われるようになるには、やはり、一八世紀末葉から一九世紀初頭をまたなければならなかった。たとえば、一八

図版 11　カナペ，二脚の肘掛け安楽椅子《フォテイユ》，大理石プレートつきテーブルのセット，1750 年頃
（シュトラールズンド文化史博物館所蔵）

一七年、ヨハン・アルノルト・ヨアヒム・ポンメレッシェの家財目録は、「緑のボンバジーン張りのソファ一台、スツール一八脚つき」、さらに「緑のボンバジーンと綿布張りのソファ一台、スツール一二脚つき」を数えたのである[32]。

　また一八世紀には、テーブル類もまた、目録史料においてその数を増大させるとともに、種類とバリエーションもきわめて変化に富んだものになっていった。伝統的な四角形のテーブルが、新たに楕円形へとかたちを変えたばかりでなく[33]、さまざまな種類のテーブルや机、台が出現したことは、まさしく住まいの文化の変遷の表徴といえるだろう。その代表的な例が、この時代に新しく登場したコーヒーテーブルとティーテーブル、ゲーム用テーブル、ランプを置く台として使われた一つ足の小卓《ゲリドン》のほか、伸縮式、組み立て式、折りたたみ式テーブル、ライティング・ビューロー、斜面机、書斎机、ガラス机などであり、これらはすべて希望に応じてさまざまな素材の天板で仕上げることができた。テーブル類の多様さを具体的に示す事例のひとつが、フランクフルトのゴーゲル家である。その目録には、一八世紀に広く普及していた蠟引き布の覆いつきテーブルのほか、羊毛カーペット地の覆いがついたもの、また、ワニスで塗装されたコーヒーテーブル（このほかに蠟引き布をほどこしたコーヒーテーブルもあった）、同じく塗装仕上げの寝室用小卓（ナイトテーブル）、ワニス塗りのオランダ風テーブル、ロンブル〔カードゲームの一種〕専用に作られた、胡桃材に革張りのロンブル・テーブル、小卓二台、胡桃材の書き物机三台が記録されている[34]。

グライフスヴァルトでもまた、一八世紀を通じてテーブル類はその数と種類を増し、富裕な人びとの財産目録には、夥しい数のありとあらゆる机やテーブルが登場するようになっていた。たとえば、一七七七年の史料によれば、ツィーセン修士は、一四台のさまざまなテーブル類、なかでも四台のティーテーブルのほか、この地では初めての、場所を取らない折りたたみ式テーブルを使用していたのであった[35]。これらのことから、一八世紀において、家具の形態的変化および、既存の家具のバリエーションの著しい多様化が、かつてない規模で進行していた事実が明らかになるだろう。これは必ずしも、財産目録において使用される言葉がしだいに多様で詳細な表現を取るようになったことからもたらされた結果とはいえない。その記述は、個々の家具製品の製作者までをも突き止めるにはしばしばあまりにも曖昧に過ぎるが、しかし、それでもなお、われわれはこうした史料をもとに、一七三〇年代と一七七〇年代において、二段階にわたる革新的局面が進行していたことを確認しうるのである。新規の住文化の象徴であり、またときにはその先駆となるような新しい家具は、どちらの局面においても、まず最初に宮廷官職を有する人びとのあいだに現われ、それがやがて商人、手工業者、知的職業者の家庭へと伝播していったのだった[36]。ここでのつぎなる関心は、同じような変化のプロセスが、そのほかの調度品や装飾品に関して、どの程度の度合いで進んでいたのかという問題である。

陶磁器類と食器類

陶磁器などの上質の食器類は、燭台や鏡などの顕示的アイテムと並んで、住まいの文化においてきわめて重要な位置を占めていた。それればかりではなく、これらは、社会的細分化を表わす重要な表徴でもあった。新しい住まいの規範をすすんで受け入れようとする人びとは、陶磁器や食器に関しても、ほかの家庭との差異をことさらに強調しようとした。モーアマンは、ブラウンシュヴァイク公国を対象とする研究において、とりわけ高位官職者のあいだにこれらの食器類の所有を確認しているが、ここではおそらく、宮廷との関係の近さが、この種の食器を買い揃えるための最大の動機をつくったものと思われる。このような結論は、とりわけ食卓での作法および、スプーン、フォーク、ナプキン使用の伝播プロセスの背景に同様の動機をみようとした、ノルベルト・エリアスによる『文明化の過程』のテーゼを連想させるだろう[37]。たとえば、ヴォルフェンビュッテルの枢密顧問官で副法務長官、アレクサンダーは、すでに一七三五年、ふた竿の箪笥を所有することでわれわれの目を引いたが、彼はまた、銀製食器の使用を通じて、新たな住文化の傾向を強調していた。ここでの銀器とは、もはや、一七世紀から使われていたような、蓋つきジョッキ、杯、高脚杯など、銀製のコップ類ではなかった。これに代わって、燭台、大きな盛皿、コーヒーピッチャー、パテ用深皿、スープ皿、塩入れ、砂糖壺、そしてナイフ、フォーク、スプーン、スープ用スプーン、コーヒースプーンからなる一二人用のカトラリーが、新しい食卓の文化への方向性をはっきりと指し示していたのである[38]。

また、一七四二年の遺産証明が明かすところによれば、ガンダースハイムの書記官、ヨハン・コンラート・ピニもまた、数多くの銀器を用いるだけの経済力に恵まれていたようだ。ピニ家のカトラリーのなかには銀のナイフとフォークこそ見当たらなかったが、しかし、すでにテーブルスプーン、子ども用スプーン、スープ用スプーンおよび、銀製の皿が揃っていた。当時は陶磁器も炻器も、これほどまとまった数で用いる食器としてはまだ考慮の対象となりえなかったため、ピニは銀食器と並んで、さまざまな錫製食器を使用していた。一方、一八世紀末になると、事情は大きく変化していたようだ。すなわち、枢密法律顧問官フォン・アルフェンスレーベンは、一七八四年にヴォルフェンビュッテルにて死去した際、ドレスデン製、ツェルブスト製、さらには日本製の陶磁器、ファヤンス焼および、イギリス製炻器による、多種多様のコーヒーカップ、ティーカップおよび皿を遺している。ただし、ほかの官吏の家庭では、これほど多くの陶磁器が使われることはなく、錫製、銀製食器が充分にその代わりの用を果たしていた(39)。

知的職業者のなかで、ブラウンシュヴァイクにおける官職者グループの富裕さに匹敵しえたのは、一七八九年の史料が伝えるヴォルフェンビュッテルのマイボムをはじめ、ごく少数の法曹関係者の事例にすぎない。マイボムは、銀製のコーヒーピッチャー、ミルクピッチャー、砂糖壺のセットのほか、ドレスデン製、フュルステンベルク製、日本製陶器によるじつにさまざまな種類のコーヒー、紅茶用食器、さらに「チョコレート用カップ四点」を所有していた。だが、一九世紀前半になってもなお、ブラウンシュヴァイクの法曹関係者の大半は、テーブルナイフとフォークを使用することで将校の家庭と同レベルの生活習慣に何とか遅れを取らずにいたとはいえ、マイボムが達成した水準に到達することはけっしてなかった(40)。

フランクフルトにおいてもまた、社会層の境域が食卓の文化のなかに直接的なかたちで反映されたのであった。この地で立派な純銀製のカトラリーと皿を有したのは、タンナー博士夫人およびメルゲンバウム家にかぎられていた。それにたいして、世紀の中頃になってもなお、ゴーゲル夫妻はいまだ最低限の道具類を揃えて何とかやり繰りしていた。こうした状況のなかで、並外れた豪華さによってひときわ目を引くのは、タンナー夫人の遺品（一七七五年）に含まれた銀器のセットであろう。未亡人は、シュガースプーン二一本、取り分け用スプーン一本、ナイフ一四本、フォーク一三本、ケーキサーバー一本、塩用ポット七個、芥子用ポット一個、ティーポット五個、コーヒーポット二個、ミルク用ポット一個、砂糖用小皿二枚、ミックス・ボウル二個、盛皿四枚、サモワール二点など、夥しい量の銀器を蓄えていた。また、これらのポット類については、茶碗やコップ、皿、鉢と同様、〔銀製とは別に〕陶磁器製のものがさらにいくつも揃っていた[41]。銀器についてはこれほど内容豊富ではなかったとはいえ、タンナー夫人より一五年のちに死去したダニエル・メルゲンバウムの遺品もまた、後世のわれわれにきわめて強い印象を与えるだろう。メルゲンバウムのもとでは、ナイフ一三本、フォーク一二本、スプーン一三本、取り分け用のナイフとフォーク、三本セットのカトラリー七組、トング一本、金メッキをかけたコップ六個、ティーポット一個、コーヒーポット一個、ミルクピッチャー一個、砂糖用小皿一枚、すすぎ用ボウル一個が純銀製で、その他の食器はほとんどが錫によるものだったが、なかには真鍮や陶磁器製のものも含まれていた[42]。一方、ゴーゲル家の人びとは、象牙の柄つきカトラリー一三組、スプーン一五本、ティースプーン二本、取り分け用スプーン一本、穴あきスプーン（濾しスプーン）一本、トング一本、砂糖用小皿一枚、盛皿二枚（すべて銀製）のほか、陶磁器の食器セットを豊富に整えて、食卓をより洗練されたものにしようと努めていたようだ[43]。他方、それから約二五年後に由来する、宮廷鍛冶匠、ガイセマーの遺品に関する史料（一七七七年）に目を移すなら、市の中心部、ツァイルに居を構えた立派な手工業者の一家が、家具の点ではすでに胡桃材の箪笥を有したにもかかわらず、食卓においては非常につつましい道具で間に合わせていたことがわかるだろう。ガイセマー家では、スプーン一五本、取り分け用スプーン三本、ティーポット一個、芥子用ポット一個、コーヒーポット三個、ミルクピッチャー二個、鉢二三個、ティーポット二個、皿一八枚、スープ皿一三枚など、ほとんどのカトラリー、食器類が錫製だった。チョコレート用のカップ一三個と脚つきグラス一二本の存在は、一家の人びとが、ココアや酒類を飲むことに楽しみを見いだしていたことの痕跡をかろうじて残しているが、他方、書物の所有によって裏付けられるような広範な文化的欲求は、ここではおそらく非常にささやかなものであったと考えられる[44]。

一七七〇年代のハンブルクで、新たな食卓文化への端緒を明示するのは、未亡人プレーンおよび商人リヨッターの財産目録だけである。プレーン夫人の皿や器類は、錫製のものが多少あったほかは、すでにほとんどが陶磁器および炻器によるものであった。これにたいして、銀製のテーブルスプーン六本、錫製のものが三本、銀製のティースプーン五本、同じく銀製の砂糖用小皿と砂糖用トングからなるカトラリーと卓上小物は、プレーン家において、銘々のナイフとフォークを用いる新たなテーブルマナーが、まだ馴染みのないものであったことを裏づけている。ただし、茶を嗜む習慣は、すでにすっかり定着していたようだ。すなわち、目録には、陶磁器製の紅茶茶碗七個と、夥しい量の茶葉のストックが確認できる。[45] 一方、リヨッター家はすでに二二個の陶磁器製紅茶茶碗と二四個のワイングラスを用いていた。彼は、必要最低限の食器類をすべて揃えていたほか、ナイフ一五本（そのうち八本は黒の鞘つき）、銀製テーブルスプーン一二本、銀製ティースプーン八本、数本の木製スプーン、フォーク一本を有したのだった。これらの品々からは、リヨッター家においてもやはり、食事の文化がいまだ過渡期にあったことが読み取れるだろう。[46] 同じハンブルクでも、知的上流階層の人びとの郊外の別荘において営まれた社交の集いなどの場ではまったく別のテーブルマナーが実践されていたであろうし、あるいは、一八世紀末葉には、一般に状況が大きく変わっていた可能性もある。しかし、これらのケースに関しては、残念ながら現在のところ史料的な裏づけが得られていないのである。

レムゴやグライフスヴァルトのような小都市でナイフとフォークが使われるようになるのは、同じく一七六〇年代から七〇年代にかけてのことであった。それ以前の時代には、人びとはまだ、液体状、または粥状の食物をスプーンですくい、固体状のものは指を使って、あるいは、ひとつの食卓に共通のナイフで突き刺して口に運んでいたのである。ところがこの時期以降、グライフスヴァルトでも、目録のなかで、ナイフ、フォーク、スプーン、それぞれ同数を揃えたセットのかたちで登場するカトラリーの数が、年々増え続けるようになる。ただ、当地では、充実した銀のスプーンセットを所有するような裕福な家族ですら、食卓用のカトラリーは主として鉄製のものを用いていた。[47]

住居の装飾品

壁や住居内を飾る装飾品についていうなら、大きな刷新がみられたのは概して一八世紀後半のことであった。絵画、鏡、時計のほか、薄地のカーテン、ブラインド、石膏像、戸棚用上飾りなどの存在は、人びとが住居の雰囲気をみずからの好みに応じて形成していった過程をうかがわせる。これらはまた、私生活および家族生活により多くの価値が置かれるようになったことのひとつの表徴ともいえる。そのなかでも、一八世紀における住文化の新たな構成要素を代表するアイテムは、鏡であろう。鏡は一七世紀にはいまだ稀少価値のある珍しい品物とみなされており、一八世紀初頭になってもなお、宮廷および大都市の邸宅以外ではほとんど見かけることのない装飾品であった。そのまれな事例のひとつとして、一七一五年、バイエルン、ヴァイルハイムの史料は、「緑の掛け布で覆われた」鏡について言及している。ブラウンシュヴァイクを扱ったモーアマンの研究(48)においてもまた、一七三六年の史料によって数多くの鏡の所有が記録されている商人のケースが、唯一の例である。世紀の後半に入ってようやく――おそらく、手鏡、壁掛け鏡を扱うようになった行商人の営業にも影響されて――自分の姿を毎日、鏡に映してみることが、習慣として根づいたようである(49)。こうして、一七七〇年代には、ハンブルクのリョッター家、プレーン家などの財産目録のなかに金およびガラスの額つき鏡がそれぞれ二点、また、アンナ・プレーンの遺産では胡桃材の額つき鏡が登場するようになったのだった(50)。だが、鏡に関しては、フランクフルトの史料が明らかにより豊かな品目を示している。たとえば、タンナー博士邸には九枚におよぶとりどりの鏡(金、銀の額、ガラスの額、黒と茶の胡桃材の額つきなど)がしつらえられ、一家の人びとが洗練された室内装飾を整えていたことを示唆している。しかしまた、一〇枚の鏡を有した宮廷代理人オッペンハイマー(一七三七年)および、一七世紀末葉に八枚を所有したカスパー・シュパール博士のケースも、当時としては申し分のないものであったといえるだろう(51)。

鏡を補完する（あるいは鏡と相互に補完し合う）装飾品として室内の壁を飾ったのが、絵画であった。室内装飾としての絵画のあり方は、数枚のささやかな銅版画から一〇〇点を超える貴重なコレクションにいたるまで、じつに幅広いものであった。[52] ただ、これらの絵画は、一八世紀に特有の現象として突如現われたものではけっしてなかった。一七世紀末からすでに――それどころかハンブルクにおいては早くも世紀なかばには――多くの遺産目録において大量の絵画の所有が確認されるようになる。たとえばフランクフルトのシュパール博士家では、未亡人が再婚した一六九六年に、約六〇点の絵画の所蔵が記録されている。ただし、そのなかで、内容について説明がなされているのは、二点の肖像画および、「サマリアの女とキリスト」を主題とする宗教画一点のみである。[53] シュパール家とはまったく対照的に、オッペンハイマー家の壁を飾っていた絵画の一部に関しては、目録がその内容を詳細に記述している。同家のコレクションは、つぎにみるように、主として肖像画によって構成されていた。

ヴュルテンベルク侯爵夫人閣下、肖像画、一点
バンベルク司教、同上、一点
ケルン選帝侯、同上、一点
プファルツ選帝侯、同上、一点
ダルムシュタット方伯、同上、一点
ダルムシュタット方伯世子、同上、一点
老紳士、胸像、同上、一点
女性を描いたもの、同上、一点
愛らしい人物像、同上、一点
風景画、六点、金箔の額つき

アブラハムとイサクの逸話を主題とするもの、一点
夜景画、一点
　追記：これに付随していた小さな絵画数点は、黒い箪笥に収められてすでに今月一五日に搬出済み……[54]
肖像画二点、老紳士と女性各一点ずつ、精緻な筆致による

　他方、銀行家ゴーゲルはあらゆるジャンルにおよぶ膨大な絵画コレクションを所有し、これらをいくつかの部屋に分けて飾っていた。とりわけゴーゲルの財産目録は、フランクフルトではじめて――そして、ドイツ全体としてみてもきわめてまれな例といえるのだが――それぞれの絵画がどの部屋に飾られていたかを明記することで、美術史および文化史研究者にとって貴重な史料となっている。その記録によれば、サイズの小さい多数の風景画および静物画は、主として階下の部屋にかけられていた。一方、広い居間を飾っていたのは、家族の肖像ならびに寓意画、宗教画、戦争画、そして風俗画（これはほぼすべての部屋に配置されていた）であった。

その隣の部屋（小さな居室の隣室）

絵画
売却対象とはならないが、通し番号を振られた状態にあり。
（一）海洋画一点
（二）聖フランチェスコと聖母マリア
（三）荒野の聖ヨハネ
（四）風景画一点

(五)古い絵画作品一点
(六、七、八、九)ルーデラならびに建築画四点
(一〇)トマスの懐疑、大判
(一一)厨房画、大判
(一二)風景画一点
(一三)風景画一点
(一四)家禽画一点
(一五)厨房画一点
(一六)果実画一点
(一七)花卉画一点
(一八)厨房画一点
(一九)夜景画一点
(二〇)同一点
(二一)小風景画一点
(二二、二三、二四)同三点
(二五)過去を表わす廃墟〔を描いた作品〕一点
(二六)家禽画一点
(二七)小風景画一点
(二八)風景画一点
(二九)同一点

(三〇) 海洋画一点
(三一) 古い廃墟〔の図〕一点
(三二) 同じく廃墟を配した風景画一点
(三三) フルートを手にした男性像一点
(三四) キリスト磔刑図
(三五) 犬の図一点
(三六、三七) 小風景画二点
(三八) 厨房画一点
(三九) 農民画一点
(四〇、四一) 羽毛を毟られた鵞鳥の図二点
(四二) 農民画一点
(四三) 同一点、金属塗装された額つき
(四四、四五) 小風景画二点
(四六) 厨房画一点
(四七) 小型の家禽画一点
(四八) パウロの回心
(四九) 水景画一点
……

階下の事務室

アダムとエヴァを描いた大判の絵画一点
キリスト誕生を描いた同じく大判の作品一点
ハガー像一点
家禽図一点
……
前述の裏手の部屋
〔ジュピターの化身としての〕黄金の雨を描いた大判の絵画一点
ヴァニタス一点
厨房画一点
夜景画一点
画家を描いた肖像画二点
風景画三点
厨房と果物を描いた作品一点
花卉画一点、同主題の小型版一点
水景画一点
風景画一点
老紳士の頭部像一点
婦人頭部像一点
男性頭部像さらに一点
隠遁者の像一点

小型の樹木図四点
トロイア炎上を描いた作品一点、ガラス〔製保護板〕つき
風景画一点、同付属物つき
同風景画、少々大判のもの二点
同風景画、小判で質の劣るもの三点
……
ヴァニタスを表わす古い絵画一点
……

前述の広い部屋
家族の肖像九点、一点は等身大
農民の婚礼を描いた絵画一点
オランダの建造物を描いた絵画一点
クピドとウルカヌスを描いた絵画一点
戦争画二点
家禽画一点
古いキリスト磔刑図一点
果実画一点
ブラバントの農民画一点
ヨハネの洗礼一点

夜戦図一点
海の嵐の図一点
オヴィデウスの寓意画一点
アダムとエヴァを描いた絵画二点
奏楽社交図一点
風景画一点
同じく風景画、小型サイズ六点[55]

ここでは残念ながら、各々の絵画を制作した画家については一切明記されていない。しかし、この不明確な記録の仕方は、一七八二年、その間に約四〇〇点もの作品を擁するまでになっていたコレクションがオークションにかけられた際には、すでに改められていた。ここではとりわけ、ネーデルラントの画家や地元の画匠、クリスティアン・ゲオルク・シュッツ（二一作品）ならびにヨハン・コンラート・ゼーカッツ（二〇作品）らの名前が目立っている。オークションでは、アンハルト゠デッサウ侯家のヘンリエッテ・アマーリエが独自に四三作品を買い上げた。このうち、九グルデンで競り落とされたヨハン・メルヒオール・ロースの『オリーブ山のキリスト』は、現在もデッサウのアンハルト絵画ギャラリーに展示されている[56]。

だが、財産目録の記録者が絵画を詳しく観察し、あるいは、ジャンルやサイズに応じて適切に分類するために時間をかけること自体、一般的にみれば、驚くべき行為であったといえるのかもしれない。そのほかの多くの財産目録においては、われわれ歴史家は、家族の肖像画に関する描写を除けば、「さまざまな絵画作品」というあまりに簡略な表記を目の当たりにするのみなのである[57]。たとえば一七世紀のハンブルクでも、絵画の内容について具体的に記載している目録の事例は、以下のわずか二件にすぎない。ハンブルク近郊オトマルシェンに暮らしたヨハン・オウトゲルツェンの膨大な絵画コレクションは、レンブラント、ファン・ダイク、ファン・ホーイエン、ピーテル・デ・モレイン、ロイスダールらの作品を含んでいた。また、オウトゲルツェンと同じくオランダ貿易に携わったハンブルクの絹織物商、ハンス・ハインリヒ・ジモーンスが所有した二〇枚の絵画についても、財産目録がその詳細を説明している(58)。

一方、ブラウンシュヴァイクでは、目録が伝える絵画コレクションの数こそ少ないが、それらの記述は、今日、絵の主題を再現する作業を充分可能にしてくれる。その規模からみて、当地での一七世紀における唯一の本格的コレクションと呼べるケース、すなわち、ブラウンシュヴァイク市長の一六八六年の財産目録が、一点の風景画を除いて、ほとんどが宗教画および古代神話を主題とする作品によって占められていたのにたいして、一七三〇年代に由来する二件の目録では、風景画が主流となっている。そのほか、これらの史料には、アラバスターおよび石膏製の彫像や、フランクフルトの目録にもみられるような、額つきの暦も登場する(59)。フランクフルトではさらに、数多くの銅版画、石膏や陶磁器の人形《フィギュア》、陶磁器による（戸棚の）上飾りなどが居室を豪華に飾っていた。ハンブルクではそのほかにアラバスター製の人形が普及していたが、他方、上飾りには通常、炻器が用いられたようだ。

一八世紀の家庭においてステイタスシンボルとなった調度品としては、鏡および、品質に関しては優劣さまざまの燭台と並んで、各種の時計もまた、無視できない存在であった。砂時計や水銀時計のほか、卓上時計、箱型の床置き大時計、壁かけ時計などがあったが、その多くは、フランス、イギリスの製品であった。たとえばヴォルフェンビュッテルでは、一七八四年の史料が、七宝文字盤のジュリアン・ル・ロワ（一六八六－一七五九年）制作の壁掛け時計を挙げている。この時計は、真鍮に金メッキの彫飾をほどこした鼈甲製のみごとな仕上げのケースに収められていた。同様に、ガンダースハイムでは、一七八七年に、シモン・デシャルメ制作の金時計が確認されている(60)。これらの職人のうち、デシャルメはロンドンで工房を営んでおり、両者とも、当時の時計製造業を代表する人物であった。他方、フランクフルトでは、ゴーゲル家が胡桃材のケースに収めた卓上時計、壁かけ時計、床置き式大時計《ハウス・ウーア》および金時計を有し、また、タンナー博士家の居室には、黒のケース入り卓上時計、文字盤に金の釉薬をほどこした時計、金のケース入り時計が飾られていたが、これらについてはいずれも、制作者の名前は挙げられていない(61)。商標名が定着するのはようやく一八世紀後半になってからであり、少なくともこの頃には、こうしたブランドネームが、財産目録作成者の注意を引く程度に目立つ存在になっていたと思われる。ハンブルクでは、銀製の懐中時計の事例を除いていうなら、アンナ・プレーンの財産目録が、イギリス由来の床置き式大時計《ディーレン・ウーア》の製作者としてロンドン時計職人ギルドの構成員、ジョゼフ・ヘリング（一七六七－一八〇四年）の名を挙げているのが、まさに例外的ケースといえるのである(62)。

居室の居心地の良さを増すために欠かせなかったのは、住居を飾る各様の布製品であった。財産目録ではほとんど言及されることのない壁布《ウォール・クロス》のほかに、薄地のカーテン、絨毯、テーブルクロスやクッションがその代表的存在であろう。オスナブリュックのワイン取引業者、クニレの目録は、当家のビリヤード室が絹製壁布によって、また、広間の壁面がダマスク織で、そのほかふたつの部屋が漆喰と蠟引き壁布でそれぞれ仕上げられていたことを明記しているが(63)、一般には、取り外しが可能なカーテンについてのみとりあげるのが史料における通例であった。これらカーテン類の種類は、著しく変化に富んだものだった。黄色、白、緑、青、赤といった各様の色彩のほか、素材もまた、麻からタフタ、平織り綿、ラッシュ織、更紗、羊毛、ビロード、モスリンにいたるまで、じつに多様であった。同様にこその内容が豊富だったのは、テーブルリネン類である。たとえばフランクフルトでは、大量に所有されていたふつうのテーブルクロスのほか、フラシ天、ラッシュ織、ウール、絹、絹混紡などを用いた色とりどりのテーブルマット、あるいは、綿、ダマスク織、青と白の縞柄麻布による小卓、子ども用テーブル、コーヒーテーブル専用のクロスなどが記録されている。一方、史料が伝えるハンブルクの家庭の食卓は、これほど豪華なクロス類で飾り立てられてはいなかったようである。ただし、当地でもまた、「テーブルナプキン」やナプキンと、色彩豊かな麻、亜麻布、ダマスク織、ウール、絹混紡などで仕立てたテーブルクロスとは、明確に区別されている。しかし、ナプキン類に関しても、確認しうる数はハンブルクの方がフランクフルトよりもずっと少ない。何百枚ものナプキンを有していたのは、タンナー博士、ゴーゲル家、シェーデル博士（一七三七年）のみである。

内装用テキスタイルについてはさらなる細分化も可能であるが、しかし、いずれにしても、富裕層の人びとが、どのようなクロスやマットでテーブルを飾るべきなのか、その選択に大いに悩んだであろうことには、すでに疑問の余地はないだろう。テーブルや机の数と種類が増えれば、それだけ多様なテーブルクロスが必要となったが、同様に、ソファや安楽椅子など、布や革張りの家具類の普及は、カーテンの色と素材のコーディネートを必須の課題としたのであった。当時、どのような人びとが実際に新たな住文化の趨勢をかたちづくっていったのかを、正確に突き止めることはできない。だが、たとえばブラウンシュヴァイク一帯では、宮廷および宮廷官職者らが、ある種のパイオニア的役割を担ったことが明らかになっている。ただ、大都市においては、こうしたモデルはおそらく当てはまらないだろう。見本市開催都市、とくに、一八世紀、各地の諸侯の宮廷をターゲットとする奢侈品の一大市場へと発展していたフランクフルトのような都市では、しかるべき見本商品の普及をうながしたのは、まさしく商業活動にほかならなかった。だが、ハンブルクにおいて、このフランクフルトのケースがどの程度まで該当するのかについては、残念ながらいまだ確言する状況にない。というのも、ハンブルクに関しては一八世紀の財産目録のサンプル数自体がかぎられているうえに、これらはいずれもフランクフルトとはまったく異なる社会層に由来するものだからである。

ところで、雑誌やジャーナル類は、ファッションと同様、新しいインテリアのモデルを伝播させるために主導的な役割を果たしえたのだろうか。この問いかけにたいしてもまた、正確な答えを提示することはできない。雑誌の誌面で展開された言説を、それぞれの家庭内での現実のなかに跡づけることは、きわめて困難な作業であろう。実際、家具や内装品についての記述は、われわれがその背後に具体的な商標や商品名を読み取るためには、あまりに不正確に過ぎるのである。したがって、『贅沢とモードの雑誌』の誌上で新たに宣伝された消費物資が、財産目録において明確なかたちで発見されるのは、ごく特殊なケースにかぎってのことであり、多くは、より不明瞭な描写の背後にきわめて曖昧なかたちで類推されるだけなのだ。たとえば、一七八六年に刊行された『贅沢とモードの雑誌』第一号では「イギリスの」椅子と「イギリスの」カナペ、そして「イギリスの」暖炉用衝立が話題になっており、これに呼応するように、一八世紀末のヴォルフェンビュッテルの財産目録では、「イギリスの椅子」が登場している。しかし、実際には、これらは同一の製品ではないばかりか、英国からの輸入品でもなく、また、イギリスのモデルにならった模倣品ですらなかったことを看過してはならない。「イギリスの」という形容詞は、ここでは単に様式を表現する語として理解すべきものであり、新商品をより印象深く紹介するという目的のためには、「フランスの」あるいは「トルコの」といった語句もまた、同じ価値をもって使われたに違いない。したがって、財産目録に記された安楽椅子が、「庭園つき邸宅、あるいは田舎の別荘の、中国風の内装をほどこされた部屋のためにデザインされた、イギリス風の肘掛け椅子」であった可能性は、充分に考えうることなのだ。

しかし、その一方で、雑誌の編者、ベルトゥーフは、「きわめて熟練したイギリスの黒檀細工職人、ホルツハウアー二世が当地ワイマールにて」製作した「イギリス風の家具」を、内装を改めたアンナ・アマーリア公妃のヴィトムス宮殿、緑のサロンの例に即して紹介している。これらの家具を通じて、彼は、インテリアの新たな趨勢をすすんで受け入れようとする公妃の精神の公明さと同時に、この新しい流行がいかに魅力的なものであるかを明示しようとしたのであった。ホルツハウアーはこのほか、兄と共同してゲーテの庭園邸宅の内装も手がけたが、この仕事はおそらく、その後、より多くの顧客をもたらすことになったと思われる。だが、ベルトゥーフによってしきりに鼓舞されたイギリス風の家具は、個人の私邸の内装としては、ワイマールにおいてさえ、せいぜいのところ例外的ケースとして見いだされるにすぎない。『贅沢とモードの雑誌』が一七九七年につぎのようにして紹介したイギリス風食器棚、洗濯物用チェストおよび手芸用机は、こうした例外の一部である。

洗練された女性の部屋には、装飾家具の役を果たしながら、容易に移動することのできる、小さくて感じの良い収納家具が好ましく、何よりも望まれている。……〔手芸用テーブルは〕蝶番のついた折りたたみ式のテーブル板を上にもち上げられるようになっており、針仕事や編み物、その他、すぐに片づけたい細々としたものを、そ

の下に据えつけられた緑のタフタ製の袋のなかにしまうことができるのである。(64)

この手芸用テーブルを住居内に備えていたのは、ワイマールの文化生活において重要な位置を占めていたふたりの宮廷官職者、フランツおよびカール・キルムスであった。フランツ・キルムスの妻、カロリーネ・クラコヴは、結婚前に大公妃マリア・パヴロヴナの娘たち〔のちのプロイセン王妃マリー・ルイーゼおよび、ドイツ皇妃アウグスタ〕の教育係を務めていた。このように、一八世紀末葉になってもなお、新しい家具製品の伝播過程において宮廷と官職エリートがおよぼした影響力は、小規模な宮廷都市ではけっして軽視できないものであった。また、フランクフルトのような大商業都市でも、周辺地域の貴族たちが、調度品の買い手として、われわれの目を引くのである。具体的な製品を遺産目録のなかに確認することはできないとはいえ、ここではおそらく、奢侈品の生産はきわめて都市的な家庭生活のあり方と密接に関連していたと思われる。このような環境で営まれた家具生産の典型的な事例が、ノイヴィートにおけるアブラハムおよびダヴィッド・レントゲンである。彼らはロンドンの「家具職人《キャビネットメーカー》」の例にならって、伝統的な家具工房をマニュファクチュアへと改造し、大量に生産した部品からなる家具のパーツを巧みに組み合わせ、種類に富んだ、かつ豪華な調度品を作り上げたのだった。レントゲンの家具は、初期においては簡素なイギリスのモデルを模していたが、一七六〇年代以降は、木彫や寄木張り、花模様の寄木細工など、豊かな装飾をほどこした斜面机や衣装箪笥をはじめとする、独自の路線を打ち出していった。そのほか、トリアー選帝侯ヨハン・フィリップ・フォン・ヴァルダードルフのような諸侯の顧客にたいしては、象嵌細工と木部に描画をほどこした豪華な書き物机を納めることもあった。ことにダヴィット・レントゲンは営業を拡大し、製品のバリエーションを著しく多様化していった。みずから考案した「家具富籤」を通じてハンブルクの市場にも足場を固めたのち、やがて、パリ、サンクトペテルブルク、ベルリンでもまた、営業の可能性を切り開いていった。この種の豪華家具の市場は、フランス革命によって完全な麻痺状態に陥ってしまったとはいえ、レントゲンが製作したイギリス、フランス、オランダ、ドイツのスタイルを混和させた書き物机やキャビネット型戸棚は、今日もなお、「理想的な家具工芸を測るための尺度」としての意味を保ち続けている。[65] ゲーテもまた、一八〇七年になってなお、小説『新メルジーネ』のなかで描いた夢の城を、「数多くのスプリングや部品が一気に作動し、書見台や筆記用具、文箱、金庫などが一度に、あるいはつぎつぎに現われ出るという、レントゲンによる仕掛け式書き物机」になぞらえたのであった。[66] だがしかし、レントゲン家具の流行もまた、同時代の住文化の流れのなかにひとつのエピソードを形成したにすぎない。家具調度の新たなトレンドはすでに、簡素さと居心地の良さを志向していた。その先駆は、すでに一八世紀の遺産目録において明快なかたちで確認しうるが、やがてビーダーマイヤー時代が訪れると、こうした傾向がいよいよ全面に現われるようになる。

第5章――庭園と郊外邸宅

庭とは、そこで人間が、田園生活のあらゆる長所、四季がおりなすことごとくの愉快を、苦労をともなうことなく平穏に享受しうる場所である。自然がみずからの多感な友人のために用意した利点と楽しみのすべてを、広々と心地よくしつらえられた庭という空間のなかで堪能することができるのだ。しかも、この利点と楽しみは、もち主が、理性と洗練された趣味、そして文化の魅力を通じて、その庭をみずからに任されたままの状態よりもさらに高めようと努めるなら、その分だけより大きく、また多様さに満ちたものへと上昇するのだ(1)。

一八世紀には、自然観の変化にともなって、庭園や風景といった問題にたいしてもまた、これまでとは違った評価がなされるようになった。この変化は、概していうなら、従来のきわめて正確に計算された幾何学式庭園を駆逐しながら大流行をみた、風景式庭園との関連において進行した現象である。庭園史家の理論によるなら、「英国式庭園」の登場によってはじめて、丘陵や谷、草原、小川、灌木といった、人為の入らない風景のもつ自然美がようやく認められるようになったのだという。こうした見解を裏づけるのは、一般に、一七世紀末以来、諸侯の庭園がたどった発展過程であるとされている。かつて、庭園の模範となったのはヴェルサイユであり、また、造園家アンドレ・ル・ノートルがここで企図した、自然を美的観点から制御し、合理化するという原則であった。ドイツにおける事例としては、バイエルン選帝侯、マックス・エマニュエルによる、ミュンヘン近郊シュライスハイムおよびニンフェンブルクの庭園を挙げることができるだろう。前者は一八世紀初頭、選帝侯がブリュッセルでの総督の任務を終えて帰郷したおりに着手されながら、スペイン継承戦争の混乱から造園作業が遅れ、完成をみたのは一七一五年のことであった。ほぼこれと同時期に、ニンフェンブルクを舞台に立案された新たな庭園計画は、フランスで主流となっていた新しい趣味に従って、庭園の景観を徹底して幾何学的に構成しようとするものであった。バロック庭園において典型的な諸要素、すなわち、三つに分割された大花壇、植え込みのなかを縫うように敷かれた迷路、放射状にのびる遊歩道によって区切られた森などが、この庭園の特徴であった。

さらなるバロック庭園の例としては、ベルリンのシャルロッテンブルク、カッセルのカールスベルク（のちのヴィルヘルムスヘーエ公園）、ハノーファーのヘレンハウゼン、ドレスデン、そして、マックス・エマニュエルの息子、クレメンス・アウグストがブリュールに築いたアウグストゥスブルク城の庭園などがある(2)。だが、ロココ期に入ると、フランス式庭園の図式は解体をはじめた。たしかに、フランス式庭園の様式、とりわけそれを理論化したデザリエ・ダルジャンヴィルの著作は、ドイツでは一七三〇年代になってもなお盛んに受容されていた。しかし、他方、自然のなかに談話や娯楽の場をもちたいという欲求と結合して現われた小規模で親密な庭園空間にたいする憧憬は、しだいにフランス式庭園の厳格な形式を分解させていったのである。ロココ庭園の平面図は、非対称的で、細かい構成部分に分かれていた。バロック式の直線的な並木道に代わって、弓なりに蛇行する道が配されたが、こうした歩道の形態と配置が、庭園全体を見渡すことをもはや困難にしていた。ロココ庭園の典型例、ポツダムのサンスーシでは、すっかり緩和された庭園の構成が明らかに見て取れる。噴水、泉、噴泉、あるいはまたエキゾティックな東屋および茶亭《ティーハウス》は、造園術における新たなファクターとして、これまでにない別の世界観を体現しようとしていた。これらに加え、温室、果樹園、その他、植え込みや無数の花壇には、四季おりおりにさまざまな植物が植えられた。サンスーシに比肩しうるロココ庭園は、ファイツヘーヒハイム城（バイエルン）のほか、シュヴェッツィンゲン城（バーデン・ヴュルテンベルク）、シュトゥットガルト近郊のソリテュード城などにみられた。これらの庭園のなかには、のちにふたたび改造され、風景式庭園の理想に則ってさらに緩やかにかたちを変えていったものもある。

一方、風景式庭園の基準を作り上げることになったのが、デッサウ近郊のヴェルリッツ庭園である。アンハルト＝デッサウの選帝侯、レオポルト三世は、侯位を継ぐ以前の一七六〇年代に、お抱えの建築家フリードリヒ・ヴィルヘルム・フォン・エルトマンスドルフを伴って二度にわたるイギリス旅行に出立し、イギリスの主要な庭園施設をほぼすべて視察していた。選帝侯となったのち、エルベ川が頻繁に引き起こす洪水に対処する必要に迫られたレオポルトは、慈善事業として、エルベ沿岸および川沿いにあった庭園の景観を根本から改変させたのであった。イギリスの理想、そして候みずからが抱いたイメージから多くの着想を得て、ここには、庭園内を逍遥する人びとの胸に独特の連想と感情を呼び起こすような、湖や水路、森がおりなす水と緑の総合体が生み出されたのであった。それと同時に、庭園と経済、すなわち、経済性と造園術とが互いに結び合わされなければならなかった。このような意図をもって、庭園内には、栽培植物園、果樹園、畑や牧草地と並んで、多くの記念碑および、古代風、あるいは歴史的様式によるさまざまな建造物が嵌め込まれたのであった。たとえば、候の芸術コレクションを収めた「ゴシックの館」は、神聖ローマ帝国の古《いにしえ》からの歴史を思い起こさせるものにほかならない。そして、まさにその戸口の前で牛と羊の群れが草を食んでいたのであり、これこそ、「ホルトゥス・エコノミクス」、すなわち、「有益なものと、美しいもの、啓発的なもの」を統合する、経済的理想の象徴にほかならなかった(3)。

ミュンヘン、ポツダム、ヴェルリッツに君主らが築いた大規模な庭園は、一八世紀における造園術のイメージの、その本質的特徴を表わしているといえる。ただし、一七世紀末以降、いよいよ盛んになっていた庭の私的利用の傾向については、これらの大庭園だけに射程を定めていては、けっして見えてこないであろう。人びとは当時、都市郊外に設けた庭園で夏を過ごしたばかりでなく、都市内においても、みずから楽しむ目的で、あるいは一種の投資対象として庭園を造成することに、あらゆる出費を惜しまなかった。花の種子は市場で売買されたほか、愛好家のあいだで交換され、あるいは互いに贈られ、これを通じて盛んな文通がはぐくまれたのであった。「園芸種子業者」が、さまざまな花の種、花卉および樹木の苗を園芸愛好家たちに売り渡すことで、これらの植物を広い領土全体に広めていった。

景観の再構築——園芸の流行と君主による庭園改造

庭は、すでに中世都市においても、人びとにとってなじみ深い存在であった。住人たちはこれを、野菜や果樹、薬草の栽培園としてさかんに利用していたのである。たとえば、一五世紀のハンブルクでは、庭地にたいする需要が急激に高まり、賃借料が上昇した結果、都市当局に膨大な収入をもたらす結果となった経緯が確認できる。一六世紀後半になると、市民たちは、少なくとも夏のあいだ、市内の澱んだ空気と狭苦しさから遠ざかる目的で、都心部を囲む塁壁の外に庭園を造成するようになった。一七世紀、ノイシュタット地区の周囲に新たに防壁が築かれると、この一帯が新しい庭園の用地として注目を集めた。だが、この頃にはすでに、市域全体を囲む市壁のさらに外側に、庭園や別荘を造ろうとする風潮が強まっていた。とりわけその先頭に立ったのは、エルベ川沿いの地域に居を構えたイギリス系およびオランダ系の商人たちであった。この現象は、たとえばビルヴェルダー、ハム、ホルンなど、ハンブルクの周辺地域の集住形態および社会構造を大きく変化させた。とくに、一八世紀になると、多くのハンブルク市民たちが、夏季、ハムおよびホルン地区の六〇戸におよぶ庭園つき邸宅へと生活の場を移すようになっていたが、こうした慣習は、庭師、御者、家事使用人らの職業分野において、季節労働市場の可能性を切り開くことになった。このような労働形態の事例は、ハンブルク以外では、一九世紀になってようやく、保養地を中心に現われるものである。庭園

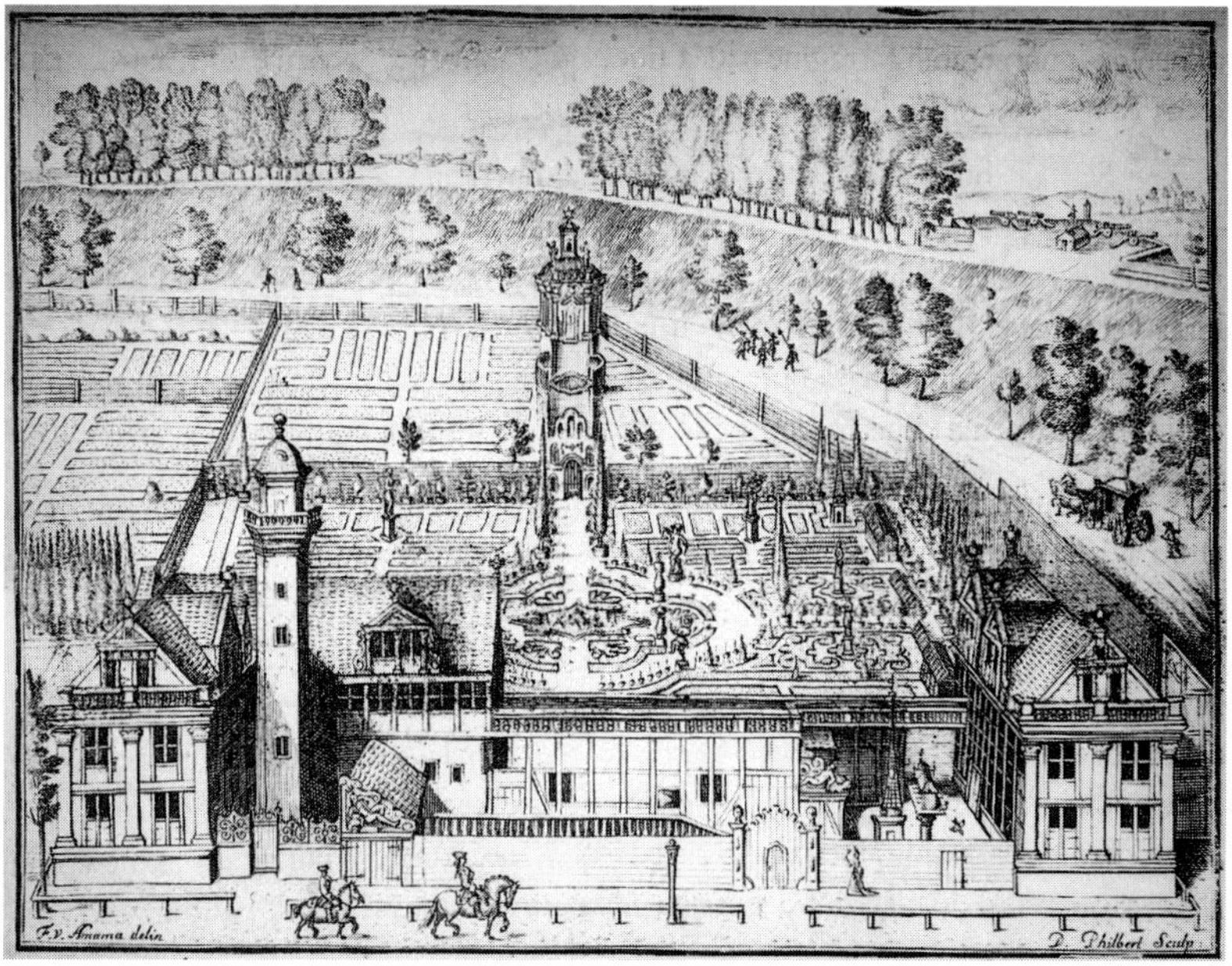

図版 12　市長ペーター・リュトケンスがダムトーア付近に有した庭園と邸宅。F. フォン・アマーナ作の原版にもとづいて D. フィルベルトが製作したエッチング，1716 年（ハンブルク歴史博物館所蔵）

の所有者はあらゆる職業分野におよんだが、一七九二年の庭園年鑑によれば、なかでも商人と市参事会員が主導的な役割を担っていたようだ。ここには同時に、ワインおよび香辛料取引業者、株式仲買人、外交官、製糖業者、法職者、牧師、プロの造園家、その他の手工業者の名も挙がっている[4]。

しかし、庭園の外観に関して何がしかの記録を残しているのは、主として都市の上層部である。たとえば、市参事会員カスパー・アンケルマンの庭園には、絵画や彫刻で豪華に飾られた園亭が建っていたという。「世界中の珍しい花や果樹、その他、この地で冬を越すことができるあらゆる種類の植物が、四〇〇から五〇〇もあろうかという箱や鉢に植え込まれていたるところに並べられ、眼と嗅覚を楽しませるものにはいっさいこと欠かなかった[5]」。

また、一七一六年の薬学書には、ハンブルク市長ルーカス・フォン・ボステルおよびペーター・リュトケンスが有した庭園の図が掲載されている（図12）。ボステルは、ボルクフェルデ地区に築いた庭園を、四角形の三つの部分に区切っていた。そのうちふたつには四角い花壇がしつらえられ、樹木と池が配されたが、他方、残るひとつは観賞用庭園として、さらに四つに区切られ、それぞれ真ん中に一本ずつ木が植わっていた。
他方、ダムトーア・シュトラーセにたたずんだペーター・リュトケンス邸の図は、家の背後に、豊かに飾られた庭のありさまを描いている。四つ葉飾りのモチーフと噴水を中心に置き、その周辺に、多くが四角形につくられた花壇が配され、さらに外側へと広がる庭のスペースには、彫像やピラミッドなどの装飾があしらわれていた。この観賞用庭園に隣接して、きわめて単純な構造の実用園が見える。このような、装飾と実用、ふたつの目的に分けた庭を結合させる構想は、当時、最高の理想としてみなされたのであった。バルトルド・ハインリヒ・ブロッケスは、一七二一年に制作した『神のなかの現世の喜び』において、つぎのように謳っている。

黄金の光にも勝る／輝くような煌めきが／
いとも蠱惑的に地空を占め／
わが心を魅了した／庭の贅と優美だけに目をやるには／
森と野原があまりに麗しいゆえに。／
庭において自然と人為は結合し／
精励と／実益と楽しみとがつねに兄弟姉妹のごとく堅く結ばれる／
そこでわれらは人為の所産のなかに／
同時に自然の営みを感じ取り／
またそれとともに、わが創世主の力と存在を証す／
輝かしい痕跡をも認めるのだ。(6)

バロック庭園は自然を整理・分類しようと努めたが、その極端なまでの多様さは、ブロッケスが別の個所でとりあげているように、人間の感覚をあまりに混乱させ、その結果、「正しいものを何ひとつ組み立てることができなかった」(7)のだった。こうした理想が成立する過程において、ハンブルク市民たちの庭園は、造園史における数多くの流儀からの影響を受けていたのであった。たとえば、比較的狭い空間のなかに細かい構成要素を数多く積み重ねていく手法についていうなら、ハンブルクの庭園はオランダにならっていたといえる。アルスター湖畔やビレ川沿いなど、庭園と邸宅を水辺に配置するという構想も、オランダの伝統を模したものである。フランスのバロック庭園をモデルとして、軸線を中心とした構造を実現するには、市民による庭園はしばしば充分なスペースに欠けていた。しかし、都市周辺の貴族の領地、たとえばベンディクス・フォン・アーレフェルトのイェリルスベクの所領や、ハインリヒ・カール・シンメルマンが有したヴァンツベク宮の庭園などは、フランス庭園の類型とみなしうる事例である。

庭の造成の流れと同時に、私的領域における草花愛好ブームにもふれておく必要があるだろう。花をめぐっての、あるいは花を通じてのコミュニケーションは、新しい社会的接触の可能性を創出した。そして、すでにハンブルク市の音楽監督という高い地位にあったゲオルク・フィリップ・テレマンのような人物ですら、このようにして生み出された交際の機会を積極的に利用したのである。一七四二年八月二七日、テレマンは、ヨハン・フリードリヒ・アルマンド・フォン・ウッフェンバッハを相手にみずからの「ヒアシンスとチューリップをめぐる癒しがたい物欲、キンポウゲ、そしてとりわけアネモネにたいする貪欲さ」について熱弁をふるい、つぎのような多種多様な花々の提供を申し出たのであった。

アネモネ
アマランサス、クリスタトゥス、トリコロール・グロブスス(ヒユの一種)
アルセア・テオフラスティ(タチアオイ)

アストランティア・ニグラ（アストランティア）
アウリクラ・ムリス、等々（サクラソウ?）
アンテリナム（キンギョソウ）
アスター・アティクス、アウトゥムナリス、等々（シオン）
アスター・フォエミナ・S・コニザ・セルレア（ムカシヨモギ）
アマランサス・カウダトゥス（ヒユ、ヒモゲイトウ）
パニクム・マヨール&ミノール（キビ）
アスター・キネンシス
バルサミナ（ツリフネソウ、ホウセンカ）
ベリス（デイジー）
カンパヌラ・ピラミダリス、ユトリカエ・フォリオ、フローレ・コエルレオ（ホタルブクロ）
カリオフィルス・バルバトゥス（ヒゲナデシコ）
キアヌス（ヤグルマギク）
カンパヌラ・ユトリカエ・フォリ、フローレ・アルボ
カレンドゥラ（キンセンカ）
クリザンセマム（マーガレット）
コルチクム（イヌサフラン）
コンヴォルヴス・ミノール・S・コンヴォルヴス・ペレグリヌス（セイヨウヒルガオ）
カンパヌラ・ミニマ、フローレ・コエルレオ
クロッカス

コロナ・インペリアリス（ヨウラクユリ）
コンソリダ・レギア（ヒエンソウ）
フロス・アフリカヌス・マヨール&ミノール、ヴェルシコロール、S・トリコロール〔センジュギク〕
フロス・アドニス（フクジュソウ）
フロス・カーディナリス
フロス・ポエティクス
フラクシネラ（ハクセン）
ゼラニウム・ピクトゥム、アトルム、フローレ・コッキネオ（フクロソウ、ゼラニウム、あるいはペラルゴニウム）
ガレガ（ゴーツルー）
ゼラニウム・マグナム、マキシモ・フローレ
ヘディサルム、クリペアトゥム、ルブロ・エ・アルブス（イワオウギ）
ヘスペリス・オドラータ（スイートロケット、ヘスペリス）(8)

テレマンとウッフェンバッハはすでにフランクフルト時代からの知り合いだった。当時ふたりはともにオーデンヴァルトにエアバッハ伯の宮廷を訪ね、アマチュア音楽家でもあったウッフェンバッハはここで、ゲオルク・フリードリヒ・ヘンデルによるメロディーをもとに、カンタータ『大いなる伯爵閣下のエアバッハ城庭園および温室にて、わが当地訪問の折に』を編曲している。だが、ハンブルク市音楽監督と草花のやり取りをしていたのは、ウッフェンバッハひとりだけではなかった。ドレスデンのコンサートマスター、ヨハン・ゲオルク・ピゼンデルも、友人テレマンが望んだ「草木類」を送っており、そのほか、ベルリンの宮廷楽長カール・ハインリヒ・グラウンもまた、テレマンに数種の花を届けている。この草花愛好という趣味は、テレマンをさらに、一七八七年に『ナデシコ属略史』を上梓

していたルートヴィヒスルストの宮廷楽長、ヨハン・ヴィルヘルム・ヘルテルとも意気投合させたのであった。[9]

一八世紀末葉には、ハンブルク市民と同様に、都市在住のイギリス人商人のあいだにも「風景庭園」がすっかり定着していた。アルトナ、ブランケネーゼ間のエルベ川沿いはいうまでもなく、それ以外の地区もまた、多くがこの種の庭園で埋め尽くされることになった。また、ホルンやハムに古くからあった庭園も、つぎつぎと風景庭園風に改造された。ヨハン・アウグスト・アーレンスやジョセフ・ジャック・ラメーのような建築家・造園家が、ハンブルクの施主のために数多くの古典主義的な風景庭園を設計した。フロットベクのカスパー・フォークト庭園、ビルヴェルダーのヨハネス・シューバック庭園、ゲオルク・ハインリヒ・ジーフェキングのノイミューレン別荘、あるいはブランケネーゼのバウアー公園などは、その例の一部にすぎない。なかでもアルトナの商人、ゲオルク・フリードリヒ・バウアーは、一九世紀初頭になってからロマン主義的な大庭園を築いた。これはまさに、神殿、中国風の多層塔《パゴダ》、人工の廃墟寺院、洞窟《グロッテ》、オランジェリー、大温室《パルメンハウス》といくつかの小温室を配した、本格的なロマン主義の風景庭園であった。

一方、これとはまったくタイプの異なる事例が、カスパー・フォークトがフロットベクに有した模範農場であった。フォークトの所領は、いわゆる「観賞用農場《オーナメンタル・ファーム》」、すなわち、すでにヴェルリッツの例にみたような、明らかに意識して作り出された、農場経営と庭園との共存にほかならなかった。「美しい木々、交互に現われる魅力的な丘陵と谷間、変化に富んだ樹木群、じつにさまざまな表情をみせる陸と川、風景と見晴らし。これらすべてを利用して、私は、この上ない勤勉さによって耕された田畑のあいだを縫うごとく歩道を走らせ、まったく性格を異にするさまざまな景観が、そこを歩く人びとの目につぎつぎと飛び込んでくるようにしたかったのです」[10]。フォークトは、みずからこの所領をゆずり渡したマルティン・ヨハン・イェニッシュに宛ててこのように書いた。のちに後継者はこの土地にみずからの名を冠して、イェニッシュ公園と名づけている。模範農場、もしくはイェニッシュ公園は、その多くの部分を、スコットランドのジェイムズ・ブースによるいくつかの計画案に負っていた。ブースの養樹園は、その後、多くの風景式庭園に樹木や植物を供給し、その管理を実質的に支えることになる。造園や園芸は、その他の都市のケースをみても明らかなとおり、造園家の側からすれば利益の多い事業であり、見方によってはきわめて高くつく娯楽ともいえた。したがって、他都市でもまた、こうした贅沢を心ゆくまで享受できたのは、まず何よりも富裕な人びとであった。

ニュルンベルクでは、一六八三年の土地台帳が、市壁外にすでに三五〇件以上の庭園を数えている。そのうちの多くが、一五世紀に起源をもつ古い庭であったが、一七、一八世紀を通じて、これらに芸術的な改造が加えられることになった。とりわけ三十年戦争ののち、ニュルンベルクの都市貴族たちは、隣接する土地を取得することで、みずからの庭園の用地を広げていった。そのうち、一六一九年に二五〇〇グルデンで買収して造成されたペラー家の庭園については、ヤーコプ・ザンドラルトの銅版画が当時のありさまを詳細に伝えている。ここに再現されたものは、左右対称に配列され、観賞用庭園、果樹園、野菜栽培園によって構成された庭の空間であった。その平面図の基礎を決定づけたのは三本の軸線で、木陰の道《ラウベン・ガング》や東屋がこの基本軸に沿ってあしらわれていた。ペラー庭園をはじめ、ニュルンベルクの庭園の多くは、のちに詳述する、都市の建築業マイスターで造園理論家、ヨーゼフ・フルッテンバッハによる稿本の内容を強く反映したものであった。これらの庭園の所有者は、主として、イムホーフ、ハラー、クレース、ピョーマー、トゥーフ家など、都市名士たちであったが、なかには富裕な自由業者もいた。彼らは通常、夏のあいだだけ庭園に赴き、その間、ここに生活の場所を移して長期滞在することが多かった。実際に庭の手入れにあたったのは使用人、あるいは長期および短期の借地人であったが、これらの庭園はいずれも、一八世紀になると、新たなバロック庭園のフランス的要素と形式を受容していったのだった。当時、「庭作りへの情熱が……名士や富裕層にかぎらず、すべての身分と階層の人びとを支配するようになった(11)」とはいえ、このようなバロック庭園的ファクターの採用が、郊外の広大な用地においてのみ実現しえたことは、いうまでもない。

一方、一八世紀に未曾有の建築ブームを体験していたライプツィヒでは、建設活動は市壁を超えて広がりつつあった。都市の濠は水を抜かれ、塁壁には一七〇二年から一七〇三年にかけて植樹がなされ、緑地美化を目的とする灌木があしらわれた。新たなバロック庭園が、さらに外へと拡大する郊外部を埋めていった。市民が所有した庭園のうちでは、アペル家およびボーゼ家のものが群を抜いていた。なかでも、トーマスカントールを務めたバッハの家族とも親しく交際したボーゼ家のふたつの庭園は、フランスの様式に即していた。トーマスカントールを務めたバッハの家族とも
設計されており、その上階からは、テラス状に配置された大花壇《パルテレ》が見渡せた。園亭が庭園全体の中心点を占めるように設計されており、その上階からは、テラス状に配置された大花壇《パルテレ》が見渡せた。一六九一年にはオランジェリーの存在が記録され、その銅版画も残されている。ボーゼ家のほか、シュテグリッツ家、クルムブハール家などの庭園を大きくしのいだのが、アペル家の地所であろう。トーマス門のすぐ外側に位置するこの庭園の起源は、すでに一七世紀にさかのぼるものであった。義父よりこれを相続したディートリヒ・アペルは、一七〇一年から一七〇二年にかけて、隣接する土地を買収することにより、地所を拡大した。ここでは、居住用、あるいは管理・農作業用の建物ととなりあって、小花壇や植え込み、噴水で飾られ、幾重にも重なるように配置された大花壇《パルテレ》が、広大な庭園をかたちづくっていた。周囲の土地へとまっすぐ扇状にのびる並木道は、ゴンドラを浮かべた運河までも備えたこの庭園の壮大な規模を、あらためて実感させるものであった。さらに、ドレスデンの彫刻家、バルタザール・ペルモーザーの手になる古代神の立像は、その後一七一四年にアウグスト強王の御前で叙爵を受けることになる施主が生来そなえもった、貴族的・宮廷的な特質を、庭園の空間全体に醸し出していた。(12)だが、ライプツィヒでも、このような本格的な庭園の所有者にかぎらず、市井の人びともまた、それぞれが庭作りに熱中したのであった。たとえば、黄色い花を咲かせるナデシコの種子を贈られて狂喜したトーマスカントーアの夫人、アンナ・マグダレーナ・バッハも、やはりこうした園芸愛好家のひとりにほかならなかった。(13)

庭園ブームは、同様に、フランクフルトの住民たちをもとりこにさせた。当地ではとりわけ、マイン川の南岸および、ザクセンハウゼン地区、ボッケンハイム地区が造園のための用地を提供することになった。たとえばゲーテ家を例にとるなら、ゲーテの祖父で都市名士のテクストーアは、幼子ヴォルフガングの洗礼を記念して、みずからの庭に梨の木を植えたという。ゲーテの父もまた、その庭に果樹や野菜を植え、ブドウ畑ではブドウのほか、アスパラガスを育てていた。さらに、一九世紀初頭には、ゲーテの母、アーヤ夫人の「庭の明細」が、彼女が徹底した態度で庭作

りにあたったさまをありありと再現する。一八〇四年には、「素晴らしいアスパラガス、スミノミザクラ、ソラマメ、梨、桃、そして、黄色と赤のリンゴ、小さな白いリンゴ」が収穫された。一年後にはさらに、スグリ、ミラベル〔イエロープラム〕、リンゴが登場するほか、クロースター・ビルネ〔リンゴのような丸い形をした、果肉の柔らかい珍種の西洋梨〕とプラムが保存用に加工された。一八〇七年、前年に手押し車一九杯分の堆肥を施した結果、この庭は、イチゴ、胡瓜、マルメロを実らせたのであった。自身の庭の世話にいそしむ一方、ゲーテの母は、夏季には友人たちの庭園で時を過ごすことを何よりの楽しみとしていた。ドルヴィーユ、ベトマン、シュトック、モーリッツのようなフランクフルトの名家は、イギリスの庭園を範にとって、神殿や洞窟《グロッテ》を配した本格的な庭園つき別荘を有していた。アーヤ夫人こと、カタリーナ・エリーザベト・ゲーテは、一七九八年、息子の妻、クリスティアーネに宛ててつぎのように書いている。

> 誰もがみな、市街の別荘か水辺に出ていて、――私もまた、郊外の親しいお友達のところに始終出かけます。……日曜はまる一日、ボッケンハイム市門前のシュトック参事のお庭で過ごし、――週日はアラーハイリゲン市門そばのフィンガーリング夫人のもとへ――それからザクセンハウゼンに移動して、ケルナー氏の素晴らしい地所を訪れました。……そのほかにも、お気に入りの（友人の）別荘が三つか四つはあるのです。私のようなお婆さんが、まだ人生をこんなにも楽しんでいる様子が、よくおわかりでしょう(14)。

これらの庭園にどれほどの投資がなされていたかについては、フランクフルトでの相続争いにおける、しかるべき遺産評価査定の数値が明示するところである。レベッカ・フォン・クレッテンブルクは、一七三八年から一七四一年にかけて、異母兄弟にあたる市参事会員、ハインリヒ・ベルナルド・フォン・バルクハウスとのあいだで、父（織物商人で参審裁判官を務めたハインリヒ・バルクハウス）の遺産をめぐって係争した。この裁判に関して、商業帳簿の抄本のほか、過去の不動産売買記録もまた、立証材料として添付されたのであった。たとえば、故人夫妻は一六八六年

表5－1　バルクハウス家の庭園に関する時価査定

オレンジの木　66本	3,000
月桂樹の木　13本	450
ヒナギク　15株	80
イチイ　121本	5,445
同上，球状［に刈り込んだもの］ 10本	600
インド原産の植物	2,500
アロエ　大　1株	500
同　小　1株500フローリン	600
球根類（咲き終わっていたゆえ，これ以上の価格では査定不可能だったため）	4,000
垣根仕立てにしたフランス産果樹	7,000
約1モルゲンのブドウ畑	1,200
迷路園	1,500
低木の植え込みで縁取った主要路　2本	5,000
ライオンと熊の彫像をあしらった並木	2,000
環状並木	3,000
刺繡花壇	2,200
堆肥温床	1,100
野菜園	8,000
石で縁取った養魚池	3,000
噴水	8,000
	計59,075フローリン

に「プフィングストヴァイデにブドウ畑一モルゲン〔約三〇アール〕、アラーハイリゲン市門前に果樹園二枚、同じくアラーハイリゲントーア前のハナウアー・シュトラーセに庭一劃」を購入していた。このうち、最後に挙がった庭については時価査定がなされており、これらの数値を通じてわれわれは、人びとが庭につぎ込んだものの具体的な価値を、はじめて目の当たりにすることができるのである。総額五万九〇七五グルデンの明細は、表のとおりであった（表5－1）[15]。

もっとも高い査定額が示されたのは六六本のオレンジの木ならびに一二一本のイチイの木であったが、八〇〇〇グルデンの価値評価を受けた噴水が、さらにこれらを上回っていた。

一方、フランクフルト近隣の都市ダルムシュタットでは、一七七〇年代、方伯夫人カロリーネが、戸外の庭園にて文学、音楽に親しむ目的で、「感傷主義の会《エンプフィントザームカイト》」と称するサークルを招集した。マティアス・クラウディウス、ヨハン・ハインリヒ・メルク、そして、のちにヘルダーの妻となるカロリーネ・フラックスラントらも、そのメンバーであった。緑陰

図版 13　ダルムシュタットの野外での集い，ヨハン・クリスティアン・フィードラーおよびクリスティアン・ゲオルク・シュッツ（父）による油絵，1750 年頃（ダルムシュタット，ヘッセン州立博物館所蔵）

のもとで音楽やクレー射撃、カードゲームや軽食に興じる人びとを描いた宮廷画家、ヨハン・クリスティアン・フィードラーの作品は、カロリーネ夫人を中心に営まれた「庭を舞台とする娯楽」の様子を、生き生きと伝えるのである。

方伯夫人カロリーネが一七六六年に領地の庭園をイギリス風に改造したとき、この地でこれにならった土地所有者は、リーデゼル男爵、そしてヘッセン＝ダルムシュタットの大臣で、帝国国法学者のカール・フリードリヒ・フォン・モーザーのふたりにすぎなかった。一七七〇年代に造成されたモーザーの庭園は、外国産の樹木が植えられ、また、人工廃墟、庵風の建造物、池などが配置されていた。敷地内の高台に邸宅が構えられ、そこから庭園全体とその周辺一帯が見渡せるようになっていた。そのさまを、ヨハン・ハインリヒ・メルクはつぎのように書いている。

そこから（邸宅から）、変化に富む外国産の木々に縁取られた、曲がりくねった遊歩道を歩いて行くと、……前方右手に、まるで天然の水場のように不規則なかたちをした池が現われる。さらに進むと、やがて、ゴシック式教会の廃墟に行き当たる。その背後には、さまざまな種類の素晴らしい針葉樹が植わっているのだ。そこから少し低い場所には隠者の庵風の小屋があるが、これは、ロシア風にすべて丸太を用い、藁で屋根を葺いた、いかにも趣のある建物である。(16)

一七八〇年から一七八一年にかけて、モーザーは宮廷の不興を買い、その庭園を売却せざるをえなくなった。(17) モーザーの庭園は今日、のちにこの庭を買い取った人物の名に因んでプリンツ・エーミル庭園と呼ばれている。メルクが描写した庭も、一九八七年にふたたび再現されることになった。

ワイマールの宮廷とその周辺でもまた、造園術の助けを借りて、自然のままの田園生活を日常にとり入れようとする試みがなされていた。ここでは、一七六七年にカール・アウグスト公とゲーテが連れ立って訪問したヴェルリッツの「庭園王国」が、決定的な役割を果たしていた。この先例に範をえて、「カルテ・キュッヘ」と呼ばれたイルム川の急斜面と、星型に遊歩道が敷かれたバロック式庭園、「シュテルン」とのあいだに、英国式庭園を造成する計画がスタートしたのであった。一七八〇年代になると、これに加えて周辺でも、射撃場公園（ワイマール小銃射手協会の庭園）、ロートイザー庭園（イルム川右岸）、そして、かつては園亭、噴水、オランジェリーを備えた本格的な大庭園であったイタリア庭園などがつぎつぎに完成した。自然の風景を総合して体現することを理想とした風景庭園は、いくつかの古いバロック式庭園を統合し、また、用地を新たに買い足すことによって成立した。ワイマールでは、ゲーテが実際の庭園造成に関与したがらなかった一方、これを進めようと望んだカール・アウグスト公は外遊が多く留守がちだったため、結局、フリードリヒ・ユスティン・ベルトゥーフが庭園計画の責任者となった。ベルトゥーフは、「庭園施設の細部」、すなわち、「三本の円柱」の設置や、地域産ならびにいわゆる「イギリスの」樹木の植えつけ、

「ローマ風建物」の建造等々に関して手を尽くした。一七九二年からはゲーテがまず「ローマ風建物」の内装について、美学的立場からの助言役を引き受け、ベルトゥーフはその外観を考案しようとしたが、しかし結局、一七九六年には、彼はこの庭園計画の責任をすべて放棄してしまった。その背景として、ベルトゥーフが当時すでに、庭園を題材とする文筆家として、また出版業者として、そして何よりみずから大規模な庭園の施主として、突出した存在となっていたことを看過してはならない。一七八〇年から一七八二年にかけて建設した住居の背後に、ベルトゥーフは英国式庭園を造成した。家屋は、道路に面したそのファサードをみるかぎりは都市邸宅のたたずまいを現わしていたが、他方、その背面には、まさに庭園を通じてイギリス風田園邸宅《マナー・ハウス》の特色が与えられていた。庭側に面したホールはテラスへと通じ、英国からとり入れた最新のパターンに即して構成された庭園は、このテラスの下に位置したのであった。観賞用の低木林、家鴨小屋をしつらえた池、洞窟《グロッテ》、立像、その他の庭園用家具が贅沢な住文化の延長としての雰囲気を醸したのにたいして、果樹園、温室、広い菜園は経済的な目的を果たしていた。この点において、ベルトゥーフの造園は異なる領域を広くカバーしていたといえる。このほか、温室では(とりわけイギリス産の)新たな植物が収集、栽培されており、また、ベルトゥーフは、みずからロンドン、ハーレム、ドレスデンより取り寄せた花の球根を売買、あるいは配布していた。花の球根は温室内で季節を問わず栽培され、冬が訪れてもなお、零れぬばかりに咲き乱れる花束が特別な花器に生けられたのだった。一八一七年、大公妃マリア・パヴロヴナの誕生日に際して、ベルトゥーフは、アイリス、プリムラ、ヒアシンス、バラ、その他、多種多様な花々を提供し、これによって莫大な収入を得たという。庭園は、その一部を賃貸することで、あるいはまた、そこで採れた野菜や果物を商うことにより、ベルトゥーフにとっておおいに採算のとれる存在であった。とりわけ後者の分野においては、彼は、ブロッコリー、アーティショーク、キャベツ、ダイコン、ジャガイモなど、当時はまだ一般に知られなかった種について、試験栽培を行なっている。このほかにベルトゥーフは、デンシュテットでも果樹園を経営し、リンゴ、西洋ナシ、プラム、桜桃、桃、アプリコットを栽培した(18)。

ヴェルリッツの「庭園王国」は、ワイマールにおいて、ベルトゥーフにかぎらず、ほかの名士たちにも確実に影響をおよぼした。ゲーテもまた、「市門のすぐ外、イルム川に面した谷あいの素晴らしい草原に、素敵な庭を」所有していることを心から喜んでいた。さらに詩人は、「庭には古い小さな家があって、これは自分のために修繕させることになる」(19)と書いている。すなわち、ワイマール大公が朽ち果てた家屋をゲーテに与えたのを、彼がのちに新たに改装したのであった。日暮れどきにゲーテのもとに招待された友人たちもまた、その庭の風景の魅力に心を奪われた。そこで目にする景観は、彼らの胸にほどなくネーデルラントの画家が描く風景画を連想させたのであった。

この上なく心地の良い小さな庵で食事をとり……、わたしたちはきみとアーヤ夫人、そして友人の穀物商、ベリングの健康を祈って、六〇年代のヨハニスベルガー・ワインで乾杯しました。みなが立ち上がり、ドアを開けたとき、いってみれば大魔術師の秘密の技によって、わたしたちの眼前に、自然の景観というよりはむしろ、現実化された詩的幻想というべきような風景が繰り広げられたのです。イルム川の河岸全体が光を受け、まさにレンブラント好みとでもいおうか、光と影があまりにみごとなキアロスクーロを織りなして、これらすべてが、言葉では表現しがたいほどの素晴らしい効果を生み出していたのです。大公妃殿下もまた、われわれと同様、この光景に心底、魅了されておられました。わたしたちが庵の小さな階段を降り、ゲーテの庭と星形庭園とを結ぶ橋を目指して、岩塊と灌木林のあいだをイルム川沿いに歩いていくと、この幻想的な風景全体が少しずつ、無数のレンブラント風夜景画へと溶けはじめたのでした。まさに、誰もがずっと見続けていたいと望むような夜の風景でしたが、それがまた、前景を歩み動く人間の姿によって生き生きとした生命感と不思議な活力を得て、わたしの乏しい詩的感性をも、大いに刺激することになりました。本当に、好意のあまりゲーテに抱きつきたいくらいでした。(20)

一七七八年、ヴィーラントは友人ヨハン・ハインリヒ・メルクに宛てた書簡のなかで、このように書いたのであった。かくいうヴィーラントもまた、当時、自然と田園生活を強く求めていた。彼はまず、郊外に庭を購入し、続いて大きな家を手に入れた。さらに一七九七年、作家はオスマンシュテットに、宮殿庭園と牧場、四〇ヘクタールの耕地を含む大規模な地所を獲得したのであった。庭園はすっかり荒廃しており、しかもヴィーラントはこれを復元するための資金を調達することができなかったとはいえ、彼は一一人の家族とともに、一八〇三年にいたるまで、この地所での田園生活を充分に楽しんだのであった。

ゲーテの友人、ヨハン・フリードリヒ・ライヒャルトは、ヴィーラントよりも数年長く、田園生活の理想を享受しえたようである。一七九二年、彼はヴェルリッツ庭園を模して、ハレ近郊、ギービヒェンシュタインの約二ヘクタールの敷地に、山と谷をそっくり含む広大な「ライヒャルト庭園」を造成した。ライヒャルトもまた、庭に面した広いホールにガラス扉を設け、これを通じて自然を家内に取り込もうとしていた。ギービヒェンシュタインの庭園邸宅は、こうして、芸術家、知識人、政治家たちの結集地となったのである。フランス革命にたいして共感を示したことを理由に、ベルリンの宮廷楽長の職を解かれていたライヒャルトは、そのとき喪失した声望と面目を、この庭園を通じて多少なりとも回復したといえるだろう。ギービヒェンシュタイン庭園はまた、ゲーテがクリスティアーネ・ヴルピウスを伴って何度も滞在したことからますますその知名度を上げたが、結局、一八〇六年、フランス占領軍による破壊行為の犠牲となった(21)。

ベルリンもまた、一八世紀後半、本格的な庭園ブームを体験しようとしていた。たとえば、フリードリヒ・ニコライによる『王宮所在地ベルリンおよびポツダムに関する描写』の第一版(一七六九年)では、筆者は実科学校の植物園および王立アカデミーの植物園に言及するにとどまり、追記として、大選帝侯によって築かれた大規模な庭園が、その孫、フリードリヒ・ヴィルヘルム一世によって撤去され、閲兵場に転用された経緯にふれたにすぎない。これにたいして、一七八六年版では、ニコライは夥しい数の庭園について解説し、特定の野菜(とりわけアスパラガス)や果物の栽培に携わった多くの庭師の存在を指摘することになる。[22] ニコライはここで、みずからの記述を、市区や街区など、地域ごとの分類と同時に、庭に植えられた植物、あるいは、そこで庭師が提供する作物によって細別しようと試みている。ここに列挙された庭園の所有者のあいだでは、ベルリンの著名な商人や銀行家のほか、官職エリートの名前もまた、目立った存在となっている。ニコライが挙げた庭のリストの一部を紹介しておきたい。

Ｉ・ベルリン市区内

－イッツィヒ庭園。園内にはいくつかの噴水が設けられている。

－軍事顧問官バイヤー氏の庭園。ナデシコとキンポウゲが咲く美しい花壇がある。

－教会役員会長ビュシング氏の庭園。園内には、一七七七年に逝去した主の妻、旧姓ディルタイ夫人が葬られた。その墓所の花壇には、夏の間絶えることなく勿忘草が咲く。花壇の上方の家屋の外壁には墓碑銘も刻まれている。

－エフライム庭園。その後部はロイス伯爵庭園に隣接。最大の見どころは並木が陰を落とす遊歩道に周囲を囲まれた美しい草地である。ここにもまた、シュルターの発明による、六から一〇、一二フィートの高さの立像があるが、これらはみな、城の屋根の欄干の箇所に配置されるはずのものであった。立像は、メルクリウス、ユノ、バッカス、フローラ、レダ、そしてヴィーナスである。さらに、叢林のなかには可愛らしい小さな園亭がたたずみ、当園唯一のプラタナスの木が枝を広げ、この建物に心地よい日陰を作っている。

－国務大臣ツェドリッツ男爵閣下の庭園。イギリス風趣味に即して新たに造成された庭である。噴水つきの小鳥小屋のほか、美しく整えられたオランジェリー、パイナップルの温室等々を備えている。

－銀行家ホルツェッカー氏の庭園。きわめて手入れが行き届き、美しい花壇のほか、ブドウ、桃、その他、特別な栽培技術を要する植物のための温室を備えている。[23]

Ⅱ・〔ベルリン郊外の〕ケルン地区

――大規模かつ美麗なシュプリットゲルバー庭園。敷地はやや細いが奥行きが非常に長く、ケルン市街の外れまでおよんでいる。いくつかのこの上ない見どころがあるが、とりわけ、ヴスターハウゼンの堰の外側に建つ解放式の園亭は素晴らしく、絶えることない水のさざめきが心地よい雰囲気を醸し出す。そのほか、高木の木立に囲まれた小高い丘の上には、楕円形の中国風東屋がみられる。

――その美しさでは群を抜く、広大なダニエル・イッツィヒの庭園。多くの改良と新たな諸設備は、ポツダムの王室造園家、ザイベルト氏の手になるものである。生垣や湾曲した歩道、木陰に設置された観賞用栽培園のほか、種類を選りすぐった、何千本もの麗しい果樹を目にすることができる。屋外式の庭園劇場、そして、ドレスデンの彫刻家、クネフラーによる数多くの立像も見外せない。

Ⅳ・ドロテーンシュタットおよびノイシュタット

――チェザーレ庭園は、王室つき歌手コンチアリーニ氏の所有になる、キンポウゲ、チューリップ、ナデシコ、その他の花の咲き乱れる素晴らしい花壇の存在ゆえに、おおいに言及の価値があるといえるだろう。続いて、グラヴィウス庭園。ここには、洞窟風ホール、ル・ゲジの手になる円形の園亭、感じの良い小鳥小屋が備わっている。その一部は、ナイチンゲール専用の禽舎である。

フリードリヒシュタット

――パロヒアル教会の宮廷説教師、ラインハルト氏および、その前任者であった故シャルデン氏は、美しいチューリップを種から育て、それをさらに効果的に増殖させる術を伝えたという意味で、この地区の園芸愛好家からひたすら感謝の念を集めるべき存在である。……それ以降、以下の庭園は、こうして種から育てられた夥しい、そして際立って美しいチューリップによって彩られている……(24)

ニコライが挙げたこれらの例は、単なる庭園施設だけにとどまらず、そこに花咲き、生い茂った植物の豊富な種類という点でも、ベルリンの造園と園芸文化の円熟を充分に伝えているといえる。さらに、この記述に続けて彼が提示したリストには、イギリス・サクラソウ、チューリップ、ヒアシンス、キンポウゲ、ナデシコ、バラをはじめ、ベルリンの花卉園芸業者が供給しえた幅広い花の種類が列挙されている。これらの種苗園は、そのほかにも、アネモネ、ポリアンサス、イギリスおよびペルシア産のアイリス、フリティラリア等々、多彩な鉢植え植物を提供したという。(25)

だが、数多くの庭園や優れた公園施設によって人びとの注目を集めたのは、大都市や宮廷所在地だけにはかぎられなかった。たとえば、比較的小規模な帝国都市、ヴェッツラーもまた、多くは帝国最高法院の関係者が営む、夥しい庭園を有していた。帝国最高法院の試補であったフリードリヒ・ヴィルヘルム・フォン・ウルメンシュタインは、都市ヴェッツラーに関する詳細な地誌を認《したた》め、ここで庭園についても記している。そのうちもっとも際立った存在は、帝国法院裁判官、アムブロジウス・フランツ・フォン・フィアモントの庭園であったという。一七七〇年代にこれを購入した試補ヘルマン・フランツ・フォン・パピウスは、庭そのものを拡大したほか、洗練された内装をほどこした庭園邸宅を敷地内に建造した。ただし、ヴェッツラーで庭園を所有したのは、帝国最高法院に仕えた人びとだけではなかった。たとえばイタリア出身の商人、ガブリエル・スピノラはホイザー市門前に本格的な庭園を構えていた。そのほか、商人であり、都市審判員《ラーツ・ショッフェ》を務めたヨハン・ペーター・シュナイダー、ヴェッツラーの法学校で教鞭をとったスコラ学者、ヨハン・ゲオルク・ラングスドルフも、それぞれ自身の庭園を構えた。(26)

造園理論と庭園をめぐる研究、出版

一八世紀は、人びとが造園および庭園について詳しく知るための、数多くの可能性が提供された時代であった。これより一世紀前には、こうした情報はきわめて限定されていた。それゆえ、一七世紀には、庭園に関する記述を多く含んだヨーゼフ・フルッテンバッハの建築理論が、いまだにこの分野で中心的役割を担っていた。建築業親方のヨーゼフ・フルッテンバッハは都市ウルムの市参事会員をも務め、当地で多くの建造物の設計を手がけた。その著書、『アルキテクトゥーラ・キヴィリス』、『アルキテクトゥーラ・ユニヴェルサリス』、『アルキテクトゥーラ・レクレアティオニス』、『アルキテクトゥーラ・プリヴァータ』[27]を通じて、フルッテンバッハは、主としてイタリアの造園術をドイツに伝え、さらに、造園技術にたいして、建築技術と同等の価値を置こうとしたのであった。ここで彼は、貴族たちが都市郊外に造成する、「騎馬用の道ならびに〔馬上試合や祝祭のための〕広場を備えた」本格的な大庭園だけでなく、市民、あるいは一般の人びとのために、都市内にもまた、周囲を壁で囲まれた小規模な庭を設置することを奨励したのであった。フルッテンバッハの構想は庭の平面を十字形に区切るスタイルを特徴としており、それにしたがって、庭園は歩道、低木のアーケード、そして中央に配置された水盤によって、秩序正しく四分割されていた。その実現例として今日に伝えられているのは、唯一、建築家自身がウルムの自宅の裏手に築いた庭園を描く鳥瞰図である。ここでわれわれを瞠目させるのは、何よりも、咲き乱れる花々で溢れんばかりの花壇のありさまであろう。著書のなかで公表された植物リストによれば、一〇〇種以上のチューリップが植わっていたのだという。それに加えて、著者は早春の花として、ヨウラクユリ、マルタゴン、ラッパズイセン、ヒヤシンス、アイリス、アミガサユリ、アネモネ、クロッカス、クロホシ・オオアマナ〔オーニソガラム〕を紹介している。さらに、フルッテンバッハもまた、これらの装飾用花壇と並んで、庭には実用菜園と樹木園が不可欠であると主張した。かぎられた都市の空間のなかで、耕作用の土地が不足することがあれば、これらの実用園は家庭菜園や果樹園としての機能を果たすことができたのである。実用園用の植物としては、イチジク、ザクロ、オレンジ、レモンなどの柑橘類が勧められた。そのほか、フルッテンバッハは洞窟《グロッテ》や貝殻装飾、趣向を凝らした噴水施設などを重視していたが、これらはおそらく、実際のイタリア庭園において著者自身をもっとも強く感嘆させた諸要素であったに違いない[28]。

その後まもなく、さまざまな手段を通じて伝達されたフランスの様式が、フルッテンバッハが推奨したイタリアの造園術、さらには、ドイツ北西部を中心に普及していたオランダ庭園の伝統を解体していくことになる。アンドレ・ル・ノートルの設計をもとにヴェルサイユに築かれた幾何学式庭園のプランは、その弟子たちを通じてフランスから神聖ローマ帝国へと伝えられた。シモン・ゴドーによるシャルロッテンブルク庭園、またドミニク・ジラールによるシュライスハイム宮庭園は、その代表的な例にすぎない。これら実際の設計例と並んで重要な意味をもったのは、フランスで書かれた造園理論書である。たとえば、デザリエ・ダルジャンヴィルが一七〇九年に上梓した『造園の理論と実践』は、一七三一年、ザルツブルクの造園家、フランツ・アントン・ダンライターの翻訳により、『造園術、その理論および実践、演習についての考究。あらゆる美しい庭園、いわゆる遊歩庭園、観賞用庭園の手入れのために……』というタイトルのもと、最初のドイツ語版が出版された(29)。ル・ノートルをはじめとするフランスの造園術は、さらに、キール大学の哲学および文芸学教授、クリスティアン・カイ・ローレンツ・ヒルシュフェルトによって、徹底したかたちで受け継がれた。だが、ヒルシュフェルトは、それと同時に、ウィリアム・チェンバース、トーマス・ワトレー、ジョゼフ・アディソン、ヘンリー・ホームら、イギリスの著作を多く援用することによって、ドイツにおける庭園史に新たな道を切り拓くことになったのである。一七七九年から一七八五年にかけて、五巻構成で出版されたその著作『造園術の理論』は、この分野におけるスタンダード・ワークとして広く読まれ、ドイツの知識人が庭園という主題に本格的な関心を抱くための契機をつくることになった。さらに、この高価な大部の著作に手が出ない人びとにを対象に、一七七五年には全一巻のダイジェスト版が出された。これらの読者層はさらに、クリューニッツの『実践的百科事典』において、ヒルシュフェルトのテクストをまるごと引きうつした「庭園」の項目(30)を参照することができたほか、ベルトゥーフ社もまた、彼らを対象に造園を主題とする定期刊行物を提供していた。

一八世紀にいたるまで、庭園の美しさとは、建築の意匠に忠実にしたがって、調和のとれた造形を創出することにあるとみなされていた。だが、ヒルシュフェルトの著作とともに、このようなあらゆる技巧を凝らした庭園のあり方を時代にそぐわないものとして拒絶し、それに代わって、自然の景観へと違和感なくつながるような、あるいは自然の野山とほとんど区別がつかないような新規の庭のかたちを希求する、新たな世代がその第一歩を踏み出したのであった。『造園術の理論』は、これらの新しい潮流を理論の面から正当化したのである。ヒルシュフェルト自身は、自著を、ズルツァー『芸術の一般理論』の一部をなすものとして考えていた。そして、ズルツァーこそ、まさに、造園術が自然から直接派生したものであることを理由に、これを芸術の域にまで高めようとした人物であった。

自然こそ、もっとも完璧な造園師にほかならない。描画や版画が、自然がかたちづくる美しい造形を芸術という目的のために模倣するのと同様、造園芸術もまた、非動物界の美をよき趣味と熟慮を通じて模し、個別に見いだした諸要素を、美的感覚に沿ってひとつの庭園へと統合していくのである[31]。

造園理論書における著者ヒルシュフェルト最大の関心は、自然美の作用と景観の多様性を体系的に考察することに置かれていた。景観とは、多くの「相互に結びついたエリア」から成り立つが、これらの個々の部分がまた、それぞれの特徴を明示するのだ。だからこそ、「心地よい」、「生き生きとした」、あるいは「穏やかな」区域は、「晴れやかな」、「魅惑的な」、「夢想的な」、または「神秘的な」区域とはおよそ違った印象を与えるのである[32]。この意味で、景観というものは、まさに「互いにまったく異なる作用と性格をそなえた数多くの区域」から構成される、美的な自然現象にほかならない[33]。また、この点においては、景観が自然によって形成されたのか、あるいは人為によるものなのかは、けっして重要な問題とはならない。このような差異にかかわらず、なだらかな丘と小川のせせらぎは、見る者の心に穏やかな感情を呼び覚まし、他方、深い森は厳粛な偉大さを感じさせることになるだろう。こうした議論によって、ヒルシュフェルトは、景観と造園術の美しさ、さらには他の諸芸術の美を把握する方法論を展開しようとした。造園家および芸術家は、こうして景観のなかから獲得し、身につけた方則を、みずから応用して、さらに独自の美的作用を創出することができるだろう。すなわち、造園家は自身が設計した庭園を通じて、景観が本来備えている美的な魅力を最大限に呼び覚ましうるはずなのだ。

庭園とは、〔人間の〕想像力と感受性にたいして有益な作用を与えるべきものである。造園家は、専門領域として自分自身が有する対象を通じて、このことを実現しなければならない。……造園家はしたがって、何よりもまず、美しい自然のなかから、特別な効果を呼び覚ますための卓抜な力をそなえた対象物を収集、選択する必要がある。そして、さらにこれらを、その効果がより高められるようなかたちで発展させ、組み合わせ、整序しなければならないのだ(34)。

造園芸術家たちにたいして、自然の景観による優れた模範を提示するために、ヒルシュフェルトは『造園術の理論』の第二巻のなかで、実際の風景の事例を挙げている。ホルシュタイン・スイス〔ドイツ、ホルシュタイン地方東部の湖水地帯〕のケラー湖についてのつぎのような描写は、その一例である。

丘陵と森とのあいだに悠々と広がる水面が織りなす妙こそ、この地方の景観の要点といえるだろう。空の青さをなかば映し込んだその水の明澄さ、そしてそれをとり囲む森林の美しさ……、これらがこの一帯に、並外れた明るい雰囲気を行きわたらせているのだ(35)。

このようにして、自然の景観とふれ合うことは、造園家および、庭園の施主にとって、積極的に追求するべき理想の体験なのであった。ヒルシュフェルトはさらに、施主の社会的地位と経済的豊かさのほか、彼が伝えたいと意図する個人としての趣もまた、庭園のなかに反映されるうるものとして考えていた。こうした個性重視の判断を示したにもかかわらず、ヒルシュフェルトの著作は、出版直後こそ熱狂的に評価されたものの、その後、内容があまりに普遍的、網羅的に過ぎて、実際の造園作業に適応するには不向きだという非難を受けることになった。ヒルシュフェルトにたいする批判は、このほか、イギリス庭園を過度に様式化して取り扱ったという点についても、正当だといえるだろう。しかし、庭園愛好家たちが、当時、〔ヒルシュフェルトの著作のほかに〕造園を主題とするきわめて多くの定期刊行物をもとに、あり余るほどの情報を得ることができたとするのは、明らかな誇張である。

だが、このような出版物のうちでもっとも重要な事例を提供するのが、ふたたびフリードリヒ・ユスティン・ベルトゥーフである。一八〇四年、彼のもとで、この分野を代表する定期刊行物、『一般ドイツ庭園雑誌』が創刊をみたのであった。すでにその第一号において、ベルトゥーフは、フランスおよびイギリスの事例を根拠として挙げながら、風景庭園の起源をイギリスから中国へと移し替えることによって、ヒルシュフェルトの理論から一線を画そうとしていた。だが、一方で、この雑誌の創刊に先立って、彼の出版社は、自然や景観を主題とするイギリスの作家たちの作品が実際にドイツで受容されるための、幅広い機会をつくってもいたのである。たとえば、ハンフリー・レプトンによる『造園のためのスケッチとヒント集』は、本国での初版からわずか二年後の一七九六年、『贅沢とモードの雑誌』において書評されていた。一八一一年に『庭園雑誌』の誌上に掲載された評論、「英国式庭園におけるゴールデン・ウィローの推奨」での議論もまた、ベルトゥーフがなおヒルシュフェルトの美学から影響を受けていたことを明示している。

シダレヤナギ、イトヤナギ、あるいはバビロンヤナギ〔サリックス・バビロニカ〕は、イギリス様式の風景庭園にとって特徴的な、あるいはほとんど不可欠の樹木として広く知られている。これらの木は、いまは亡き愛する人に捧げられた碑に静かな日陰を作るために、あるいは、何かしらの甘やかなメランコリー、真剣な瞑想のために設けられた神聖な場所を示す目的で、好んで用いられる。〔英国風庭園の〕美しい水辺の際では、しばしば三本のシダレヤナギが、そよ風がさざ波を立てる銀の水面に長く垂れた緑の枝を浸して、この上なく美しい、まるで絵のような情景を醸しだす。あるいは、その枝は、水浴する泉の精、ナイアスの像をあたかも碧のマントのごとく覆い隠し、何とも魅力的な田園詩的風景をかたちづくることもある。(36)

こうした記事に加えて、『庭園雑誌』は読者にたいし、マイニンゲンの冬園とオランジェリー、ワイマールの「ローマ風建物」をはじめとするテューリンゲンの庭園にかぎらず、編者が把握しうるかぎりの、造園に関するあらゆる新情報を図版とテクストを通じて提供した。(37) 他方、ベルトゥーフ社は、造園の実践〔についての情報提供〕をより強く指向した多くの書籍の出版をも手がけた。以下にその一部を挙げておきたい。

・バルテル編『小さな趣味の良い庭園邸宅、いわゆる英国風コテージの画趣あふれる意匠と改築』一八〇五年
・A・J・G・C・バッチュ『婦人および素人草花愛好家のための植物学』一七九五年（第一版）、一七九八年（第二版）、一八一八年（第四版）
・C・ビュトレ『果樹の剪定、およびその手入れに要するあらゆる作業に関する完全指南書』フランス語の原典より、J・V・ジックラーによる翻訳、一七九七年
・『造園覚書——造園を手ずから行なおうとする人、庭園全体を正しく概観し、管理しようとする人のために』F・J・ベルトゥーフおよびJ・V・ジックラー編、宮廷書籍出版局、ルードルシュタット支局発行、一八〇九年
・ライヒャルト、ヨハン・フリードリヒ『ホルトゥス・ライヒャルティアヌス、もしくは職業造園家と園芸愛好家のための完全版カタログ』一八〇四年、一八〇七年（第二版）
・ルドルフィ、ヨハン・クリスティアン『ナデシコの理論、もしくは現物をもとに描かれたナデシコ一覧表によ

る体系的序列』マイセン、一七八七年、一七九九年（第二版）[38]

このほか、果樹園芸学の専門雑誌として、ベルトゥーフは『ドイツの果樹栽培業』を発行した。この出版物は、一八〇四年、『園芸雑誌』の新たな創刊にともなって、新雑誌に統合され、ドイツにおける果樹栽培の促進がさらに全面に押し出された。『果樹栽培業』の教育的な価値をより高めるために、誌面に登場した果実はすべて、蠟製の模型のかたちで再現され、二六の木箱に収められて、「果樹栽培コレクション」として、「公国産業組合」を通じて販売された[39]。

庭での生活――庭園邸宅

庭園に関する章を結ぶにあたって、人びとが「庭で」どのように過ごしたのか、その具体的なありさまが、関心の対象となるだろう。その一端を、われわれはすでに、フランクフルトでゲーテの母が享受した夏季の戸外での楽しみのなかに垣間見ている。いわゆる庭園邸宅《カントリー・ハウス》にて夏季を過ごす習慣は、ベルリンでもみられるようになっていた。一八世紀後半になると、ティーア・ガルテンの南端に、多くのヴィラが建設された。ニコライによる庭園の描写でもみたとおり、この一帯には、銀行家や高級官吏らが庭園と別荘を所有し、夏の時期を庭で過ごすようになっていた。一八〇〇年前後になると、ベルリンの人びとのあいだには、庭園に本格的な邸宅を構え、年間を通じてここで生活するケースも現われた。若手建築家、フリードリヒ・ギリが手がけた、枢密顧問官でクールマルク塩鉱検査長官、ヨハン・ゴットフリート・メルター邸、また、これに隣接して、カール・ゴットハルト・ラングハウスの設計で造成された、ベルリン国民劇場総監督、アウグスト・ヴィルヘルム・イフラント邸は、いずれもこうした目的のために成立したも

のである。(40)

これらの庭および庭園邸宅での生活と余暇の営みについて、もっとも詳細に物語るものは、何よりも自伝的史料であろう。ハンブルクの司教座聖堂参事会員、フリードリヒ・ヨハン・ロレンツ・マイヤーによる記録に信頼を置くなら、庭を舞台とする生活様式に関して、とりわけハンブルクは特別な位置を占めていたようだ。

このように、郊外部全体が、庭園および、いわば庭園邸宅の集落によってぐるりと取り囲まれた都市は、私の知るかぎり、ハンブルクを措いてほかにないだろう。どの家にも大家族が暮らし、都会的な家政が切り盛りされている。多くの家屋は非常に洗練されており、たいていの屋敷は、多少の経費を厭わず、その外観・内装を美しく整えられている。(41)

もっとも、ここでマイヤーが描いたものは、ハンブルクにおいて一七世紀に始まり、フランス軍による占領とともに終結したひとつの発展過程の、その最盛期のひとこまにすぎない。当初、庭園造成の中心がノイシュタットにあった頃は、園内の建物はむしろ、強い陽射しや雨、突然の寒さを避けるための園亭に近いものであった。本格的な庭園邸宅が登場するのは、庭園地区がやがてビルヴェルダー、ハム、ホルンへと移動したのちのことである。これらの地区は都心部から離れており、そのため、人びとは、恒久的に居住可能な建物を設けたのだった。こうして、ハンブルクの人びとは週末を庭で過ごすようになり、また、夏には、主《あるじ》をはじめ、男性たちが都心部で仕事を続けるあいだ、家族は数週間にわたって庭園邸宅で暮らすという生活パターンが定着したのである。昔ながらの園亭に典型的な、二階部分に庭全体を眺望できる大広間を置くというスタイルは、初期においてはそのまま保持され、一階部分の実用スペースが新たに寝室へと姿を変えたのであった。さらにのちには、家内と庭とを連結するホールが設けられ、そこにベランダやテラスがあしらわれた。このホールによって、公的・祝祭的スペースは一階へと移動し、家族の生活は主として上階で営まれるようになった[42]。

多くの庭園邸宅は、一九三〇年代に解体されたニューマンの別荘のように、本来は農民の屋敷を改装したものであった。そして、一八世紀末葉になってようやく、著名な建築家たちが庭園邸宅の構想をみずからの活動領域として積極的にアピールしはじめたのである。クリスティアン・フリードリヒ・ハンセン、ヨハン・アウグスト・アーレンス、アクセル・ブンドセンらは、その代表的存在であった。このうち、C・F・ハンセンは、一七八九年から一七九二年にかけて、商人で船主のチェーザー・ゴドフロイ四世のために、彼にとって初期の重要な作品となるヴィラを設計した。現在、ヒルシュ・パーク内にたたずむこの建物は、ハンセンの他の作品や同時代の別荘建築の例にもれず、伝統的な園亭のスタイルを踏襲しながら、これを以前にはない規模で再構成したものであった。庭園に囲まれた環境と、エルベ川上流の砂地の高台に位置する立地は、ハンセンの構想と建物に、まさに理想的な前提条件を提供していた。それゆえ、建築家は、同じ地域に、さらにイギリス系商人でハンブルクのクレーヘンベルクにあった商社、「イングリッシュ・コート」の会長を務めたジョン・ブラッカー邸および、ペーター・ゴドフロイ（チェーザーの弟）邸を建設したのであった。だが、庭園邸宅の建築活動は、現存する歴史的建造物が推測させるように、エルベ川沿いの地域だけに限定されたものではなかった[43]。ハンセンはシュレスヴィヒ゠ホルシュタインでも同様に活発なヴィラ建設を進めていたし、また、J・A・アーレンスもまた、ハルヴェステフーデやハム地区において多くの別荘建設の注文を得ていた。しかし、これらはいずれも、一八一三年から一八一四年にかけて、フランス占領軍への前地明け渡しの際に取り壊され、跡形もなく姿を消したのである[44]。

庭園邸宅での日常についての証言は、そのほとんどがフランス軍による占領以前の時期に由来するものである。多くの史料は、郊外滞在の平穏な日々や、庭園での社交の集いについて詳しく記録している。なかでも、庭園邸宅の所有者としてすでにふれたゲオルク・ハインリヒ・ジーフェキングは、庭で過ごす時間の大切さをことさらに強調した。というのも、この場所でこそ、「現世のごたごたした雑事から、すなわち、商人としての営みや金銭的な煩いから解放され、人間的な領域へと移行することができる」からであった。庭園での滞在は、いわば都心部での日常と職業生活〔の苦労〕を埋め合わせるための時間であり、したがってここには、当時まさに形成期にあった余暇習慣の萌芽がさまざまなかたちで反映されていた。また、庭園の時空では、夫人や病気の家族が充分に休養し、回復することも期待された。たとえば、フェルディナント・ベネケの一家は、主《あるじ》の日記によれば、一八二三年六月、子どもたちと病気がちの妹レギーナの健康のため、さらに、疲れ切った主婦を静養させるために、郊外に転居している。ハンブルクのほかの多くの家族と同様、ベネケ家もまた、フロットベク地区に、大家族が暮らすには少々手狭の別荘を借りることになった。こうした場合、たいていは、男性たちは都心で仕事を続け、週末だけ、あるいは週日の夕方を郊外で過ごした(45)。

フェルディナント・ベネケは、独身時代よりすでに、その余暇の大部分を、ハンブルクの上層階級の所有になる庭園で過ごすことを習慣としていた。たとえば一七九七年六月には、彼は友人たちに都心まで迎えに来させるか、あるいは、みずから馬を駆って、ハムにあった「キルヘンパウアー家の庭園」や、その他の庭園邸宅へと向かったのであった。他方、妹のレギーナは、モーアフレートのアムジンク家を好んで訪れた。このようにして、この年の夏、ベネケ兄妹とその友人たちは、庭園を舞台に繰り広げられた社交の集いに明け暮れたのである。日曜の教会での説教ですら、そのために犠牲にされることもあった。ここに日曜日の「世俗化」の過程が明白なかたちで読み取れることは、いうまでもない。同時に、庭園邸宅はしだいに、サロン的な性格をそなえるようになる。ノイミューレンの別荘で、知人たちを定期的に朝食やお茶に招いたヨハンナ・マルガレータ・ジーフェキングのケースは、その最たる例である(46)。

庭園での社交生活が盛んになるにつれ、社会における交際そのものが、しだいに自由闊達なものへと変わっていった。一八世紀の半ば頃の時期には、郊外の邸宅での祝宴に招かれた人びとは、いまだ、フープスカート、サーベル、鬘をはじめ、本格的な正装に身を包んだのにたいし、世紀末葉になると、礼儀作法はもはやそれほど重視されなくなった。ハンブルクの市参事会員、フットヴァルカーは、つぎのように書いている。

一八年前（一七七九年のこと）には、私たちは猛暑のなか、都市生活の華美をこの庭まで持ち込んでいた。当時は我が家の庭でのご馳走の席に、三角帽を小脇に抱えて剣を携えた姿で臨み、三時間にわたって食卓で大汗を流した後、カード・ゲームのテーブルで三時間、その汗を乾かしたものだった。いまではこのような習慣は跡形もなく消え失せ、思い返しても滑稽なものとなったが、それはとくに意図があっての変化ではなく、慣例に従って、あるいは啓蒙主義の影響で、そして何より、よりよき趣味を通じて少しずつ変わっていったのだ。(47)

さらに、英国式風景庭園の定着とともに、庭での生活において、人びとはすすんでイギリス風のモードを身につけた。男性たちは着心地の悪いジュストコールを脱ぎ捨て、代わりにフラックなどの平服でくつろいだのであった。婦人たちはフープスカートを衣装箪笥に仕舞い込み、木綿地のドレス、とりわけ、腰から下で緩やかな襞をつくるイギリス風スカートを好むようになった（第三章参照）。このように、庭園の流行は衣服の流行と連動していたが、そのほか、視覚芸術の分野においても、英国式庭園と風景画ブームとのあいだに密接な関連性が確認できる。たとえば、クリスティアン・ルートヴィヒ・フォン・ハーゲドルンによる芸術理論の著作は、この関連性を明らかに裏づけるのである。(48)

第6章——美術と審美眼

私の父にはひとつの主義があって、往々、情熱的にこれを説いたものであった。すなわち、われわれはあくまで現役の芸術家を支援するべきであり、物故した過去の巨匠にあまり目を向け過ぎてはならない、なぜなら、古い芸術家の評価には、必ず偏見が入り込むものだから、というのである。……この主義にしたがって、父は、何年ものあいだずっと、フランクフルトで活躍するほとんどすべての芸術家に仕事を与え続けてきた。たとえば、ナラとブナの林、その他の田園風景のなかに、家畜の群れをきわめて巧みに配置する術を心得た画家ヒルト、また、レンブラントを手本とし、闇に囲まれた光と反照、鑑賞者の目を惹きつける激しい炎を熟練した技法によって描き出すことで、いつしか、レンブラントと並べて飾るための作品制作を多く依頼されるようになったトラウトマン、さらに、かつてザハトレーベンが打ち出した方向性を踏襲し、ライン地方の風景画を丹念に描いたシュッツ、そして同様に、ネーデルラント派の模範に倣い、花卉や果物の静物画、静かな人物像などを精緻な筆致で制作したユンケルンなどを、非常に熱心に支持したのであった(1)。

周辺諸国におけるネーデルラント絵画の受容について、ゲーテによる『詩と真実』のなかのこの一説ほど的を射た記述は、ほかにないだろう。フランクフルトでもハンブルクでも、またパリでもロンドンでも、地元の画家たちが、オランダ、ベルギーの芸術家が用いたモチーフを転用することで、「ネーデルラント様式」を広く普及させていった。また、その背景には、ネーデルラント絵画の輸入、各地の収集家による大量買収、さらに、ネーデルラントの画家たちの各国への移住もまた、重要な役割を果たしていた。同時に、ネーデルラント絵画のブームがしばしば美術取引の興隆期と重なることも、看過してはならない。イギリスは、ネーデルラント黄金時代がもたらしたあらゆる成果と同時に、芸術市場および〔オークション、展覧会など〕絵画をめぐる諸制度をも、オランダ共和国から継承した。一七世紀のイギリスにはまだ絵画芸術に関する独自の伝統が存在しなかったため、ネーデルラント出身の画家の移住および、ネーデルラント絵画の輸入は、英国に多くの利益をもたらしたのであった。元来、貿易会社のバラ荷商品を売却するために始まった競売は、一六八九年から一六九二年のあいだに本格的な芸術オークションブームへと発展し、競売目録に記録されているだけでも、三万点以上の絵画作品が取り引きされた(2)。一八世紀の初頭には、J・F・ノールケンス、ヨーゼフ・ファン・アーケン、ピーテル・アンゲリスら、フランドルやフランスの画家がつぎつぎとロンドンに居を定め、なかには、アーケンのように、のちに収集家や画商として活躍するケースもあった。アーケン、そして、フランス出身で、アントウェルペンにて画家の修業を積んだピーテル・アンゲリスは、庶民生活を滑稽に描いたオランダ・フランドルの風俗画を洗練させ、これをイギリス風の優雅な集合肖像画、「カンバセーション・ピース」へと発展させた(3)。だが、ネーデルラントの画家たちは、当初、イギリスの芸術批評において良い評価を得ることは少なかった。当地では、あくまで貴族たちの「古典主義的な」趣味が、芸術市場における需要を左右していたからである。

第二次オランダ絵画ブームは、一七四五年以降にまき起こった。おそらくその背景としては、オーストリア継承戦争の結果、オランダと英国との貿易が急激に増強されたことも関連していたと思われる。オランダ絵画の輸入と供給は、より高価だったイタリア絵画を大きく上回った。この時期のロンドンでは、オランダ絵画に精通した人びとのサークルが現われたが、そのメンバーは、主として、シティの商人、ジェントリ階層の人びと、あるいは数人の画家兼画商たちだった。なかでも、主導的な立場に立っていたのがアーサー・ポンドで、彼はレンブラントの素描およびエッチングをみずから熱心に収集し、イギリスの芸術愛好家たちに新たにその魅力を伝えたのであった。(4) 一八世紀なかば、収集家たちが、既存の芸術理論によって確立された、画題によって作品の価値を決めようとするヒエラルキーではなく、みずからの審美眼を頼りに鑑定を行うようになるにつれて、オランダの風俗画は、イギリスでも高い評価を得るようになった。それとともに、地元の同時代画家たちにたいする関心も急激に高まっていった。彼らこそ、のちにゲインズバラにおいて頂点に達するイギリス式風景画の先駆者にほかならない。

フランスにおいてもまた、オランダ絵画は、一八世紀なかばにはすでにポピュラーな存在になりつつあった。当地ではそれまで、オランダの絵画は、「グラン・グー」と呼ばれる伝統的な芸術趣味の方向性からは外れるものとしてみなされてきた。というのも、フランスの芸術理論では、後世に影響をおよぼすような意義ある行動における人間の姿を描いた歴史画こそ、芸術のジャンルを秩序づけるヒエラルキーの頂点を占めるべきものと考えられていたからであった。こうした視点からみれば、ネーデルラントの画家は、「低俗な画題《スジェ・バ》」ばかりを好んでとりあげていたことになる。芸術理論の分野においては、一七〇八年、ロジェ・ド・ピールがその著書『芸術の諸原理』のなかで初めて、オランダ絵画にかぎらず、風景画というジャンルそのものに高い価値を置いた。ピールはこのほか、ルーベンスをフランスに紹介し、また、レンブラントを積極的に評価して、この画家を偉大な芸術家のひとりとして一般に認めさせたのであった。だが、こうした価値基準を実際の芸術市場に本格的なかたちで適用したのは、エドメ・フランソワ・ジェルサンにほかならない。贅沢品および絵画取引商を営んだジェルサンは、ルーベンスのほか、フランドル出身のヴァトーによる風俗画のために大々的な宣伝を打ち、その結果、パリの人びとのあいだにオランダ風俗画を広く普及させることになった。(5) このようにしてしだいに高まったオランダ絵画人気は、当時の芸術市場が体験していた未曾有の好況と密接に関連する現象であった。一七五〇年から一七七九年のあいだにパリでは五八一件の公式オークションが行なわれ、絵画はここで膨大な売上額を記録した。パリはいまや、アムステルダム、デン・ハーグと並ぶ、「オランダ絵画」の一大市場を形成することになったのである。この好況の最盛期を画した一七七六年から一七七七年には、オーギュスト・ブロンデル・ド・ガニ、コンティ公、ランドン・ド・ボワセらの第一級のコレクションが競売にかけられ、夥しいオランダ絵画が市場に流通する結果となった。オランダ絵画のほか、この時期にはフランスの同時代画家にたいする評価が徐々に高まったのにたいして、イタリア絵画はむしろ時代遅れとみなされつつあった(6)。

一方、ドイツ諸侯の宮廷では、一七世紀後半以降、芸術コレクションのなかにオランダ絵画が大きな割合を占めるようになっていた。諸侯たちは、既成の絵画を購入したばかりでなく、しばしば、画家にたいして直接、作品を発注した。ベルリンおよびポツダム、ドレスデン、ウィーンのような歴史あるコレクション、また、ボン、デュッセルドルフの絵画蒐集室においても、注目すべきオランダ絵画が、あくまでイタリアやフランスの作品と並行して確認できるのにたいし、カッセル、カールスルーエ、シュヴェリーンでは、オランダ作品が所有者の中心的な関心領域であったことに、疑問の余地はない。たとえば、シュヴェリーンのコレクションの基礎を築いたのは、メクレンブルク゠シュヴェリーン侯爵、クリスティアン・ルートヴィヒ二世であった。クリスティアン・ルートヴィヒは青年時代、二度にわたりオランダに向けて騎士旅行に出ており、その際に当地の芸術にたいする鑑識眼を養ったといわれている。ハンブルクの画商による仲介、そしてアムステルダムやデン・ハーグでのオークションを通じて、彼は、ライデンの細密画、その他のミニチュア絵画を手に入れたが、これらの作品は、一七九二年にようやく目録に記載されることになった(7)。シュヴェリーン公とは対照的に、大きなサイズの作品を中心に蒐集したのは、カッセルのコレクションを立ち上げた方伯、ヴィルヘルム八世である。ヴィルヘルムは、国境の要塞都市、マーストリヒトおよびブレダの司令官を務めた時代から、オランダの画商たちと交流をもち、すでに絵画蒐集室を有していた。とりわけ一七五一年に方伯位を継いだのち、ヴィルヘルムはこのコレクションを〔森羅万象を包括する〕普遍的蒐集に発展させたいと望むようになった。こうして、一七三〇年代、アムステルダムのオークションにて『エジプト逃避』をはじめとする数点のルーベンス作品を獲得し、また、一七五〇年には、レンブラントの作品八点を含むデルフトのヴァレリウス・レーファー・コレクション全六四点を買い上げた。さらに、自身のコレクションをより完璧なものにする目的で、一七五六年までに、数点におよぶ大画面のイタリア作品が買い足された。(8)

一方、バーデン辺境伯夫人カロリーネ・ルイーゼがカールスルーエに『絵画陳列室《マーラライ・カビネット》』を設立したのは、それから三年のちのことである。カロリーネ・ルイーゼは、その開設に先立ってすでに、みずからの陳列室を飾るべき画家と題材のリストを作成していた。そして、ここに名前が挙がったのは、ドイツの芸術家三名――ミグノン、ロース、ロッテンハマー――を除いて、すべてネーデルラントおよびフランドルの巨匠たちであった。辺境伯夫人はその後、パリやデン・ハーグでの著名なコレクションの競売を通じて、比較的短期間のうちにみずからの計画を実現したのである。ここにいよいよ、二〇五点の作品を四つの展示室にびっしりと隙間なく並べた、辺境伯夫人個人のための啓蒙的コレクションが成立することになった。(9)

こうして新たに登場した優れたオランダ絵画コレクションの影響で、ドイツにおいてもまた、芸術作品のジャンルに関する既成のヒエラルキーが大きく揺らぎはじめた。題材による収蔵作品数をみるなら、ベルリンおよびポツダム、ドレスデン、ウィーン、デュッセルドルフ、また、マンハイム、ザルツダールム、シュライスハイムのコレクションでは、歴史画がなお圧倒的多数を占めたのにたいして、カッセルではこの伝統的ジャンルの作品は全体の約四割程度にとどまった。(10) さらに、シュヴェリーンおよびカールスルーエでは、風景画、風俗画、肖像画が歴史画を大きくしのいだのである。こうした現象は、フランクフルトおよびハンブルクに残された競売カタログから推測するかぎり、市民の絵画コレクションにおいてはさらに顕著なかたちであらわれていたようだ。(11)

蒐集のパターン

フランクフルトのコレクションへのアプローチは、一七六〇年代、一七八〇年代、そして一八〇〇年前後の時期における典型的な美術品蒐集についての、基本的データを明らかにすることになるだろう。われわれがその内容を再構成しうるコレクションのうち、最初のケースが、ヤーコプ・フォン・ヘッケル男爵が所有した蒐集品である。ヘッケルは、みずから優れたコレクションを築いただけでなく、美術の専門知識をそなえた専門家として、ヘッセン＝カッセル方伯ヴィルヘルム八世やバーデンのカロリーネ・ルイーゼの蒐集室設立に際して、顧問役を務めていた。一七六四年に行なわれたヘッケル・コレクションの競売は、都市フランクフルトにおいて社会的センセーションをまき起こしたほどであった。実際の競売に先立つこと二年前に作成されたカタログは、コレクションの特色を雄弁に物語っている。ここでは、風景画、そして何より風俗画が、歴史画、肖像画、静物画を大きく上回っていた。また、いわゆる動物画が非常に数多くみられるが、これは、一八世紀を通じて、狩の獲物および解体された家畜を描いた静物画とともに、しだいに時代遅れになっていく画題にほかならない（表6－1）[12]。

フランクフルトのコレクションでは、この後の時代において、風景画の数が著しく増大した。いずれも一七八〇年から一七九〇年のあいだに競売にかけられた、銀行家ベルヌス、帝国宮廷法院判事ベルベリッヒ、あるいは蒐集家で商人のカラーおよびミヒャエルのコレクションでも、この特徴は顕著なかたちで確認しうる。

さらに、一八世紀末から一九世紀初頭における絵画蒐集のあり方を伝えてくれるのが、製菓業親方のヨハン・ヴァレンティン・プレーンおよび、画家フリードリヒ・モルゲンシュテルンのコレクションである。両者とも、その内容が競売カタログのなかに記録されているばかりでなく、蒐集された作品の大部分が、現在、ほぼそのままのかたちで、フランクフルト歴史博物館に収蔵されている。とりわけプレーンの蒐集品は、この時代に関してわれわれが具体的細

表6－1　フランクフルトのコレクション（1762–1829年）における絵画のジャンル（%）

ジャンル	ヘッケル（1762年）	ベルヌス（1780年）	ベルベリッヒ（1784年）	カラー（1790年）	プレーン（1829年）	モルゲンシュテルン
歴史画	14	25	13	19	20	22
風景画	23	35	26	42	44	35
静物画	9	12	13	6	2	1
風俗画	26	11	28	17	9	22
肖像画	15	13	10	7	17	17
動物画	9	3	7	7	6	1
その他	4	1	3	2	2	2

部を再現しうる中流階級のコレクションとして、唯一のケースといえる。プレーンは、作品の質よりもむしろ量を重視して蒐集を進め、オリジナル作品にかぎらず、模写をもすすんで買い入れていた。絵画に関する彼の趣味と志向は、おそらく、公刊されたコレクションの目録を通じて、あるいは蒐集家仲間から影響を受けながら、形成されていったのであろう。プレーンのコレクションでは、風景画の数が歴史画を大きく上回っていたほか、多くの肖像画、風俗画を所蔵していた。

同様に興味深いのは、画家ヨハン・フリードリヒ・モルゲンシュテルンが一八〇〇年から一八二〇年頃のあいだに寄せ集めて描いた、〔いわば二次元世界の〕「絵画蒐集室」であろう。モルゲンシュテルンは、当時のフランクフルトで広く名を知られた画家であり、修復家であったが、みずからの思いつきから三つのトリプティークを制作し、その画面をフランクフルトの第一級コレクションが有した絵画作品で埋め尽くした。これらの作品はいずれも、モルゲンシュテルンが修復を依頼され、みずからのアトリエに預かった際に、彼自身が模写を試みたものであった。モルゲンシュテルンの「蒐集室」は、こうして、一八〇〇年前後におけるフランクフルトのコレクションのうち、いわば最上の部分を概観させてくれるのである。ここでもやはり、風景画が歴史画、風俗画を凌駕している。

フランクフルトのコレクションについて確認できることは、一八世紀後半に向かって時代が進むにつれ、風景画がますます優位を占めるようになり、他方、歴史画、静物画が価値を失っていったという過程である。こうした傾向は、ほぼ一七世紀末葉におけるオランダのコレクションの特色と合致するものである。

図版 14　ヨハン・ヴァレンティン・プレーンの絵画蒐集室，カール・モルゲンシュテルンによる水彩画，1829 年（フランクフルト歴史博物館所蔵）

フランクフルトと比較するためにとりあげる別の都市として、最初に考慮の対象となるのは、いうまでもなくハンブルクであろう。ハンブルクにおける絵画蒐集活動の起源は、ちょうどネーデルラントとこのエルベ河畔の大都市との文化交流が急激に隆盛をみた、一七世紀にまでさかのぼることができる。ハンブルク商人の息子たちのあいだでは、ライデン大学に留学し、あるいはネーデルラントを目的地とする教養旅行に出かけることが、一種の習慣として定着した。また、この地の画家たちもまた、多くがネーデルラントの工房で画業の修養を積んだのであった。さらに、膨大な絵画コレクションを携えたまま、ハンブルク近郊に居を移すオランダ系商人もいた。ヨハン・オウトゲルツェン（オウトガース）は、こうした人びとを代表する存在であった。ネーデルラント、フランドルの画家による、六八点もの最高作品を揃えたオウトゲルツェンのコレクションは、一六四四年、債権者の手に引き渡されることになった[13]。オウトゲルツェンと並んで、ヤーコプ・デ・レ・ボー・シルヴィウスもまた、オランダ系の収集家として強い影響力をもっていた。ヤーコプの兄は、郷里ライデンにて、細密画家ヘリット〔ヘラルド〕・ダウ、フランス・ファン・ミーリスを後援したことで知られている。弟ヤーコプは、おそらく兄のコレクションを相続

表 **6－2**　ハンブルクのコレクション（**1747–1793** 年）における絵画のジャンル（％）

ジャンル	ブロッケス（1747 年）	デンナー（1749 年）	ティールケ（1782 年）	ラポルテリー（1793 年）	所有者不明（1793 年）
歴史画	20	9	17	30	13
風景画	30	45	27	33	42
静物画	18	13	5	4	8
風俗画	7	9	23	20	13
肖像画	20	22	24	12	21
動物画	3	2	2	1	2
その他	2	0	2	0	1

し、これをのちにハンブルクに移動させたものと思われる。ヨアヒム・フォン・ザンドラルトは、その著書、『建築、彫刻、絵画芸術のドイツ・アカデミー』（一六七五年）のなかでヤーコプ・デ・レ・ボー・シルヴィウスをハンブルクの芸術愛好家として紹介し、ここで兄のコレクションに言及しているからである。また、ハンブルクで二番目に古いコレクションの所有者で医師のアントン・フェルボルホトもまた、オランダの出身であった。そのコレクションは一七三一年に競売にかけられたが、オークションのカタログは、残念ながら今日まで残されてはいない。しかし、このオークションが、ハンブルクの他の蒐集家にとっておおいに益するものであったことは、充分に予想できる(14)。

ハンブルクの絵画オークションは、大多数が所有者の名を秘した、匿名の競売であった。だが、一八世紀の時期に確認できる比較的規模の大きい五件のコレクションについていうなら、一件の例外を除いて、すべて所有者を特定することが可能である。すなわちこれらは、市参事会員で作家のバルトルド・ハインリヒ・ブロッケス、画家バルタザール・デンナー、蒐集家ハインリヒ・ティールケ、フランス生まれのハンブルク市民、ピエール・ラポルテリーのコレクションで、それぞれ、一七四七年、一七四九年、一七八二年、そして一七九三年にオークションに出されたものであった。一七九三年にはさらに、所有者不明ではあるが、おそらくはやはりハンブルクの蒐集家に由来すると推測される、もうひとつ別のコレクションが競売に付されている(15)。これらの知識をもって、分析可能な状態にあるハンブルクのコレクションをじっくりと眺めるなら、エルベ河畔の商業都市において醸成されつつあった、独自の蒐集文化のきわめて興味深い一面が浮かび上がってくるだろう（表6－2）[16]。

ハンブルクでは、オランダやフランクフルトと同様、風景画がもっとも優勢な位置を占めていたことは、このデータからも明らかであろう。しかし、歴史画との数の違いは、デルフトやアムステルダムのコレクションにおけるほど大きくはなかった。しかも、ハンブルクのコレクションは、所有者によって、その内容に大きな差異があったことがわかる。たとえば、ブロッケスの「絵画のための小陳列室」においては、風景画が全体の三〇パーセントを占めており、歴史画、静物画、肖像画が、互いにほぼ順位を違えずにこれに続いていた。これにたいして、デンナーのコレクションでは、ジャンル間の差異は画然としたものであった。その背景には、画家であり画商でもあったデンナー自身の営業方針が密接に関連しているのかもしれない。一七九三年に匿名で競売されたコレクションも、デンナーと類似の方向性を示している。他方、ティールケとラポルテリーのコレクションは、どちらかといえばむしろ伝統的な特質をもつものであったようだ。ここでは——とりわけラポルテリーにおいては——、歴史画がまだある程度、重要な役割を果たしており、また、風景画も比較的多数にわたって見受けられる。ただし、こうした特徴は、競売カタログが内包する史料としての決定的短所、すなわち、カタログはすべての作品を網羅するわけではないという問題点から導かれた、誤った結論である可能性は否めない[17]。しかし、いずれにしても、これらのカタログが示すデータは、風俗画およびネーデルラント作品がハンブルクの美術コレクションの大多数を占めていたと断定する、ニールス・フォン・ホルストが伝播させた通説を覆すには、十分な論拠となるだろう[18]。

さて、これまで考察してきた絵画コレクションの志向は、オランダからの絵画輸入によって、どの程度の影響を受けていたのであろうか。この問いにたいして、幾分なりとも答えの可能性を探るためには、これらのコレクションに関して、作品が制作された国による分類を試みる必要があるだろう（表6－3）[19]。

この分析が明示するように、数あるコレクションのうちでも最高レベルを誇ったモルゲンシュテルンの絵画陳列室だけは例外として、フランクフルトの蒐集品全体としてみれば、実際、ネーデルラント絵画が所蔵品の三分の一以上

表 6－3　フランクフルトのコレクション（1762–1820 年）における絵画の生産国ないしは画家の出身地（%）

生産国／出身地	ヘッケル	ベルヌス	ベルベリッヒ	カラー／ミヒャエル	プレーン	モルゲンシュテルン
ネーデルラント	13	17	15	27	13	54
フランドル	12	16	11	13	9	8
ドイツ	35	26	18	27	41	21
イタリア	8	8	4	5	2	12
フランス	2	1	2	2	2	4
その他／不明	30	32	50	26	33	1

表 6－4　ハンブルクのコレクション（1747–1793 年）における絵画の生産国ないしは画家の出身地（%）

生産国／出身地	ブロッケス	デンナー	ティールケ	ラポルテリー	所有者不明
ネーデルラント	14	45	19	38	32
フランドル	6	7	10	10	12
ドイツ	35	31	24	19	35
イタリア	3	8	2	13	4
フランス	1	1	1	7	1
その他／不明	41	8	44	13	16

に達することはけっしてなかったのである。ドイツの画家、しかもたいていの場合はフランクフルトの画家が支配的位置を占め、また、出所不明の作品も、その数においてすでに、無視できない存在であった。同様の傾向が、ハンブルクのコレクションにおいても確認しうる（表6－4）。

ハンブルクでは、デンナーおよびラポルテリーが突出した数のネーデルラント絵画を有したのにたいし、他のコレクションは、あくまで地元ドイツの画家の作品を中心とするものであった。また、ブロッケスとティールケは作者不明の作品を多数、所有していたが、これらもおそらく、ほとんどが地元の芸術家工房で製作されたものであろう。デンナーのコレクションにおいて、画家自身の作品と並んで、ネーデルラント絵画が大きな部分を占めていたことは、デンナーが個人的に長年培ってきた、オランダとの密接な交流によっておのずから説明がつくだろう。デンナーは一時、みずからアムステルダムで活動したこともあった。そのコレクションに風景画が多いのも、こうした背景のもとで理解するべき傾向にほかならない。これにたいして、ラポルテリーのコレクションには、むしろ古典的な特質が明らかに読み取れる。すなわち、彼の蒐集室は、比較的多くのイタリア絵画およびフランドル絵画、そして、アントン・ラファエル・メングスやヨハン・ハインリヒ・ロースをはじめとする、イタリアの画法を身につけたドイツ画家の作品を所蔵していた。

芸術の商品化とスペシャリスト

一方、当時の蒐集家のあいだで優勢となっていた芸術趣味の傾向を把握することは、きわめて困難な課題である。こうした趣味を実質的に決定し、芸術市場に影響をおよぼした要因として、少なくとも、画商と画家、ジャーナリスト、そして、美術に精通した、いわゆる専門家の人びとを挙げることができるだろう。画家が同時に画商として活動し、また、美術専門家が自身のコレクションをメディアや美術取引業者と提携して紹介するような場合、その影響力は著しく増大した。

ちょうど一七世紀のオランダと同様、一八世紀ドイツでは美術市場が急激に拡大し、それにともなって、一部の商人や画家が作品取引を専門とするようになり、ここに職業としての画商および美術取引業者が誕生したのであった。彼らのあいだではほどなく、さらなる役割分担と専門化が進行した。国際的な取引業者が主として〔大規模な〕宮廷および財力のある個人コレクターを顧客としたのにたいし、フランクフルトやハンブルクの地元業者は、市のコレクションのほか、周辺地域の〔小規模な〕宮廷に絵画作品を供給した。美術品の流通において、地元の画家にたいするメセナ活動と並んできわめて重要な意味をもっていたのは、何よりもオークションであった。

オークションがもっとも盛んだった時期は、一七七〇年から一八〇〇年までの期間である。これ以前の時期には、ハンブルクのケースを除けば、絵画のオークションはごくときたま、散発的に行なわれるのみであった。ハンザ都市

表 6－5　1800 年までのドイツにおけるオークションカタログ発行件数

	総数	ベルリン	フランクフルト	ハンブルク	ケルン	ライプツィヒ	その他
総数	298	12	40	140	9	27	70
1750 年以前	27	—	2	11	1	1	12
1751–1760 年	9	—	—	6	—	2	1
1761–1770 年	32	4	10	9	4	1	4
1771–1780 年	61	3	7	37	—	—	14
1781–1790 年	82	2	14	34	1	11	20
1791–1800 年	87	3	7	43	3	12	19

ハンブルクでは、すでに一七世紀末からオークションの伝統が根づいていたが、その多くは、実際には私蔵書の競売であった。一八〇〇年までに一四〇件もの競売が開催されたハンブルクは、まさにドイツにおける絵画市場の一大中心地であり、これに続いて、フランクフルト、ライプツィヒ、ケルンもまた、美術品の流通を支えたのであった。ただし、一度のオークションで取り引きされた作品数についていうなら、フランクフルトはハンブルクを大きくしのいでいた。カタログの記録によれば、この時期全体で、ハンブルクでは一万七八九五件、フランクフルトでは一万一五三件の絵画作品がそれぞれ競売に付されたという[20]（表 6－5）[21]。

通貨貿易の基地としての有利な立地条件から、ハンブルクには、数多くの外国人商人とともに、ゲルハルト・モレルのような優れた画商が集うようになった。モレルは、オランダのオークションに出品された絵画作品を、前述のヘッセン＝カッセルおよびメクレンブルク＝シュヴェリーンのコレクションのほか、多くの個人コレクションに斡旋した。彼はのちに、コペンハーゲンにおいてデンマーク王室コレクションの絵画ギャラリー総監督に任じられ、この蒐集室のために二〇〇点以上の傑作を買い集めることになった。モレルは取引に際して絵画作品をいわば「美術史的」に分類し、それによって、絵画の専門知識の普及および、精通者グループの形成に大いに貢献した。たとえば、メクレンブルクの宮廷に宛てた書簡のなかで、モレルはつぎのように書いている。

ウェーニクスが素晴らしいことは認めざるをえませんが、ただ、公爵殿下ご自身の豊かに熟練した御眼によって、わたくしがこのたびお勧めするファン・アールストの絵が、作品に注がれた精励さと知力、その美しさ、構図、そして優れた保存状態という点からみて、ウェーニクスを、またさらに、殿下がすでにご所蔵のファン・アールスト作品をはるかに上回るものであることをおたしかめ頂きたく、お願いするしだいであります。この作品は幸いにもこれまで、みずから拭いたり擦ったり、あるいは手直しを加え、補彩するというような馬鹿げた行為を通じて、傑作作品から巨匠の筆跡を判別できないほどに消し去ってしまうような人びとの手元にわたったことは、一度もありません。本作が、著名な静物画家ファン・アールストの作品、しかもその最高傑作であることに、もはや一点一画の疑いもございません……。(22)

さらに、ハンブルクの美術市場においては、その他の物品の競売法の例に即して、きわめてリベラルな法律が適用され、とりわけ、仲買業者に特別な役割が与えられることになった。一七八五年前後には三〇以上の仲買業者が営業登録し、なかでも、パキシェフスキ、ボステルマン、テクシアらが、外国からの輸入絵画をハンブルクで売買するために、大きな働きをしたのであった。彼らの名前はしばしば、オークションカタログのタイトルページにも確認できる(図版15)。オークションでは、外国製の絵画が取り引きされたばかりでなく、この場を通じて、ハンブルクの個人コレクションが同郷のコレクターに売り渡され、いわば「リサイクル」される場合もあった。また、一七八九年、フランス革命以降は、接収・解体されたフランスのコレクションが、ハンブルクの市場においてもまた、より多くの絵画作品を供給することになった。

他方、フランクフルトでは、見本市と、それによって間断なく展開された輸入貿易が、有利な条件として作用していた。こうした背景に照らせば、画家ユストゥス・ユンカーが画商ヨハン・クリスティアン・カラーと提携して、輸入絵画を対象とする連続オークションを開催したことは、驚くにはあたらないだろう。そのほか、みずからコレクターであり、画商として活躍したヨハン・バプティスト・エーレンライヒは、バーデン辺境伯夫人カロリーネ・ルイー

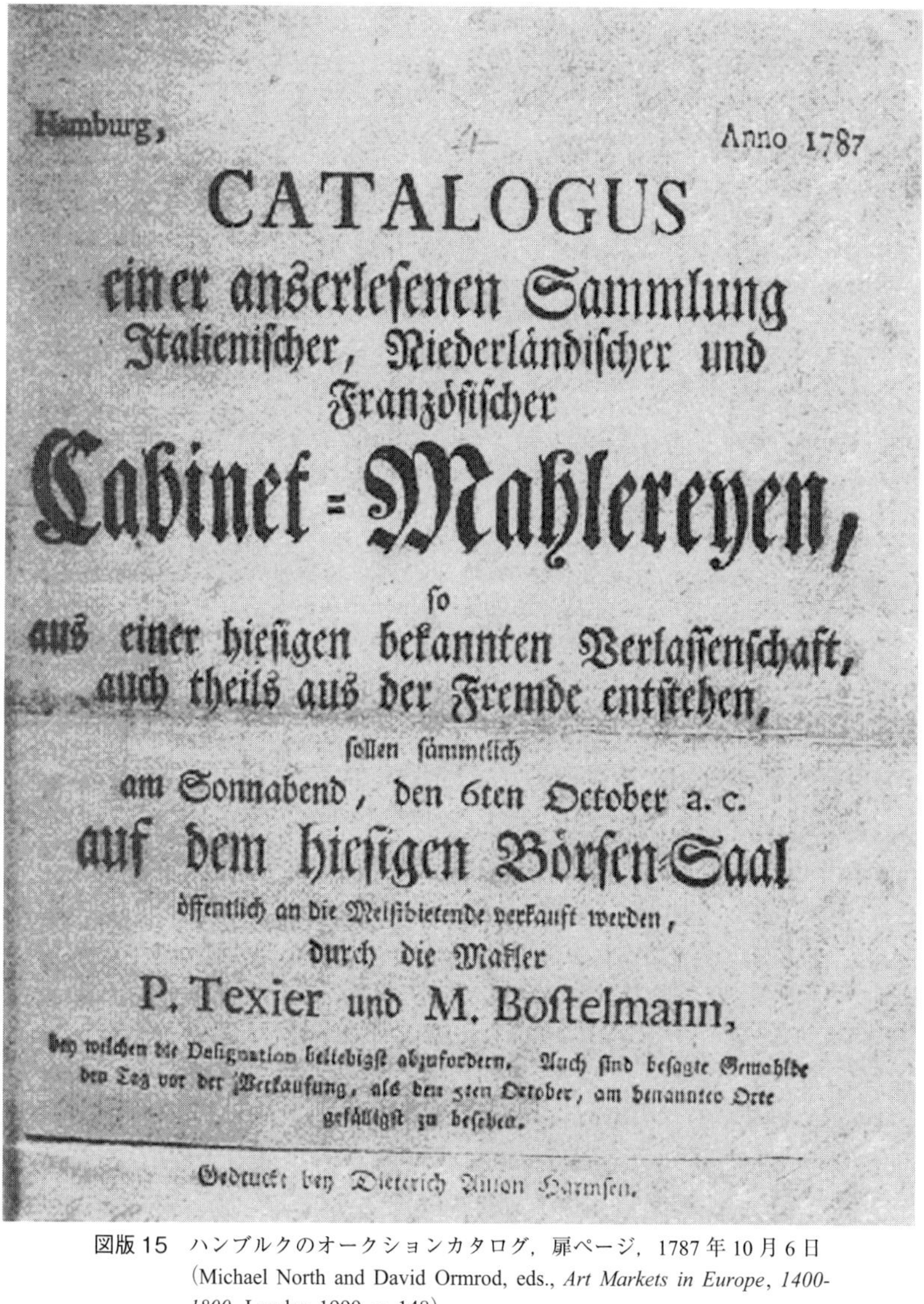
Hamburg, Anno 1787

CATALOGUS

einer auserlesenen Sammlung
Italienischer, Niederländischer und
Französischer

Cabinet=Mahlereyen,

so
aus einer hiesigen bekannten Verlassenschaft,
auch theils aus der Fremde entstehen,
sollen sämmtlich
am Sonnabend, den 6ten October a. c.
auf dem hiesigen Börsen=Saal
öffentlich an die Meistbietende verkauft werden,
durch die Makler

P. Texier und M. Bostelmann,

bey welchen die Designation beliebigst abzufordern. Auch sind besagte Gemahlde den Tag vor der Verkaufung, als den 5ten October, am benannten Orte gefälligst zu besehen.

Gedruckt bey Dieterich Anton Harmsen.

図版 15　ハンブルクのオークションカタログ，扉ページ，1787 年 10 月 6 日（Michael North and David Ormrod, eds., *Art Markets in Europe*, *1400-1800*, London 1999, p. 148）

ゼの依頼を受けて、予定された美術オークションのスケジュールをあらかじめ連絡していた。エーレンライヒは彼女に前もってカタログを送り届け、また、夫人が関心をもった作品にたいする自身の評価を、三ツ星方式で書き込んだ。カールスルーエには、エーレンライヒが方伯夫人に宛てた書簡が保管されているが、残念ながら、手紙に添えて届けられたはずのカタログは現存しない。エーレンライヒはさらに別のオークションにて、カロリーネ・ルイーゼのために、アドリアーン・ブラウエル、ハーマン・サフトレーフェン、ブレケレンカムプの作品を、総額三七五ターラー八クロイツァーで競り落としている。また、蠟細工師で美術取引商、クリスティアン・ベンヤミン・ラウシュナーも、同じくバーデン辺境伯家に伝手をもち、一七六五年にはカールスルーエの宮廷に絵画作品を提供したほか、オランダから輸入した絵画作品を集めて独自に大規模なオークションを開催した(23)。

フランクフルトにおける美術市場の活力を例示するためにもっともふさわしいケースは、アンハルト゠デッサウ侯女ヘンリエッテ・アマーリエの蒐集活動であろう。ヘンリエッテ・アマーリエは、身分違いの恋愛の末に私生児を儲けたことで一族の不興を買ってデッサウ宮廷から追放された。侯女はその後、一七七〇年代から一七八〇年代にかけて、ひとりフランクフルト近郊のボッケンハイムの小さな城に移り住み、この新居のためにフランクフルトのオークションを通じて定期的に絵画を購入したのであった。彼女の名がはじめて競売記録に登場するのは、一七七八年、フランクフルトのワイン取引商、ゲオルク・ヴィルヘルム・ベーグナーのオークションでのことであり、ここで侯女は九三点の絵画を競り落としている。その四年後、彼女はさらにノエ・ゴーゲルのコレクションから四四点を獲得したが、そのなかにはピーテル・ポッター、カスパル・ネッチェルの作品も含まれていた。さらに一七八四年、彼女はフランクフルトの画家兼画商、ヨハン・アンドレアス・ベンヤミン・ノートナーゲルのオークションにて、コルネリス・ファン・プーレンブルフおよびヘラルト・フートの作品を落札した。ヘンリエッテ・アマーリエはこのほか、ベルベリッヒ・コレクションの解体にともなう競売や、一七八五年に開催された、マインツの司教座教会参事会主席、フーゴ・フランツ・カール・エルツ伯爵によるコレクションのオークションにも参加している(24)。

オークションとそのカタログは、芸術の専門知識を促進することになった。たとえばクリスティアン・ベンヤミン・ラウシュナーは、みずから主催したオークションのカタログ（一七六五年発行）において、競売の対象となった作品を紹介するだけでなく、これらの作品について、同じ画家の作品全体における位置づけや、美術史的な分類を試みている。その一例として、カタログ番号二二番、パウル・ブリルの風景画に関する解説を挙げておこう。

この巨匠が風景画を描く際の色調が、より緑色に傾きがちであることはよく知られるが、こうした色の用い方は彼の筆のタッチにふさわしいものであり、両者はじつによく調和している。ここでは、テニールスが〔共同制作者として〕点景物を巧みな配置で描き加えている。パウル・ブリルの風景画のなかで、本作ほどの精励さをもって制作されたものは、ほかにはないだろう[25]。

また、カタログ番号一〇二番、ウェーニクスによる〔狩の〕静物画についても、同様の解説がなされている。

壁に打たれた釘に獲物の野兎が吊るされ、その傍らに、ヤマウズラもまた、同じようにして吊るされている。大理石の卓の上には兎用の罠、緑色の別珍製の獲物袋、そして二羽の青いキツツキが置かれている。上方にはさらに、飾り房つきの絹紐がかけられ、そこには〔鷹狩の〕鷹用の頭覆い、鶉猟用の笛、狩猟用ホルンが下がっている。古今にかかわらず、どのような画家をも侮蔑するつもりはない。ただ、この作品を眺めるたびに、むしろ公平な視点から、絵画に精通したすべての専門家にたいして問いかけたいのだ。人間の精神、手仕事、その筆を通じて、これほどまでの精密さと写実性を達成した作品例が、これまであったろうか、と。ハミルトンならさらに多くを表現しようとするかもしれないが、このウェーニクスと競おうなどとは考えてはならない。さもなければ、彼の作品は専門家たちから無視されることになるだろう[26]。

専門知識をもつ美術愛好家に向けたこの種の情報提供は、じつに枚挙にいとまがなかった。そこでは、時代が進むにつれてしだいに、作品に関してより厳密な細分化が試みられるようになった。たとえば、一七八二年に競売に付されたティールケ・コレクションの「レンブラント」については、それぞれつぎのような評価がなされている。

「おそらくレンブラントの作品。両手で時計をもち、眼鏡をかけ、用心深そうな表情をたたえた、年老いた男の絵姿が、カンバス上にみごとな筆致で再現されている」（三一八）

「レンブラント風。男性を描いた歴史画。カンバス」（一五六）

「レンブラント派。腰掛けて読書する知識人の像、カンバス」（一四七）

「レンブラントに並ぶほど美麗な作品。両手を示したポーズの知識人の肖像画。才気に満ちた筆致。板絵」（五一）

「（レオネルト・ブラマーの作品について）キリスト崇拝を描いた秀逸な作品。レンブラントと比較しうるほど美しい板絵」（八六）[27]

どの作品もレンブラントによるオリジナルと断定されてはいないが、個々の作品についての鑑定に現われた著しい差異化は、一方では、当時、徐々に専門的な美術愛好家層が形成されつつあったことを明徴している。それはまた同時に、レンブラントおよびレンブラント風の作品にたいするコレクターの需要に可能なかぎり応えようとする、競売者およびカタログ編集者の営業戦略として理解することもできるだろう。

　オークションカタログは、コレクターや専門家、画商らのあいだで回覧され、のちにカタログそのものが蒐集の対象となった。クリスティアン・ルートヴィヒ・フォン・ハーゲドルンが認《したた》めた一連の書簡からも明らかなように、蒐集家は画商からカタログを受け取り、また、予定されたオークションに関して連絡を取り合い、購入希望作品については査定額つきのリストを作成し、さらに、書面で購入指示を出すこともあった（いわゆる委託取次《コミッシオーネン》）。一七四一年四月、兄フリードリヒに宛てた手紙のなかで、ハーゲドルンはつぎのように書いている。

兄上の依頼書を拝見しました。ファン・デ・ヴェルデとダフィッド・テニールスの作品にたいして、とくに指定なく一六ドゥカーテンの値をつけられているようですが、小生からの注文書では、さらに詳しく、家禽画と風景画という希望をつけ加えておきました。アドリアーン・ファン・デ・ヴェルデはこの種の作品を多く描いているからです。もし、〔その兄〕ウィレム・ファン・デ・ヴェルデの作品で、この値に見合うだけのものを獲得することができるとしたら、おそらく船舶画か海洋画になるでしょうが、小生はこの分野にはさして関心をもってはおりません。また、同じく、一六ドゥカーテンでテニールスによる四から六インチほどの小さな兵士像を競り落とす羽目にでも陥れば、それは小生にとって益するところがまったくないでしょう。これらの小型作品には、当然、構図の不足があるからです。つまり小生の蒐集の中心はあくまで風景画および家禽画に限定されているのであって、たとえば、テニールスの『アブラハムの犠牲』のような作品については、取り引きするにはおよばないのです。ただ、豊かな構図と精細な筆致で描かれた農民画のような作品は、小生にとって風景画に劣らず好ましい買物となるかもしれません(28)。

一八世紀末葉には、また、美術品に関する新たな仲介・斡旋機関として、いわゆる美術商が発展をみようとしていた。彼らは、〔絵画の〕制作、美術関係の出版、版画類の販売と同時に、絵画オークション、また、ときとしては古書の競売を行なった。たとえば、ライプツィヒのロスト美術商は、一七八三年に最初のオークションを開催し、そこでは、素描、銅版画、絵画作品、古書が出品された。だが、当時の美術商としての典型的存在は、何といってもプレステル出版社であろう。夫妻ともに画家であったプレステルは、最初は手描きの素描による、のちには版画による油絵作品の複製を専門分野として取り扱い、たとえばネーデルラントの風景画作品のオリジナルからすぐれたファクシミリ版のコピーを仕上げて出版した。そのほか、ニュルンベルクのヨハン・フリードリヒ・フラウエンホルツのような美術出版社もまた、ニコラース・ベルヘム、フィリップス・ヴーヴェルマン、ヤン・ボト、アドリアーン・ファン・デ・ヴェルデ、ヤーコプ・ロイスダールらのネーデルラント風景画作品をもとに、フェルディナントおよびヴィルヘルム・コーベルが制作したエッチングによる複製を提供していた。一八世紀末にきわめて廉価な商品となっていたこれらの複製は、当時、芸術趣味の形成過程において、はかり知れないほど重要な役割を果たしたのであった。一方、一七九三年にマンハイムにて開業した「美術商ドミニク・アルタリア」が供給した商品は、単なる複製画にとどまることはなかった。その展示室には、絵画のほか、銅版画、素描、彫刻、さらには古代彫刻の石膏模型、諸侯の肖像画などが展示されていた。いわば潜在的コレクターはここでおおいに感嘆し、また、希望に応じてこれらの商品を購入することもできたのである。アルタリアの商品は、実際、フリードリヒ・ユスティン・ベルトゥーフが『贅沢とモードの雑誌』および、彼がワイマールで営んだ「公国産業組合」を通じて提供した製作物と、非常に多くの共通点をもっていた。とりわけ後者は、ワイマールのカリスマ的知識人が高揚させた古典主義ブームのなかで、この地を訪れる旅行者たちが引き起こした文化的礼讃のための、一種の「礼拝用具」〔＝古典彫刻の複製など〕にたいする需要を満たすことを企図したのであった(29)。

芸術趣味の形成に関していうなら、美術商と同様、画家たちもまた、大きな影響力をもっていた。彼らはみずからオークションを開催し、自身の作品はもちろんのこと、顧客の望むスタイルの作品を制作できない場合には、著名な巨匠の作品の模写を制作して販売することで、芸術趣味のトレンドを広く伝えていったのだった。たとえば、ハーゲドルンは、ウィーンの画家、ヨーゼフ・オリエントから美術についての徹底したサポートを受けていた。オリエントはみずからの風景画数点をハーゲドルンに売却しただけでなく、ピーテル・ムリールの風景画、さらには、ヤン・フエイトの絵とともに飾る「対」の作品として、ダヴィット・ケーニヒによる『鳩の巣』を斡旋している。そのほか、オリエントは、ハーゲドルンがその美術コレクションを立ち上げるにあたって、多くのアドバイスを提供した。たとえば、ハーゲドルンはオリエントにたいして希望する絵画作品のリストを送付し、オリエントはこれに詳しいコメントを書き込んで返送したのであった(30)。

フランクフルトでは、ヤーコプ・マレル、ゲオルク・フレーゲル、ヨハネス・リンゲルバッハら、一時期オランダで活動し、ドイツにおける彼地の芸術趣味の伝播に貢献した画家たちのほか、ヨハン・ゲオルク・トラウトマン、フリードリヒ・ヴィルヘルム・ヒルト、クリスティアン・ゲオルク・シュッツ、ヴィルヘルム・ティッシュバイン、ヨハン・コンラート・ゼーカッツ、ユストゥス・ユンカーのような、ネーデルラントの画法を熱心に模倣した、いわゆる「オランダ派」の人びともまた、確実な影響力をもっていたのである。なかでもユンカーは、一七六三年、商人カラーと共同でオークションを開催している。ここで挙げた画家のうち全員が、ヘッケル男爵から制作を依頼されており、とりわけティッシュバインは、男爵のとりなしでカッセルの宮廷画家の職に就いたのであった。フランクフルトの画家たちにとってもう一人の重要な支援者は、ゲーテの父、ヨハン・カスパー・ゲーテであった。絵画作品の購入の詳細を、彼は、『家政帳簿』に入念に記録している。

一七五八－一七六三年　ゼーカッツの作品一七点
一七五九－一七六三年　トラウトマンの作品五点
一七五三－一七六四年　ユンカーの作品六点
一七五六－一七六八年　シュッツらの作品四点　等々(31)

ヘッケル、ゲーテをはじめとする蒐集家が画商にたいして示した注文に依拠するなら、フランクフルトのコレクションにおいては、ネーデルラントの様式に則って風景画を描いた画家たち、すなわちシュッツ、ヒルト、トラウトマン（この画家に関してはとくに夜景画が人気を博していた）らが支配的な位置を占めていたようである。その一方で、ユストゥス・ユンカー、そして、ダルムシュタットの宮廷画家、ゼーカッツは、主として静物画および風俗画を制作していた。そのほかにも、フルダの宮廷画家、ヨハン・アンドレアス・ヘルラインのような人物もまた、一時期、ネーデルラント風の作品をフランクフルトのコレクターのもとに納めていた。

美術コレクションについていえば、ハンブルクもまた、類似の状況にあった。ここでは、フランツ・ヴェルナー・タムが静物画の、また、ヨアヒム・ルーン、ヨハン・ゲオルク・シュトゥーアが歴史画・風景画の分野で活躍していた。だが、この地でもっとも大きな名声をえた画家は、バルタザール・デンナーにほかならなかった。デンナーはその工房でネーデルラント風の主題をとりあげた多くの作品を制作したが、画家として彼の声望を不動のものとしたのは、ホルシュタイン＝ゴットルプ家、デンマーク王室、ブラウンシュヴァイク＝ヴォルフェンビュッテル家、メクレンブルク＝シュヴェリーン公家をはじめ、錚々たる名家の宮廷から肖像画の依頼を受けたことであった。一時、アムステルダムやロンドンにて制作活動を行なったという経歴が、こうした評判をさらに高めたことは、いうまでもない。画業と同様、デンナーはオークションや富籤を通じてもまた、著しい成功を手にしていた。このことは、シュヴェリーンにある国立公文書館の、デンナー文書のなかに残された目録が明らかにするところである(32)。

専門知識をもつ愛好家は、芸術趣味を伝播させる仲介者とみなされていた。ハーゲドルンの事例が示すとおり、彼らは当時、内外（とりわけオランダ）に成立した諸侯および市民による代表的なコレクションを実際に訪れ、その内容と価値をより広い公衆へと伝えたのである。そのほか彼らは、たとえばヘッケル男爵のように、諸侯が新たにコレクションを設立する際に、絵画の専門家としての立場から助言を求められることもあった。ヘッケル男爵の場合、一七五九年、『絵画陳列室』の設立準備にいそしんでいたバーデン辺境伯夫人カロリーネ・ルイーゼにたいして、みずから有した絵画コレクションからから作品を選りすぐって送り届けている。辺境伯夫人はそのなかからラッヘル・ライスの静物画二点を選びとり、返礼として自身の肖像画を届けたところ、これを受けた男爵はさらに、フランス・ファン・ミーリスによる肖像画作品を贈ることで、彼女の好意に応えている。ヘッケル男爵はまた、フランクフルトの画家たちに数多くの作品を委託し、それを通じて、ヨーロッパにおける芸術趣味の最新のトレンドを、都市の画壇に伝播させることになった(33)。こうした背景ゆえに、ヘッケル・コレクションの競売は、フランクフルトの人びとにとって、社会全体をまき込む大事件としてとらえられたのであった。ゲーテはこれについて、つぎのように書いている。

ヘッケル男爵の人となりについては、ごく曖昧にしか覚えていないが、たいへん感じの良い、教養あふれる人物であったように思う。それだけに、そのコレクションの競売は、いまもわたしの胸に鮮明な記憶を残している。わたしはこの競売に最初から最後まで居合わせて、一部は父の指示で、また一部は自分の希望で、多くの作品を、競り合いのすえに落札したのであった。これらの名品は、いまも私自身のコレクションを彩っている(34)。

また、別の箇所で、ゲーテはオークションの雰囲気を、つぎのように伝えている。

わたしはかねてから、とりわけわたしが熱心に通いつめたオークションにおいて、何らかの歴史画が登場したときには必ず、聖書のエピソードであれ、世俗の史実であれ、また古代神話であれ、その主題を正確にいい当てることで、他の絵画愛好家たちから一目おかれていた。寓意画についてはその内容を必ずしもうまくとらえることができなかったが、それでも、これらをわたしよりも深く理解する人物に遭遇することは、滅多になかった。このようにして、わたしはしばしば、芸術家たち自身をその気にさせて、さまざまな主題を表現するよう仕向けることもできた。わたしはいまなお、楽しみと愛情をもって自分のこの長所を利用しているのである(35)。

ヘッケル男爵のようなカリスマ性には欠けたものの、フランクフルトの美術界で同じように強い影響力をもっていたのは、ゲーテの学友、ハインリヒ・セバスティアン・ヒュスゲンであった。彼は、ゲーテと同様に定期的にオークションに参加したのみならず、フランクフルトのすぐれた蒐集家およびそのコレクションについて多くの出版物を刊行した。最初の著作、『歴史と芸術に関する暴露的書簡』において、ヒュスゲンはフランクフルトとその周辺地域の芸術の現状を描写し、さらに、社会全体を教育するという目的のために、芸術家ならびに知識人が果たすべき役割について論じた。その背景として、ヒュスゲンは、フランクフルトの数多くのコレクション、そしてみずからの蒐集活動の動機についても詳しく紹介している。ヒュスゲンの議論によれば、蒐集活動と芸術愛好は、人間に精神的陶冶をもたらすほか、芸術作品にたいする深い敬服を呼び起こし、そして、健康な肉体の維持にも役立つのであった。[36]

芸術趣味の形成過程により大きな感化を与えたのは、ヒュスゲンの二冊目の著作で、フランクフルトの芸術コレクションを概観した一種の芸術家事典、『フランクフルトの芸術家および芸術作品通信』であった。[37] ここで彼は、フランクフルトのいくつかのコレクションに属するオランダおよびドイツの画家の名作にとりわけ価値を置いたが、この評価が、のちの蒐集家にとってのひとつの基準を画することになったのである。一八〇八年に競売に付されたヒュスゲン自身のコレクションは、骨董品、素描、版画、そしてデューラーの髪房のような珍品のほか、約百点の絵画作品から成っていた。絵画についてみれば、フランクフルトのコレクションの例にもれず、風景画、歴史画、風俗画が多数派を占め、画家の出身地では、モルゲンシュテルン蒐集室と同様、ネーデルラントが優勢であった。ヒュスゲンはさらに、一七八〇年代以降はプレステル出版社の編集者および発起人として活躍し、出版人としてもおおいに成果を上げることになった。

芸術趣味の形成

ここまでの議論において、われわれは、「趣味（Geschmack）」という語を、ほぼ現代的な概念で用いてきた。この語は本来、一八世紀、「詩学」と「修辞学」を改革するべき文学作品の制作というかぎられた分野のなかで、イタリア語の「審美眼（gusto）」あるいはフランス語の「よき趣味（bon goût）」に代わるドイツ語の言葉として導入されたものであった。「審美眼《グスト》」、「趣味《ゲシュマック》」の語はすでに一七六〇年代から一七八〇年代にかけてのオークションカタログに登場するが、通例は、画家および特定の流派の画風や様式を表わしていた。これにたいして、フリードリヒ・ハーゲドルンは、「趣味」の概念を造形芸術全体に広く適用し、これを通じて画家はもちろん、コレクターや専門家の芸術的進歩と啓蒙を目指したのであった。その著作『模倣芸術における趣味の形成についての原則』の一章のなかで、ハーゲドルンは趣味の概念についてつぎのように教示している。すなわち、「絵画においてよき趣味を確立するためには」、画家が手技を磨かなければないのと同様、蒐集家はみずからの眼を養い、知識人は「熟練した鑑識眼による豊かな経験」と「絵画美にたいする感性」とを融合させなければならないのだった。この議論において、ハーゲドルンは、美術に精通した専門家を、「大勢の」愛好家や蒐集家とも、また「単なる博識の知識人」とも一線を画する理想像として考えていた(38)。

こうした議論をさらに一歩押し進めたのが、イマヌエル・カントであった。カントはいう。「趣味とは……、外的事物を想像力のなかで社会的に判断する能力である」。また、別の箇所では、つぎのように述べている。「完全なる孤独の状況にあったなら、われわれは自分の住み家を小ざっぱりと美しく飾ることなどしないだろう。また、妻や子どもらなど、家人のためにもそうする気にはならないだろう。家を飾り、美しく保つ行為は、他人のためにこそ、そして、みずからを有利に見せるという目的のためにこそなされるのである(39)」。すなわち、芸術の専門知識と趣味とは、あくまで社会的な現象であり、まさにそこから新たなコミュニケーションの過程が生み出されるのであった。

では、実際、一八世紀の絵画コレクションでは、どのような画家と作品が芸術趣味の基準をなしていたのであろうか。当時のコレクションの最新傾向をいまに伝えるのが、バーデン辺境伯夫人カロリーネ・ルイーゼが一七五九年から一七六〇年にかけて作成したリストである。みずからパリとオランダを旅し、画廊を訪ね、さらにコレクションの目録や、ジャン・バプティスト・ドゥカンの『フランドル、ドイツ、ネーデルラント画家傳』[40]に代表されるような当時の専門書を紐解き、画商や画家、専門家と会談して膨大な情報を収集したカロリーネ・ルイーゼは、自分の絵画蒐集室に陳列するべき作品について、すでにきわめて具体的なイメージを抱いていた。夫人が望んだのは、ミグノン、ロース、ロッテンハマーら、ドイツ画家を除けば、ネーデルラントおよびフランドルの作品だけであった。そのリストは、まず第一にルーベンス、ファン・ダイク、レンブラントの名を、つぎに各ジャンルを代表する巨匠たちを挙げていた。すなわち、農民画はブラウエル、オスターデ、テニールス、風景画はブリル、ファン・デル・ネール、ベルヘム、サフトレーフェン、静物画はデ・ヘーム、ヤン・ファン・ハイスム、ラッヘル・ライス、風俗画はテルボルフ、メツー、ダウ、フランスおよびウィレム・ミーリス、ネッチェル、ファン・デル・ヴェルフの作品がそれぞれ所望されたのである。カロリーネ・ルイーゼはその後、同様にデュヤルディン、ファン・デル・ヘイデン、プーレンブルフ、スリンヘラント、スカルッケンにもふれている。さらに夫人は、その数年後には、希望した画家とジャンルの作品を、実際にほぼすべて手に入れることができたのであった。絵画蒐集室の完成に際して、彼女は、みずからのコレクションを、「文筆家にとっての図書室のようなもの、つまるところ、自己修養の手段」であると称したという。彼女にとって、蒐集室は、自身の手で巨匠たちの傑作を模写することによって芸術の奥義に迫るための、いわば私的アカデミーにほかならなかったのである[41]。

こうした考え方は、当時の多くのコレクターに典型的なものであったといえるだろう。たとえば、クリスティアン・ルートヴィヒ・フォン・ハーゲドルンもまた、その専門知識を、蒐集したオリジナルをもとに自身で制作した素描やエッチングを通じて立証しようと努めた。ただ、その目的のために注がれた資金と野心は、バーデン方伯夫人に比べるとごくささやかなものであったようだ。たしかにハーゲドルンもまた、その往復書簡のなかでは、希望する画家として、カロリーネ・ルイーズと同様、テニールス、ファン・デ・ヴェルデ、ヴーウェルマン、ベルヘム、ミグノン、オスターデ、ファン・デル・ネール、テルボルフ、ミーリス、ブリューゲル、ファン・デル・ヴェルフ、ダウ、レンブラント、ルーベンスら、錚々たる巨匠の名を列挙していた。だが、このうち彼が実際に手にしえたのは、アドリアーン・ファン・デ・ヴェルデ、ベルヘム、テルボルフ、ウィレムおよびフランス・ミーリスのほかは、それほど知名度の高くないフランドル、ネーデルラントの画家の作品にすぎなかった。

一方、流行画家の作品をより厳密に精選していたのは、ヒュスゲンのコレクションである。ヒュスゲンはここに、ミーリスによる二点の肖像画のほか、ブラウエルの風俗画数点、デ・ヘームの静物画一点、スカルッケンの歴史画一点、サフトレーフェン、プーレンブルフ、ファン・デル・ネール、アドリアーン・ファン・デ・ヴェルデの風景画などを揃えていた。ヒュスゲンは、自身の著作のなかでも、ゴーゲル、エトリング、シャンデルなど、他のフランクフルトのコレクションが有したこれらの画家の作品に大きな価値を置いたのだった。この著名な三人の蒐集家は、そのほか、レンブラント、ルーベンス、ファン・ダイクをも手に入れていた。

当時、文化の中心地として目覚ましい成長をとげつつあったベルリンでも、蒐集家たちは同様の傾向を示していた。まず、膨大な私的コレクションを立ち上げることで美術蒐集家として主導的立場に立ったのは、商人で銀行家のヨハン・ゴットリープ・シュタイン、ヨハン・ゲオルク・アイムブケ、そして、企業家ヨハン・エルンスト・ゴッコヴスキであったが、彼らの蒐集活動の資金の一部は、七年戦争の戦時利得から捻出されたものにほかならなかった。したがって、これらの蒐集家が、戦後、つぎつぎに破産に陥り、コレクションを手放したことは、自明の結果といえるだろう。たとえば、美術品を売却してプロイセンの戦争負債を補償したゴッコヴスキのコレクションは、サンクトペテルブルク、エルミタージュ美術館の収蔵品の基礎を構成することになった。他方、フリードリヒ・ニコライによる『王宮所在地ベルリンおよびポッダムに関する描写』が伝えるように、七年戦争後においてもまた、数多くの新たなコレクションが成立していたのである。一八件（一七六九年）から四一件（一七八六年）へと急激に増加していたコレクションの所有者は、廷臣や国家官僚のほか、ダウム、シックラー、シュルツェ、エフライム、イッツィヒ、マイヤー・ヴァルブルクのような、商人や銀行家たちであった。そのほか、プロイセン王室初の専属歌手であったコンチアリーニ、画家・版画家のニコラウス・ダニエル・ホドヴィエツキもまた、独自のコレクションを有していた。ここでもまた、コレクターの関心は、ルーベンス、プーレンブルフ、レンブラント、ヴーヴェルマン、ベルヘム、テニールス、ミーリスらの作品に集中していた(42)。

だが、実際のオークションカタログが伝えるフランクフルトの現実は、これとは少々違った印象を与えるものであった。こうした関連から、美術作品の価格、市場におけるその重要性、そして芸術趣味の形成過程について、ふたたび問題提起がなされなくてはならないだろう。この問題を立証するための充分な知識と史料的裏づけがいまだ得られていないとはいえ、少なくとも、マーケットセグメントの概念からみるなら、芸術品の価格に大きな差異があったことだけはたしかである。たしかに、巨匠の作品が取り引きされるような最上部のセグメントでは、価格にはまさしく上限がなく、ハーゲドルンのようなコレクターは、欲しい作品の多くに手が出ないことを、つねに嘆かなければならなかった。だが、他方、中層のセグメントにおいては、割安の代替商品、すなわち、地元の画家が描いた「オランダ風」の作品や、また、名も知れぬ絵師による模写が、恒常的に流通していたのである。したがって、ほとんどのオークションでは、競り落とされた絵画作品の大多数は、その落札価格が一〇グルデンを下回っていた。このような状況のなかで、アンハルト゠デッサウ侯女、ヘンリエッテ・アマーリエもまた、フランクフルトの美術市場できわめて格安の買物をしたのだった。侯女による購入額のほとんどが二〇グルデン以下にとどまり、なかには一〇グルデンに満たないケースもあった。しかも、一七八四年には、ヤン・ファン・ホーイェンによる『宿屋のある風景』や、サミュエル・ファン・ヘッケンの『楽園風景のなかの四大元素』のような価値ある作品を、それぞれ六および一〇グルデンという破格の安値で落札している。ヘンリエッテ・アマーリエにとってもっとも高価な買物は、バルタザール・デンナーの『スカーフを被る老女』で、これと対になる作品とセットにして七一七グルデンであった。そのほか、侯女が購入した高価な作品の例としては、プーレンブルフによる「ニンフ水浴図、一対」(二〇〇グルデン)、ライデンの細密画家、ウィレム・ファン・ミーリスの『眠れるヴィオール奏者』(一〇八グルデン)、カスパル・ネッチェルの『若い婦人と老若ふたりの求婚者』（一三二一グルデン）を挙げることができるだろう[43]。

当時の流行画家のうち、フランクフルトのコレクションのなかにしばしば登場するのは、メルヒオール・ロースによる羊飼いを配した風景画、ロッテンハイマーの宗教的歴史画、ブラウエル、オスターデ、テニールスの風俗画のみである。同様に、ベルヌス、ベルベリッヒ、ヘッケル、カラー、ミヒャエルのコレクションにおいても、ファン・ダイク、ルーベンス、レンブラントが必ずみられるのにたいして、ベルヘムやヴーヴェルマンの風景画のような流行作品を有したのは、ごくわずかの蒐集家にすぎなかった。それに代わってフランクフルトの蒐集品のなかで重要な位置を占めたのは、シュッツによる「ヴーヴェルマンを模した」風景画であった。

ネーデルラント、フランドル絵画の傑作が、ヒュスゲンによって評論され、モルゲンシュテルンの手で修復されて、これが一種の基準を画しつつ都市の芸術趣味を規定するというケースも、少数ではあるが、たしかに存在した。しかし、フランクフルトの蒐集家のあいだにオランダ絵画の流行をもたらしたのは、むしろ、ネーデルラントの様式を踏襲して地元で制作された作品、すなわち、シュッツ、ユンカー、トラウトマンらの仕事にほかならなかった。この地でのこうした流行と趣味の形成を考慮すれば、ドレスデンの画廊を訪れたゲーテが、ネーデルラントに惹かれる心を抑え切れなかったことは、驚くにはあたらないだろう。「わたしは、イタリア絵画の巨匠たちの価値を、不遜に過ぎるかもしれないが、自分の目で観て認識するというよりはむしろ、ひたすら信じ切っていたということに気づいたのであった[44]」。

フランクフルトにおける芸術趣味の形成過程で主導的立場に立っていたのは、ヘッケル男爵やカスパー・ゲーテのような蒐集家であり、専門知識をそなえた愛好家たちであった。彼らは、輸入絵画を蒐集するだけにはとどまらず、地元の画家たちへの制作依頼を通じて、フランクフルトの芸術界にネーデルラント絵画のさまざまな画題を伝播させたのである。一方、一八世紀末から一九世紀初頭にかけての時期には、安価に購入できるようになったエッチングが、しだいに芸術趣味形成をリードしていった[45]。ここではとりわけ、芸術趣味について、身分や社会層、地域的な差異がいっさい確認できないことに注目しておくべきだろう。すなわち、少なくとも一八世紀後半までは、市民・貴族を問わず、ヨーロッパ各地のほぼすべてのコレクターが、「オリジナルの」ネーデルラント絵画もしくは、その様式を模した地元画家による作品を熱心に蒐集していた。カッセル、カールスルーエ、シュヴェリーンのコレクション、あるいはフランクフルトの美術市場でのヘンリエッテ・アマーリエによる購入記録をみれば、当時、宮廷的な芸術趣味の伝統がもはや意味をなさなくなり、貴族たちもまた、市民の蒐集家と何ら変わるところなく、芸術市場の趨勢の影響下に立たされていた事実が、鮮明に現われてくるだろう。貴族たちは、より優れた傑作を集めることによって、あるいは、市民コレクターや愛好家にはおよびもつかないような膨大な専門知識を身につけることによってのみ、ようやく市民階層の上に立つことができたのであった。このような状況は別にして、いずれにしても、当時のドイツ語圏では、一般に、芸術教育および、芸術的な技能をより熟練させることにたいする需要が著しく高まっていた。このような課題は、たとえばベルリン芸術アカデミーのような、国家の機関によって引き受けられた。ベルリンのアカデミーは、「人びとのあいだに芸術趣味を形成し、それをさらに洗練させ、広く普及させ、はぐくみ、維持していくこと」を、重要な責務として掲げていた。[46] ゲーテとその友人で画家のハインリヒ・マイヤーによるワイマールでの意見表明もまた、これと同じ方向で理解すべきものであろう。彼らは、懸賞制度の導入によって、古代神話を主題とする絵画への関心をより高めようと企図したのであった。[47]

第7章——音楽文化

かなり以前より、ハンブルクの街には、名演奏家《ヴィルトゥオーゾ》たちが続々と集まるようになった。当地の新聞は、彼らの多くを推賞し、また、さまざまな演奏会の広告も掲載している。地元における盛んな音楽愛好趣味についての記事も多く目につくが、それもはや驚くにはあたらないだろう。というのも、これほどまでに夥しい楽団やオペラ劇団が、とりわけて裕福かつ贅沢を好むハンブルクの音楽愛好家を楽しませようと、一斉に当地を目指してくるのだから(1)。

現代の音楽ファンが一八世紀という時代を想起するとき、この時代のイメージはおのずと、バッハとヘンデルによるカンタータやオラトリオ、ハイドンとモーツァルトの交響曲へと結びつくだろう。だが、この時代の音楽にさらに注意深く耳を傾けるなら、一八世紀がひとつの過渡期にあったことをはっきりと認識することになる。すなわち、声楽とオペラを何よりも好む啓蒙期の特徴から、やがて、器楽曲を広く受容する新たな傾向への移行が、徐々に進行していたのであった。器楽曲の急激な普及は、音楽が社会と文化のなかで果たした意味の、その本質的変化と密接に関連する現象であった。交響曲は当初、コンサートやオペラの序曲として演奏されたほか、劇場では、協奏曲と同様、休憩時間の出し物として演じられた。また、鍵盤楽器のソナタ、そして弦楽三重奏、四重奏曲は、貴族であれ、市民

図版 16　画家の家庭での室内楽，バルタザール・デンナーによる油彩画，1730 年頃（コペンハーゲン国立博物館所蔵）

の子女であれ、趣味で楽器をたしなむ人びとが家庭で演奏することを想定して作曲された。

音楽はまた、社会的談論のテーマとしても大きな意味をもっていた。音楽とは、実演される、すなわち、幾分なりとも専門家的なレベルで演奏されるだけのものではなく、研究と分析、批判の対象でもあったのだった。演奏に関する批評や報告とともに、やがて音楽の公共性が形成され、雑誌や定期刊行物がそれをさらに促進した。それと同時に、音楽作品およびその演奏は、商業的特徴を帯びるようになった。作曲家、演奏家、出版業者、編集者、文筆家、批評家など、誰もがここに何らかのかたちで関与し、また、とりわけひとりの人物が同時に複数の役割を兼ねる場合には、その発言力はより大きなものとなった。

演奏会

一八世紀の音楽文化におけるもっとも重要な現象は、演奏者の職業専門化にともなって、コンサートがひとつの独立したイベントの類型へと発展したことであろう。公のコンサートの前段階としては、つぎのような、ふたつの音楽演奏の形態を挙げることができる。まずひとつは、リューベックの聖母教会《マリーエンキルヒェ》で行なわれていたような宗教的な音楽の夕べ、もうひとつが「コレギア・ムジカ」と呼ばれた催しである。後者は、一七世紀後半、宮廷でのコンサートとは別に、当時の音楽愛好家、そして教会や都市から職を得た作曲家たちによる私的なイニシアティブを通じて発展した演奏会であった。たとえば、マティアス・ヴェックマンとクリストフ・ベルンハルトが主催したハンブルクのコレギウム・ムジクムは、イタリア発の新しい器楽曲に親しみ、これらをみずから演奏したいと望む当地の商人たちから圧倒的な支持を得た。これに加えて、一七二〇年代からは、ゲオルク・フィリップ・テレマンによる公式のコンサートが登場し、音楽生活にさらに花を添えた。フランクフルトにおける演奏会の伝統もまた、テレマンの名と深く結びついている。テレマンは、ハンブルクに居を移すまでは、フランクフルト市の音楽監督として、地元のプロの演奏家や音楽愛好家とともに、半公共的《セミ・パブリック》なかたちでの演奏会を主催したのであった。

ライプツィヒには、市が雇い入れた「シュタットプファイラー・コレギウム」とは別に、さらにふたつのコレギア・ムジカが存在した。これらの楽団は、舞踏会や娯楽の場、誕生日や祝宴のための音楽やセレナーデを演奏したほか、多くの教会にて、礼拝の際に讃美歌の伴奏を担当した。そのうちのひとつは、一七〇一年、当時まだ学生だったテレマンによって設立され、一七一八年以降はゲオルク・バルタザール・ショットおよびヨハン・セバスティアン・バッハ(一七二九年以降)が指揮をとることで、すでにプロのレベルに到達していた。さらに一七二三年からは、ゴットフリート・ツィンマーマンのカフェハウスを会場として、定期的に演奏会を開催するようになった。ライプツィヒ最大かつもっとも著名なツィンマーマンのカフェハウスは、カタリーネン通りの宮殿のなかに置かれ、その大ホールは、トランペットとティンパニーを含む大編成のオーケストラと、一五〇人の観衆を収容するのに充分な規模を備えていた。ここを舞台に、ツィンマーマンは毎週、二時間の演奏会を開き、また、夏は野外コンサートとして、会場をカフェの庭へと移動させたのであった。コレギウムはこうしたコンサートで、ヘンデル、ロカテッリの合奏協奏曲、ポルポラ、スカルラッティらによるイタリアのソロ・カンタータをはじめ、さまざまな声楽曲、器楽曲を演奏した。バッハ自身も、これらの演奏会のために、序曲や協奏曲のほか、多くのいわゆる「道徳的カンタータ」〔世俗カンタータ〕を提供した。そのうちもっともよく知られた、通称「コーヒーカンタータ」は、当時急激に普及したコーヒーの嗜好ばかりでなく、曲が演奏されたライプツィヒの都市社会をも諷刺しようとした作品であった。これら定期演奏会に加えて、たとえば、ザクセンのフリードリヒ・アウグストがポーランド王アウグスト三世として即位した際など、特別な機会には、番外の演奏会が行なわれることもあった。演奏会において、バッハは、作曲の報酬のほか、カンタータのテクスト出版を通じて収入を得ることができた。たとえば、ツィンマーマンのホールおよび庭園を舞台とするコンサートでは、一回につき一五〇から二〇〇部のリブレットが印刷されたが、この数は同時に、これらの演奏会がいかに多くの聴衆を集めたかを示す証左でもあろう。ザクセン王臨席のもと、マルクト広場で行なわれたコンサートでは、六〇〇から七〇〇部のリブレットが売り捌かれたという。(2)

ライプツィヒにおけるもうひとつのコレギウムは、ヨハン・フリードリヒ・ファッシュが設立し、主として学生を中心に運営されていた。バッハの時代には、ヨハン・ゴットリープ・ゲルナーが指揮をとり、エノッホ・リヒターのカフェハウスを会場に演奏活動を展開した。(3)だが、一七四三年になると、ライプツィヒでは、一六人の貴族と商人が新たな音楽愛好家のアンサンブル、「大コンサート」を立ち上げ、これがやがてふたつのコレギウムをしのぐ存在となる。ここでは、会員には年会費二〇ターラーの支払いが求められたが、このことは、このオーケストラの排他性を強調することになった。前述のコレギウムで指揮者としてバッハの後を襲ったカール・ゴットヘルフ・ゲルラッハが、この楽団の指揮を担当した。演奏会は当初は私邸で、のちには旅館の大ホールで開催され、つねに二〇〇から三〇〇人の聴衆を集めた。一七六一年にゲルラッハが死去し（その膨大な楽譜および音楽図書コレクションは、印刷出版業者、イマヌエル・ブライトコプフに買い取られた）、その二年後に七年戦争が終結すると、トーマス教会のカントーア、ヨハン・アダム・ヒラーがこの組織を新たに会員制定期演奏会へと発展させた。現存するプログラムのビラは、そのコンサートの内容の幅広さを今日に伝える史料である。たとえば一七七二年一二月一七日の演奏会ではつぎのような作品が演じられた。(4)

演奏会
一七七二年一二月一七日木曜日
（於三羽の白鳥亭）

第一部

ヴァンマルデーレ氏のシンフォニア
ナウマン氏のアリア（演奏：シュレーター夫人）
ヴァイオリン協奏曲（演奏：ヘルテル氏）

第二部
ディッター氏のシンフォニア
サッキーニ氏のアリア（演奏：シュレーター夫人）

パルティータ

こうした史料から、これらの定期演奏会には、ザクセン大公の宮廷楽長、ヨハン・ゴットリープ・ナウマン（ドレスデン）のほか、ヨハン・ヴィルヘルム・ヘルテル（ルートヴィヒスルスト）、カール・ディッタース・フォン・ディッタースドルフ（ヨハニスブルク、ブレスラウ領主司教の宮廷音楽家）、ブリュッセルのピエール・ファン・マルデレ、イタリアのアントニオ・サッキーニら、当時の錚々たる音楽家たちが関与していたことがわかる。同時代の人びとがこのコンサートをどのようにとらえていたかを物語るのが、ベルリンの宮廷楽長、ヨハン・フリードリヒ・ライヒャルトによる、一七七四年のライプツィヒ訪問を描いた書簡である。

一、著名な「大コンサート」についてもう一言、述べておきましょう。この催しはまさに、われわれが芸術作品について、芸術の理論的知識ももち合わせていなければ、洗練された感受性も恵まれた聴覚もそなえていないような人びとの意見と判断を信用してはならないということを示す、真なる証左といえるでしょう。そもそも、世間一般の評判など、信頼するには足りないのです。明敏で鋭いあるフランスの作家が、遠くにあって心から強く欲した〔芸術の〕喜びは、手の届くところでは永遠に失われてしまうものだ、と述べたのは、まさしく正鵠を射ているといえるでしょう。

二、この演奏会では、交響曲のほか、アリア――シュレーター夫人による演奏は、コンサートに最高の花を添えるものでした――、そしてさまざまな楽器の協奏曲が披露されました。これらの曲目はたしかに選び抜かれており、演奏〔独奏〕も優れてはいましたが、伴奏は押し並べてつねに聴くに堪えないものでした。

三、これまで繰り返し演奏されてきた交響曲については、ときとして非常によい演奏がなされることがあるのです。このことから、ほかの曲についても、多くのプローベを重ねて練習すれば、より良い演奏になるだろうということがわかるでしょう。ただし、オーケストラを構成する紳士方の、自分は完璧だという思い込みが、その大きな妨げとなることでしょう。

〔……〕

七、これが、われらがヒラーが監督を務める「大コンサート」の実態なのです。この実直で称賛に値する人物が、実際の功労に値するべき、より良い評価と報酬を得られるポストに就任できるよう、心より祈るばかりです。(5)

音楽のプロフェッショナルというべき宮廷楽長ライヒャルト――もっとも、のちにフランス革命に共鳴したことが原因でその職を失うことになるのだが――は、このように、素人とプロが共同して展開した音楽活動に、批判的な視線を向けていたようだ。(6) 彼はしかし、当時の偉大な人気歌手で、自身、かつて伴奏を務めたこともあるコローナ・シュレーター、そしてみずからの師、ヨハン・アダム・ヒラーにだけは攻撃の矛先を向けず、逆に、〔こうした音楽活動の一種の被害者として〕深い同情を寄せている。(7)

表7−1　ゲヴァントハウスでの演奏会におけるオーケストラの編成

主席ヴァイオリン奏者，あるいは第一，第二ヴァイオリン次席奏者二名	
ヴァイオリン・コンチェルティーノ　三名	チェロ・リピエーノ　一名
チェロ　一名	ヴィオローネ・リピエーノ　二名
フルート　一名	フルート・リピエーノ　一名
オーボエ　一名	オーボエ・リピエーノ　一名
ヴァイオリン・リピエーノ　八名	ホルン・リピエーノ　二名
ヴィオラ・リピエーノ　二名	ファゴット・リピエーノ　二名

ライプツィヒではさらに、一七七五年、新たに「音楽演奏協会」が登場し、四年後には「ライプツィヒにおける音楽愛好家のための注目すべき音楽会」を主催するようになった。これらの演奏会は、マルクト広場のトメイ・ハウスを会場として、ハイドン、ディッタースドルフ、シュタミッツの交響曲のほか、ハッセ、グラウン、ヨハン・クリスティアン・バッハらによる器楽協奏曲や声楽曲などを披露した。一七八〇年、ライプツィヒ市当局は、それまでは市の図書館となっていた、かつての織物工および羊毛商人の見本市会場、いわゆるゲヴァントハウスを音楽愛好家のために提供することを決めた。この建物は改装を経て、翌年、コンサートホールとしてオープンすることになった[8]。ここでは、オーケストラがホールの最前部で演奏し、聴衆はそれに向かい合うかたちで、縦長に配列された座席にて音楽を鑑賞したのであった。オーケストラは、「音楽監督のほか、つぎのような編成の二七人の奏者によって成り立っていた」（表7−1）[9]。

一一月二五日、こけら落としのコンサートでは、まず前半にヨーゼフ・シュミットの交響曲、ライヒャルトの音楽賛歌、ヴァイオリン協奏曲および弦楽四重奏曲が、そして後半はヨハン・クリスティアン・バッハの交響曲、アントニオ・サッキーニのアリア、エルンスト・ヴィルヘルム・ヴォルフの交響曲が演奏された。年間予約制の定期演奏会として予定された二四回のコンサートは、木曜日の一七時開演、一九時終演で、一七八九年にモーツァルトが客演したように、国外の演奏家もしばしば登場して、みずから自作を演奏している。年会費は、ライプツィヒの男性市民は一〇ターラー、その家族および、一家に雇われた家庭教師は、無料で入場を許されていた。一方、ライプツィヒで開催される見本市の客や、およびその他の旅行者は、演奏会の一回券を二〇グロッシェンで購入することがで

図版 17　ライプツィヒ・ゲヴァントハウスの外観，銅版画，19 世紀初頭
（ドレスデン国立美術館・銅版画収集室所蔵）

きた。このようにして、ライプツィヒでは本格的な商業的・営利的音楽活動が実現をみたが、このようなケースは、観衆の関心と好みに応じて運営されたイギリスのコンサート・ガーデンおよび音楽ホールを除けば、ほかに例をみないものである。

しかし、ドイツの多くの都市では、音楽興業は、イギリスとは対照的に、いまだ未発達な状態にあった。たしかに、ドイツ諸侯の宮廷で演奏していた人びとは、財政削減のために楽団全体が御取り潰しになったり、あるいは、バッハが指揮したワイマール宮廷楽団のように、いくつかの楽器のパートが人員削減の憂き目を見たりしないかぎりは、時代とともにいよいよ専門家としての性格を強めつつあったといえる。だが、他方、都市市民は、娯楽の需要に関して、貴族と異なる独自の指向を示す段階にはいまだ達してはいなかったようだ。だからこそ、一七八七年、ノルトハウゼンでの演奏会についての記録が報じるように、コンサートの場には「紳士淑女、貴族、学位をもつ人びと、立派な市民の人びと」が等しく一堂に会することになったのである(10)。

同時に、宮廷文化の影響力は、一八世紀末の時期にはなお、けっして過小評価のできない状態にあった。当時、宮廷演奏会が、市民をはじめ宮廷外の聴衆にたいして広く開放されるようになったが、その一方で、宮廷主導の音楽文化が何らかの原因で喪失されるようなことがあれば、アマチュア音楽愛好家の活動が、部分的ではあれ、つねにこれを補おうとしたのであった。たとえば、一七七八年、プファルツとバイエルンの併合により、マンハイムの宮廷がオペラ劇場、宮廷楽団もろともミュンヘンに移転したとき、あるいは、一七八六年、カッセルの宮廷楽団が解散した際にも、こうした現象が同じように確認できるのである。

カッセルの状況に関しては、ドイツの他の諸都市の音楽生活についてと同様、カール・フリードリヒ・クラーマーが発行する『音楽雑誌《マガツィン・デア・ムジーク》』が、一七八六年一月の創刊以来、詳しく報じている。一七八七年三月二一日の記事によると、この年の冬のコンサートシーズンは、つぎのようであったという。

> 宮廷楽団の解体という措置によってもたらされた危機的状況にもかかわらず、当地の音楽は意外にもなお少しも衰えるところがなく、この点で、まさに、音楽愛好精神が勝利をおさめたということができるだろう。楽友協会はこの冬じゅう、通例のコンサートを通じて聴衆を充分に満足させたうえ、さらに、その会員数を三倍に増大させたのだ。また、われらが名ヴァイオリニスト、ブラウン二世氏がカッセル方伯よりふたたび正式にポストを得た結果、少なくともこの名手だけは当地を去るような心配がなくなったこともまた、地元の音楽ファンを大いに鼓舞したに違いない。……この冬のシーズンに上演されたのは、その多くが、もっともすぐれた巨匠たちの手になる作品であった。交響曲のレパートリーは、ほとんどがハイドン、あとはプレイエル、ディッタース〔ドルフ〕、ツィンマーマン、ロセッティによって占められていた。また、ピアノ曲はモーツァルト、コツェルッフ、あるいはハイドン、アリアはサッキーニ、パイジェッロ、ナウマン、ピッチーニ、グレトリの作品であった。また、間近に迫った聖金曜日のためには、ペルゴレージの『スターバト・マーテル』がプログラムに組まれ、オービニー姉妹による演奏が予定されている。[11]

この記事からすでに、当時のコンサート活動では、プロの宮廷音楽家、市民階層のディレッタント、貴族のアマチュア愛好家の諸要素の、絶妙な共生がみられたことは明らかであろう。すなわち、アルノルト・ハウザーが『芸術と文学の社会史』のなかで主張し(12)、また、ペーター・シュロイニングがその著書のタイトル、『市民の台頭』によって示唆したように、成長をとげつつあった市民階層が、突如、商業的音楽興行を展開するようなことは、けっしてなかったのである。

ドイツの各都市が伝える記録に目を通せば、貴族、官職エリート、大学教育を受けた知的階層や商人ら、さまざまな社会グループの人びとが、ちょうど読書クラブに集ったのと同じようにして、音楽愛好オーケストラにおいてともに演奏していた様子がありありと読み取れるだろう。音楽愛好家グループにおける貴族の割合をみるなら、マンハイムのような宮廷都市が、小規模な大学都市、グライフスヴァルトを格段に上回っていたことは、いまさら指摘するまでもない。

一七七八年から一七七九年にかけてのマンハイムの愛好家コンサートの構成員については、つぎのように伝えられている。

ヴァイオリン：フォン・フェニンゲン男爵閣下、フォン・ダルベルク男爵(司教座参事会員、劇場総監督の弟)、フォン・ゲミンゲン男爵、フォン・ヘッツェンドルフ氏、ゲース氏、宮廷財務局登記官ヘックマン、楽団長として、コンサートマスターのフレンツル、およびその息子フェルディナント・フレンツル。ヴィオラ：音楽彫版および出版業者ゲッツ氏(＝手広い音楽出版業を展開していたヨハン・ミヒャエル・ゲッツ)。ホルン：ツィヴニー氏。チェロ：政府参事官フォン・ヴァイラー、宮廷財務局秘書官ヘックマン、宮廷財務局官房書記官バウマン。コントラバス：医師団書記官ヴェーバー。フルート：フォン・ガウグレーベン男爵、フォン・ペンツェル隊長(ペンツェル・シュテルナウ)、シュテンゲル神父(フランツ・ヨーゼフ・フォン・シュテンゲル、フライジング司教補、ケルン、聖アンドレアス修道院長代理）、サルトーリ（劇場会計係）[13]。

一方、「つい先ごろ逝去した学識ある地方長官、ブラーテン氏」によって愛好家コンサートが創設されたグライフスヴァルトでは、一七八六年には、「趣味の音楽家」たちが、商人でワイン取引業者のヴィルヘルミのもとに集うようになっていた。

ワイン取引業者で商人のヴィルヘルミのもとでは、『純粋にアマチュアの演奏家だけからなる』オーケストラのコンサートが催されている。昨冬のメンバーは、つぎのとおりであった。ヴァイオリン：商人ブルンシュタイン氏、博士号取得候補者クヴィシュトルプ氏、同じく博士号取得候補者フィッシャー（弟）氏。第二ヴァイオリン：商人ビール氏、ヴィルケン氏、レーフェルト氏、両シュトゥディオージ氏。ヴィオラ：弁護士ブルンシュタイン氏、修士フィネリウス氏。ピアノフォルテ：総支配人レーフェルト氏、エミンガ博士、弁護士グラウエ氏。チェロ：フェンシング教師ヴィリッヒ氏、博士号取得候補者フィッシャー（兄）氏。コントラバス：フーベ氏。フルート：オットー教授、登記官ディットメア氏、秘書官レーフェルト氏、弁護士オーデンブレヒト（弟）氏[14]。

これとは対照的に、〔ヘッセンの〕オッフェンバッハではディレッタントによるコンサートが起源となって、演奏会活動の職業専門化が進行したのであった。当地では、芸術愛好家であり、またみずからヴァイオリンの超絶技巧を身につけていた嗅ぎ煙草製造業者、ペーター・ベルナルトがふたつのアマチュア・オーケストラを立ち上げ、両者はマイン河畔にあったベルナルト邸にて定期的に演奏会を開いていた。このオーケストラのために作曲した音楽家は、オッフェンバッハの音楽出版社、ヨハン・アンドレの係累、アントン・アンドレにほかならなかった。その演奏はきわめて高いレベルに到達し、近くに位置するフランクフルトからも客演を要請されるほどであった。さらに、一七九五年には、独自の音楽監督として、著名なヴァイオリニスト、フェルディナント・フレンツルを迎えている[15]。

コンサートが、経費を生み出すコスト・ファクターであったことはいうまでもない。会場の使用費のほか、楽譜、臨時出演の演奏家の招へいなどにも費用を要したからである。したがって、コンサートはふつう、新聞紙上で〔入場の〕予約を募るのが慣例となっていた。音楽愛好家たちは音楽協会やコンサート興行師のもとで、一シーズン（たいていは冬のシーズン）ごとに定期演奏会を予約注文したのであった。定期会員の予約料金は四から一二ターラーであったが、この価格は、いわゆる「シャポー」、すなわち、会員本人のほか、無料で同伴できる一、二名の女性の入場料を含んでいた。料金には都市によっても大きな格差があり、オルデンブルクやロストックの四ターラーがもっとも安い価格帯を示したのにたいし、ハレの楽友協会は八ターラー、ライプツィヒやベルリンでは一二ターラーを請求した。こうして、たとえばライプツィヒのゲヴァントハウス・オーケストラは、二〇〇人以上の定期会員に加えて、一回券を販売することで、手堅い財政的基盤を確保していた。それどころか、すでに初年度の一七八一から八二年のシーズンにおいてすでに余剰金が生じるほどの利益が上がり、これによって、さらなる演奏会活動を展開するための充分な余裕が生まれたのであった。一方、五〇人から六〇人の定期会員でやり繰りしたオルデンブルクやロストックのオーケストラにとっては、音楽活動の可能性は相応にかぎられたものにならざるをえなかった[16]。

ただし、ライプツィヒですら、当時の人口が五万人に達していたことを考慮するなら、たとえ定期会員ひとりにつき三人の聴衆として計算したにしても、コンサート入場者はごくわずかの住民層にかぎられていたことがわかる。もちろん、入場料金が人びとにとって大きなハードルとなっていたとも考えられるだろう。だが、他方、読書クラブの年会費がほぼ三から一二ターラーと、ほぼ同じ価格帯であった事実と比較していえるのは、ライプツィヒの都市社会で、必要最低限の生活費であった一〇〇から一五〇ターラーを確保したうえでなお、コンサートの定期会員となるだけの経済的余裕をもつ住民の数が、けっして二〇〇人にはとどまらなかっただろうということである。すなわち、経済的・物質的要素の影響力はたしかに否定できないが、しかし、これらは必ずしも決定的要因として作用していたわけではないのである。たとえば、多くの都市において、演奏会の定期会員となることは、排他的なステイタスを意味し、また、それを守る手段とみなされていたのである。他所から来た人びとは、多くの場合、あくまで会員である知人・友人の同伴が求められ、容易に一回券を手に入れられるとはかぎらなかった。つまり、イギリスとは異なり、ドイツではいまだに音楽市場が完全に定着していなかったのである。ヨハン・クリスティアン・バッハやカール・フリードリヒ・アベルのようなタイプの、決定的な影響力をもった音楽興行主が他にはほとんど現われなかったことも、こうした背景に照らして理解すべき現象といえるだろう。(17) そのうえ、音楽にたいする需要は、大都市においてすら、「作曲家とソリスト」による市場を意識した膨大な作品と演奏によってほぼ飽和状態にあった。演奏会の営みは、いうまでもなく、音楽以外に新たに生み出された諸文化が提供するさまざまな娯楽と競合関係にあっただけに、その困難はなおさらであった。こうした状況をありありと伝えるのは、当時、北部ドイツの文化的中心地であったハンブルクで発行された、クラーマーによる雑誌の記事である。

……ヴィルトゥオーゾはみな、人びとが彼らを手放しで歓迎し、彼らのためにすぐさま、演奏会のほか、さらにすばらしい催しを企画してくれるだろうと期待して、ハンブルクにやってくる。この地の聴衆が、金と贈物を準備して待ち構えており、自分が必ず、この上ない喝采と夥しい報酬を手にしてふたたび帰路につけるものと、本気で信じ込んでいるのである。さまざまなことを吹聴する新聞記事にも、彼らは同様のことを期待するが、しかし、こうした期待はみごとに裏切られることになるのだ！　当地には音楽の後援者などひとりとして存在せず、芸術のパトロンなど、皆無といっていい。音楽愛好者には事欠かないが、彼らはけっして、都市の富裕層に属する人びとではない。商人は多忙を極めていて、飢餓に瀕した芸術家を支援・育成するどころではないし、知識人たちはたいてい、彼ら自身の芸術や技能から特権を得て暮している。ご婦人たちはたしかになかなか上手に歌い、優美に楽器を演奏するが（なかにはきわめて高いレベルに達するケースもある）、そこからさらに芸術支援者への一歩を踏み出すようなことはなく、たとえそう望んだところで、実際には不可能な場合が多いのだ。当地で行なわれるコンサートは公開の催しではなく、ましてや、ベルリン、ライプツィヒ、あるいはウィーンのように意義ある演奏会など、とても考えられない。定期予約による演奏会の運営も困難で、定期会員数はつねに不足しており、月並み程度の歌手と契約するための費用ですら確保できないのである。かつてこの地で開催された、もっともすぐれた、そして、もっとも多くの聴衆を集めたコンサートは、大バッハが、またその後、M・エベリング氏が商業アカデミーで行なった演奏会であった。しかし、アカデミーはその後、徒弟たちにたいして週に一度、数時間だけ、洗練された社交と音楽の楽しみを提供することを、組織にとってむしろ有害であると考えて、このコンサートを廃止してしまったのだ。バッハは引退し、その後、もうすでに長いこと、演奏会場で演奏していない。そのうえ、いわゆる社交界に属する人びとは、夏は庭園で過ごし、冬になるとクラブや集会、富籤、軽食会、舞踏会、ご馳走にあふれた食事会などに夢中になっていて、コンサートのためにほんの少しの時間を捻出することすらきわめて困難なありさまなのである。もちろん、日曜日を音楽の営みにあてることは、正当な宗教的慣行に反するがゆえに、論外である。また、週のうち三、四日は郵便の発送日で、この日には、商人はもちろん、商家の従業員、見習などはみな、とてもコンサートに出かける時間的余裕などないだろう。その他の日には芝居があるので、かろうじて土曜日だけが残ることになるが、土曜日は人びとにとっておおむね、ご馳走の食べ過ぎ、賭事で生じた損失、そして仕事の疲労から回復し、新たな〔週の〕活動に向けて英気を養うための時間となっている。このような状況のなかで、哀れな音楽にとってなお、大いなる希望がもてるというのだろうか?[18]

当時ちょうど、近代的な意味での余暇を確立しようとしていたハンブルクの人びとは、家庭での私的な楽しみと、コーヒーハウス、クラブ、あるいは大規模な社交の集いを舞台とする娯楽、そして劇場やコンサートでの文化消費の営みとのあいだを、優柔不断に行ったり来たりしていたのだった。

一七九一年のブレーメンでもまた、劇場での演劇公演と各種のコンサートは競合関係にあり、以下にみるように、文化活動に熱意を抱く人びとにとって、夕方から夜にかけての時間が自由になるのは、木曜日にかぎられていた。

月曜日　アドルフ・フォン・クニッゲ男爵（ハノーファー行政官長）の社交の集いでの演劇公演
火曜日　ヘッセ（商店見習）による愛好家コンサート、於大聖堂学校
水曜日　シュッテ博士（弁護士）のプライベート・コンサート、あるいは週替わりでミュラー博士（私立学校リツェーウム創設者かつその教員）による公開練習および家族コンサート
木曜日　――
金曜日　株式取引所ホールでの冬季公開コンサート
土曜日　週替わりで、クニッゲ男爵とイーケン博士（秘書官）の家庭演奏会、もしくは、音楽的（声楽の）才能に恵まれた「御婦人方[19]」による、いわゆる「対抗者コンサート《インズルゲンテン・コンツェルト》」
日曜日　礼拝にともなう教会音楽

ベルリンでもまた、状況に大きな変化はなかった。ここでは常時、三カ所のホールにて、定期的に公開コンサートが開催されていた。すなわち、王室宮廷楽団のメンバー、ゲオルク・ルートヴィヒ・バッハマン、同じくフリードリヒ・エルンスト・ベンダがそれぞれ主宰した音楽会のほか、一七八七年以降は、音楽出版業者で文筆家でもあったカール・フリードリヒ・レルシュタプもまた、ホテル・パリを舞台に、「識者と愛好家のためのコンサート」を手がけたのであった。これに加えて、ツアー中のヴィルトゥオーゾたちがしじゅう演奏会を開き、また、四旬節には、毎週火曜日にライヒャルトによる「コンセール・スピリチュエル」が行なわれた。そして、いずれのコンサートにおいても、プロの音楽家とディレッタントとが、ともに演奏したのだった。これら素人演奏家たちは、すでに早い時期から、

仲間たちと一緒に合奏練習を行なう目的で、音楽演奏協会を立ち上げていた。その後、この団体にならって、もっぱら音楽を聴くことを好む人びとが、音楽鑑賞協会を設立したのだった[20]。

他方、ベルリンの状況とは対照的に、ウィーンの音楽生活は、その舞台をまず何よりも私的なサロン、すなわち、さまざまな位階の貴族のほか、富裕な商人、高級官僚らが自邸で催す、いわゆる夜の集いに置いていた。サロンの主催者たちはここで、演奏家や作曲家との交流をはぐくんだのであった。

当地において、音楽芸術は日々、奇跡的な力を発揮している。このような驚異を引き起こしうるものは、ほかには愛の力しか考えられないだろう。音楽は、身分のちがいを帳消しにしてしまう。貴族と市民が、殿様とその家来が、また顕官と下僚とが譜面台の前にともに座して、楽音の調和の妙のうちに、互いの身分の不調和をすっかり忘却してしまうのだ。演奏家にたいしてはどの邸宅もその門戸を開いて迎え入れ、また、人びとは彼らの活動のためにみずからの財布の中身を惜しむことなく提供する。少しでも名の知れた作曲家であれば、どこへ行こうと、彼自身が想像しうる最大限の優遇をもって歓待されるのだ。多くの音楽家諸氏の事例が、こうしたことを充分に裏書しているだろう[21]。

一方、ウィーンにおける文化生活の中心はあくまで演劇とオペラが占めていたので、本来、公開コンサートが人びとの関心を惹く余地はそれほど多くは残されていなかった。コンサートは、概して、劇場が公演を行なわない夏季や四旬節を中心に開催されるのがつねであった。その当時、モーツァルトやゲオルク・フリードリヒ・リヒターらの音楽家は、たとえばピアノ協奏曲のような作品を演奏するために、メール・グルーベにあった舞踏場を賃借りしていた。コンサート興行師、フィリップ・ヤーコプ・マルティンが最初の公開演奏会を開催したのも、やはりこのメール・グルーベであった。しかし、マルティンはやがて、みずからのコンサートの舞台を、皇帝ヨーゼフ二世が市民に開放した大規模な娯楽庭園、アウガルテンへと移したのであった。アウガルテンでは一七八二年以降、演劇のオフシーズンごとに定期コンサートが開催されるようになるが、しかし、マルティン、そしてのちにその興行業を引き継いだイグナツ・シュパンツィヒにとって、毎回、企画したコンサートに見合うだけの充分な予約聴衆を確保することは、困難な課題であった(22)。

ここでは音楽市場の飽和状態に関して論じたが、他方、地方によっては、演奏会活動が、あくまでその排他性と社会的ステイタスとしての性格を維持し続けたところもあった。したがって、すでに一八一〇年代に、コンサートに充分な数の聴衆が集まらないという嘆きの声がみられるようになったことは、ある意味、自明であろう。こうした見解は、一見すると、一九世紀初頭にも変わることなく続いていた音楽出版の好況とは、不自然に相反するように見えるかもしれない。だが、後者に関していえば、おそらく、音楽消費の場がむしろ私的な領域に引き移ったことのひとつの表われとして理解すべき現象であろう。この問題については、以下において詳しくみていきたい。

楽譜と音楽出版

音楽出版活動の大部分は、いうまでもなく、楽譜の出版によって成り立っていた。作曲家も出版社も、これを通じてこそ、当時その数を増やしていた音楽愛好家や、音楽の知識に精通した人びとと接点をもちえたのであった。一八世紀後半には、こうして出版される楽曲が膨大な数にのぼり、受け手にとって全体を把握することがきわめて困難になったため、楽譜を広範に紹介する批評や広告が非常に盛んになった。専門の音楽雑誌が市場に登場する以前には、まず、教養雑誌が、こうした論評にとっての場を提供した。また、世紀の末葉には、モード雑誌やインテリゲンツ・ブラットが、音楽に関心をもつ読者にたいして、音楽界のニュースや楽譜の新譜についての知識と情報を与えていた。

このような雑誌と同様、楽譜の出版においてもまた、前払い制度と予約注文が、非常に重要な役割を果たしたのであった。

出版業および書籍取引業と同様、音楽出版の領域でもまた、ライプツィヒが神聖ローマ帝国における第一の中心地となっていた。なかでも、一七三〇年代、バッハによるほぼすべての世俗カンタータの歌詞を印刷した印刷出版業者、クリストフ・ブライトコプフは、活版印刷技術を著しく改良することにより、楽譜の大量生産を可能にしていた。また、その息子、ヨハン・ゴットロープ・イマヌエルは、一七六一年にゲルラッハの音楽関係書コレクションを獲得し、一七六二年以降は、音楽市場における最新の商品を概観するための音楽カタログを定期的に発行するようになった。

その後、ゴットフリート・クリストフ・ヘルテルが共同経営者として加わったこと、そしてリトグラフ技術が楽譜印刷に応用されたことにより、ブライトコプフ社の生産性はさらに上昇した。それに加えて、世紀末葉には、『一般音楽新聞』の編纂および、著名な作曲家の作品全集が手がけられたのであった。また、一八世紀後半には、そのほかに多くの音楽出版社が相ついで設立された。マインツのショット社（一七七〇年）、ボンのジムロック社（一七九三年）、オッフェンバッハのアンドレ社（一七七四年）、マンハイムのゲッツ社（一七七三年）、シュパイヤーのボスラー社（一七八〇年）、ハイルブロンのアモン社（一七九一年）、チューリヒのネーゲリ社（一七九四年）、アウグスブルクのゴムバルト社（一七九四年、それ以前は一七八九年よりバーゼルにて営業）、ミュンヘンのファルター社（一七九六年）、ブレスラウのロイッカルト社（一七八二年）、ハンブルクのギュンター&ベーメ社（一七九五年、一七九九年以降はベーメによる単独経営）、ブラウンシュヴァイクのヨハン・ペーター・シュペーア社（一七九一年）、ベルリンのフンメル社（一七七〇年）、同じくベルリンのレルシュタプ社（一七八四年）などは、その主要な例である。そのほか、是非ともふれておかなければならないのが、フランツ・アントン・ホフマイスターおよびアムブロジウス・キューネルがライプツィヒに創設した「ビュロー・ド・ムジック」の存在である。彼らは、音楽出版業者としてブライトコプフ&ヘルテル社と地位を争った一方で、通俗音楽にもその活動領域を拡大したのであった。ホフマイスターの例にならって、オラニエンブルクでは、一八〇二年、ルドルフ・ヴェルクマイスターが同じく「ビュロー・ド・ムジック」を立ち上げたが、その活動はごく短命なものに終わった[23]。

音楽出版社の商品販売は、ほぼ前払い制度によって成り立っていたといっていい。まず、新聞などの公共メディア上に作品の新譜出版の広告が掲載され、そこで前払いおよび購入予約が募られたのちにはじめて、譜面は代理業者と音楽出版業者から音楽愛好家の手に渡ったのであった。前払いの顧客は前もって支払いを済ませ、一方、購入予約をした人びとは現物を入手したあとで代金を清算したが、どちらも割引価格で商品を購入することができた。いずれにしても、通常、出版社も作曲家も、楽譜市場における個々の商品の需要を、前もってできるかぎり正確に分析しようと試みた。新作は、実験気球さながら、実に慎重に市場へと送り込まれたのであった。

音楽家や作曲家は、出版業者の代理人として、できるかぎり多くの前払い契約および予約注文を取りつけなければならなかった。彼らにたいする報酬は、無料献本ないしは百分率計算による販売手数料であったが、前者の場合、受け取った新譜を自分で売り捌くことになった。ヨハン・セバスティアン・バッハが、楽器の販売・賃貸業のほか、楽譜販売をも営んだのは、まさにこうした理由からのことであった。バッハはここで、クラヴィーア練習曲集をはじめとする自身の作品のほか、息子や弟子、仲間たちの作品と出版物をも扱っていた。たとえば、一七二九年の新聞広告は、ヨハン・ダーフィト・ハイニヒェンの『作曲における通奏低音』やヨハン・ゴットフリート・ヴァルターの『音楽辞典』などの著作が、ライプツィヒのヨハン・セバスティアン・バッハのほか、ハンブルクのヨハン・マテゾン、ダルムシュタットのクリストフ・グラウプナーらの委託販売業者のもとで入手可能だと宣伝している。そのほか、扉ページ上に、当該書が作曲家自身からだけでなく、ライプツィヒのヨハン・セバスティアン・バッハのもとでも購入できるという但し書きをほどこした作品もある[24]。

ヨハン・セバスティアンの息子、カール・フィリップ・エマヌエルは、いわば音楽のマーケティングに関して、さらに新たな一歩を踏み出そうとしていた。カール・フィリップ・エマヌエルは、一八世紀末ドイツにおいておそらくもっとも高い評価を得た人気作曲家であり、その点で、作曲の際にはつねに、みずからの作品が楽譜として出版され、売買される可能性を意識していた。たとえば、六組にわたる「精通者と愛好家のための」クラヴィーア曲集は、このことをはっきりと明示している。彼はこれらの楽譜をブライトコプフ社に依頼して印刷させたが、しかし、一七七九年から一七八七年にかけて、商品として市場に送り込む作業を、あくまで自身が営む出版社を通じて行なったのであった。音楽出版の営業において、彼は、専門家と素人の愛好家とを、ひとしくターゲットとみなしていた。だからこそ、純粋なソナタからなるクラヴィーア曲集第一巻に続いて、第二巻、第三巻では、ソナタのほか、素人愛好家が関心をもつようなロンドをとりあげたのである。

この作品の前払い予約件数をみると、初回の五一九件というきわめて好調な数字が（これに関しては、バッハ自身が、「わたしのソナタはまるで焼きたてのパンのような売れ行きです」という言葉を残している）、一年後には三三〇件にまで落ち込んでいることがわかる。その理由としては、ロンドが入ったことにより、専門家は作品集にたいする関心を失い、一方、素人愛好家はこれらの商品を予約なしで購入したことが考えられる。専門家層の客離れに対処すべく、バッハは第四巻のために自由な幻想曲を二曲作曲した。これによって、収録作品数は七曲に増え、予約件数も三八八件まで回復した。だが、ソナタ、ロンド、幻想曲をまとめ合わせた第五巻、第六巻において、バッハはふたたび専門家の好みに充分応えることができず、結局、予約件数はおおよそ三〇〇件前後を推移することになった。[25] しかし、それでもなお、三〇〇件の予約購入は、作曲家に利益をもたらすには充分な数値であった。

一八世紀末から一九世紀初頭には、音楽出版業者はみな、市場調査に熱心に取り組むようになった。彼らはしだいに、愛好家たちの要望にできるだけ応じようと努力を始めたのである。出版社は音楽愛好家とのあいだに直接の接点を保持した一方で、見本市などでは、取引相手の指示にたいしても充分に配慮した。とりわけ、出版社にたいして直接寄せられた音楽愛好家の要望は、当時の音楽趣味のありさまを具体的に再現するための重要な糸口を提供してくれる。たとえば、一八一〇年、ザンガーハウゼンのカントーア、ヴェーバーは、ライプツィヒの「ビュロー・ド・ムジック」に宛てて、つぎのように書き送っている。

わたしは自分の娯楽として、ギターの譜面に非常な価値を置いております。また、〔純粋な〕歌曲よりはむしろ、とくに歌をともなう作品を含めたピアノ曲や、たとえばヴァイオリン、ヴィオラ、チェロをはじめとする弦楽曲、フルート曲などに関心をもってるので、こうした要望からみて、これまでブライト〔コプフ〕&ヘルテル社の商品にはあまり満足ができませんでした。それゆえ、ここに貴社にたいして、……わたしが自分の好きな曲を選ぶことができるよう、この種の楽曲の譜面をときおりお送りいただくご厚意をお願いできないか、お尋ねするしだいであります。(26)

ライプツィヒの「ビュロー」は、ドイツ全土の職業音楽家および取引相手に、つねに最新の情報を伝えるように求めていた。たとえば、レーゲンスブルクの作曲家、ヨハン・フランツ・クサーヴァー・シュテルケルにたいしては、「貴殿の作品がもっとも広く受け入れられ、またもっとも良く売れる地域および、そのルートについて知らせてほしい」と依頼している。(27) 各地の情報提供者との一連のやり取りのうちでも、「ビュロー」の在ウィーン簿記係であったカスパー・ヨーゼフ・エベアルがライプツィヒに宛てて送った、地元ウィーンでの音楽の好みについての報告は、とりわけ重要であろう。エベアルによれば、「ハイドン、モーツァルト、ホフマイスター、クロイツェル、フレンツル、ギロヴェッツらによる、伴奏の有無を問わないピアノ曲、またヴァイオリン、フルート、ギター、その他さまざまな器楽曲……(28)」が好まれていた。前述の例でもみたように、当時、ギターはまさに、最新流行の楽器となりつつあったのである。音楽におけるギターの役割は、ベルトゥーフの『贅沢とモードの雑誌』でもまた、議論の主題となっていた。(29)

作品の売れ行きを左右したのは、何よりも作曲家の評判と名声であったが、これらの評価もまた、今日の基準からはまったくかけ離れたものであったといえるだろう。すなわち、レオンハルト・フォン・カルのセレナード、ヨーゼフ・ゲリネクのピアノ変奏曲、コツェルッフやプレイエルのピアノ曲は、多くの音楽愛好家、とりわけ女性たちのあいだで、たとえばベートーヴェンの同種の作品などはおよびもつかないほどの莫大な人気を博していたのであった[30]。また、音楽の趣味は、地域によっても大きな相違があった。このことについては、レーゲンスブルクの作曲家シュテルケルもまた、「ドイツ南部の人びとのあいだで評判を得た作品すべてが……、ドイツ北部でも同じように成功をおさめうるとはかぎらない」と認めている[31]。現実に、北ドイツの愛好家はつねに、「南部ドイツにおけるでたらめな楽器演奏」にたいしてどこかしら反感を抱くような側面をもっていた。しかし、彼らも結局、ドイツ南部の音楽趣味が著しく普及するプロセスに、歯止めをかけることはできなかった。

当時の音楽出版社の商品をもとにしたアクセル・ベーアの研究によれば、一八〇〇年前後のドイツにおける人気作曲家の順位は、以下のように再現しうるという。

一．ヴォルフガング・アマデウス・モーツァルト
二．ルートヴィヒ・ファン・ベートーヴェン
三．ヨーゼフ・ハイドン
四．ダニエル・ゴットリープ・シュタイベルト
五．イグナツ・プレイエル
六．フランツ・クロムマー
七．レオンハルト・フォン・カル
八．フランツ・アントン・ホフマイスター
九．アダルベルト・ギロヴェッツ

一〇　ヨハン・バプティスト・ヴァンハル[32]

しかし、遅くとも一九世紀の後半には、人びとの好みはふたたび大きく変化した。当時すでに『文学、芸術、贅沢とモードの雑誌』と改称していたベルトゥーフの雑誌は、一八二三年、「ライプツィヒの音楽雑誌が、すでにもう何年ものあいだ、ベートーヴェンの作品に関して、その批評はおろか、広告の掲載ですらなおざりにするようになった[33]」ことを、諦めを込めて確言せざるをえなかった。他方、ウィーンの出版業者、アルタリアが残した一八二四年の通信文は、当地に現われた新たなトレンドについて指摘している。「シュポーア、ヴェーバー、オンスロウ、リース、フィールド、そしてベートーベンですら、その人気にしだいに翳りが見えはじめた。それに代って、ロッシーニ、フンメル、マイゼーダー、モシェレス、C・チェルニーらが、ウィーンでいまをときめく花形作曲家の座を占めつつあるのだ[34]」。そして「音楽愛好家にたいしてつねにより多くの商品を提供するためには[35]」、出版業者はこの事実を是非とも考慮にいれる必要があった。

楽曲のジャンルや楽器との関連づけにおいて当時の出版商品を再構築する場合、われわれはつねに、地域によって人びとの趣味の傾向に大きな差異があったことを、議論の前提としなければならない。たとえば、アンドレ社やブライトコプフ&ヘルテル社が交響曲や器楽曲の譜面をまさしく音楽愛好家のコンサートおよび予約演奏会のために出版したのにたいして、南部ドイツおよびオーストリアでは、諸侯の宮廷楽団は、そのレパートリーとなるオーケストラ曲をみずから手がけたのであった。それでもやはり、一九世紀になると、出版カタログにおける交響曲の著しい後退は、需要の減少にともなって、無視できない現象となっていた。他方、室内楽は、一九世紀初頭までは何とかもち堪えていたが、やがて、ピアノ曲が圧倒的優勢を占めるようになるにつれ、徐々に駆逐されていった。しかし、こうした需要の形態にもまた、明らかな地域差がみられたのである。たとえば、一八〇一年から一八一〇年までの時期、ライプツィヒの音楽出版社が発行した楽譜のなかにピアノ曲が占めた割合は、およそ四〇パーセントに達したが、しかし、他地域のアンドレ社、ショット社、ジムロック社では、いまだ二五パーセント以下にとどまっていた。また、ピアノ曲のなかでも、趣味の変化が進行しつつあった。ピアノソナタはしだいに人気を失い、代って舞曲、幻想曲、ロンド、メドレー曲が好まれるようになったのである。一方、声楽曲の割合は、一〇パーセント（アンドレ社）から四〇パーセント（ゲッツ社）のあいだを上下し、なかでもとりわけ歌曲《リート》および歌曲集が好評を博した。それにたいして、かつてアンドレ社、ブライトコプフ&ヘルテル社、「ビュロー・ド・ムジック」、あるいはジムロック社がさかんに編纂し、少なくとも専門家層による作曲家の受容においてきわめて重要な役割を果たしてきた全集ものは、この時代になると、その出版を完全に打ち切られていた。一九世紀において古い作曲家の姿がまだ見受けられるとすれば、それは主として、（人気オペラをもとにした）ピアノ・メドレーをはじめとする編曲作品、あるいはいうまでもなくオペラ劇場の舞台や、オラトリオ公演においてであった(36)。

音楽雑誌

さまざまな雑誌における音楽の受容もまた、当時の公衆が本質的な変化をとげつつあった事実を反映しているといえるだろう。『批判的音楽家』をはじめ、ときおり散発的に現われた音楽専門雑誌を除けば、音楽は、本来、インテリゲンツ・ブラット、あるいは政治的雑誌においてのみ、主題として論じられていた。例をあげれば、『一般ドイツ図書年鑑』、『ドイツのメルクーア』、『アルトナの教養あるメルクリウス』、『ゲッティンゲン広告紙』、また、フランクフルト、イエナ、ライプツィヒ、キールなどの『知識人新聞』、あるいは『ベルリン通信』、『ベルリン特許新聞』、『ハンブルク通信』、また『新ハンブルク新聞』などの定期刊行物が、音楽をその関心領域にとらえていたのであった。さらに、一七八〇年代になると、多くは短命に終わったものの、さまざまな音楽専門誌が創刊されるようになる。

『音楽芸術雑誌』、『音楽雑誌』、『音楽年鑑』、『音楽双書』などに続いて、最初の本格的専門雑誌、『一般音楽新聞』が登場したのは、一七八九年のことであった。同じく一七八〇年代には、前述の『贅沢とモードの雑誌』をはじめ、多くのモード雑誌が音楽演奏に関する報告記事や、音楽関係の新刊、新譜についての広告を掲載するようになる。こうした広告は、この時期に著しい創刊ブームをみたインテリゲンツ・ブラットの誌上にもまた、大々的に掲載されていた。

まず知識人むけ雑誌や政治的雑誌についていうなら、ここで目につくのは、雑誌の発行・生産全般と共通する傾向である。すなわち、音楽評論もまた、はじめは北部および中部ドイツの雑誌にかぎって掲載されたのであった。一方、マリー・スー・モローがまとめた一八世紀後半ドイツの音楽批評に関する研究によれば、新たに創刊された音楽雑誌を年代順に追っていくと、一七六〇年代には一四五件、一七七〇年代には三三一件、一七八〇年代には五〇一件の音楽評論が公表されたことがわかるという。さらに、一七九〇年から一七九八年までの期間には、三八七件の音楽評が確認されている。他方、そのジャンルに目を移すと、ピアノをはじめ、鍵盤楽器のソロ・ソナタを扱う記事の数が、その他の楽器によるピアノ伴奏つきのソナタ、および協奏曲を大きく引き離してトップを占めたのにたいして、交響曲や弦楽四重奏曲が議論の対象となることは、きわめてまれであった。われわれは今日、まさしく弦楽四重奏曲と交響曲こそ、一八世紀末葉を代表する音楽形式であると考えがちだが、同時代の人びとは明らかに、まったく異なる地平に立って音楽と接していたようである(37)。

これらの評論は、音楽愛好家のうちでも、読者ターゲットとなる人びと、および彼らの音楽活動にむけて発信されたものであり、また、論評される出版物についても一定の基準を示していた。こうした評論の内容に目をとおすなら、それぞれが特定の主題に力点を置いていることに気づかされるだろう。なかには、さまざまな民族の音楽形式をとりあげ、それぞれの特徴を的確に描き出すことを通じて、ドイツ独自の音楽的アイデンティティを浮き彫りにしようと試みる議論もみられた。ドイツ音楽は当時、フランス音楽、イタリア音楽の諸要素を採り入れ、消化しつつ、ごくゆっくりと、両者が示す様式上の規範からみずからを解放し、自立しようとしていたのだった。その独立のプロセスは、多くの評論家の眼からみて、あまりにも緩慢に過ぎた。一八世紀なかば、イタリア発の器楽曲およびオペラの人気と普及度がその頂点に達しようとしていたとき、バルダッサーレ・ガルッピによる交響曲のピアノ版を論じた批評家は、つぎのように問いかけている。「ブライトコプフ氏はいったいなぜ、誠実かつ有能なドイツ人作曲家による同種の作品をわれわれの手に送り届けずに、浅薄なイタリア人の失敗作ばかりを押し売りしようとするのか[38]」。これとは対照的に、一七七三年の『ハンブルク通信』は、フリードリヒ・ライヒャルトを評した記事のなかで、〔ドイツ音楽は〕旋律的な領域においていまだに学ぶべきことが多くあるという現実を指摘した。「……歌がなければ、そもそもあらゆる音楽は無意味なものと化すのだが、彼の作品には、しばしばこれが欠けているのである。……〔ライヒャルトがイタリアに赴いて、〕音楽に歌を与える術をイタリア人から学び取るならば、その旅は作曲家と彼の作品にとって、きわめて有益なものとなるだろう[39]」。

他方、多くの評論家から全面的な支持を得たのは、ルイージ・ボッケリーニただひとりであった。「……これほどまじめで高貴な着想を豊富に抱き、そしてそれらを曲のなかに巧妙なまでに生かすことのできるイタリア人には、そうそう多くお目にかかれるものではない[40]」。この称賛の言葉の行間からも読み取れるとおり、少なくとも批評家たちのあいだでは、まさしくイタリア人作曲家から距離を置く態度を通じてこそ、ドイツ独自の音楽的アイデンティティが形成されえたのだった。ドイツのアイデンティティとは、最初はまず、ドイツ音楽はイタリア音楽とは違ったものなのだと言明するところから始まったといえる。たとえば、一七六七・六八年版の『週間通信』は、「著名な」（といっても今日では誰も知る人はないのだが）ヨハン・シュヴァンベルガーによる「ヴァイオリンとチェロのためのソナタ」について、つぎのような評を寄せている。

イタリア遊学を経験したいまもなお、われわれは彼のなかに、聴衆から求められるままにあらゆる音楽の衣を身

図版 18　「名作曲家の日輪《コンポニステン・ゾンネ》」，アウグスト・フリードリヒ・クリストフ・コルマンの素描にもとづく銅版画，『一般音楽新聞』1799 年 10 月号より

にまといつつも、その知識の本質をけっしてないがしろにしようとしない、まぎれもないひとりのドイツ人の姿を見いだすのである(41)。

……この曲はたしかに、とりわけ対位法とフーガの技法からみて、いまは亡き宮廷楽長グラウン氏のみごとな三重奏曲にはおよばないだろう。しかし、それでもなお、イタリア人による、多くの単純かつ中身のない三重奏曲とは比べものにならないほど優れた作品であるといっていい(42)。

イタリア音楽とドイツ音楽のあいだの、こうした一種の「対決」は、ロンドンでも同じようなかたちで起きていた。ことの起こりは、イタリア人ヴァイオリニスト、フェリーチェ・ジャルディーニが、ハイドンの成功にたいしてきわめて攻撃的な反応を示したことにあった。ジャルディーニは一七九二年、諷刺を込めて、それぞれドイツ様式とイタリア様式で作曲した、一対のトリオを発表した。すると、当時ロンドンで活動したドイツ人オルガニスト、クリストフ・コルマンがこれに対抗して、さっそく、「名作曲家の日輪《コンポニステン・ゾンネ》」なるものを作成したのである。この「日輪」は、中心にヨハン・セバスティアン・バッハの名を冠し、その三方に、ヨーゼフ・ハイドン、カール・ハインリヒ・グラウン、ゲオルク・フリードリヒ・ヘンデルを配していた。さらにその外側には二重の光線が放射状にのびていて、内側と外側の光線にはそれぞれ、同時代の著名なドイツ人作曲家の名がすべてもらすところなく、序列に従って記されたのであった（図版18）[43]。こうして、ドイツの音楽芸術遺産は、外国の音楽にたいして弁護され、擁護されることになったが、他方、ドイツ国内でもまた、音楽に関する激しい論争が展開されていた。

すなわち、北部ドイツで形成された「良き」趣味は、〔イタリアだけでなく〕南部ドイツとも明らかな一線を画していた。たとえば、一七八〇年代に入ってもなお、カール・ヨーゼフ・ビルンバッハによる「クラヴサンのためのコンセール」のような作品にたいしては、つぎのような評価が与えられたのであった。

> ライン流域、あるいはドイツ南部で成立した曲だという印象を与えるが、このことは、残念ながら、作品のあらゆる局面に充分過ぎるほどはっきりと現われている。単調な音型、あまりに平凡にすぎる転調、ありふれたアルベルティ・バス、絶えず激しく上がったり下がったりを繰り返す音階など、あらゆる小細工じみたテクニックから、誰もが彼の地に根づいた出鱈目な奏法を読み取ることになるだろう……[44]。

ウィーンの作曲家、ゲオルク・クリストフ・ヴァーゲンザイルの音楽もまた、イタリア的特徴を強く帯びていたことを理由に激しい中傷を受けたが、しかしこれは、いわば退却戦にも似た論争であった。というのも、カール・フィリップ・エマヌエル・バッハが同時代の作品を判定するための絶対的基準となるべきドイツ音楽の金字塔を打ち立てたのち、やがて北部ドイツの音楽は、レオポルト・コツェルッフ、ヨハン・バプティスト・ヴァンハルら、ウィーン派の大成功にたいして屈服せざるをえなくなったからである。こうした傾向の音楽にたいする聴衆の需要はあまりに大きく、ハンブルクでも一時、ヴァンハルまがいの作曲家が名を馳せたほどであった。それにたいして、ドイツのなかでも地方では、いまだに古くからの趣味が支配的な位置を占めていた。このころ、ポンメルン地方を旅したフルート奏者、フリードリヒ・ルートヴィヒ・デュロンは、つぎのような印象を書き残した。

……グライフスヴァルトでは、いまなお、古くからの音楽が何よりも高く評価されています。グラウン、ハッセ、バッハ一族、ベンダ一族、あるいはクヴァンツその他、この種の〔かつての〕作曲家が、いまも変わらず大人気を博しているのです。一方、当地の人びとは、ヴァンハルの交響曲をはじめ、かろうじて最後の楽章だけに幾分ロンドとの類似点を見いだしうるような新しい作品については、観賞に堪えないものだと考えているのです(45)。

このような価値観のなかには、明らかに、「ピアノを生んだ国」、ドイツの音楽的伝統にたいする高い誇りが現われているといえるだろう。評論家たちは、同時代の作曲家のうち、「英雄」カール・フィリップ・エマヌエル・バッハのほかに、ヨーゼフ・ハイドンを、音楽の殿堂を飾るべき巨匠としてかぞえたのであった。たとえば、ライヒャルトは、ハイドンの六つの交響曲（作品番号一八番）、六つの弦楽四重奏曲（作品番号一九番）を論じた評論のなかで、以下のようにコメントしている。「ハイドンとカール・フィリップ・エマヌエル・バッハのような作曲家の存在だけで、われわれドイツ人は、自分たちは独自の流儀を確立していて、わが国の器楽曲こそ、他のどの国の作品よりもはるかに注目に値するものなのだと、胸を張って主張することができるだろう(46)」。ライヒャルトはここで、音楽の専門家ならびに愛好家がよき趣味を形成していくための手がかりとして、ハイドン、そしてとりわけカール・フィリップ・エマヌエル・バッハを強く推賞したのであった。この議論の背景として、音楽鑑賞および演奏を、高級な娯楽、あるいは心地よい楽しみの手段として考える見方があったことは、いうまでもない。一七七三年、バッハのチェンバロ協奏曲を評した以下の記事もまた、同様の前提に立った言説といえよう。

簡潔にいうなら、この協奏曲は、音楽の専門家・愛好家にたいして上質で好ましい愉楽をもたらし、また、彼らの趣味を、音楽的通俗性へと堕落させることのないように正しく維持するばかりか、より洗練されたレベルへと引き上げるための、あらゆる要素をそなえているのだ[47]。

しかし、音楽の専門家と愛好家とのあいだには、依然として隔たりが存在した。多くの音楽家が、カール・フィリップ・エマヌエル・バッハにならって、「ピアノおよび歌曲の専門家、および愛好家のためのさまざまな曲」を市場にもたらしたが、彼らも結局、ふたつの異なるターゲット・グループのあいだの溝を埋めることには成功しえなかったのである。

これらの曲はたしかに、愛好家にとっては好ましいものであろうが、しかし、専門家を満足させることはけっしてできないだろう。〔C・P・E・〕バッハが『専門家と愛好家のためのソナタ』を発表して以来、後続の作曲家の多くが、これを真似て『専門家向けの』と称するタイトルを掲げてきた。だが、彼らはおそらく、バッハがこの題目を通じて、彼にしか成しとげられえない務めを表現しようとしたことなど、思いつきもしなければ、理解してもいないのである。すなわち、専門家にたいして、バッハほどの厳選された稀有な音楽作品を提供しえない他の音楽家は、本来、かつて巨匠が提示したタイトルを、鸚鵡返しに繰り返すべきではないのである[48]。

一八世紀末におけるもっとも有力な音楽評論家のひとり、ヨハン・ニコラウス・フォルケルは、自身が編纂した『音楽年鑑』のなかで、このように述べた。このような見地から、フォルケルはまた、愛好家を真の意味での精通者へと育てることを、みずからの義務と心得ていた。この目的のために、彼は、愛好家たちに、芸術作品の価値を自分自身の眼で判定し、「等級づける」能力を身につけさせることが不可欠だと考えていた。(49)

女性については、もとより専門家・精通者になることはできないと考えられていた。ただし、女性たちの希望や好みは、音楽出版および評論の世界において、「初心者」、「御婦人方」、あるいは「愛好家」というキーワードのもとに徐々に配慮され、やがて大きな意味をもつようになっていった。音楽の専門誌、一般的な内容のジャーナル類、そしてインテリゲンツ・ブラットもまた、彼女たちに未来の市場の可能性をみていたからである。

世紀の末葉になると、学問的専門誌における音楽評が目立って後退してきた。大衆的なジャンルの急成長にともなって、これらの記事は、しだいにその役割を終えようとしていたのであった。ハンス・アドルフ・エシュストゥルト男爵による『音楽双書』、あるいはカール・フリードリヒ・クラーマーの『音楽雑誌』などの刊行物は、この時期、通例、新しい楽曲を本格的な論評で取り扱うことがほとんどなくなった。新曲はしだいに、音楽年報、伝記的記事、逸話、短評などと巧みに組み合わされた、ごく短い広告記事によって、音楽消費者に向けて紹介されるようになった。(50)『一般音楽新聞』もまた、一七九八年以降は、類似のスタンスを取っている。すなわち、専門家向けに詳しい評論を掲載する一方で、愛好家にたいしては、ごく簡略な注記を提供したのである。

他方、一七八〇年代には、『贅沢とモードの雑誌』をはじめとするモード雑誌が、音楽愛好家の関心を集めつつあった。当時の誌面には、「音楽における流行、ドイツ各地における最新の人気曲目」、あるいは、「主要な演奏会での最新の人気曲、とりわけ御婦人方およびピアノ愛好家の趣味を顧慮して(51)」等々のタイトルを掲げた記事が目立っている。これらの一般的な記事のほかに、同誌は定期的に、ドイツ語による舞台公演についての報告を掲載していた。ハンブルク、マンハイム、カッセル、ツヴァイブリュッケン、ベルリン、シュヴェリーン、ドレスデン、そしてウィーンやパリの特派員から続々と報告が寄せられた。その話題の中心は、当初は何よりも芝居とオペラであったが、一七九〇年代になると、徐々にコンサート関係の記事も増えてくる。たとえば、カッセルと、その後はワイマールおよびライプツィヒでも開催されたピクシス兄弟のピアノコンサート、前述のフルート奏者、フリードリヒ・ルートヴィヒ・デュロン、ウィーンの宮廷楽長、ヨーゼフ・ヴェルフルのライプツィヒでのコンサートなどに関する演奏会評が、誌面を飾ったのであった。ライプツィヒのゲヴァントハウスでのコンサートがつねに話題の先頭にあったことはいうまでもないが、その一方で、ヴュルツブルクやオルデンブルクの冬季シーズンについての報告記が示すように[52]、ドイツ各地での音楽活動も、つねに視野に入っていた。なかでも、『贅沢とモードの雑誌』を定期購読した読者たちがもっとも熱烈な関心を寄せたのは、そのころ一世を風靡した人気歌手、ゲルトルード・エリーザベト・マラに関する記事であった。たとえば、一八〇三年、ワイマール、ドレスデン、バート・ラウホシュテットの劇場への出演は詳しく報じられ、大きな注目を集めた。同年、プロイセン東部で行なわれたマラのコンサート・ツアーについては、このほか、ライプツィヒの『社交界新聞』も報道している[53]。

また、『贅沢とモードの雑誌』が一七九五年にはじめて掲載した、以下のような「新刊楽譜」の情報は、広い読者層にとって、少なくとも他の音楽記事と同程度に重要な意味をもつものだった。ここで紹介された新譜は、同誌の出版社を通じて直接注文することができ、さらに大きなメリットとして、定期購読者にたいしては、本誌の配達と同時に、ライプツィヒ、フランクフルト・アム・マイン、あるいはニュルンベルクへと、送料無料で届けられたのである。

（一）鍵盤楽器およびフォルテピアノ用楽曲

―ビーラー、鍵盤楽器、オーボエ、コントラバスのための変奏曲、作品Ⅳ、オッフェンバッハ、アンドレ社、三フローリン

―ホフマン、『魔笛』より、行進曲と変奏、作品Ⅱ、同社、三〇フローリン

―C・H・クンツェ、鍵盤楽器のため六曲のアングレーズ、六曲のアルマンド、第四冊、ハイルブロン、アモン社、三〇クローネン

―ベチュヴァジョフスキー、ロンドによる合奏曲、作品Ⅱ、オッフェンバッハ、アンドレ社、二フローリン

―フェルスター、鍵盤楽器、ヴァイオリン、ヴィオラ、コントラバスのための四重奏曲、作品Ⅷ、第一巻、同社、一フローリン四五クロイツァー

……

―B〔＝バロン〕・ド・ダルベルク、四手のためのソナタ、ハ長調、同社、一フローリン三〇クロイツァー

―クーン、小品、作品Ⅷ、同社、一フローリン三〇クロイツァー

―キルマイヤー、アリア集、マンハイム、ゲッツ社、各二〇クロイツァー：第七集〔『魔笛』より、〕「おいらは鳥刺し」、第八集『ドン・ジョヴァンニ』より、メヌエット、第九集〔『魔笛』より、〕「美しい小鳩よ」、第一〇集〔『魔笛』より、〕「愛を感じる殿方たちには」、第一一集〔『魔笛』より、〕「ふたたびようこそ」、第一二集『フィガロの結婚』より、「もう飛ぶまいぞこの蝶々」、その他

（二）ヴァイオリン曲

―ヴラニツキー、二挺のヴァイオリン、ヴィオラ、コントラバスのための四つの弦楽四重奏曲、作品XXX、オッフェンバッハ、アンドレ社、六フローリン

―ギロヴェッツ、三つの弦楽四重奏曲、作品XIX、同社、二フローリン四五〔クローネ〕

―ルケージ、二挺のヴァイオリンのための四つの二重奏曲、アウグスブルク、ゴムバルト社、三フローリン三〇クローネ

―ディストラー、ヴァイオリン、ヴィオラ、コントラバスのための四つの四重奏曲、作品Ⅱ、同社、五フローリン三〇クローネ

……

（四）フルート曲

―モンツァーニ、二本のフルートとコントラバスのための三重奏曲、アウグスブルク、ゴムバルト社
―ディッタース、二本のフルートとコントラバスのための『ヒエロニムス・クニッカー』、エーレンフリート編曲、マインツ、ショット社、三フローリン
……
（六）交響曲
―P・ヴィンター、二長調交響曲、第一巻、オッフェンバッハ、アンドレ社、二フローリン

興味深いことに、ベルトゥーフはこの広告を、報告記事や、またときには音楽評と組み合わせて掲載している。こうしたことからも、この種の情報にたいする商業的関心の大きさが明らかに読み取れるだろう[54]。

他方、インテリゲンツ・ブラットは、これらモード雑誌とは別の道を歩んでいた。短い情報記事を掲載したほか、これらのメディアは、地域によって多少の差はあれ、おおむね、売買のための広告媒体として機能したのであった。近年、『アウグスブルク・インテリゲンツ・ツェッテル』を音楽および音楽市場の視点から分析したヨーゼフ・マンチャルは、主としてつぎのふたつ情報領域に着目している。まず、楽譜および楽器に関する広告、そして、「当地に到着、あるいは通過する旅行者についての覚え書き」である。後者はとくに、音楽家との個人的な、あるいは仕事上のコンタクトを容易にすることを意図して掲載されたものであり、当時の音楽家たちの職業的可動性、あるいは、彼らが仕事の依頼を受けてより盛んに旅行するようになった事実を裏づける証左にほかならない[55]。その報告によれば、一七四七年から一七九九年までの期間に、有名・無名を問わず、歌手、演奏家、ヴィルトゥオーゾ、コンサートマスター、宮廷楽長、音楽監督、オーケストラやオペラ座、劇場の総監督、作曲家など、総数にして七六〇人の音楽関係者がアウグスブルクを訪れたという[56]。

ベルリン、ドレスデン、アイヒシュテット、マンハイム、ミュンヘン、エッティンゲン＝ヴァラーシュタイン、レ

ーゲンスブルク、ザルツブルク、シュトゥットガルト、ウィーン、コペンハーゲン、サンクトペテルブルク。ここに登場する宮廷楽長の勤務地だけをみても、アウグスブルクの市民たちがインテリゲンツ・ブラットを通じて直接的・間接的に関与しえた芸術的伝達の営みの、その地理的範囲の幅広さが充分にうかがい知れるだろう。他方、広告欄の中心を占めたのは、主として楽譜出版であったが、アウグスブルク市専属のトランペット奏者であり、演奏会興行をも手がけたゴットフリート・ヴァレンティンをはじめ、コンサートの宣伝もまた、多々見られた[57]。

当時の愛好家たちには、音楽関係の広告の夥しい氾濫から身を守る余地はもはや残されてはいなかったようだ。一八世紀においては、たしかに、現代と同じレベルで「音楽漬けになる」ような現象はまだみられなかったとはいえ、少なくともジャーナリズムの世界においては、彼らは絶えず音楽と向き合わされることになったのだった。かつてのように、音楽が、宮廷祝祭をはじめ、特定の機会と場のために作曲され、演奏されるケースは、この時期、しだいに少なくなっていった。それにともなって、社会と文化におけるその機能もまた、何かの機会にただ一度だけ演奏されるような、「使い捨ての音楽」(とはいえ、この種の音楽もおそらく、作曲家による転用作業を通じて、実際にはおおいに「リサイクル」されていたのだが)から、匿名の音楽市場のなかで生き延びることを求められた「再利用可能な音楽」へと変化した。作曲家は、どのオーケストラとソリストを、あるいは、どのような素人演奏家をターゲットとして自分が曲を書くのかを、もはや正確に把握することができなくなった。こうした状況変化に応じて、彼らは、一方では、公衆の趣味と流行の流れにたいして充分に配慮することが求められたが、しかし、同時に、一種のブランドとしてオリジナリティを保持することも必要だった。さらに、「新聞雑誌上において」好意的に受け止められる可能性をも期待しなければならなかった。これらすべての条件を満たしえた音楽家は、「音楽芸術における最高レベルの古典的巨匠」、カール・フィリップ・エマヌエル・バッハを除けば[58]、ほとんど存在しなかったといっていい。しかし、それでも、その他の音楽家もまた、ますますその規模を拡大し、複雑な構造をとるようになった巨大な音楽市場のなかに、何らかのかたちで生活の手段を見いだしえたのである。たとえば、現存する当時の演奏会プログラムは、ドイツ国内にまだ多数存在した宮廷楽長およびカントーアが、商業コンサートという領域に、豊富な副業活動の可能性を確保していたことを明示している。彼らの作品は、ちょうど図版18に挙げた「名作曲家の日輪」のごとく、地域的境界を越えて、ドイツ全土へと、それどころかしばしばヨーロッパ各地へと、その調べを響き渡らせたのであった。

第8章　演劇とオペラ

シラーのほか、ゲーテ、レッシングといった作家たちの名は、劇場にとって確実に不入りをもたらすことになる(1)。

俳優兼劇場支配人、フリードリヒ・ルートヴィヒ・シュミットによるこの辛辣な警句は、一八世紀から一九世紀初頭にかけて演劇が果した社会文化的役割を、きわめて印象的なかたちで浮き彫りにしている。当時の演劇は、もっとも刺激的な娯楽メディアであり、その重要性において、今日の文化でこれと対比しうるものは、ほぼ映画にかぎられるといっていいだろう。ここでいう演劇とは、もちろん、狭義における劇だけではなく、この時代にはすでに、オペラやバレエもまた、ますます多くの観衆を楽しませるようになっていた。だが、文学研究者や音楽学者は、こうした状況をしばしば見落としてきた。すなわち彼らは、劇とオペラとをそれぞれ独立した芸術のジャンルとして定義、確立することによって、これらの興行形態が長い歴史のなかで相互に形成してきた密接な関連性を、ばらばらに引き裂いているのである。演劇文化全体を概観しようとする本章では、このような問題性を視野に置きつつも、あくまで、オペラや音楽劇、バレエではなく、台詞を中心とする劇、芝居に議論の焦点を据えてみたい。

演劇史研究におけるいまひとつの固定概念は、目的論的解釈の視点、すなわち、演劇の歴史そのものを、旅回りの移動劇団から本格的な宮廷劇場・国民劇場へ、また、単純な娯楽の手段から人類の教育的課題へといたる、きわめて直線的な進歩の過程としてみなす視座である(2)。現代における演劇文化の発展が、文化政策の予算削減によってつねに危機に立たされるようになったとはいえ、ドイツにおいて、かつて演劇、オペラ、バレエという三つの分野からなる演劇興行が著しい密度で展開していった事実は、間違いなくひとつの進歩の過程として評価されるべきものであろう。ただし、こうした発展現象に目を向けるとき、観衆による娯楽にたいする需要および、文化的営みの商業化がその背後で果した、いわば腐葉土としての役割を過小評価してはならないのだ。

演劇興行の商業化が起こると同時に、演劇の主催者、俳優、歌手、台本作家およびその発行人、そして劇場支配人の職業化と専門化が進行した。ドイツの演劇界における職業専門化の過程は、実際にはすでに一七世紀末にさかのぼるものであった。このころすでに、歌手と俳優の役を掛け持ちするプロの役者たちが、宮廷劇場をはじめとする公の舞台を圧倒し、学生やディレッタントによる芝居を駆逐しつつあった。当初、ドイツでは、コンスタントで継続的な演劇生活を実現するための前提条件、すなわち、「常設の」舞台が欠如していた。だが、この必要条件は、諸侯が設立した本格的な宮廷劇場、あるいは劇団の座長のイニシアティブによって建設された都市劇場を通じて、徐々に整えられていった。こうした新たな環境は、役者や一座に、比較的長期間にわたり特定の劇場に定着して公演を行なうという可能性を開いたが、かといって、別の劇場の舞台に立ったり、各地を客演するという公演スタイルは、その後も廃れることはなかった。専属の劇団をもつ宮廷劇場が各地に根をおろしたのちも、ドイツ語圏の演劇界では、数的にみればなお、旅回りの劇団が優勢を占めていたのである。とりわけ、多くの劇団にとっては、他の一座と競合しつつ、決まった土地の常連客を相手に、つねに新しい演目を工面しながら頑張り続けるよりは、むしろ、かぎられたレパートリーを掲げて地方巡業する方が、財政的な面でメリットが大きかった。したがって、特定の本拠地をもつ劇団ですら、他の土地の宮廷劇場や都市劇場に客演ツアーを行なうことをつねとしていた。

ときを同じくして、宮廷劇場もまた、社会全体にたいして文化的により多くの可能性を提供するようになった。宮廷における演劇は、それまで長いあいだ、もっぱら支配者の権力顕示と娯楽を目的に営まれてきたが、この時代を境に、一般大衆も、その文化の恩恵にあずかることを許されたのである。宮廷劇場は原則として宮廷の内帑でまかなわれていたが、当時はすでに、これに並行して、プロの演劇興行師による民間の資金がその経営に投入されるようになった。ただし、人びとに対する教育的効果の波及を目的として掲げる国民劇場の構想は、あくまで政府資金による直接経営を前提条件とするものであった。だが、これら政府や宮廷主導の劇場と並んで、コンラート・エルンスト・アッカーマンのような劇団団長が、ケーニヒスベルク（一七五四・一七五五年）やハンブルクのゲンゼルマルクト（一七六五年）に喜劇の上演を主とする小劇場を立ち上げており、また、ライプツィヒ（一七六六年）、ニュルンベルク（一八〇〇・一八〇一年）、フランクフルトおよびヴュルツブルク（一八〇三・一八〇四年）では、商人らが私的資金を拠出して劇場を設立した。

劇場経営への宮廷の参与の度合いと、一般観衆の受け入れに応じて、舞台の編成やレパートリーも変化した。かつては、旅の一座が君主の趣味にならってごくかぎられた期間のみ客演を行なったのにたいして、公演期間（公演日数）とレパートリーの幅は明らかに拡大しつつあった。こうしたケースの典型例としてふさわしいのが、ベルリンの状況であろう。一八世紀なかば、当地の文化生活はおおむね、一方ではグラウン、ハッセらによるイタリア・オペラ作品を上演する王立オペラ劇場によって、そして他方ではドイツ語作品を軽視する国王の趣味によって規定されていたといっていい。著名なイタリア人歌手、ダンサーの多くがベルリンを訪れ、王立劇場の舞台に立ったのにたいし、ドイツ語劇を演じる劇団が、フランス、イタリアの一座に充分に対抗しながら地歩を固めるような可能性はほとんど残されていなかった。ところが、一七六五年、フランツ・シュッフがベーレンシュトラーセに収容人数七〇〇人の私設劇場を建設すると、やがてここを拠点にカール・テオフィール・デベリン、ゴットフリート・ハインリヒ・コッホらが率いる劇団が、ドイツ語による多彩な作品を上演するようになる。とりわけ、およそ八〇人におよぶ俳優、歌手、ダンサーを抱えたデベリンの一座は、台詞劇にかぎらず、オペレッタ、ジングシュピール、バレエ、さらにはオペラの上演をも手がけた。こうした営みが、まさしく、一七八六年、ジャンダルメンマルクトに落成し、シェイクスピア、シラー、レッシングの戯曲のほか、コッツェブーによるヒット作やドイツオペラをつぎつぎと舞台に乗せた、王立国民劇場の起源となったことは、いうまでもない。国民劇場の舞台は、その後、一八〇二年、カール・ゴットハルト・ラングハウスの設計によって同じくジャンダルメンマルクトに新築された、二〇〇〇人収容の王立劇場へと移転する。この劇場では、一七九六年以来、ベルリンで演出家として活躍したアウグスト・ヴィルヘルム・イフラントが総監督を務め、彼のもとで、プロイセンの首都は、やがてドイツ語圏随一の演劇都市へと発展することになる(3)。

イフラントはかつて、ゴータの宮廷劇場(ドイツにおいてごく初期に成立したが、きわめて短命に終わった劇場であった)で演じたコンラート・エクホーフの劇団および、マンハイムの国民劇場において大きな成功をおさめ、これらの活動を通じて、ドイツ演劇の刷新運動のプロセスに直接的に関与し、また、その一翼を担ってもきたのであった。なかでも、マンハイムの国民劇場は、いまなおしばしば、ゲーテのワイマール宮廷劇場と並んで、ドイツにおける革新的舞台として挙げられることが多い。この劇場は、熱狂的な演劇愛好家であったプファルツ選帝侯、カール・テオドールの尽力によって成立した。当初、フランス人劇団を招聘することで宮殿内の劇場にかつてない活気をもたらしたカール・テオドールは、一七七〇年代にこの一座が去ったのち、建築家ロレンツォ・クァリーノに命じて、マンハイムの兵器庫《アルゼナール》を、ドイツ演劇の上演を目的とする劇場へと改築させた。その後、一七七七年にバイエルン選帝侯位を継承したカール・テオドールは、マンハイムで出演契約していた劇団を伴って、宮廷をミュンヘンに移す。そして、国民劇場は、宮廷移転の結果、きわめて深刻化した経済的損失に対処するためのインフラ補正措置として誕生したのであった。俳優ヨハン・クリスティアン・ブランデスは、すでにこれに先立つ一七七六年、国民劇場の利点についての人びとの注意を喚起している。すなわち、優れた国民劇場は、住民の言語能力、風紀、精神性を陶冶し、中産階層の奢侈を軽減するほか、市民の知識と体験をより豊かなものとなし、道徳的に優れた人間を形成する。それは同時にまた、国家にとってきわめて経済的価値の大きい存在となるべきものだという。ここでは俳優も市民の一員であり、君主、富裕な住民および、他国から寄せられた資金はすべて、彼らの手を通じて、貧しい人びとにまで行き渡ることになる。ここでは、資本は活発に流通するが、国外に流出することはけっしてないのである。(4)

ブランデスによるこの理念は、プファルツ選帝侯の式部官で、自身もアマチュア俳優兼劇作家として活動したヴォルフガング・ヘリベルト・フォン・ダルベルクによって、一七七八年夏、君主のもとに提言された。優れた劇場は、単に、冬季に貴族およびプファルツ伯爵家の人びとの足を所領から都市部へと向けさせるだけではなく、これまでけっして実現されえなかった、「ドイツ演劇芸術の躍進」をうながすための糸口をもたらすはずであった。(5) この意見にもとづいて、プファルツ政府はほどなく設立資金の支出を認可したのである。俳優陣として、解散の憂き目をみたゴータの宮廷劇場からカロリーネ・シュルツェ゠クンマーフェルトおよびイフラントが招かれ、また、数度にわたって破産に陥っていたアベル・ザイラーの一座とのあいだにも、新たに出演契約が結ばれた。総監督となったダルベルクは、ゴルドーニの『急げ、他人に知れる前に』による柿落としのあと、新しい写実的な演劇の様式と、固有の初演レパートリーを通じて、国民劇場にはっきりとした特徴を与えようと努めた。その後、シラーの『群盗』(一七八二年)、『フィエスコ』(一七八三年)、『たくらみと恋』(一七八四年)、『ドン・カルロ』(一七八八年)のほか、シェイクスピアの諸作品が、ダルベルクの翻案によってつぎつぎと舞台に上った。『功名心からの罪』(一七八四年)、『被後見人』(一七八四年)、『狩人』(一七八五年)、『偏屈な独り者』(一七九一年)など、イフラントのヒット作もまた、定期的に上演された。これらの台詞劇のほか、『後宮からの逃走』(一七八四年)、『ドン・ジョヴァンニ』(一七八九年)、『フィガロの結婚』(一七九〇年)、『コジ・ファン・トゥッテ』(一七九三年)、『魔笛』(一七九四年)など、モーツァルトのオペラも、レパートリーに採り入れられた。

ダルベルクはとりわけ、みずからの舞台芸術、とくに演技術にかんして高い理想を抱いており、俳優らとともに立ち上げたいわゆる「委員会」での議論を通じて、これをより高度なレベルに引き上げようと努力した。「国民劇場とは、本来、いかなるものであるべきなのか。劇場は、いかにして本物の国民劇場となりうるのか。そして、実際、ドイツの舞台のうち、国民劇場と呼ぶにふさわしいものが存在するのだろうか」。これらは、この「委員会」においてなされた問題提起の一例にすぎない。ダルベルクらはこうして、「道徳の真なる修練所としての劇場」という目的に接近しようと試みたのであった(6)。

だが、このような楽観主義的な雰囲気は、一七九〇年代に入り、選帝侯が拠出する補助金および、定期会員予約、入場券販売による収入ではもはや劇場の運営費用をまかないきれなくなったとき、しだいに深い諦念のなかに失われていくことになる。他の資金源を開拓できないなか、選帝侯の内帑からの助成金もときとともに軽減され、むしろ変則的収入としての性格を強めていった。その結果、一八世紀末には、劇場は辛うじて露命をつなぐような状態に陥った。一八〇三年にライン右岸のプファルツ選帝侯領がバーデン伯の所有に移行し、バーデンの財務機関からの財政支援を受けるようになってはじめて、マンハイム国民劇場は新たな発展の基盤を得たのであった。

財政的窮境は、当時の国民劇場設立・運営の試行にとって、まさに典型的な兆候であった。まず、ハンブルクにおける国民劇場のプロジェクトが、財政難が原因で水泡に帰した。ハンブルクは、本来、オペラや演劇の分野では、いわば先駆的な役割を果した都市である。一六七八年に設立されたゲンゼルマルクトの劇場は、ドイツ初の市立オペラ劇場にほかならなかった。その舞台では、ラインハルト・カイザーをはじめとするドイツ人作曲家の手になる、聖書、古代神話、歴史的主題を扱ったドイツ語オペラがつぎつぎと初演されていた。しかし、一七三八年にこの劇場の経営が破綻すると、その後数十年間は、ドイツにおいてドイツ語によるオペラ・セリアが上演されることはついになかった。そのほかの地域では、オペラは、あくまで、宮廷劇場において、イタリア語またはフランス語で上演されるにとどまったのである。

ヨハン・クリストフ・ゴットシェットおよびフリーデリーケ・カロリーネ・ノイバーを通じて、演劇文化の発展と俳優養成に役立てるべくドイツに導入されたフランスからの影響は、その後、ゴットフリート・ハインリヒ・コッホ、カール・テオフィール・デベリン、ヨハン・フリードリヒ・シェーネマンら、若い世代の役者たちの演技のなかに引きつがれていった。なかでもシェーネマンとコッホの劇団によるハンブルク客演は、当地の観衆を新たな演劇様式に親しませることになった。さらに、シェーネマン劇団出身のコンラート・エルンスト・アッカーマンが、一七六四年、自身の劇団の本拠地をハンブルクに定め、ドイツにおけるドイツ語演劇上演のための特権付与を願い出たことは、まさしく、この都市における演劇史の新たなページを開く出来事であった。そのあいだに取り壊されていたゲンゼルマルクトの歌劇場に代わって、ここに「コメーディエン・ハウス」が誕生したが、この劇場は、そのあまりに高レベルな演目が原因で、ごく短期間のうちに財政的困難に陥ってしまった。そして、この「コメーディエン・ハウス」と「アッカーマン劇団」の運営を、一二人の有志市民が引き受け、「ハンブルク国民劇場」として新たに発足させたのである。文芸顧問のポストに抜擢されたのは、ゴットハルト・エフライム・レッシングであった。この新劇場は、単なる娯楽演劇に終始するのではなく、オリジナルのドイツ語作品と並んで、イギリス、フランス戯曲の翻案をとりあげるなど、きわめて野心的な公演プログラムを追求しようとした(7)。だが、国民劇場は間もなく、絶大な人気を博したフランス人劇団と激しい競合関係に陥り、その結果、一七六九年には解散を強いられることになった。当時、感情を抑えた新たな演技の様式を確立しようとしていたアッカーマンは、ここでふたたび、劇団の運営を引き受けることになったのである。

一七七一年にアッカーマンが亡くなると、娘婿のフリードリヒ・シュレーダーがハンブルクの劇場運営を引きついだ。劇場監督としてのその最初の任期は一七七九年まで続いたが、シュレーダーがここで何より力を注いだのは、シェイクスピア作品を舞台に根づかせること、そして、疾風怒濤《シュトゥルム・ウント・ドラング》の作家たちによる戯曲の新上演であった。シュレーダーは当時のハンブルクで影響力をもった権威ある演劇批評家たちと結束しており、さらに、なかば公の刊行物として発行した『演劇週報』では、こうした立場から、演劇改革についてもみずからの意見を述べていた。彼はここで、ゴットシェットやノイバーとは対極の視点を前面に押し出しながら、ドイツ演劇の新たな理想を、イギリス的模範、とりわけシェイクスピア演劇のなかに求めようとしたのであった（このような観点は、すでにゲーテとヘルダーが、一七七一年から一七七三年にかけて、『シェイクスピアの日に寄せて』をはじめとするいくつかの論考のなかで、明快に表明していた）。それまでおもに喜劇俳優、そして同時にバレエダンサーとして才能を発揮していたシュレーダー自身も、やがて、リア王、ファルスタッフ、ハムレットの父の亡霊などを得意役とする、風格をそなえたシェイクスピア役者へと転身をとげた。また、シェイクスピア劇に取り組むと同時に、一七八八年には、疾風怒濤の作家、ヤーコプ・ミヒャエル・ラインホルト・レンツの作品、『家庭教師』の上演を実現させている。こうした活発な活動にもかかわらず、シュレーダー監督の第一期は、一七八〇年にひとまず終わりを迎えることになった。その後数年間、シュレーダーは、ウィーンのブルク劇場をはじめ、ドイツ語圏のあまたの劇場に客演したが、結局、一七八五年にはハンブルクのアルトナ劇場に呼び戻され、ほどなく、一七八六年から一七九八年にわたって、ふたたびゲンゼルマルクトにたたずむ国民劇場の経営を引き受けることになった。シュレーダーの二期目の時代には、とりわけ、『ドン・ジョヴァンニ』（一七八九年）、『後宮からの逃走』、『フィガロの結婚』（ともに一七九一年）、『魔笛』（一七九三年）など、モーツァルトのオペラがプログラムにとり入れられた。こうした傾向から、一八世紀末ドイツ語圏の劇場において、演劇とオペラがいかに密接に結びついていたかを、明確に読み取ることができるだろう(8)。

このような現象は、ワイマールの宮廷劇場でも同じように進行したのであった。同劇場は、一八世紀にはすでに、ゲーテの監督のもと、ドイツ全土から注目と強い関心を集めるようになっていた。当初、ここでは、デベリン、ゴットフリート・ハインリヒ・ザイラー、アベル・ザイラーらの劇団が舞台に立ったが、そのうちザイラーの一座は、一七七三年、ヴィーラント台本、アントン・シュヴァイツァー作曲のドイツ語オペラ、『アルチェステ』の上演を成功させた。こうした機に、ヴィーラントは、『ドイツのメルクーア』三月号の誌上で、ワイマールの豊かな演劇生活について、「週三回、誰もが無料で芝居に親しむことができる」と報じている(9)。だが、それから一年ののち、ワイマール城が宮廷劇場もろとも大火の犠牲になると、ザイラー一座は、スター俳優、コンラート・エクホーフを伴ってゴータへとその活動の拠点を移し、アマチュア芝居だけが辛うじて都市の演劇を支えるような状況に陥った。芝居の上演にあたっては、宮廷人をはじめ、ワイマールの重要人物らが互いに協力し、みずから舞台に上がった。なかでも、フリードリヒ・ユスティン・ベルトゥーフは、台本作家だけでなく、俳優としても耳目を集めた。そして、これらのアマチュア芝居でもまた、ヴォルテール、デトゥーシュ、レッシングらの戯曲と並んで、ドイツ語のジングシュピールが盛んにとりあげられたのであった。[10] 一七七五年にワイマール入りしたゲーテは、より広い公衆への影響力を手にすることを望んで、アマチュア劇団をみずからリードしようと努め、この劇団のために、戯曲『兄妹』（一七七六年）のほか、音楽つき妖精劇、『リラ』（一七七六–七七年）、さらに、コミック・オペラ、『感性の勝利』（一七七七年）などの作品を制作した。このうち、あとの二作は、ワイマール公女ルイーゼの誕生を祝って上演されたといわれている。[11] また、『兄妹』（一七七六年）、『同罪者』（一七七七年）、『プルンダースヴァイレルンの年の市』（一七七八年）、『タウリスのイフィゲーニエ』および『いとしい方はむずかり屋』（ともに一七七九年）の公演では、ゲーテ自身もまた舞台に立った。その際彼は、たいてい、女優としても活躍した宮廷歌手、コローナ・シュレーターを相手役として選んだという。

しかし、ワイマールのアマチュア芝居は、ほどなく衰退の一途をたどることになった。おそらく、しだいに多忙を極めるようになったゲーテが、この劇団への関心を失ったことも、その一因であったと思われる。その後のワイマールでは、当初、ヨーゼフ・ベッローモ監督の率いる「ドイツ俳優協会」が月額三二〇ターラーで出演契約を結んだが、一七九一年には、新設のワイマール宮廷劇場が彼らに取って代わった。ゲーテによる総監督、さらに、オペラ（ヨハン・フリードリヒ・クランツ）、演劇（フランツ・ヨーゼフ・フィッシャー）、それぞれの部門に置かれた専属の監督のもとに劇団が結成され、一七九一年五月七日には早くも、イフラントの戯曲、『狩人』の上演を成功させた。[12] ゲーテが総監督を務めた一七九一年から一八一七年までの期間、彼が案出したプログラムに従って、総数六〇一本におよぶ作品が上演されたが、ここではとりわけ、コッツェブーとイフラントの戯曲があわせて一一八本と、かなりの優勢

図版19　ワイマール宮廷劇場で上演された『魔笛』の舞台裏，ゲオルク・メルヒオール・クラウスによる水彩画（ワイマール古典期財団美術館所蔵）

を占めていた。そのほか、モリエール、マリヴォー、ボーマルシェ、ゴルドーニ、ゴッツィ、ホルベアら、[13]ヨーロッパ諸国の喜劇作家による作品も盛んにとりあげられた。こうしたレパートリーの特色は、公爵とその宮廷の人びとを中心に形成された観客の娯楽需要を強く反映しているといえるだろう。一回の公演ごとに動員される観客数はおよそ五〇〇人で、その多くは定期会員であった。これらの演劇愛好家の関心をつなぎとめておくには、数多くの作品を絶え間なく新たな演出で送り出さなくてはならなかった。劇場に「道徳的機関」としての役割を求めようとするシラーの概念（ちなみに、シラー作品はここではわずか三七回上演されたのみであった）、あるいは、国民劇場のあまりに大仰な理想は、ワイマールの劇場ではほとんど実現の余地をもたなかった。その上演プログラムにおいては、こうした演劇論を具現するべきゲーテ、シラー、レッシングの作品は、全体のわずか五パーセントを占めたにすぎないのだ。

　ワイマール宮廷劇場の名声が、それでもなお、地域の閾を越えて広まっていたとすれば、その最大の要因は、ゲーテの手で長年のあいだに確立された独自の上演スタイルにあったといえるだろう。彼はここで、役者のきびしい稽古および、オリジナル台本の言葉と韻律を徹底研究することに最大の重点を置いたのであった。少なくとも、古典主義作家がみずから自作を演出して舞台に乗せたという説に可能なかぎり信頼を置こうとするゲーテ研究者は、こうした因果関係をきわめて強く前面に押し出すのである。[14] しかし、実際の上演プログラムでは、オペラとジングシュピールが重要な役割を担っていた。たとえば、『魔笛』（初演一七九四年、その後八二回公演）、『ドン・ジョヴァンニ』（初演一七九二年、その後六八回公演）、『フィガロの結婚』（初演一七九三年）、『コジ・ファン・トゥッテ』（初演一七九七年）、『皇帝ティトゥスの慈悲』（初演一七九九年）、あるいは『後宮からの逃走』（初演一七九一年、その後四九回公演）といったモーツァルト作品が、ゲーテの演出によって繰り返し上演された。これらは、「作曲家の生前および、その死後間もなくの時期に実現した、群を抜いて素晴らしいモーツァルト・オペラの連続演奏であった！」[15]。一七九九年四月六日に上演された『魔笛』は、ゲーテのパートナーでのちの夫人、そしてみずから熱心な演劇愛好家であったクリスティアーネにとって、同作品のじつに三〇回目の観劇であったという。[16]

最後に、ウィーンにおける演劇文化にも言及しておかなくてはならない。マリア・テレジアの即位を機に、首都における演劇は新たな隆盛を体験しようとしていた。宮廷によって運営されたふたつの劇場、すなわちブルク劇場ならびにケルントナー・トーア劇場は、かつてのように観客を宮廷関係者に限定するのではなく、古典主義の戯曲や同時代のフランス劇に関心をもつ人びとを、その客席に広く受け容れるようになった。同時に、宮廷バレエおよびオペラの部門もまた、著しく強化されていた。とりわけオペラに関していえば、当時、ミラノ、ロンドン、ドレスデン、コペンハーゲン、プラハ、ナポリなど、各地でキャリアを積み、さらに一七七〇年代にはその改革オペラを通じてパリでも大好評を博していたクリストフ・ヴィリバルト・グルックが、ブルク劇場音楽アカデミーの芸術監督に任命された。グルックは、ピエトロ・メタスタシオ風のバロック的ヴィルトゥオーゾ・オペラから距離をおいて、簡素で自然な方向性を志向し、単純明快なあらすじを重視することで、新しいオペラの様式に到達したのであった。

一方、台詞劇では、英仏の劇作家による作品を翻訳して上演するケースが圧倒的に優勢であったが、しかし、少数とはいえ、オリジナルのドイツ語戯曲もレパートリーとしてとり入れられていた。また、翻訳ものの場合、ウィーンに古くから伝わる喜劇と道化芝居の世界に合わせて原作を大きく書き換えることがしばしばであった。たとえば、『ウィンザーの陽気な女房たち』は『ウィーンの愉快な冒険』へと改題され、作品の舞台はイギリスからドナウ河畔へと移動させられたのである。一七七六年に皇帝ヨーゼフ二世がブルク劇場を「ドイツ国民劇場」へと格上げしたが、ここでは、演劇が担うべき教育的機能が何がしかの綱領によってはっきりと提示されたわけではなく、改変はむしろ、上演プログラムにおいてドイツ語戯曲を優遇するという単純な指針に結びついていた。「国民劇場」では、たとえば、「ハンブルクのハムレット」として大絶賛を浴びたヨハン・フランツ・ヒエロニムス・ブロックマンのような、ドイツ語を母語とする優れた俳優たちが出演契約を結んだのであった。ブロックマンはさらに、一七八九年、イフラントがブルク劇場の総監督就任を拒否したとき、みずからこのポストを引き受けることになった。さらに、「ドイツ国民劇場」の理念は台詞劇と音楽劇に同等の価値を置いていたため、ウィーンのブルク劇場では、台詞劇と並んで、ドイツ語によるオペラ、ジングシュピールもまた、重要な役割を果した。そして、ドイツ語のジングシュピールはウィーンの観衆の心を強くとらえたため、このジャンルの作品は上演演目のなかでしだいにその数を増やしていった。ジングシュピールの大ブームは、たとえば一七八二年にブルク劇場で初演されたモーツァルトの『後宮からの逃走』にも多くの観客を動員し、多大な利益をもたらしたのである。

だが、ブルク劇場での流行の趨勢は、ほどなくふたたびイタリア歌劇へと移行していった。ウィーンでこのジャンルを代表したのは、アントニオ・サリエリとその劇団であった。[17] モーツァルトがイタリア人台本作家、ロレンツォ・ダ・ポンテと共作した三部作、『フィガロの結婚』(初演一七八六年五月一日)、『ドン・ジョヴァンニ』(ウィーン初演一七八八年五月六日)、『コジ・ファン・トゥッテ』(初演一七九〇年一月二六日)について考察する際にもまた、背景としてこうしたイタリア・オペラの再ブームが存在したことを看過すべきではないだろう。だが、これらの傑作が当時のウィーンで得た人気は、サリエリの成功には到底及ばなかった。モーツァルトとダ・ポンテは、ウィーンの観客の芸術にたいする感性と理解力を、少しばかり過大評価するきらいがあったからである。モーツァルトはまた、ワイマールの宮廷劇場の総監督として、同じ『ドン・ジョヴァンニ』を六八回にわたって連続上演させたゲーテのような、優れたセンスと強い発言力をもつ人物の後ろ盾にも恵まれなかった。彼がその最後のオペラ『魔笛』の制作にあたって、地元の劇団の座長、エマニュエル・シーカネーダーと共同し、これをウィーン郊外の民衆劇場およびその観衆をターゲットとして発信したことは、こうした事情に照らせば当然の帰結であったのだ。この作品に登場するパパゲーノが、本来、ウィーン民衆劇に欠かせない「滑稽役」の役割を担っていたことは、すでに広く指摘されている(18)。

レパートリー

こうして劇場の発展過程を概観してみると、当時、実際に上演された演目が、今日の人びとが抱くレパートリーの概念とも、また、古典主義的な演劇の規範として推測されている理念とも、まったく合致しないものであったことを繰り返し認識せざるをえないだろう。たとえば、いまから数年前、「ハンブルク市民は地元の舞台でふたたびドイツ古典を観たがっているのだ」と説き、古典作品に重点を置いたプログラムを組むよう劇場当局に迫ったハンブルク市長は、古典期のワイマールにタイムスリップしたなら、確実に場違いな存在となっていただろう。なぜなら、これまでみてきたように、一八世紀ドイツの劇場では、地方を問わずどこでも、上演プログラムにおいて、フランス、イギリス、イタリア戯曲の翻訳版がオリジナルのドイツ語作品を大きくしのぐという状況が、ごく普通になっていたからである。それゆえ、このような時代においては、「国民劇場」とは、ドイツ語を母語とする俳優がドイツ人作家の作品を演じる場ではなく、単に、〔オリジナルの原語を問わず〕台詞がドイツ語で演じられる劇場を意味したにすぎない。しかも、上演に際しては、劇団の規模や能力、観客の趣味に対応して大幅な改作が加えられ、その結果、英語やフランス語の原典が原形をとどめないほど歪められることは、日常茶飯であった。したがって、当時、各地で設立ブームを迎えた「国民劇場」は、当初はむしろ一種のマーケティング・スローガンとして展開され、結果として、一八世紀の最後の二〇年間に、ドイツ語圏の演劇およびジングシュピールを未曾有の隆盛へと導いた、と結論づけられるだろう。こののち、ドイツにおけるフランス作品の翻案および出版は、少なくともフランス革命を契機に、決定的な衰退をみることになる(19)。

また、当時は、人びとの娯楽にたいする需要を満たすことが、たいていの場合、劇場におけるプロダクションの中心的目標であった。劇場経営者、とりわけ旅回りの劇団の座長は、つねに趣向変えを意識し、たとえば、賑やかな喜劇と花火、悲劇と台詞のないバレエ、といったように、さまざまな娯楽の要素を組み合わせるために力を注いだ。これは、いうまでもなく、コンサート興業の初期においてもみられた傾向である。同時に、台本に関しては、ハンブルクでのシュレーダーによるシェイクスピア作品の翻案をはじめ、しばしば、オペラの規範に従ってハッピーエンドの結末が付会されたが、これもまた、観客の求めるところを大いに意識してのことであった。いずれにしても、レパートリーにおいては、喜劇が圧倒的優勢を誇っていた。ハンブルクのアッカーマン劇団が行なった二五〇回の公演をみると、喜劇は優に全体の五分の四に達している。また、短命に終わったゴータの宮廷劇場では、一一四作品の喜劇が上演されたのにたいして、悲劇は一三作品、シャウシュピール〔喜劇、悲劇と並ぶ演劇のジャンルのひとつで、真面目なあらすじによって展開するが、結末はハッピーエンドに終わる劇〕は四四作品にとどまった。さらに、これら台詞劇は、レパートリー全体のなかでは音楽劇によって大きく凌駕されていた。こうした点からみれば、ゴットシェットによる演劇改革の試みは、めざましい成果をおさめたとはいい難いのである。ライプツィヒ大学で教鞭を執ったゴットシェットは、オペラについて、「人間の知性がこれまで発明したもののうちでもっとも馬鹿げた所産(20)」として激しく非難し、その奢侈に満ちた演出と、感覚的愉楽への志向に強く反発した。それと同時に、「場の単一」、「時の単一」、「筋の単一」による三一致の法則を支持し、また、台詞の標準韻律としてアレクサンダー詩格を採ることで、めまぐるしい場面転換や即興演技など、当時の演劇を支配した純娯楽的要素を徹底的に排除しようと努めたのであった。さらに、一七四〇年代から五〇年代にかけての時期には、ヨハン・エリアス・シュレーゲル、クリスティアン・フュルヒテゴット・ゲレルト、ゴットホルト・エフライム・レッシングらが、ゴットシェットのこうした演劇の規範を、「感動的喜劇」および「市民悲劇」というジャンルへと発展させた。とりわけ、フランクフルト・アン・デア・オーデルの劇場にてアッカーマン劇団が初演した、レッシングの『ミス・サラ・サンプソン』は、舞台上に繰り広げられる登場人物の運命にたいする同情を観客にたいして強く求める「市民悲劇」の典型的な作品例である。この『サラ・サンプソン』は、役者の演技力をつうじて、客席に感涙の嵐を呼ぶことに成功したといわれるが[21]、しかし、一八世紀末の演劇界で継続的に人気演目の座に輝き、上演回数最多戯曲の順位三〇位以内にとどまったのは、レッシングの作品のうち、唯一、『エミリア・ガロッティ』だけであった。

個々の劇場に関する個別研究は、こうした見解をさらに強く裏づけることになるだろう。開設後、間もないうちに解散したゴータの宮廷劇場のような事例は、長期間にわたる劇場と観客の趣味の変遷過程を追うためにはふさわしいとはいえないが、他方、ダルベルクが監督を務めた時期（一七七九―一八〇三年）のマンハイム国立劇場については、実際に上演された演目の正確な記録が残されている。この劇場でもまた、ドイツ市民劇が上演演目のなかでももっとも大きな部分を占めていた。最初にレパートリーにとり入れられた市民劇はゲミンゲンの『ドイツの家父』であったが、その後、シュレーダー、イフラント、そしてコッツェブーらが、同じジャンルの作品で当地の舞台を飾ることになる。ダルベルクは、明確な目的設定的意図を抱いて、シェイクスピア悲劇およびシラー作品を積極的にプログラムに取り入れようと努めたが、しかし、彼らの戯曲のうち、マンハイム劇場での上演回数上位三〇位以内にランクされたのは、『ハムレット』および『群盗』の二作品にすぎなかった。しかも、ここでは両者とも、人気の高かったコッツェブーの諸作品はむろんのこと、ゲミンゲン『ドイツの家父』、ラウテンシュトラウホ『法学者と農夫』、ゴッター『マリアーネ』、ピーロフ『聾の求愛者』、あるいはユンガー『邪魔立て』などよりもさらに下位に位置していたのである（表

作家名	タイトル	ジャンル	上演回数	初演
ブレッツナー，クリストフ・フリードリヒ	『一杯機嫌』	喜劇	21	1786年
イフラント，アウグスト・ヴィルヘルム	『磁力』	喜劇	24	1787年
ダルベルク，ヴォルフガング・ヘリベルト・フォン	『試しの結婚』	喜劇	21	1788年
バーボ，フランツ・マリウス	『ストレリッチア』	シャウシュピール	20	1789年
コッツェブー，アウグスト・フォン	『人間嫌いと後悔』	シャウシュピール	29	1789年
コッツェブー，アウグスト・フォン	『イギリスのインド人』	喜劇	22	1790年
コッツェブー，アウグスト・フォン	『太陽の乙女』	シャウシュピール	25	1790年
コッツェブー，アウグスト・フォン	『愛の子ども』	シャウシュピール	20	1790年
ユンガー，ヨハン・フリードリヒ	『誘拐』	喜劇	21	1791年
シュピース，クリスティアン・ハインリヒ	『ホーエンライヒェンのクララ』	騎士劇	27	1791年
ツィーグラー，フリードリヒ・ヴィルヘルム	『旅の皇帝』	喜劇	20	1793年
コッツェブー，アウグスト・フォン	『貧しさと高潔』	喜劇	22	1794年
コッツェブー，アウグスト・フォン	『ブルグントの伯爵』	シャウシュピール	25	1796年

表 8－1　マンハイム国民劇場での上演演目（1779–1803 年）

作家名	タイトル	ジャンル	上演回数	初演
ゴッター，フリードリヒ・ヴィルヘルム	『疑い深い夫』	喜劇	21	1779年
ゴッツィ，カルロ	『リンドラクのユリアーネ』	シャウシュピール	20	1779年
ラウテンシュトラウホ，ヨハン	『法学者と農夫』	喜劇	40	1779年
シェイクスピア，ウィリアム	『ハムレット』	悲劇	27	1779年
ボック，ヨハン・クリスティアン	『オランダ人，もしくは理性あるご婦人に叶わぬこととは？』	喜劇	20	1780年
ゲミンゲン，オットー・ハインリヒ・フォン	『家族，もしくはドイツの家父』	シャウシュピール	26	1780年
レッシング，ゴットホルト・エフライム	『エミリア・ガロッティ』	悲劇	20	1780年
エッカルト，フリードリヒ・ザミュエル・フォン	『誰が彼女の心をつかむのか？』	喜劇	20	1781年
ゴッター，フリードリヒ・ヴィルヘルム	『マリアーネ』	悲劇	30	1781年
グロースマン，グスタフ・フリードリヒ・ヴィルヘルム	『六個のボウルしかないが』	家族劇	21	1781年
シェイクスピア，ウィリアム	『じゃじゃ馬ならし，もしくはゲスナー2世』	喜劇	23	1781年
ゴッター，フリードリヒ・ヴィルヘルム	『ひとりの甥に伯父二人』	喜劇	23	1782年
ピーロフ	『聾の求愛者』	喜劇	23	1782年
リヒター，ヨーゼフ	『債権者』	シャウシュピール	28	1782年
バーボ，フランツ・マリウス	『画家』	喜劇	20	1783年
ブレッツナー，クリストフ・フリードリヒ	『疑心暗鬼の恋人』	喜劇	28	1783年
マーフィー，アーサー	『やきもちやき，もしくは過ちは誰もが犯す』	喜劇	27	1783年
ヴァル＝フローリアン	『二通の手紙』	喜劇	32	1783年
イフラント，アウグスト・ヴィルヘルム	『功名心からの罪』	家族劇	21	1784年
シラー，フリードリヒ	『群盗』	シャウシュピール	20	1784年
ブレーメル，ヨハン・フリードリヒ	『一字一句の法律釈義』	喜劇	25	1785年
イフラント，アウグスト・ヴィルヘルム	『狩人』	田園風風俗劇	23	1785年
ユンガー，ヨハン・フリードリヒ	『邪魔立て』	喜劇	29	1785年

8―1）[22]。

　こうしたレパートリーの特色が、プファルツ選帝侯領という地域の特例ではけっしてなかったことは、当時の雑誌の記事をみれば明らかであろう。一七九五年の『ラインの美神《ミューズ》』に掲載された「北部における音楽と演劇の趣味」は、マンハイムと同様の作家群を人気戯曲家として挙げている。たしかに、ここに付された覚書は、「帝国領およびバイエルンで制作された演劇作品が、北部ドイツでそのまま受け入れられることはほとんどない」と注記してはいるが、しかし、実際には、マンハイム国民劇場に多大の利益をもたらしたシュレーダー、ユンガー、イフラント、バーボ、コッツェブー、そしてゴッターによる『マリアーネ』などが、注目すべき作家・作品として強調されているのである[23]。こうしたことから、劇場のレパートリーについて、ドイツの南部と北部のあいだにはおそらくさほどの差異は存在しなかったと推測できる。また、ラインハルト・マイヤーは、ドイツの舞台におけるジングシュピールとオペラのレパートリーを再現する研究のなかで、音楽劇というジャンルに関してもまた、これまでしばしば主張されてきた南北ドイツの「文化的格差」が確認できなかったと結論づけている。こうした差異が存在するとすれば、それはむしろ、都市の類型および、それぞれが内包する社会的・文化的構造の違いに起因するものであった。たとえば、大規模な商業都市、見本市都市は、宮廷都市と同様、オペラやシャウシュピールを好む傾向にあった。これにたいして、中小都市および、聖職諸侯の居城都市においては、台詞劇への志向がより強く現われていた。その背景には、まぎれもなく、費用のかかる贅沢な演劇公演を実現する財政力の有無という問題が、決定的要因として存在したのである。逆に、このような舞台が催された場所には、われわれが一般に大都市特有の趣味傾向だと考えているものが、きわめて鮮明に現われている[24]。

　『贅沢とモードの雑誌』が定期的に掲載したドイツ語圏の演劇に関する報告もまた、同様の傾向を示している。これらの記事によれば、イフラント、シュレーダー、コッツェブーらの作品は、ハンブルク、ベルリン、ドレスデン、フランクフルト・アム・マイン、マインツ、マンハイム、ミュンヘン、そしてグラーツでも、同じように上演演目に採用されていた。違いはせいぜい、地域によって多少の変化がみられたり、音楽劇がとり入れられたりする程度のことにすぎなかった[25]。とりわけ一八世紀末、音楽劇にたいする需要はときとともにますます高まっていた。これについて、マンハイムの総監督、ダルベルクは、一七九〇年の覚書のなかで、以下のように確言している。

『後宮からの逃走』をはじめとする喜歌劇が舞台に登場してからこのかた、マンハイムでも他の地でも、観客は観劇の楽しみを、音楽劇、台詞劇というふたつのジャンルへと二分してとらえるようになった。そして、劇場監督はみな、観客の要望に応えるためだけでなく、興行収入を増やすためにも、従来、付随的な出し物として営まれてきた喜歌劇を、いま、シャウシュピールと同等の価値をもつジャンルとして、あらためてとらえ直さねばならないのだ[26]。

デッサウの劇場における最初のシーズンの上演演目は、この小規模な宮廷劇場ですら、当時、いかに多彩なレパートリーを提供していたかを明示している。一七九四・一七九五年のシーズンでは、ボッサンの一座が四六作品にもおよぶ演目を舞台に乗せた。ここでもまた、イフラント、シュレーダー、コッツェブー、ゴッター、バーボら、ドイツ全土での人気作家がプログラムの中心を占めていたが、他方、演出された作品総数の三分の一にまで達した音楽劇が、レパートリーに変化をつけ、そのバランスを補いつつ全体をより豊かなものにしたのである。『医者と薬剤師』、『赤ずきん』をはじめとするディッタースドルフのヒット作、また、モーツァルトの『魔笛』のほか、パイジエッロ、ベンダ、ヴラニツキー、グレトリらの作品などが、シーズンを通してデッサウの舞台に花を添えた（表8－2）[27]。

『贅沢とモードの雑誌』の記事に信頼を置くなら、このデッサウの上演演目もまた、ドイツ語圏における演劇事情の特徴を明示しているといえるだろう。実際、デッサウからさらにかなた北方、スウェーデン領ポンメルンのような辺境においてすら、旅回りの劇団の公演が、シュトラールズンドやグライフスヴァルトの演劇ファンにたいして、遠

作家名	作品タイトル	ジャンル	初演
シュレーダー，フリードリヒ・ルートヴィヒ	『週間新聞による結婚』	喜劇	1794年９月16日
ゲーテ，ヨハン・ヴォルフガング・フォン	『クラヴィーゴ』	悲劇	1794年９月19日
シューバウアー，ヨハン・ルーカス	『村の代表』	コミック・オペラ	1794年９月21日
ボッサン，フリードリヒ・ヴィルヘルム	『感謝の神殿』	歌唱つきエピローグ	1794年９月23日
シュレーダー，フリードリヒ・ヴィルヘルム	『フェーンドリッヒ，もしくは謂れなき嫌疑』	シャウシュピール	1794年９月23日
ベック，ハインリヒ	『駄々っ子』	喜劇	1794年９月26日
ツィーグラー，フリードリヒ・ヴィルヘルム	『旅の皇帝』	喜劇	1794年９月30日
イフラント，アウグスト・ヴィルヘルム	『にせの手柄』	家族劇	1794年10月２日
ヌニェス・デ・リアム，ドゥアルテ	『イニェス・デ・カストロ』	悲劇	1794年10月５日
ダリエン，ベルンハルト・クリストフ	『田舎娘』	シャウシュピール	1794年10月９日
イフラント，アウグスト・ヴィルヘルム	『狩人』	風俗劇	1794年10月12日
バーボ，フランツ・マリウス	『市民の幸福』	家族劇	1794年10月14日
ラフォンテーヌ，アウグスト・ハインリヒ・ユリウス	『自然の娘』	シャウシュピール	1794年10月19日
ボッサン，フリードリヒ・ヴィルヘルム	『演劇術の犠牲』	引退エピローグ	1794年10月19日
ヴラニツキー，パウル	『妖精王オベロン』	オペラ	1795年７月19日
イフラント，アウグスト・ヴィルヘルム	『旧き時代，新しき時代』	シャウシュピール	1795年７月21日
コッツェブー，アウグスト・フォン	『貧しさと高潔』	喜劇	1795年７月23日
イフラント，アウグスト・ヴィルヘルム	『奉仕の義務』	シャウシュピール	1795年７月24日
ダレラック，ニコラ＝マリー	『ルドルフ・フォン・クレキ』	オペラ	1795年７月26日 1795年７月28日
ベンダ，ゲオルク	『ロメオとユリア』	オペラ	
イフラント，アウグスト・ヴィルヘルム	『磁力—瞳を閉じて，見よ』	喜劇	1795年７月28日
フーバー，レオポルト	『公然たる私闘』	シャウシュピール	1795年７月31日
グレトリ，アンドレ・エルネスト・モデスト	『ゼミーレとアゾール』	オペラ	1795年７月31日

表 8 - 2　デッサウ宮廷劇場における新演出作品リスト（1794・1795 年）

作家名	作品タイトル	ジャンル	初演
ディッタースドルフ，カール・ディッタース・フォン	『赤ずきん』	コミック・オペラ	1794年 7 月30日
ユンガー，ヨハン・フリードリヒ	『おせっかいな人』	喜劇	1794年 8 月 1 日
ハーゲマイスター，ヨハン・ゴットフリート	『大いなる運命』	シャウシュピール	1794年 8 月 1 日
ディッタースドルフ，カール・ディッタース・フォン	『ヒエロニムス・クニッカー』	コミック・オペラ	1794年 8 月 3 日
ハーゲマン，フリードリヒ・グスタフ	『オットー・デア・シュッツ，ヘッセンの王子』	シャウシュピール	1794年 8 月 7 日
サリエリ，アントニオ	『暗号』	コミック・オペラ	1794年 8 月 9 日
ボッサン，フリードリヒ・ヴィルヘルム	『前夜』	歌唱つきプロローグ	1794年 8 月 9 日
シュレーダー，フリードリヒ・ルートヴィヒ	『事態は一変した』	喜劇	1794年 8 月 9 日
モーツァルト，ヴォルフガング・アマデウス	『魔笛』	オペラ	1794年 8 月11日
コッツェブー，アウグスト・フォン	『イギリスのインド人』	喜劇	1794年 8 月15日
ディッタースドルフ，カール・ディッタース・フォン	『医師と薬剤師』	オペラ	1794年 8 月17日
コッツェブー，アウグスト・フォン	『人間嫌いと後悔』	家族劇	1794年 8 月 9 日
ダレラック，ニコラ・マリー	『サヴォアの二少年』	コミック・オペラ	1794年 8 月20日
ゴッター，フリードリヒ・ヴィルヘルム	『奇想天外な英国人』	喜劇	1794年 8 月20日
イフラント，アウグスト・ヴィルヘルム	『偏屈な独り者』	家族劇	1794年 8 月22日
ダレラック，ニコラ＝マリー	『狂恋のニーナ』	オペラ	1794年 8 月26日
シュレッター，ザロモン・フリードリヒ	『大当たり！』	シャウシュピール	1794年 8 月26日
パイジェッロ，ジョヴァンニ	『美しき水車小屋の娘』	コミック・オペラ	1794年 8 月29日
ダレラック，ニコラ＝マリー	『未開人たち』	オペラ	1794年 9 月 5 日
ハーゲマン，フリードリヒ・グスタフ	『跳躍伯ルートヴィヒ』	愛国劇	1794年 9 月 7 日
ツィーグラー，フリードリヒ・ヴィルヘルム	『風変わりな伯父』	喜劇	1794年 9 月12日
ディッタースドルフ，カール・ディッタース・フォン	『船主』	コミック・オペラ	1794年 9 月14日
ドゼード，アレクサンドル・ニコラ	『アレクシスとジュスティーヌ』	コミックオペラ	1794年 9 月16日

い邦々で制作されたオペラの楽しみを確実に伝えていたのである。これら北方の都市でもまた、デッサウと同じように、一七八〇年代から一七九〇年代にかけての時期、ヨハン・アダム・ヒラーの『狩』、ベンダの『メデア』（フリードリヒ・ヴィルヘルム・ゴッターのドイツ語台本による）のような人気演目のほか、グレトリの『ゼミーレとアゾール』、ディッタースドルフの『医者と薬剤師』、『赤ずきん』、ヴラニツキーの『オベロン』、モーツァルトの『魔笛』、『ドン・ジョヴァンニ』などの諸作品が、公演プログラムを賑わせたのであった。(28)『狩』、『メデア』のほか、『医者と薬剤師』、『魔笛』など、オペラ部門におけるヒット作の人気は、これら最北の地から、南はグラーツとトリエステ、さらに西はアムステルダム、東はサンクトペテルブルクとウィーンにいたるまで、全ドイツ語圏のすべての劇場をことごとく支配したのである。(29)これらの作品はさらに、舞台での上演と平行して、ピアノ編曲版、歌曲集、アリア集、印刷された台本テクストなどを通じて、音楽愛好家のあいだに普及していった。そのほか、コッツェブーやゴッターらのように、台本作家としても成功をみた人気作家の場合、その戯曲をみずからの作品集の一部として出版することもあった。(30)

刺激的な娯楽は——とりわけ台詞と音楽と両方をともなうのが理想的であったが——楽しみのために視覚と聴覚、さらに識字能力を駆使しようとする当時の公衆の趣味にぴたりと合致するものであった。こうした理想に応えるべく、上に挙げたような演劇の諸領域が結集させられ、世の趨勢はますます、本来のジャンルの境界線を越えた新しい娯楽のかたちを求めるようになっていた。悲劇（このジャンルの作品は、どちらにしろときとともに舞台で取りあげられる機会が減少していた）、シャウシュピール、そして喜劇を互いに区切ったはずの閾は、しだいに曖昧なものになりつつあった。人気作家のなかには、こうした境界を故意に不明確にすることで、受け手の感情を翻弄しようと意図するケースすらあった。観客の涙を誘うシーンから、突如、陽気な情景へと移行する、じつにめまぐるしい場面転換は、実際、コッツェブーの戯曲にもモーツァルトのオペラにも共通して認められる特色である。しかし、生前それほど決定的な成功を手にすることのなかったモーツァルトが、その死後に大作曲家として認められた経緯において、こうした息詰まるような場面構成の特色が大きな決め手となったわけではけっしてない。たとえば、コッツェブーに関していうなら、この往年のベストセラー作家は、一八一九年、彼を保守反動の旗手とみなす急進派の青年、カール・ルートヴィヒ・ザントによって暗殺され、この事件がさらにカールスバート決議および、ブルシェンシャフト運動の迫害へと発展することがなかったなら、おそらく今日、まったく忘れ去られた存在となっていたことだろう。

観　客

劇場の観客がどのような要望と趣味を抱いていたかという問題については、繰り返し議論してきた。しかし、ここでいう観客とは、具体的にはどのような人びとだったのだろうか。彼らは、社会集団として、いかなる構成を有していたのか。当時の観客層について、いま確言できるのは、ただ、彼らがきわめて不均質なグループであったということのみである。一八三九年の一般演劇事典は、この点について、つぎのように強調している。

古典主義の戯曲作品を前もって繰り返し丁寧に読み込んだうえで平土間《パルテレ》に陣取り、手にした台本と読み合わせながら役者の台詞に聞き入る学生たちと、豪勢な晩餐を散々楽しんだあと、あくびをこらえつつ、腹ごなしがてらに正面桟敷の特別席に腰を据える上流の人びと。彼らのあいだには、いかに大きな隔たりがあることだろう。一週間のあいだ節約を重ねて入場料を捻出し、日曜ごとに家族を連れて天井桟敷に通ってくる手工業者たち。〔オペラ作品の〕ピアノ編曲版の楽譜持参で訪れ、オーケストラと歌手のできばえをあれこれ批評する音楽愛好家。最高レベルの精神的陶冶と、娯楽を追い求める露骨な欲望。高位の人びとの華麗さと寛いだ雰囲気、そして、〔中下層の〕窮乏と下賤な好み。劇場では、これらさまざまな要素がひとつところに同居しているのだ。(31)

図版20　ウィーン，ブルク劇場の観客席，作者不詳，彩色銅版画
（ウィーン，オーストリア国立図書館・図像資料室所蔵）

一八世紀の観客層は、宮廷関係者のほかに、主として、経済ブルジョアジー、教養ブルジョアジー、そして官職エリートから成り立っていたが、その構成の細部に目を移すと、地域によっても差異があったことがわかる。旅回りの劇団は、宮廷から特別に招かれて客演するケースを除けば、その公演先を、まず何よりも、商業の中心地としての役割を担った諸都市のなかから選んでいた。すなわち彼らは、ハンブルク、ライプツィヒ、フランクフルト（ここでの日常生活を、ゲーテの母は「月曜日は舞踏会——金曜日はコンサート——、そして、火曜日、木曜日、土曜日は観劇」と記している[32]）などの都市において、商業を生業《なりわい》とする多くの人びとを観客として集めることができたのであった。音楽を趣味とする商人、ヨハン・ハインリヒ・ゴスラーのような人物が、（当家の家計簿の記録によれば）一七八六年九月以降、妻とともに定期的に観劇に出かけるようになったという事例からみるに、こうした状況は、一七八〇年代から一七九〇年代に入ってもなお、ほとんど変化することがなかったようだ。それどころか、ハンブルクでもフランクフルトでも、商人の妻た

ちは、夫を連れずに気ままに劇場を訪れ、帰宅後、女性同士でパンチを囲んで芝居について語り合うこともあったという(33)。そのほか、各地を遍歴し、大都市ならではの文化活動の恩恵におおいに浴していた教養旅行者たちもまた、観客層において一定の役割を果していた(34)。

一方、宮廷都市では、宮廷劇場が組織化され、入場料を徴収して一般の人びとを客席内に受け入れるようになったことにより、観客層の構成が根本的な変化をきたすようになっていた。たしかに、ウィーンやミュンヘンのように、伝統ある大規模な居城都市では（少なくともウィーンでは）、宮廷劇場の観客層はのちの時代にいたるまで貴族的な色合いをけっして弱めることはなく、そしてこのことが、郊外の民衆劇場に大盛況をもたらす原因にもなったといわれる。だが、それとは対照的に、中小の宮廷都市の観客グループは、社会的にみてより多様な構成をもっていた。ただ、これらのケースにおいてもまた、劇場の内部構造を巧みに利用して、観客同士が身分によって明確に隔離されるよう、工夫がなされたのである。すなわち、舞台は、君主が宮廷人をともなって観劇する二階正面桟敷席からもっとも良く見えるように計算されて作られていた（とはいえ、宮廷人たちは、ときにより、また、その位階に応じて、ほかの桟敷に席を割り当てられることもあった）。その上方、三階・四階桟敷を占めたのは、富裕な市民、官職エリート、知識人や芸術家であった。他方、一階平土間《パルテレ》は、士官および、教養旅行者など他所から訪れた客人らにとっての指定席となり、また、手工業者、徒弟、使用人ら、いわゆる「民衆」は、天井桟敷、あるいは、前方平土間《パルケット》内に通常の座席と分離して設けられた市民用の「安ベンチ席」に詰めかけたのである(35)。

一七七九年、マンハイム国民劇場では、このシーズンに上演された一四〇回の公演すべてに有効な定期予約券が、比較的割安な三階桟敷で一六グルデン、平土間《パルテレ》で一八グルデンで販売されたのにたいし、二階桟敷の値段は二八グルデンと、群を抜いて高額であった。この特等席をめぐって争奪戦を繰り広げたのは、主として大臣や士官であったが、なかには、菓子製造業者シェーファーのように、市民層のなかにも、二階桟敷を定期予約するだけの経済的余裕をもつ人びともいた。また、四階桟敷の購入者としては、製パン業者二人、食肉業親方一人の名が記録されている(36)。

入場料金を支払って観劇する人びとにたいして門戸が開かれたことにより、劇場支配人は、宮廷の趣味と同時に、こうした一般観衆の要望を満たすという課題を突きつけられることになった。たしかに、貴族的な行動規範は、市民階層の観客にもいまだなお強い影響を与え続けていた。だが、その一方で、高価な桟敷席を購入するだけの経済力をもったパン屋や肉屋の親方が、支払った入場料金に見合うだけの、変化に富んだ娯楽の可能性を求めていたことも事実であった。彼らは、工夫を凝らした新演出が定期的に舞台を飾ることを期待しており、ときによっては、その希望を強く訴えることもあった。代金を支払って観劇するという現実が、観客をやがて、強固な自負心をそなえた文化消費者へと育成したのである。舞台に不満があれば、彼らは貴族とともに、あるいは、単独でも、激しいブーイングをまき起こした。

観客層が社会的にみて不均一なかたちで構成された結果、演劇受容もまた、きわめて個人的な体験となっていった。たとえば、幼少時より音楽と舞踊の教育を受けていた高位貴族は、芸術と美学に関してある程度の知識をそなえていた。これにたいして、市民階層および官職エリートのグループは、アマチュアとして音楽演奏に親しんでいたとはいえ、こうした能力に関して際立っていたとはいえなかった。[37] この後者のグループと同様、一八世紀後半においてますます熱心に劇場に通うようになっていた「市井の人びと」にとってもまた、舞台で演じられる情景と物語が、いかに日常世界のリアリティ、あるいは、普遍的な常態と整合しているかが、最大の関心事であった。さらに、専門家のあいだでも、趣味の相違は存在した。評論家や雑誌の寄稿者のように、芝居を芸術的・美学的基準から判定しようとする人びともあれば、他方、感覚的・感情的な関心を抱いて、作品に深く感情移入する演劇通もあった。こうした「演劇中毒」「オペレッタ中毒」は、当時、「非行」として不当に非難された「読書中毒」と同様、一部の後期啓蒙主義者によってきびしい批判を浴びせられることになった。だが、演劇のジャンルにおいて、こうした感覚的な方向性での欲求が満たされないとなれば、人びとは躊躇なく劇場から足を遠ざけ、ほかの娯楽の可能性に関心を向けたのであった。たとえば、一八〇一年、マンハイム国民劇場の支配人、ハインリヒ・ベックが企図した、シラーおよび他の古典作家の作品をレパートリーに採用することにより「堕落しきった観客を……ふたたび高いレベルに引き上げる」という計画は、観衆がにべもなく娯楽の場を舞踏場に移行させたことにより、手痛い挫折を体験することになった[38]。こうしたことから、劇場付属のレストラン、休憩室で、「ワイン、ビール、リキュール、コーヒー、チョコレート、茶を供し、また、一台から数台のビリヤード台を設え、合法のカードゲームを許すのを」妨げることは、もはや不可能であった[39]。

しかし、当時の人びとにとって、実際に劇場へと足を運ぶ行為は、必ずしも、演劇をめぐる娯楽興業および芸術活動に参加するための唯一の手段を意味していたわけではなかった。まず何よりも、雑誌・ジャーナル類の記事を通じて、彼らは、ドイツにかぎらず、ヨーロッパ各国における演劇の動向を正確に把握することができたのだった。たとえば、『贅沢とモードの雑誌』は、ロンドンとパリの舞台をめぐる報告やエピソードを定期的に掲載していた。当誌はたとえば、一七八六年三月には、「イギリス人による最新舞台の豪奢」という見出しのもとに、『オマイ、もしくは世界旅行』の公演について報じた。コヴェントガーデン劇場で上演されたこの作品は、キャプテン・クックの世界航行を戯曲化し、贅を尽くした舞台へと仕上げたものであった[40]。また、聖職者の信頼を失墜させるような内容の戯曲、『シャルル九世、もしくサン・バルテルミ』が、パリ、国民劇場で上演されるのを教会関係者が阻止しようとしたところ、逆に、この舞台に関する人びとの好奇心を煽って、結果的には公演成功の一翼を担うことになったという、「坊主たちの陰謀」のような記事も、読者の関心に充分に答えることができた[41]。さらに、ドイツの演劇ニュース欄では、各地の公演プログラムの一覧が随時紹介されたほか、話題になった新演出に関しては、その成功や不評の原因について忌憚なく論じられた。国内の劇場のなかでも、とりわけ集中的にとりあげられたのがベルリンの舞台であったが、これらの批評の背景には、当劇場が抱いた、ドイツにおける国民劇場としての抱負が強く意識されていた。一七八九年一二月、ベルリンからの報告は、つぎのように論じている。

『イギリスのインド人』の公演は、当地ではまずまずの成功をおさめたといっていいだろう。作品は多くのリクエストに応えて可能なかぎりの早いペースで連続上演され、ブームはようやくいま、水夫ジャックとともに停泊状態に入り、一応の落ち着きをみせたようだ。ウンツェルマン夫人はバーレーをあまりに清純で愛らしく演じ、その演技は、非現実性という誤謬、あるいは、これほどまで極端な無知が道徳的にみて不可能だという問題点を、観る者の念頭からいっとき消し去るほど、素晴らしいものであった。フレック氏のカベルダールはまさしく当たり役であろう。役者の声音と目つき、そのすべての演技が、カベルダールの正体を知らぬ人びとにも、彼がじつは――かつてインドの太守であったという事情を充分に理解させるのだ。……――父祖伝来の宗教の忠実な信奉者であるムサフェリーが、終盤、めまぐるしく続く運命の驚くべき展開に直面して、感謝の念に満ちたユニークな台詞、『おお、ブラーマ神よ！　ブラーマ神に讃えあれ！』を叫んだとき、客席には笑い声が起きた。注意していただきたい。観客は笑ったのだ。ドイツでは、優れた趣味と、舞台にたいする鋭敏かつ正当な評価能力を誇れるような、まさしく国民的と呼びうる観客層は、いまだ形成されていないのだ。ムサフェリーの台詞への反応は、こうした事実を新たに証明するものであろう。[42]

『イギリスのインド人』は、「マンハイムでもまた、未曾有の好評を博したが、この成功はおもに、インド人の少女を演じたマムゼル・ヴィットホフトの比類なき演技によるところが大きかった」。[43]

そのほか、演劇愛好家にとって、少なくとも、上演された戯曲そのものの評判と同様に重要だったのは、劇団のメンバー、その異動および配役の変更（「ベルヴァルト嬢は当地の舞台を引退した」といったニュースは細かく報じられていた）、そして、お気に入りの俳優の出演に関する情報であった。一七九〇年の『贅沢とモードの雑誌』の記事によると、「一月三日、ベック夫人が、『フェリックス』のテレーゼ役で、産休後最初の舞台復帰を果した。観客は――かつてと変わらず――その登場に熱狂し、終演後は何度もカーテンコールに呼び出した。すべて、慣習どおり、というわけである」(44)。人びとは、このようにして、マンハイム国民劇場の俳優で、のちに演劇部門の総監督となるハインリヒ・ベックの妻の復帰公演を祝ったのであった。しかし、他方、彼らは、ベルリンの俳優、チェヒティツキーがカフェにのんびり腰を据え過ぎたあまり舞台に遅刻したときのように、場合によっては人気役者にたいして激しい非難とブーイングを浴びせることもあったのだ(45)。

一八世紀における舞台俳優は、多くの人びとが感情移入し、また自己同一化することのできる、まさしくアイコン的存在にほかならなかった。たとえば、当時、これほど夥しい数の回想録を残した職業グループは、舞台俳優をおいてほかにはないだろう。ロンドンで活躍した名優、デヴィッド・ギャリック、サラ・シドンス、メアリー・ロビンソンのように、真の意味での国民的名声を獲得するレベルに到達するケースはドイツにはみられなかったとはいえ、コンラート・エクホーフ、ヨハン・フランツ・ブロックマン、フリードリヒ・ルートヴィヒ・シュレーダー、アウグスト・ヴィルヘルム・イフラント、フリードリヒ・フレック、ルートヴィヒ・デフリエント、ゾフィー・シュレーダー、カロリーネ・ヤーゲマン、ウンツェルマン夫妻らの名は、すでにドイツ語圏全域に知れわたっていた。また、歌手ゲルトルード・エリーザベト・マラのように、ヨーロッパ各地でプリマドンナとして絶賛される芸術家もあった。特定の宮廷劇場との契約および、それによって生じる拘束は、たしかに、しばしば俳優たちの他地域での客演の活動範囲に制約を与えることになった。しかし、当時の舞台俳優の活動の可動性は、ちょうど、宮廷楽長のそれと比較して考えることができるだろう。すなわち、実際には、各地の諸侯および宮廷劇場は人気俳優を繋ぎ止めるために激しく競い合い、その結果、ごく並のレベルの俳優たちのあいだですら、頻繁な異動がみられたのであった(46)。

だが、諸侯や貴族にかぎらず、市民階層もまた、舞台俳優の輝かしい栄光にともにすすんで与《あずか》った。たとえば、フリードリヒ・ヴィルヘルム・グロースマンが主宰したフランクフルトの劇場を多額の寄付金によって支援したゲーテの母は、一七八四年、シラー『たくらみと恋』の主役を演じて好評を博した若き日のイフラントを、繰り返し自宅に招待している。さらに彼女は同年、若くしてすでに成功をおさめた俳優、カール・ヴィルヘルム・フェルディナント・ウンツェルマンに大変な熱を上げていた。グロースマンがフランクフルトの劇場のために出演契約をとりつけた人気俳優、ウンツェルマンは、卓越した演技力と即興的才能とを併せもち、台詞劇だけではなく、フィガロ、レポレッロ、パパゲーノなど、いくつかのオペラの役柄においても異彩を放っていた。そして、フランクフルトでもベルリンでも、女性ファンたちの熱狂ぶりは、劇場内にとどまることはけっしてなかった。そのため、彼の妻で、自身もともに舞台に立ったフリーデリーケ・アウグステ・カロリーネ・ウンツェルマンは、夫をめぐる情事のかずかずを身近に直接感じ取るという辛苦を舐めることになったのだった。夫妻は結局、一八〇三年に離婚し、フリーデリーケはその後、一四歳年下の俳優、ベトマンと再婚することでようやく溜飲を下げたのであった。[47]

男性の俳優に比較すると、女優たちは、芸術と官能、搾取とが混交した状況に、より深刻なかたちで身を晒していた。そして、このことがしばしば、彼女たちを、男性の観客の情欲の対象へと貶めることになったのである。こうした場合、観衆は、女優個人と、彼女が演じる役柄とを混同することがよくあった。[48] その典型的な事例が、カロリーネ・ヤーゲマンであろう。ヤーゲマンは、一年間の歌唱レッスンを受けたのち、一七九二年、イフラントによって、わずか一五歳で、「若い恋人および農婦」の役柄を演じる女優としてマンハイム国民劇場の舞台に抜擢されたのだった。その後、ワイマールに拠点を移して宮廷歌手（契約金二〇〇ターラー）の道を選び、ほどなく女性初の宮廷専属ソロ歌手（同四〇〇ターラー）に昇格したことで、彼女の運命は劇的に好転する。とりわけ、ザクセン大公カール・アウグストの公然の愛人となり——ヤーゲマンは大公とのあいだに三人の子を儲けた——、のちに貴族に列せられたことは、彼女の特別な地位をさらに輝かしいものとなした。このような特別な保護と支援のもとに、カロリーネ・ヤーゲマンは、そのほかの出演契約やさまざまなオファーを断り、みずからの芸術活動を真の意味で自由に展開することができたのであった。しかし、これとは対照的に、他の多くの女優たちは、単なる性欲の対象とみなされ、「自堕落な品行」に陥る危険性とつねに隣り合わせの状態で、危うい綱渡りを続けなければならなかった。[49] 女優たちの行状は、劇場の観衆および演劇記事の読者の興味をかき立て、演劇ファンの娯楽にたいする渇望を、より適切なかたちで満たすことになった。そして、多くの女優が出版した人生の回想録は、こうした大衆の好奇心を充分に計算に入れたうえで執筆されたのであった。こうして、舞台の登場人物だけでなく、それを演じる役者個人にたいしてもまた、人びとは心底から共感し、自分たちの感情と人生を重ね合わせて考えることができたのだった。こうした状況が、一八世紀後半、未曾有の娯楽演劇ブームをまき起こす一因となったという点では、ドイツもけっしてヨーロッパにおける例外ではなかったのである。

第9章　新しい嗜好品と社交のかたち

この時代、イギリス人もまたハンブルクに到来し、茶、そしてコーヒーを供する商売を始めた。やがてオランダ人がこれに続いた。こうしたことから、ほどなく、茶とコーヒーを嗜む習慣が広く普及し、代金を支払う余裕のある者はみな、これらの飲み物を口にするようになった。さらに近年では、ともに茶やコーヒーを楽しむことが、人びとが互いに集うための格好の契機をつくっている(1)。

ヨーロッパ人がはじめてコーヒーの味を覚えたのは、一六世紀、アラブ世界においてのことであった。その後数世紀のうちに、コーヒーはヨーロッパ各地の諸侯の宮廷および貴族のあいだに伝播し、その後、大都市の市民生活にもしだいに浸透していった。だが、コーヒー、また、それと並んで茶やチョコレートを喫する習慣が市民階層のあいだに本格的に波及するには、一八世紀をまたなければならなかった。コーヒーの賞味は、コーヒーハウスという施設を通じて組織化され、公共性成立のための媒体となったが、それればかりでなく、ともにコーヒーを囲むという行為は、市民たちが家族および親しい友人のサークルのなかで展開した余暇活動においても、きわめて重要な役割を果したのであった。こうした背景のもとに、コーヒーと茶は何よりも、一八世紀の新たな消費文化の形成過程と密接に結びついていた。

今日、ヨーロッパ各国語で用いられている「コーヒー（カフェ、キャフェ）」という語は、アラビア語の「カフワ（Kahwa）」から派生したとされている。一三から一四世紀にかけて、エチオピアのカッファ地方に由来し、コーヒーの木の種を原料とする、興奮作用をもつ煎じ汁がアラビア半島全土で広く飲まれるようになっていた。そして、レオンハルト・ラウヴォルフによる東方旅行記（一五八二年）および、イタリアで出版された中東の風物に関する著作を通じて、この植物は初めてヨーロッパ人の知るところとなったのである。他方、飲料としてのコーヒーを伝播させるための実際の発信地となったのは、まずオスマン帝国およびその地中海の諸港、そして、当時、イギリス・オランダ東インド会社の貨物船が定期的に寄港していた現イエメンの港町、モカであった。だが、イエメンおよび、紅海周辺の生産者によるコーヒー栽培の独占状態が崩壊するのは、まさに時間の問題であった。インドからメッカを目指した巡礼者たちがコーヒー豆をもち帰り、マラバール海岸の後背地、ガーツでその栽培を試みたのち、これを真似たオランダ人が、コーヒーの木をさらにジャワ、セイロン、スリナムへと運んだのであった。こうして一八世紀には、コーヒー栽培はカリブ海沿岸諸地域（ハイチ、サント・ドミンゴ、マルティニック）、ゴアからさらにリオデジャネイロにまで広がっていた。一七八九年には、奴隷労働によって営まれたハイチのプランテーションだけで、年間六〇〇〇万ポンドのコーヒーが生産されたが、その大部分がまずフランスに輸出され、そこからさらにアムステルダム、ハンブルクなどの諸都市へと再輸出されたのである(2)。ドイツへのコーヒー輸入は、こうして、アムステルダム、ロンドン、ボルドー、ナントと商取引をもったハンブルク、あるいは、地中海地域およびオスマン・トルコ帝国と密接な関係にあったヴェネツィア、ウィーンを経由して行なわれた。

こうしたことから考えて、ヨーロッパ初のコーヒーハウスが、一六四七年、ヴェネツィアに成立したという事実は、もはや驚くにはあたらないだろう。以後、そのあとを追うようにして、一七世紀なかばのうちに、ロンドン、オクスフォード、アムステルダム、パリ、マルセイユで、つぎつぎとコーヒーハウスが店を開いた。営業の主導権をとったのは、多くはアルメニア系、ユダヤ系、ギリシャ系の企業家たちであった。なかでも、ブームがもっとも凄まじい勢いで進行したのはイギリスで、たとえばロンドンでは、一七〇〇年には早くも、コーヒーハウスが市内全域で乱立状態にあったという。一七三九年のデータによれば、ロンドン市域内で営業した宿屋（「イン」）二〇七軒、居酒屋（「タヴァーン」）四四七軒にたいし、コーヒーハウスは五五一軒にまで達していた。コーヒーハウスは、コーヒーのほか、チョコレート、ワイン、ブランデー（コニャック）、パンチを提供しており、客が注文した飲み物は、店内の隅に設置されたカウンターから出されることになっていた。これらの飲食のほか、コーヒーハウスは、談話と情報交換の中心地としてとりわけ大きな意味をもっていた。ここでは、個人同士が自由な議論を展開したほか、商品とその価格、それをめぐるさまざまな意見や情報がじっくり話し合われたすえに、実際の商取引が結ばれることもあった。また、その数が増大するにつれて、それぞれの店の役割がしだいに特化していったという。たとえば、ロンドンで株券や国債証書の取引に関心をもつ人びとはみな、王立取引所小路《エクスチェンジ・アレー》の「ジョナサンズ・コーヒーハウス」へと足を向けた。一方、船乗りや保険業者の溜まり場となったのは、ロンバード・ストリートの「ロイズ・コーヒーハウス」である。この店は、一六九〇年以降、航海と海事に関するニュース紙を発行し、やがて海上保険をも手がけるようになった。ロイズの名は、今日なお、最大手の保険業者のひとつとして広く知られている。さらに、法律家たちは「アリスズ」あるいは「ヘル・コーヒーハウス」に結集し、また政治家は、議場の外でもトーリー党員、ホイッグ党員に分裂したまま、前者が「ココア・ツリー」、後者が「アーサーズ」の得意客となった。そのほか、書籍取引業者（「チャプター・コーヒーハウス」）、芸術家（「オールド・スローターズ・コーヒーハウス」）、文筆家（「ウィリーズ」）、俳優（コヴェントガーデンの「ライツ」）、歌手・ダンサー（ヘイマーケットの「オレンジ」）なども、それぞれ、行きつけのコーヒーハウスをもっていた。

雑誌『タトラー』を通じて世論に大きな影響力を行使していたジョゼフ・アディソンとリチャード・スティールもまた、当誌に掲載するニュース記事を、社会グループおよび、それぞれが通うコーヒーハウスによって分類したのであった。[3] アディソンとスティール自身、「チャイルズ・コーヒーハウス」に通い詰めており、彼らの信奉者もやがては同じく「チャイルズ」の常連となるほど、この店と密接な結びつきをもっていた。[4] だが、コーヒーハウスの社会的機能は、単に、交際と情報交換、商取引の中心地としての役割だけにかぎられることはなかった。とりわけ、ジャーナリズムと政治を中心とする公共性の問題に焦点を置いた研究の視座は、コーヒーハウスが文化消費のための公共施設であったという事実を、あまりにもしばしば看過してきたのである。実際、客たちはコーヒーハウスを、図書館、芸術作品の展示・競売場、劇場、コンサート会場など、じつにさまざまな目的で利用していた。当局、とくにトーリー派と王党派からたびたび疑いの目を向けられたコーヒーハウスを、アディソンとスティールは「洗練された会話」の場として理想化しようとした。それゆえに彼らは、しばらくのちに、中下層の庶民もしだいに好んでコーヒーハウスを訪れるようになるとほどなく、こんどはクラブや社交の集いを舞台に展開される優雅な談論の世界へと引きこもったのである。[5]

一方、神聖ローマ帝国でコーヒーが飲まれるようになったのは一七世紀、ウィーンでのことであった。もっとも、当地に最初のカフェハウスが開店するのはようやく一七世紀末であり、それ以前には、貴族のあいだにコーヒーを好む人びとが若干、存在したにすぎない。伝説によれば、ウィーンの人びとは、一六八三年、オスマン・トルコ軍による包囲戦に勝利したのち、トルコからの戦利品の一部として、コーヒー豆を収めた倉庫を手に入れたのだという。一六八五年にウィーン初のコーヒー小売業の営業特権を得たのは、やはりアルメニア人であった。一六九七年には、同じくアルメニア系の企業家数人が、前後してカフェハウスの営業特権を与えられたが、しかし一七〇〇年には、市内におけるコーヒー店の数はいまだ四軒に制限されていた。ここでの営業権とは、「公共に開かれた店舗内において、茶、コーヒー、チョコレートを淹れ、同じく、氷菓を供すること」とされており、当初からコーヒー以外の新しい嗜好品の販売を含んでいたことがわかる。[6] 政府による制限を受けたため、初期においてはそれほど伸びなかったウィーン市内のカフェは、しかし、一七三七年には三七軒にまで増えていた。郊外部を視野に入れるなら、さらに多くの店が営業していたことになる。カフェハウスはその後も増加の一途をたどり、一七七〇年には四八軒、そして一七九一年には八〇軒以上を数えるようになった。こうした店舗の軒数そのものは、もちろん、凄まじい数のコーヒーハウスが並び立ったパリ、ロンドンの数値と同次元で比較しうるものではないだろう。しかし、他方、ウィーンでもまた、まぎれもなく独自のカフェ文化が形成されていたのである。その中核となったのは、雑誌類と新聞、そしてカフェハウスを舞台に展開された活発な政治的議論であった。そのほか、当時、最新流行の遊戯としてもてはやされたビリヤードは、店主に莫大な収入をもたらすことになった。一八世紀初頭にウィーンを訪れた外国人旅行者たちは、カフェを舞台に自由で開放的な議論が展開されるさまに感嘆を隠しえなかったが、しかし、このような魅力は、世紀の終わりにはすでに失われつつあったようだ。この頃のカフェハウスは、少なくとも北部ドイツのプロテスタント圏から来た教養旅行者の目から見れば、もはや無為の徒の溜まり場にすぎなかった。たとえば、フリードリヒ・ニコライは、ウィーンのカフェハウスで、なんとも居心地の悪い気持ちを味わうことになった。ドイツ中を探しても、これほど夥しい怠け者がたむろする場所はほかにないだろう、とニコライはいう。「一日のうち、何時であろうと、とにかくカフェハウスを、あるいは夏季であれば、庭園内にしつらえられた店を覗いてみるがよい。これらの場所では、ほぼ例外なく、仕事もせず、何もすることがない大勢の人びとがただ時間をつぶすありさまにお目にかかることになるのだ」。一八〇四年に、つぎのように嘆いたエルンスト・モーリッツ・アルントもまた、ニコライと同じ趣旨を抱いていたのであろう。「ウィーンのカフェにはつねに人びとが集っているが、しかし、ここで真の意味での談話がなされるのは、きわめてまれなことである」[7]。

こうしてドイツ人旅行者がとりあげた論点にこそ、ウィーンのカフェハウスとイギリスのコーヒーハウスとの相違が歴然と現われているといえるだろう。だが、この相違が重要な意味をもつのは、ハーバマスの研究に代表されるように、コーヒーハウスが担った社会的役割のうち、公共の議論を広く解放していくという機能に考察の焦点を据える場合においてのみである[8]。コーヒーハウスの社会史的価値は、多くの先行研究において、あくまで公共性の観点を中心に評価されてきたが、しかし、いずれにしても、オーストリアでカフェハウスが得た人気と、そのきわめて広い普及の現実を否定することはけっしてできない。一八〇〇年前後にはすでに、ハプスブルク君主国領内の主要都市および郡庁所在地には、例外なくウィーン風のカフェハウスが伝播していたといわれている。そして、カフェがより広範な地域へと広まるにつれて、提供されるコーヒーの種類も著しく細分化されていった。たとえば、一七八六年のメニューには、生クリーム入りカフェ（四クローネ）、ミルクコーヒー（三クローネ）、ブラックコーヒー（三クローネ）、生クリーム入りダブルコーヒー（一二クローネ）が挙げられている。茶の値段はコーヒーよりも高く、また、チョコレートはさらに高価であった。カフェハウスに行く経済的余裕のない人びとにたいしては、各地であまた店を開いたコーヒースタンド、あるいは「移動式コーヒー露店」が、コーヒー一杯と三日月形パン《キプフェル》のセットを一クローネで提供していた(9)。

他方、北部ドイツにおいてコーヒーの普及に貢献したのは、ブランデンブルク選帝侯、フリードリヒ・ヴィルヘルムの侍医を務めたオランダ人、コルネリウス・ボンテコー（コルネリウス・デッカー）であった。ボンテコーは、コーヒーには血液循環をうながす効果があると主張し、これを薬として大量に処方した。また、彼は、茶の効用によって選帝侯が思った痛風の苦痛を大いに緩和したという(10)。北ドイツでは、カフェハウスもまた、何よりもオランダおよびイギリスの影響を受けて設立された。そして、数多くのカフェハウスが競合した大都市部と、一軒のカフェがさまざまな社会的機能を兼ね備えた中小規模の都市・居城都市とのあいだに、きわめて大きな差異が存在したことが、北部ドイツにおける最大の特色であった。

居城都市における事例を挙げるなら、ブラウンシュヴァイクでは一七一四年、フランツ・ハインリヒ・ヴェーゲナーが営業特権を得て、「グローセス・カフェハウス」を開店した。ブラウンシュヴァイク初のカフェハウスの経営は大成功をおさめ、その結果、店主ヴェーゲナーは、営業権のほか、さらなる特典を与えられた。たとえば、彼のカフェを訪れる客たちにたいしては、店にいるあいだ、たがいに完全な（社会的）平等性が認められた。また、ヴェーゲナーは、のちに、舞踏場の増設をも許可された。この舞踏場と並んで、カフェには多くのスペースが増築されており、これらのホールでは、演劇公演やコンサート、芸術作品の競売などが行なわれたのであった。店内では、各国から届いたあらゆる種類の新聞が提供されたのはもちろん、ビリヤードと九柱戯もまた、訪れる人びとを楽しませた。さらに、世紀なかばにはガーデン・カフェが併設され、夜間は明るいイルミネーションのもと、楽団がにぎやかに音楽を奏でた。この「グローセス・カフェハウス」にとって、はじめて手ごわい競合相手が現われるのは、一七七〇年代に入ってのことであった。すなわち、すでに以前から営業していた「フランス・カフェ」の隣に、顧客を貴族に限定した「ホテル・ダングレテール」が創設されたのである。豊富な種類の新聞・雑誌を安定した状態で提供し続ける目的で、「グローセス・カフェハウス」の店主は、やがて、入場料（年会費・月会費）を徴収するようになった。したがって、一七九四年、カフェ内に、年会費四ターラーの読書クラブが設立されたことは、当然の帰結であったといえるだろう。この間、すべての飲食店主にコーヒー販売が許可されるようになったため、カフェのオーナーにとっては、客を引き寄せるための新たな魅力の創出を工夫する必要性が生じたのである。一方、一七三三年の大学設立にともない、当初、カフェハウスの開設が必須と判断されたゲッティンゲンでは、結局のところ、文学カフェはもとより、大規模なカフェの開店にまでいたることはなかった。選帝侯の行政機関は、ビリヤード台を備えた三、四軒の既存のコーヒー店だけで、もはや充分だと考えたのであった。

　他方、市場法を課されたライプツィヒやハンブルクにおけるカフェハウスの営業は、これらの中小都市の事例とはまったく異なる様相を呈していた。ライプツィヒのカフェハウスには、書籍業者や学生のほか、ヨハン・クリストフ・ゴットシェットのような知識人らも通っていた。ゴットシェットは『タトラー』を真似て、『理性的な女性非難者たち』を創刊し、また、同じくみずから編集した週刊雑誌、『誠実なる人《ビーダーマン》』では、レーマンのカフェハウスをライプツィヒの「土地の精神《ゲニウス・ロチ》」であると主張している[11]。また、ツィンマーマンのカフェハウスをはじめ、ライプツィヒのカフェハウスは、ヨハン・ゴットリープ・ゲルナー、のちにはヨハン・セバスティアン・バッハ（一七二九年以降）

が主宰した「コレギア・ムジカ」の演奏会場となったことで、当時すでに広く知られていた。これらの音楽演奏について看過してはならないのは、演奏会が夜の時間に開催されたという点である。すなわち、ここでの音楽は、午後のコーヒーに楽しみを添える〔バックグラウンド・ミュージックの〕目的で奏でられたのではけっしてなく、飲食行為から切り離された、本格的なコンサートとして想定されていたのである。もちろん、音楽とカフェハウスとのつながりが、ここで演奏される楽曲のなかに描き出されることもあった。バッハのコーヒーカンタータ、とりわけそのアリア、「ああ、コーヒーはなんて美味しいんでしょう」は、そのみごとな作例といえるだろう。(12)

ハンブルクでは、一六七七年に最初のカフェハウスが開店したのち、一七〇〇年にはすでに市内で六店舗が営業していた。その数はさらに時代とともに増大し続け、一八一〇年には約五倍の三二軒に達した。ハンブルクのカフェの最大の特色は、やはり、誰でも自由に出入りできるという点にあった。みずからの身分にいっさい顧慮することなく、誰もがここに通い来ることができたのだ。このいわば「特権」を最初に行使したのは、市民階層、知識人、商人らである。教養と享楽、そして談話への強い関心が、身分と職業の異なるこれらの人びとを互いに結びつけたのだった。このようにして、カフェハウスはハンブルクの知的活動の中心地となっていった。たとえば、市内のネスにあった「ステュアート・カフェハウス」には、市参事会員で詩人のブロッケス、同じく詩人のハーゲドルン、諷刺作家のドライヤー、外科医のカルプザー、牧師のツィンマーマン、ヴィルケンスといった人びとが、常連客として集った。そのほか、カフェハウスを舞台に商談がなされることも、しばしばであった。

また、カフェハウスは同時に、労働と余暇を空間的に分離するための、最初の契機をつくることになった。カフェハウスとは、商店の帳場、工房など、仕事場から空間的にはっきりと別たれた場所であるがゆえに、カフェを訪れるという行為は、必然的に労働時間の中断へとつながった。したがって、カフェは、これまで人びとが日常生活においてけっして独立した時間ブロックとして意識することのなかった余暇、および、そのなかで営まれるさまざまな行動様式が本格的な展開をみるための、最初のステージとなったのである。同時に、夜遅くまでカフェハウスに腰を据えて、飲み物と談論を享受するという習慣は、旧来は休息のときであった夜を、しだいに人びとにとっての活動時間へと変えていった。この意味で、カフェ通いを、のちに大都市における典型的なライフスタイルとなる、「夜型生活」の最初の兆候と呼んでもいいだろう(13)。

だが、歴史的にみてより大きな意味をもつのは、むしろ、こうした「余暇」の生活様式が、市民階層の日課のなかに取り入れられていくプロセスである。コーヒーと茶を嗜む場所は、カフェハウスだけに限定されたわけではけっしてなかった。人びとは、家族や友人のサークルにおいてもまた、これらの飲み物を楽しむようになっていた。すでに一七二〇年代、雑誌『愛国者』は、ハンブルク市民たちによるガーデンパーティーを、ご馳走とコーヒー、茶、そしてトランプやさいころ遊びにうつつを抜かす行為として、きびしく批判した(14)。だが、ハンブルクの人びとはこうした不当な弾劾に屈することなく、コーヒーを日常の飲み物として家庭生活のなかに根づかせていったのである。ヨハン・アントン・ティッシュバインによる絵画（図版21）は、その具体的なひとこまを生き生きと今日に伝えてくれる。

フェルディナントおよびカロリーネ・ベネケ夫妻をはじめ、ハンブルクに暮らした多くの家族は、朝、ともにコーヒーを喫することで一日をスタートさせるようになった。他方、ゲオルク・ハインリヒ・ジーフェキングとその妻ヨハンナ・マルガレータのように、毎朝、茶を囲んで新聞を読むことを習慣にした人びともあった。さらに、午後には、カフェハウスへ足を向けるのでなければ、イギリスの「五時のお茶《ファイヴ・オクロック・ティー》」にならって、ふたたび家族とともに茶かコーヒーを賞味した。だが、のちに、商業取引所での取引時間が繰り下げられた結果、昼食の時間が遅くにずれ込むようになると、午後のコーヒーは食後のコーヒーへと変化した。市民たちは通常、遅い昼食のあとも仕事を続けたが、コーヒーの覚醒作用はその際におおいに助けとなったことであろう(15)。こうした生活様式が定着するなかで、少なくともハンブルクでは、コーヒーと茶とのあいだに競合関係が生じた。当時、官房学者、クリスティアン・ルートヴィヒ・グリースハイムは、「茶の人気はあまりに高く、ハンブルク市民はみな、茶がなくてはもはや生きていけないだろう」と書いている(16)。こうした状況から考えて、おそらく、アルトゥール・ショーペンハウアーの母で、みずから文筆家

図版 21　「芸術家とその家族」，ヨハン・アントン・ティッシュバイン，カンバスに油彩，1779 年（ハンブルク歴史博物館所蔵）

であったヨハンナ・ショーペンハウアーもまた、長年滞在したハンブルクで茶会の習慣を身につけ、これをそのままワイマールへと運んだのかもしれない。ハンブルクではすでに、「女博士」の異名をとったゾフィー・ライマールスの茶会が、地域の枠を越えて大きな名声を得ていたが、ショーペンハウアーがワイマールで供した茶のテーブルはさらに、ドイツにおける文学的談論の中心地へと発展したのであった。ゲーテも足繁く通ったショーペンハウアーの茶会は、やがて文学サロンの同義語としてみなされるようになる。

ところで、茶は、いかなる特質から、ハンブルクをはじめとする北西ヨーロッパ諸地域で、これほどまでに人気を博するようになったのだろうか。文書史料において紅茶の存在がはじめて確認されたのは、紀元後四世紀、中国でのことであった。その後、茶は八世紀には日本に渡り、やがて緑茶が日常の飲料として受容されるまでは、当地でもまた、薬として重用されていた。茶の薬効（消化促進、酔い醒ましなど）に関する情報は、中世末期、アラブ商人を通じて最初の茶葉が持ち込まれると同時にヨーロッパに伝えられた。しかし、西欧の人びとに茶の存在を広く知らしめたのは、一六世紀に中国や日本を巡った旅行家たちであった。ペルシャ人旅行作家が描写した中国の茶席のもようを翻訳、紹介したヴェネツィアの人文学者、ジョヴァンニ・バティスタ・ラムージオ、中国人による夥しい茶の摂取を報じた宣教師、ガスパール・ダ・クルスとマテオ・リッチ、日本における茶の淹れ方を解説した旅行作家、フランチェスコ・カルレッティは、代表的な例である。また、一七世紀、その著作を通じて医学的な見地から茶の飲用を強く勧めたオランダ人医師たちもまた、ヨーロッパにおける茶の本格的な普及を促進することになった(17)。

一六六〇年代になると、ロンドンにも少量の茶葉が入るようになり、コーヒーハウスのなかにも茶を供する店が現われた。しかし、この時代には、オランダ・イギリス東インド会社の中国貿易はいまだ小規模かつ不安定な段階にとどまっており、茶葉の継続的輸入供給は、きわめて非現実的な課題であった。ロンドンでは、一六九〇年代に入ってようやく、小売商人や茶取引業者を通じてまとまった量が売買されるようになり、首都住民のほか、貴族の顧客たちのあいだで一定の需要を得たのであった。茶はその後ほどなく、家族が集う家庭での団欒のひとときに欠かせない要素となっていく。また、女性にとって、喫茶店《ティールーム》は、いっさいのスキャンダルを引き起こす危険なく、つき添いを連れずに独りで気軽に出かけることを許された、数少ない公共の場所であった。「ご婦人方の茶会《ティーパーティー》」が爆発的に流行し、イギリスでもオランダでも、諷刺作家はこうした集いにその誹謗の矛先を向けずにはおれなかった。一八世紀のロンドンではすでに数多くの「ティーガーデン」がその名を知られており、夫婦や家族で茶やその他の軽い飲み物を喫し、散策し、ときには音楽を楽しむこともできた。

一方、一八世紀中葉になると、中国との茶取引をめぐるヨーロッパの国々の競争が激化した結果、紅茶の茶葉の価格が下落をみた。〔オランダの〕連合東インド会社がバタヴィアの中国人あるいはマカオのポルトガル人商人を通じて買いつけを行なったのにたいして、中国南部の広州の港に定期的に寄港し、ここから直接に茶葉を仕入れるイギリス、フランスの商船が現われたのである。また、当初、オランダとイギリスの茶葉輸入量は互いに比肩し合っていたが、ときとともにイギリスが優勢に立つようになっていた。こうして茶の価格が下がり、とりわけ一七八〇年代に茶税が大幅に引き下げられたことで、イギリスおよびスコットランドでは、茶はやがて人びとにとっての基礎食料品のひとつとなっていく。とくに、牛乳と砂糖を入れることで、茶は、すばやく摂取できる温かい栄養源となりえたのであった。茶はオランダでも日常飲料として高い人気を得たが、他方、他のヨーロッパ諸国での茶葉の消費は、それほどの伸びを見せなかった(18)。

ドイツでは、オランダ、イギリスとのあいだに密接な商業上のつながりをもっていたハンブルクだけが、唯一、茶葉消費の中心地となった。当地では、すでに一八世紀初頭から、茶はコーヒーとともに、医術書においてその効用が強調されるようになっていた。シュテファヌス・ブランカルドゥスの著作、『ハウストゥス・ポリクレスティ、もしくは、茶、コーヒー、チョコレートに関し、これらの外国製品が健やかな日も病める日も大いに有益なものであることを根本的に詳述する、たしかな見解』は、その典型的な事例である(19)。

コーヒーおよび茶の本格的普及を示す表徴は、何よりも、これらの飲料が日常の食事のなかにとり入れられていったプロセスであろう。民俗学の領域では、平日の食事においてコーヒーと茶がいかなる役割を果していたのかについて、活発な研究がなされている(20)。それによれば、コーヒーは、ヴェストファーレン、ヘッセン、ザクセンなどの諸地域ではすでに一八〇〇年頃には、農場使用人《ゲジンデ》の日々の食卓にまで行き渡っていた。他方、同時期の東フリースラントでは、古くから朝食として食されてきた粥の代わりに、しだいに茶とパンが普及しつつあったという。ただし、このように、北海沿岸に関して確認できる一般的傾向の背後には、米、干しブドウ、砂糖、コーヒー、茶のような高価な輸入食品を好んで摂取した湿地帯《マルシュ》の富裕農と、砂地《ゲースト》の貧しい農民とのあいだに大きな格差が存在したことにも目を向けておかなければならない。後者のグループのなかでは、比較的大規模な農場所有者だけがコーヒー、紅茶を嗜んだにすぎず、農場使用人をはじめ、多くの人びとはいまだ、バターと牛乳を主成分とする食の伝統に甘んじざるをえなかったのである。だが、東フリースラントの農村でもまた、少なくとも、午後のおやつに客を招くような場合には、茶やコーヒーが供された。すなわち、当地では、これら新たな飲料は、日曜祝日の特別な飲み物としての受容の段階を経て、ようやく日常食品のなかに浸透したと推測される。さらに、コーヒーの時間に知人・友人が集う習慣、たとえば婦人たちの「コーヒーの会《カフェー・クレンツヒェン》」などに類似した、いわば「都会的な」行動パターンが確実に定着しつつあったことも、看過してはならない。もちろん、おなじ地域内でコーヒーの摂取パターンに相違がみられるという点では、東フリースラントはけっして例外ではなかった。シュレスヴィヒ＝ホルシュタインや西部・東部プロイセンでもまた、コーヒーがすでに海岸沿いの湿地帯で広く普及したのにたいし、後背地の乾燥した砂地帯では、いまだにビールが主飲料として支配的位置を占めるという鮮やかなコントラストが確認できる。

一方、南部ドイツとオーストリアでは、大都市部を除けば、当初、コーヒーの消費量は驚くほど少なかった。これは明らかに、南部でコーヒー禁止令が出されなかったことのひとつの理由とみなすことができる。もちろん、マリア・テレジアをはじめ、君主自身がコーヒーをとりわけ好んだという事情も、その背景として考慮されるべきだろう。しかし、この舶来飲料にたいする需要がわずかにとどまるかぎり、内国通貨流出の危機を憂慮する必要もなかったのである。一八世紀末葉になって、コーヒーの消費が明らかに増大してはじめて、適切な輸入制限および禁止措置が議論の俎上に載せられ、さらに、大陸封鎖（一八一〇－一三年）にともなって、禁止令はようやく法令として実際に執行されたのであった。ウィーンの人気作家、ヨーゼフ・リヒターは、一八〇〇年の著作、『ウィーンいまむかし』のなかで、「むかし、コーヒーといえば、貴婦人方、あるいは富裕な人びとの朝食であった。いまではコーヒーは、果物屋台や市場のおかみさんたちの朝食に欠かせない飲み物になっている！」と書いている[21]。しかし、農村部の多くでは、コーヒーは富裕農および裕福な市民のグループだけのあいだに、しかも、たいていは日曜祝日の特別な飲み物として普及していたにすぎない。

ただし、例外的なケースは、地方の産業地域であった。たとえばフォアアールベルクでは、早くも一七八〇年代には、木綿紡績業に携わる人びとのあいだでコーヒーが飲まれるようになっていた。家内工業で経済的に繁栄したベルヒテスガデンの諸地域でも、同様の現象が報告されている[22]。

また、ドイツ南部おける茶の流通は、コーヒーをさらに下回るほどわずかな量にとどまった。ウィーンにおいてすら、つぎのようなありさまであった。「当地では茶は一般に、まったく馴染みのない飲み物である。まれに茶が出されることがあっても、多くはレモンの皮やシナモンを加えるため、茶本来の風味がひどく損なわれてしまっている。そして、専用の茶碗ではなく、たいていコーヒーカップに淹れて供されるのである」。また、別の旅行作家は、流行遅れのドレスに身を包んだウィーンの女性たちが、茶の文化についてもまったく無知である様子を、辛辣に揶揄した。「高貴な身分のご婦人方はいまだに、コーヒーとチョコレートを絶対的に支持している。外国産の茶葉の品種などには見向きもせず、国産の薬草茶を辛うじて口にするのみである[23]」。それにたいして、当地ではチョコレートがより広く普及していた。だが、チョコレートは、スペイン、ポルトガル、フランスを通じて輸入されていたため、茶やコーヒーよりもさらに価格が高かった[24]。

経済的・社会的前提

コーヒーと茶の消費が当時の社会と経済のなかに果したさまざまな役割を適正に評価する目的で、統計的資料を探し求めるとしたら、必然的に、これらの商品の輸入および、価格設定に関するデータに頼らざるをえないだろう。たとえば、ハンブルクにおける輸入状況を明らかにするのが、海軍税史料である。しかも、ハンブルクのコーヒー・茶取引はドイツの輸入の主要部分を占めたため、このデータは同時に、ドイツ全体の交易状況を把握するためにもきわめて有効な手段となりえる。たしかに、コーヒーと茶の輸入は、こうした手堅い史料ベースにおいてすら、課税対象品という枠組みのなかで、あくまで間接的なかたちで記録されているにすぎない。だが、それでもなお、これをもとに算出され、グラフ化されたデータは、両品目に関する輸入の具体的な推移の過程を提示してくれる。[25]（図9－1および図9－2）

それによれば、コーヒーの輸入は一八世紀の一〇〇年を通じて絶えず増大し続け、さらに、世紀最後の一〇年間において、もっとも顕著な伸び率を示した。他方、茶の輸入は明らかにコーヒーよりもずっと少なく、長い期間、一定のレベルにとどまっていたが、しかし、やはり一七九〇年代には明らかな成長をみせている。これらの急騰はおそらく、輸入量そのものの増大のほか、物価高によってもたらされたものである。物価の上昇は、当然、課税対象物品の価格高騰にも結びつく。このような背景を考慮しつつ、ハンブルクにおけるコーヒーおよび茶の価格変動グラフを追うなら、つぎのような結論に到達するだろう。[26]

茶の価格は、大部分の期間において、コーヒーよりも格段に高かった。これらふたつの品目は、コーヒーはシリング・バンコ、茶はリューベック・シリングと、それぞれ異なる通貨単位で記録されており、両者を同条件で比較可能にするためには、まず、コーヒーの実価格を二五パーセント上乗せして計算する作業が必要となる。このような調整を行なったうえでなお、史料の記録が始まる一七三六年の時点で、中国産の茶色の葉茶の値段は、同じ一ポンドの分量で比較すると、マルティニック産のコーヒーよりも三倍も高かった。しかし、対象となる期間全体をみると、コーヒーの価格が一七七〇年にいたるまでほんのわずかな値下がり率を示したのにたいし、茶の値崩れはより瞭然としたものであった。したがって、一七九〇年代、茶が底値に達するとほぼ同時に、コーヒーがふたたびその値を戻してきたとき、両者の価格は非常に接近し合うことになる。この比較的長い期間にわたる変化の過程を追っていくと、とりわけ茶が、数度にわたって急激な価格上昇を体験していたことがわかる。そのもっとも直接的な原因が、戦争などによりもたらされた、アジアとの貿易取引の中断にあったことは、容易に推測できるだろう。たとえば、一七四〇年代のオーストリア継承戦争、七年戦争末期（一七五九－六三年）、一七八〇年代の英蘭戦争、さらに、一八世紀末葉のアメリカ独立戦争後半期および対仏同盟戦争の時期には、茶もコーヒーも、劇的にその値を上昇させているのである。

図9-2　18世紀ハンブルクにおける茶とコーヒーの価格変動

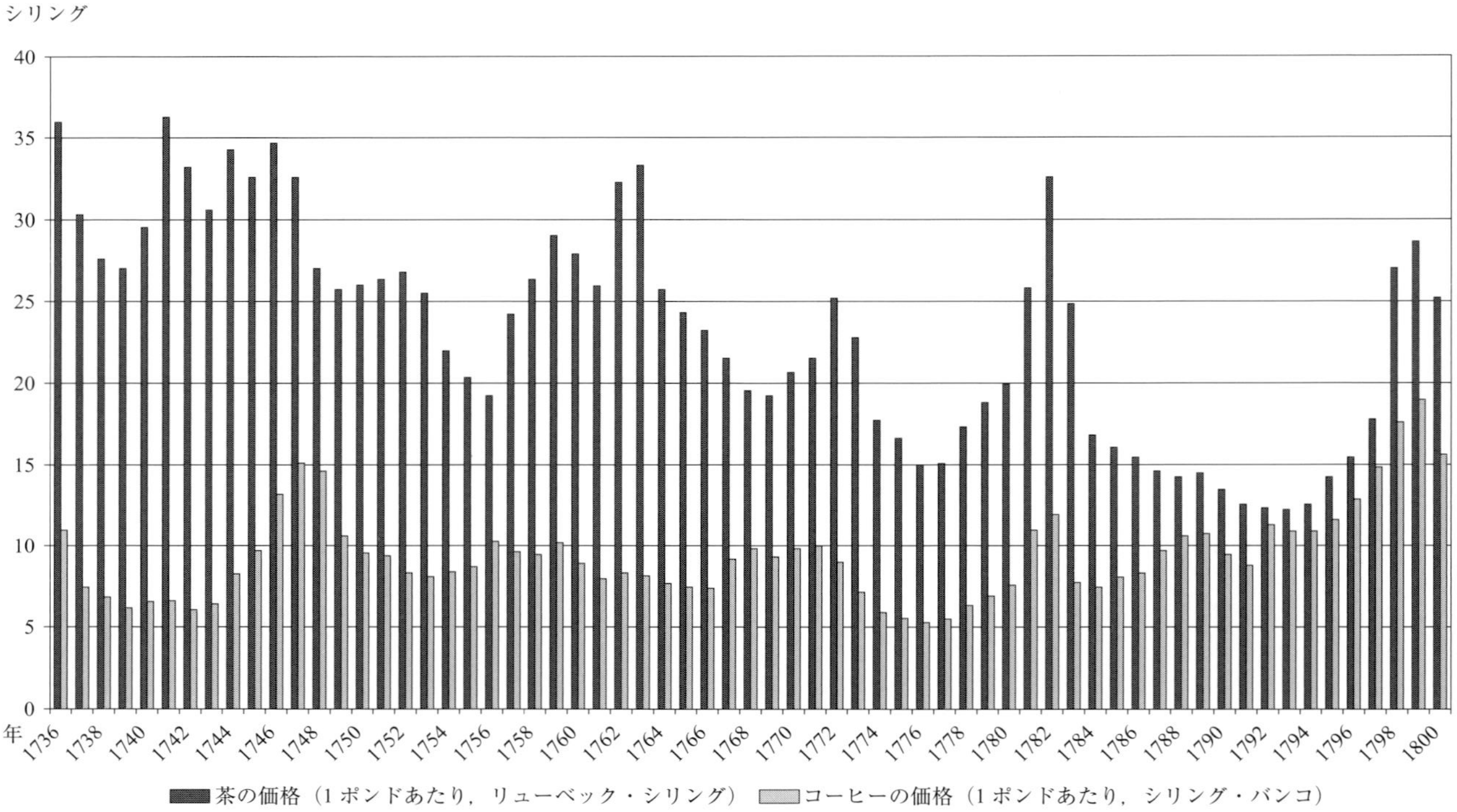

図 **9-1** 18世紀ハンブルクにおける茶とコーヒーの輸入総額

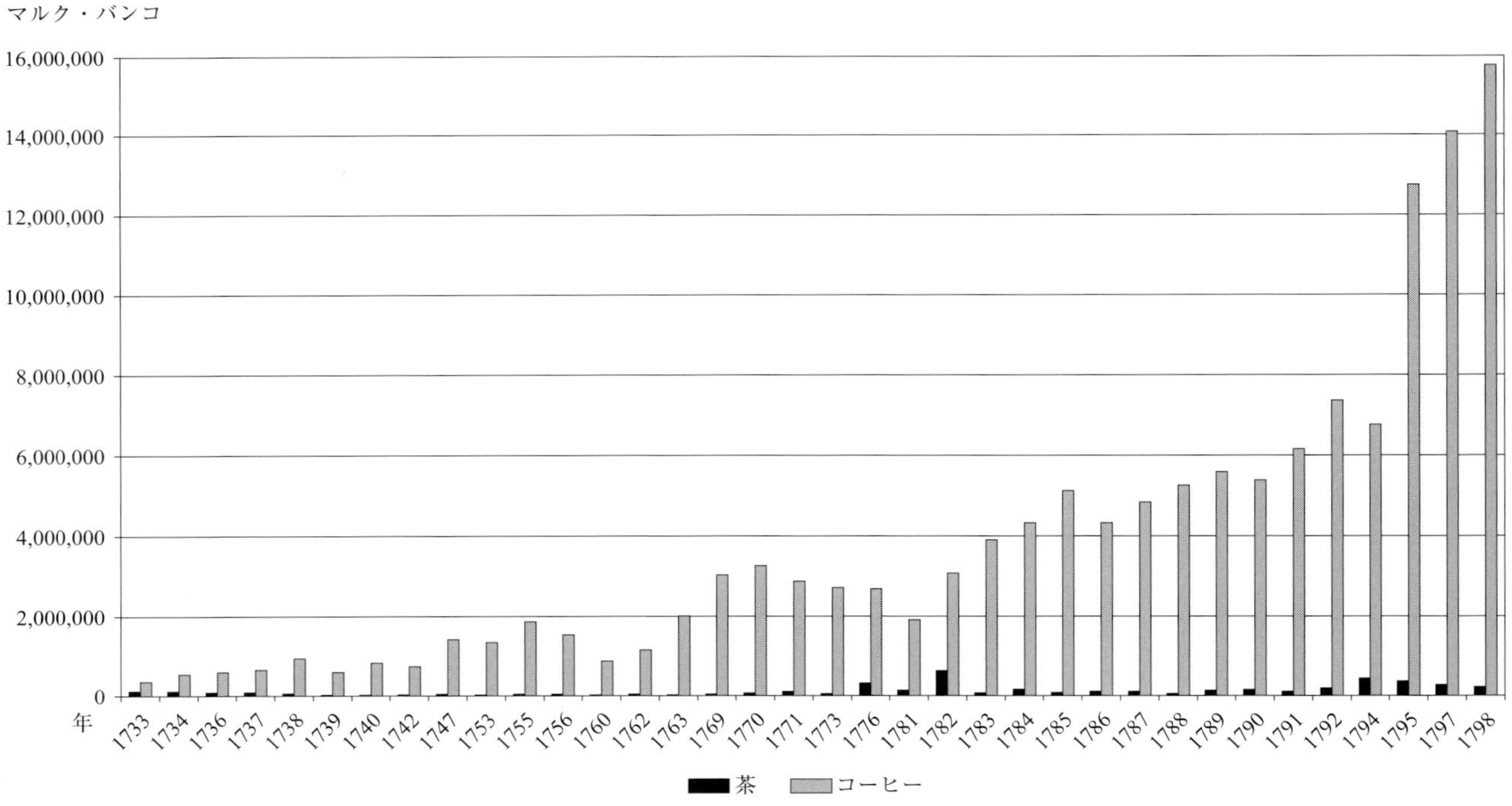

他方、穀物の値上がりは、多くはコーヒーの需要を低減させ、価格の下落を引き起こす要因として作用しえた。[27] コーヒーの値が茶よりも安定的だったのは、おそらく、コーヒーの供給と価格とが、茶と比べて、戦争などによる危機の影響を受け難かったからだと思われる。コーヒーの輸入は、一七六〇年から一七六二年にかけて、そして一七八一年には一時的に減退しているものの、全体としてみれば充分にまとまった量に達していたため、茶とはまさに対照的に、多少の政治的・経済的危機に直面しても、それが即座に激しい価格変動に結びつくことはなかったのである。

このように、茶が長い時間をかけてその値を下落させていったのにたいし、コーヒーは、終始、比較的低い価格帯に安定を保持していた。さらに、こうした観察結果と同様にきわめて興味深いのは、これらのデータを市場全体の価格関係および人びとの収入変化と比較する作業であろう。というのも、この分析過程を経てこそ、茶とコーヒーが、当時、一般の人びとにとって、現実に手が届くものであったのか否かがはじめて明らかになるからである。ほかの物品、とくに食料品の価格と比較してみると、少なくともコーヒーに関しては、その値段はこれらとほぼ並行したかたちで変動していたことがわかる。七年戦争と一七七〇年代初頭の凶作が物価高をもたらしたことはデータ上でも明らかであり、また、世紀末葉の価格高騰はほぼすべての品目におよぶものであった。しかし、一八世紀後半の食料品価格は、全般にみれば、比較的安定していた。さらに、収入の変化についてみていくと、ゲッティンゲンの市政職員に関する考察をはじめ、多くの郷土研究によって、人びとの名目収入が世紀の終わりにいたるまで順調に伸び続けていた過程がすでに明らかにされている。しかし、一七六〇年代および一七七〇年代のインフレーションを考慮するなら、数値としては同様の伸びを示している実質収入が、実際のところ、物価高によって大きな損失を受けていたことはほぼ間違いない。とりわけ、収入の低い社会グループは、実質賃金の明らかな目減りに苦しんでいたのである。このような状況下では、安定したコーヒーの価格および、茶の値段の緩やかな下降が、彼らの生活にとって利するところがあったとは考えにくい。他方、収入が上昇していた中間層および上層の人びとにとっては、コーヒーはますます安価な飲料となり、茶もまた、身近な食品として受け入れられたのである。いずれにしても、他のヨーロッパ諸国（たとえばイギリス）と同様、実質賃金に関する統計データそのものはむしろ停滞、あるいは減少の傾向を示しているにもかかわらず、人びとがすすんでより多くの消費を行なうようになっていた事実が、ドイツでもまた、数値において確認できるのだ。彼らは、そのために何かほかのことを犠牲にしていたのだろうか。それとも、消費行動はやはり、ある一定の社会層だけにかぎって展開されていたとみるべきなのか[28]。現在の史料状況からみれば、こうした問いかけに明快な答えを示すことは、ほぼ不可能というしかない。

日常文化と広告活動

さて、人びとが家庭でコーヒーや茶を楽しむためには、新しい「用具」が必要となった。これらについてもっとも具体的かつ有効な情報を提供してくれる史料は、やはり、他章でたびたび言及した遺産目録である。この分野におけるもっとも重要な知見を開いたのは、ブラウンシュヴァイク公国を扱ったルート・モーアマンによる考察だが、さらに、フランクフルト、ハンブルク、大学都市グライフスヴァルト、そしてシュトラールズンド、コペンハーゲン、ダンチヒ〔グダニスク〕、リガなど、バルト海沿岸の諸都市に関しても、近年、同様の研究が着手されている[29]。そしてその結果、一七世紀末葉にはじめて、遺産目録においてコーヒー、あるいはコーヒー・茶専用の食器について言及がなされたことがわかっている。ただし、たとえばブラウンシュヴァイク゠ヴォルフェンビュッテル公爵領では、これら物品の存在は、貴族階層および、公爵に仕えた官職保有者のグループにおいてのみ、確認されるにすぎない。具体的事例をあげるなら、一六七八年、リダグスハウゼン修道院長の寡婦は「一袋のトルコ産コーヒー豆」を遺したのであった。他方、一六九五年、公爵領で宮廷裁判所顧問を務めたコルニングの遺産について、その所領グロース・トヴュルプシュテットにて作成された目録は、すでに、「鉛製のティーポット……、コーヒーポット、茶筒……、旧いハンブルク製の紅茶用大型茶碗《マグカップ》、陶製ティーポット、（そのほか）引き出しをふたつ備えた小型茶テーブルなど」を記録している。(30) さらに贅をきわめたのは、枢密外交参事官という上位の官職にあったカール・ハインリヒ・ベティヒャーが一七四五年に遺した遺品である。目録によれば、彼はつぎのような品々を有していた。

銀製品として――コーヒーポット一点、ミルクポット一点、小型ティーポット一点、砂糖入れ一点、ティースプーン一一点、コーヒーポット一点。真鍮製品として――紅茶沸かし器一点、アルコールランプつきティーポット一点。シロメ製品として――チョコレート用ポット一点、小型ティーポット一点。錫製品として――小型の茶筒一点、茶葉用の缶二点、茶葉を収めた缶一点。陶磁器類として――白地に青の模様、純金箔をあしらったティーカップ五組半、同じ模様のボウル一点、蓋つきシュガーボウル一点、多彩色模様のティーカップ六組、ティーポット一点、模造磁器の白いミルクポット一点、蓋つき砂糖入れ一点、チョコレート用カップ一点、茶色のコーヒー茶碗六点、チョコレート用カップ二点、テラ・シギラータ製のティーポット。コーヒー豆の入った紙袋一点。(31)

ヴォルフェンビュッテルの宮廷顧問官、アレクサンダーの目録（一七八〇年）もまた、同じように高い水準の品目を揃えていた。

ドレスデン製磁器によるコーヒーおよびティーセット。内訳は以下のとおり。受皿つきティーポット一点、ミルクポット一点、ティーポット一点、茶こぼし用ボウル一点、砂糖入れ一点、コーヒーカップ一二組、ティーカップ六組、チョコレート用カップ――以上一五ターラー一四グロッシェン。同じ磁器による小型ティーセット。内訳は以下のとおり。受皿つきティーポット一点、同様のミルクポット一点、茶こぼし用ボウル一点、ティーカップ五組、――以上二ターラー。サワン製のコーヒーカップ一二組――一ターラー一〇グロッシェン。サワン磁器による受皿つき小型ボウル――九グロッシェン。東インド製の青いティーカップ五組、同じく青の東インド製砂糖入れ――九グロッシェン六ディナール。同じ磁器ののソーサー五点、同素材による小型カップ一点、二グロッシェン六ディナール。飾り金具つき東インド磁器製のティーポット一点――九グロッシェン六ディナール。テラ・シギラータ製の同様のポット――二グロッシェン。コーヒーポット一点、ティーポット一点、砂糖入れ一点、茶筒一点、茶こぼし用ボウル一点、ソーサー四点、小型カップ二点、以上、白地に青色模様のドレスデン製磁器、ほぼすべてひどく破損したもの――一二グロッシェン(32)。

これらの所有者が社会的にみてほぼ均質なグループを構成したのにたいして、フランクフルトとハンブルクの事例は(両都市については、これまで研究対象としてとりあげられた史料の数がやや少ないという問題点はあるにせよ)、社会階層の点でも、また時系列的な見地からしても、まったく異なる様相を示している。

たとえばフランクフルトでは、宮廷ユダヤ人の商人で、一七三七年に財産差し押さえを受けたヨーゼフ・ズュース・オッペンハイマーから、蹄鉄工アウグスティン・ガイセマーにいたるまで、じつに広い階層の人びとが、コーヒーと茶、そしてこれを嗜むための食器を有していた。ヨーゼフ・ズュースの財産のなかには、「コーヒー豆ひと包み」、「ひと塊のチョコレート」のほか、コーヒー、茶、チョコレートを淹れるためのあらゆる種類の用具が含まれていた。そこには、コーヒーのテーブルで人をもてなすのに必要な食器がすべて揃っていたといっていい。

茶色の受皿つきコーヒー茶碗六組……、茶色の小型ティーポット一点、さらにドレスデン製ティーポット一点、同じ素材のボウル二点と受皿つきカップ二組……、麻製のコーヒーテーブル用クロス四点……、真鍮製コーヒーポット一点、同様のチョコレート用ポット一点……、蠟引き布の天板つきコーヒーテーブル一点……、同じく真鍮製のコーヒーポット一点……、大型、小型の銅製紅茶沸かし器計三点、同じく銅製チョコレート用ポット一点(33)。

それから約四〇年ののち、富裕なタンナー博士夫妻が残したコーヒーおよび茶用の食器、器具類は、さらに内容豊かなものであった。

炭受け皿つき紅茶用ケトル一点、ティーポット二点、小型ティーポット二点……、銅製紅茶用ケトル二点、コーヒー用小型ケトル一点……、真鍮製コーヒーケトル二点……、真鍮製紅茶沸かし器一点……、古い茶テーブル二点……、木製取っ手つきコーヒーケトル一点……、同じく木製取っ手つき紅茶沸かし器一点、注ぎ口つきコーヒー沸かし器一点、同様のコーヒーポット一点……、木製取っ手つきティーポット(銀製)一点……、ティーポット(銀製)五点、コーヒー用盆皿(銀製)一点……、茶葉用容器二点……、青と白の麻製コーヒーテーブルクロス九点……、小型の綿製コーヒーテーブルクロス三点……、黄色のコーヒーポット(磁器製……)、同ティーポット一点……、同チョコレート用盆皿六点、同ティーカップ六組、同茶葉用容器一点……、茶色のコーヒーカップ、内側に赤、青の花模様がほどこされたもの六組、青い花模様のコーヒーカップ八点、同柄のコーヒー茶碗五点、緑と赤の花模様のカップ四点、同柄の茶碗五点、茶碗六点、茶色のコーヒーカップ六点……、白地に青の模様のチョコレート用大型茶碗六点、カップ一二点、白地に多色花模様の茶碗一二点……、同柄のティーポット二点……、灰色地に青の模様のティーカップ六組……、受皿つきティーポット一点……、ラック塗りのコーヒーテーブル二点、蠟引き布の天板つきコーヒーテーブル一点……、ダマスク織模様のコーヒーテーブルクロス一点……、蠟引き布の天板つきコーヒーテーブル二点……、シロメ製の茶用盆皿一点……、ラック塗りのコーヒー用盆皿三点、同胡桃材製一点……、ティーポット五点……、コーヒーケトル二点……、コーヒーポット三点……、真鍮製紅茶ケトル一点。(34)

これとは対照的に、蹄鉄工ガイセマーの遺産は、(現金と投資資産は別にして)、コーヒー文化に関していえば、ごく必要最小限の基礎的な食器を含んでいたにすぎない。

蠟引き布張りのコーヒーテーブル一点……、銅製ティーポット一点……、注ぎ口つきコーヒー沸かし器（シロメ製）一点……、コーヒーポット（シロメ製）二点……、ティーポット（シロメ製）一点、同品小型一点……、コーヒーポット（銅製）一点……、コーヒーケトル（真鍮製）一点……、チョコレート用カップ一二点を収めた籠一点……、真鍮製コーヒーポット一点……、コーヒーポット（シロメ製）一点、ティーポット（シロメ製）一点。[35]

ガイセマーの目録のなかで唯一、際立って目を引く品目は、「チョコレート用カップ一二点を収めた籠」であろう。チョコレートは、一般的にみて、貴族および富裕層の嗜好品であり、平均的な家庭においてはほとんど馴染みのない飲物であった。たとえば、富裕なハンブルク市民、アンナ・プレーンが、投資資産だけで一万二〇〇〇マルクにもおよぶ遺産を遺しながら、茶とコーヒーを嗜んだのみで、チョコレートを口にした形跡のないことからも、こうした事情は充分に読み取れるだろう。プレーンの遺産目録には、おそらく彼女自身が商っていたとみられるさまざまな種類の茶葉（武夷茶、緑茶、中国産黒茶など）のほか、以下のような品々が記録されている。

茶用盆皿（銀製）一点、ティースプーン五点……、紅茶用ケトル二点およびその蓋一点（銅製……）、アルコールランプつきティーポット（銅製）一点……、注ぎ口三本つきのコーヒー沸かし器一点、同品、注ぎ口一本つき一点、アルコールランプつき紅茶用ケトル（真鍮製）一点……、鉄製脚つきのコーヒー用バーナー一点……、コーヒーポット（錫製）一点……、金箔と朱塗りの茶テーブル一点……、蠟引き布張りの小型茶テーブル一点……、多彩色磁器製ティーカップ七組、同コーヒーカップ六組、ティーポット（磁器製）一点……、茶葉入れ（磁器製）一点……、金属製ティースプーン二点……、木製の茶菓子用スタンド一点……、古い茶箱一点……、火炎模様のティースツール一点……、同小型の古い茶箱一点[36]。

他方、田舎や小都市の人びとが有した品々は、これらの事例に比べて明らかにずっと簡素なものであった。大学都市グライフスヴァルトにおいてすら、市民たちは一般に、辛うじてこれら新たな飲料を作るに充分な器具をそろえていたにすぎなかったが、しかし、なかには、最高級のコーヒーセット、ティーセットを整える余裕のある人びとも存在した。当地の史料において茶テーブルおよび磁器製のティーカップが最初に登場するのは一七四九年であるが、一七七七年になるとすでに、ツィンセン修士なる人物が、四台のそれぞれ異なる趣向の茶テーブル、さらに、数多くのスプーン・コレクションの一部として、一二本のティースプーンならびに二本の砂糖用スプーン（金メッキ加工したものと未加工のものがそれぞれ一本ずつ）を所有するようになっていた[37]。いずれにしても、グライフスヴァルトでは、茶よりもむしろコーヒーの消費が主流であった。これは、ドイツ全体において、平地地方、あるいは、それほど富裕ではない社会グループに共通して確認できる傾向といえるだろう。

シュトラールズンドでもまた、コーヒーおよび茶を喫する新たな習慣が、遺産目録のなかに鮮明に現われている。なかでも、一七三八年に由来するディードリヒ・マイヤース・ヴァイラントの目録は、とりわけ豊富な品目を列挙する。すなわち、ヴァイラント家には、専用の「コーヒー室」がしつらえられていたほか、紅茶用、コーヒー用の茶碗、銀製、シロメ製、銅製、真鍮製のポットなど、あらゆる種類の食器が取り揃えられていたようだ[38]。

たしかに、タンナー家の目録を華やかに飾ったような、フュルステンベルクやドレスデン、マイセン製と思われる何種類もの磁器セット、そして純銀製のポットなどの茶器は、いわば当時の食卓文化の最高峰であり、家庭でこれらのアイテムを揃えることができたのは、ほぼ、貴族の官職エリートもしくは富裕な市民層にかぎられていた[39]。しかし、その一方で、純銀製の高級品から廉価な炻器にいたるまで、あらゆる種類と品質をカバーしたイギリスからの輸入品、そして夥しい数で製造された模造品は、つねに多くの需要を得たのであった。時代とともに確実に普及していった紅茶沸かし器、そしてフリードリヒ・ユスティン・ベルトゥーフが扱った膨大な種類におよぶ輸入品の品目は、こうした現象を裏づける明らかな事例といえるだろう。とりわけ、一七八八年、『贅沢とモードの雑誌』に掲載された記事は、ベルトゥーフが新しい茶の文化を商品化するために、いかに巧妙な手段に訴えたのかを明示するものである。彼はここでまず、ある記者に依頼して、茶の過剰な摂取を非難する記事を書かせ、続いてみずから、この攻撃を、新たな喫茶のスタイル、そしてそれに欠かせないさまざまな用具を宣伝するための契機として、きわめて巧みに利用したのであった。図解とともに紹介された紅茶沸かし器は、ベルトゥーフにとってまさに、ここでの目玉商品にほかならなかった。

現在、大変な人気を得ている喫茶の習慣は、イギリスからわが国にもたらされた安逸と享楽の一例であり、とりわけ社交界と上流階級のあいだですでに定着しつつある。今日、人びとは互いに、夕刻、お茶の席に招き合う。とくにご婦人方にとって、午後六時ちょうどに茶席で落ち合い、ともに親しく座してお喋りや冗談に花を咲かせることは、何よりの楽しみなのである。こうした行動様式は、本来、イギリスに起こった風習であるが、遺憾ながら、近年ではドイツにもすっかり根づいてしまった。イギリスはいまや、生産国である中国をはるかに追い抜いて、世界最大の茶葉消費国となっている。彼地では誰もが毎日欠かさず茶を飲んでいるためだが、他方、茶が人間の健康におよぼす明らかに破壊的な作用については、他の国々に比べてほとんど意識されていないのである。だが、イギリスでは、その独自の食習慣から、茶の摂取による健康への悪影響はそれほど深刻にはならないのかもしれない。すなわち、英国人は一般に遅い時間に昼食を食べ、夜には食事をまったく摂らないことがしばしばで、さらに、固い食品や〔アルコールの〕強い飲料を好むため、茶はちょうどこれらの飲食物を希釈し、和らげるはたらきをするに違いない。それに加えて、彼らがつねに激しく身体を動かし、また、日常的にコーヒーをほとんど口にしないことも、考慮に入れるべきだろう。そしてこれらはどれも、われわれ、とりわけドイツの婦人たちにはまったく無縁な状況ばかりである。わが国の洗練された上流社会では、人びとは静かに座位で過ごすことが多く、あえていうなら、むしろ緩慢で不活発な暮らしぶりをしているのだ。強いワインやビールを摂ることも少ない一方で、一日に二回はコーヒーを口にし、イギリスに比べて、より柔らかく調理され、油脂分の多い食品やパン・ビスケット類を食する。これらの食習慣に加えて、さらに毎日、茶を飲むことになれば、不都合な結果がもたらされるであろうことは、もはや誰の目にも明らかである。(40)

……われわれは、少量の茶が汗孔を開きやすくし、発汗を促進する作用から、健康にもよく、さらに、茶会の習慣が人びとの生活におおいに彩りを添えるものであるという事実をすすんで主張したいのだが、他方、前記の記事の筆者殿による意見にも、同意せざるをえないだろう。すなわち、まず、毎日欠かさず大量の茶を摂取すれば、ドイツ人が本来身につけているさまざまな生活習慣との関連で、有害な影響がもたらされることは確実である。さらにまた、われわれが喫茶という贅沢な風習を、主として英国から学び、取り入れているという点にも、注意を払うべきだろう。このことは、イギリス風にしつらえられた茶のテーブルに並んだみごとに洗練された食器類、あるいは、イギリス風茶器のあまりに美しい形態と素材からも、充分にみてとれる……。(41)

ベルトゥーフはこのようにして、茶という飲み物にたいする人びとの注意を喚起し、新たな飲み物の文化および、茶会や茶のテーブルを介して営まれるべき社交のスタイルを広く宣伝しようと努めた。他方、これとは対照的に、後期絶対主義の国家政府は、新しい嗜好品の普及にたいして、法令をもって対抗しようとした。コーヒーおよび茶の消費は邦貨流出の元凶であり、国内産業の衰退をもたらし、その結果、臣民の財政を逼迫させ、零落させるというのであった。こうした方向での条例は、とりわけ、コーヒーの消費がより広く普及していた西部および北部ドイツの領邦において数多く確認できる。たとえば、ブラウンシュヴァイク公国（一七六四年）、ミュンスター（一七六六年）お

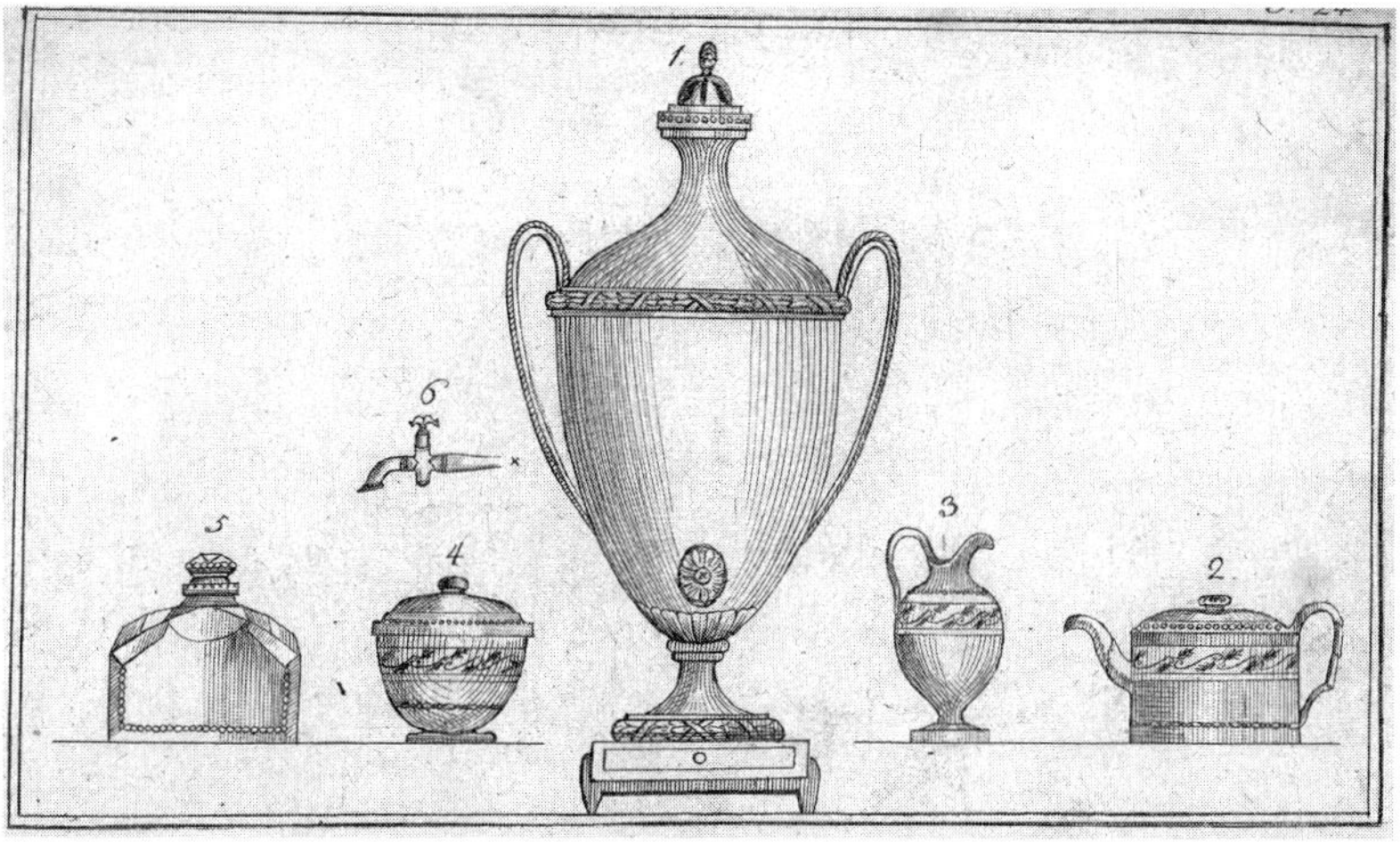

図版22　イギリス製の紅茶沸かし器および茶器類，『贅沢とモードの雑誌』1788年8月号の挿絵

よびヒルデスハイム司教区（一七六八年）、パーダーボルン（一七七七年）、ヘッセン＝カッセル方伯領（一七六六－七三年）、ヘッセン＝ダルムシュタット方伯領（一七六六－七五年）、ハノーファー選帝侯領（一七八〇年）、リッペ伯爵領（一七八一年）、さらに、ブランデンブルク＝プロイセン王国に所属したラーフェンスベルクおよびミンデン（一七六八－八一年）などが、その典型的な事例である。一七六八年、ラーフェンスベルクとミンデンの勅令では、フリードリヒ二世みずから、「平凡な市民と手工業者、日雇いで働く男女、奉公人、さらに農民、小作人、農家の使用人から粉屋……にいたるまで、あらゆる階層におよんだ、あまりに行き過ぎた茶とコーヒーの消費」に対処する、と宣言している[42]。

毎日、あるいは一日に何杯もコーヒーを飲むのは健康によくないとする当時の警告は、今日の視点からすれば明らかな誇張としか思われないが、他方、アカデミーや協会がとりあげた価格の問題は、同時代の人びとが、コーヒーの消費がおよぼす経済的、社会的影響をいかに深く憂慮していたかを浮き彫りにするのである。たとえば、一七七七年、ツェレで開催された「王と選帝侯の農業協会」の総会では、このテーマに関連して五つの問題提起がなされた。これにたいして、ヴォルフェンビュッテル出身の教区長補佐、ハインリヒ・レス——おそらくは彼自身、かなりのコーヒーおよび茶の愛好家であったと思われる――は、「新しい贅沢」というキーワードのもと、つぎのような回答を試みている。

……この新たな贅沢がきっかけとなって、以下のごとき諸結果がもたらされた。まず、一. 陶磁器を購入する必要が生じたこと。……流行に従おうとするなら、人びとは、自分ひとりが毎日使うためだけでなく、客人のためにも専用の茶碗を用意しなければならないのだ……。二. 茶碗だけでなく、その他、コーヒー専用の多様な食具を通じて、人びとの家財道具の数が大幅に増大したこと。今日、バーナーやミル、ポット、ケトルのほか、われわれの先祖がけっして必要とすることのなかったさまざまな食器・調理器具が、台所に欠かせない品目となっている……。三. 客間がしつらえられるようになったこと。多くの家庭では、明らかに、コーヒーを飲む習慣が家内に客間を設けるための契機を作ったのである。旧い世代の人びとならよくわかるだろうが、今世紀はじめの頃には、客間を備えた家などほとんど存在しなかった。家庭において、少なくともその主婦が、コーヒーの時間に知人の訪問を受けることこそ、より洗練された生活様式の証であるとみなされるようになる以前には、このような部屋はまったく必要とされなかったからだ……。四. そして最後に、コーヒー豆と、コーヒー用品のために、莫大な支出がなされるようになったこと。(43) 多くの地方では、コーヒーの消費増大と反比例して、……ビール醸造業者の生計が苦しくなっていくという……。

このようにして、コーヒーと紅茶とともに、ドイツの家庭には新しい社交の形式がもたらされ、また、それによって、住まいの文化、日常の文化もまた、後世まではっきりとした痕跡を残すほどのめざましい変化を体験したのであった。新たな嗜好品に関しては、結局、どのような禁令もまったく効果を現わすことがなかった。したがって、一七八〇年代を最後に、新たに禁止令が出されることはもはやなかったのである。逆に、ヘッセン＝カッセルでは、禁止令発令に反抗したマグデブルクの市民たちが、コーヒー飲用の特権を特別に認められていた「上流の商人、工場所有者……、その他、やんごとなき身分ある人びと」のグループに自分たちも加えてくれるよう、強く要請するという事件が起きていた。[44]

コーヒーの消費量は年を追って伸び続け、安価な代用品がその数値の成長にさらに拍車をかけた。なかでももっとも重要な代用品は、プロイセン国家政府が特許商品として宣伝したチコリーコーヒーであった。のちに「プロイセン・コーヒー」の名で親しまれたこの代用コーヒーは、青い円筒状の包装に収めて売り出され、フランス革命による大陸封鎖によって本格的な普及をみるよりも以前に、すでに多くの人びとに好んで飲まれるようになっていた。[45]

結論——文化の消費とアイデンティティ

本書における考察は、一八世紀におけるドイツが実際に、全ヨーロッパ的規模で進行した「文化の商業化」プロセス、そして、国際的な「文化の消費共同体」のなかに完全に取り込まれ、その一部として機能したことを明証してきた。ドイツ諸邦はたしかに、空間的にみれば、ロンドン、パリをはじめとする当時の文化情報の中心地から、数日間の旅程を要するほど隔たっていた。だがしかし、しだいに増大しつつあったドイツの文化消費者たちは、絵画から新刊書、日常文化のさまざまなアイテム、そして最新のモード、演劇公演、コンサートにいたるまで、文化にまつわるあらゆる情報を、商人、あるいは、当時、刊行ブームを迎えていたジャーナル類を通じて、バーチャルなかたちではあれ、ほぼリアルタイムに受け取っていたのである。画商や芸術の専門家らは、諸侯や富裕な市民をうながして、ネーデルラントの風景画を蒐集させることで、彼らを国際的に通用する芸術趣味へと導いた。また、興行主とアマチュア愛好家は、インテリゲンツ・ブラットや音楽専門誌と連携しながら、ドイツの作曲家のために本格的な市場を整備することになった。ドイツ人音楽家は、まさに当時、それまでドイツを含む西部ヨーロッパの音楽界を独占してきたイタリア、フランスの伝統を補うかたちで、独自に活躍の道を探ろうとしていたのであった。さらに、洗練された流行雑誌の世界では、ドイツの上層市民、官職貴族らによる邸宅のインテリアや庭園をめぐって、フランス風モードと英国風スタイルとが互いにしのぎを削っていた。

文化の消費を通じて、専門家も愛好家も、まさしく、マルティナ・ケッセルがいう「理性の退屈」(1)を克服したのであった。新たな文化的供給物にたいしては、貴族も市民も等しくその受容活動に与《くみ》したため、趣味に関する社会的格差もしだいに解消されていった。ワイマールでもカールスルーエでも、貴族たち、なかでもその夫人たちが、みずからのサロンを舞台に、富裕な市民とまったく同じ真剣さでもって、文学、絵画、音楽、造園など、芸術の諸分野に取り組んでいた。彼らは、同じ志をもつ市民階層とのあいだに、もはや軽視の感情を一切抱くことなくコミュニケーションをもつようになった。特定の社会グループが別のグループを微に入り細にわたって模するのではなく、たとえば市民と貴族の芸術収集家とのあいだ、またアマチュアの音楽愛好家と作曲家とのあいだに平等な情報交換がなされ、そして、こうした真の社会的コミュニケーション過程の成果として、しだいに高度な趣味が形成されたのである。

それに加えて、娯楽への欲求が、人びとを互いに結びつけた。すなわち、劇場においては、座る席の場所こそ違ってはいたものの、貴族と市民は同じ戯曲作品を注意深く見守り、そして、一体の観客となって、始終「見当違いな場面で」ともに拍手をしたりブーイングを飛ばしたりしたのであった。彼らはひとしく同じ義賊物語に読みふけり、『贅沢とモードの雑誌』を毎月手にとって、ヨーロッパ各地の大都市から発信される最新モード情報やゴシップをむさぼり読んだのである。一方、商業化された文化興行は、料金を支払うことさえできれば、誰にでも分け隔てなく文化を提供したが、貴族も市民も、それにたいして不平をいうようなことはなかった。宮廷はいまだに文化の庇護者、仲介者としてのみずからの役割をきわめて重視していたが、しかし、もはや独自の高度な芸術趣味の水準を固持するようなことはなくなった。したがって、これまで繰り返し主張されてきた見解とは逆に、われわれは、本書における考察の過程において、宮廷文化から意識的に一線を画し、そこからの解放をねらった市民階層独自の芸術趣味というものを、けっして確認しえなかったのである。市民階層が文化を排他的な活動領域として独占し、さらにこれを自分たちにとっての宗教に代わるイデオロギーへと変形し、娯楽や楽しみ、気晴らしの要素をことごとく排除しようとするのは、その後まもなく、一九世紀のことであった[2]。

のちの研究文献においてつねに「市民的」雑誌の典型として定義され続けた『贅沢とモードの雑誌』ですら、実際にはやはり、貴族と市民を互いに接近させるような文化の理想を追究していたのであった[3]。たとえば、ベルトゥーフはここで、「教養ある人びとと、いわゆる自由な身分の人びととの結合」を、「真なる啓蒙」の前提条件とみているのである[4]。マキシン・バーグは、イギリスの社会では、ミドルクラスの人びとこそが、みずからの家庭にすすんで新しい商品を設置し、飾りつける行動を通じて、消費の行動様式を根本から変化させていったのだと結論づけているが[5]、このような見解は、当然、ドイツ語圏には当てはまらない。

一八世紀における市民階層の文化消費者とは、ロータール・ガルがのちの近代市民階層の起源とみなした[6]、伝統的な都市市民によって形成されたグループであった。すなわち、ハンブルク、フランクフルト、オッフェンバッハなどの都市で日々繰り広げられた日常世界では、菓子屋の親方プレーンが美術愛好家として名を知られ、また、ペーター・ベルナルトのような嗅ぎ煙草製造業者がアマチュアのヴァイオリン名手として活躍し、みずからオーケストラを設立していたのである。他方、ハンス゠ウルリヒ・ヴェーラーがいうところの新たな市民のグループは、これまでにないような文化興行を求めていた[7]。その中心となったのはいわゆる経済市民であり、たとえばベルリンでいえば銀行家エフライム、イッツィヒ、ダウム、シュプリットゲルバーなどの一族である。ただし、ベルリンをはじめとする多くの居城都市では、官職エリート、すなわち、宮廷と密接に結びついた高級官僚のグループが、より重要な役割を担っていたといえるだろう。シュプレー河畔の首都においてもやはり、庭園所有者や絵画収集家のなかで多数派を占めたのは、多くは貴族に出自をもつこれらのエリートにほかならなかった。ボン、トリアー、デトモルトなど、他の居城都市でも、読書クラブを主導し、また、新しい家具やインテリアなど、住まいの文化の刷新をすすんで取り入れたのは、やはり宮中官職の保有者であった。

一方、文化消費は、いかなるかたちで各地へと波及していったのか。関連する研究がいまだに充分に出揃っていないため、この問いかけにたいする答えは、どうしても印象論に終始せざるをえない。ただし、文字に書かれたもの、印刷された史料だけに限定するのではなく、美術、音楽、演劇、物質文化をも研究対象として視野に入れていくなら、北部のプロテスタント的啓蒙主義がドイツ全土を支配していたという、研究史における一種の偏見が、おのずと見直しを迫られることになるだろう。たしかに、雑誌の発行、また、それに付随して芸術批評の掲載・公刊についていうなら、その中心地はあくまで北部ドイツにあった。しかし、たとえば『贅沢とモードの雑誌』に代表される娯楽的な定期刊行物が、南部ドイツでも夥しい定期購読者をえていたことを看過してはならない。また、とりわけ貸し本屋の状況などを考慮するとき、読書を好む心的傾向と娯楽への欲求とのあいだに明確な境界線を画すのが不可能な試みであることは、もはや明らかであろう。さらに、各地の劇場に残された当時の公演演目表はどれも、娯楽的な要素をふんだんに盛り込んでおり、旧神聖ローマ帝国内の舞台が地域にかかわらず互いに強い共通性をもっていた事実を裏づけている。美術の趣味についてみても、ネーデルラント、フランドル絵画を好む傾向は、ドイツ全体に共通するものであった。しかも、こうした絵画趣味は、ドイツだけにかぎらず、同じ一八世紀後半において、フランス、イギリスでも同様に確認しうる、いわば全ヨーロッパ的なトレンドにほかならなかった。

このような結論は、ヨーロッパ文化の影響と波及のあり方、とりわけドイツにおけるその受容のかたちを明示する。実際、ヨーロッパのトレンドは、絵画ばかりではなく、演劇、モード、旅行の目的地、さらには日常文化のすべての領域において確実に影響をおよぼしていた。イギリスを手本にするかフランスにならうのか、この点においてドイツの南部と北部で差異があったこと、さらに、家族内においてすら、これらふたつの文化的傾向をめぐって断層が現われるケースがあったことは、モードを扱った章において詳述した。だが、フランスの影響が根強く残ったといわれるドイツ南部においても、風景庭園や喫茶の習慣をはじめ、イギリス的な趣味の流入を長く妨げおくことはできなかった。

これらの考察結果から、必然的に、ドイツのアイデンティティとは、これまで一般に歴史学の領域で提示されてきたのとは違ったかたちで構成されていたのだろうか、という問題提起が導き出されるであろう。たとえば、歴史家たちは伝統的に、集団的アイデンティティ、もしくはベネディクト・アンダーソンがいう「想像の共同体」とは、何よりもまず、国家、領邦、都市など、地理的・政治的統一体と固く結びついたものだと仮定してきた。彼らは、せいぜいのところ、ネイションや言語が、非具象的な統合モデルとして、国家や領邦と比較可能な機能を果してきたことを認めたにすぎない(8)。

これにたいして、一八世紀の文化消費についての本書の考究は、国家の枠組みを越えた文化消費共同体への参与が、独自の集団的アイデンティティを形成しうることを明証した。ドイツ内のどの領邦に暮らしていようと、文化に関心を抱く人びとはみな、アマチュアの音楽活動、直接的な文化体験、あるいは雑誌を通じてのバーチャルな文化消費など、さまざまな行動様式を通じて、ヨーロッパにおける新しい文化の営みにひとしく与《くみ》したのである。その過程で、芸術的活動や文化消費行動は、さまざまなアイデンティティを生み出した。美術に精通した人たちは、社会的地位にかかわりなく、みずからを芸術の専門家として意識するようになった。また、人びとは、身分的差異を超えて、「いま流行《はやり》の」作曲家の作品に、また、自分たちも演奏できるポピュラーな曲目に、ともに耳を傾けた。さらに、多くの旅行文学や雑誌記事がその壮美を謳ったイタリアの遺跡やスイスの高峰を、みずからの足で訪れた。そしてまた、ロンドンやパリの最新流行を、そのまま身に着けようとする人びともいた。誰もが、自身の襟元を飾ったロンドン渡りの「カメオ・ボタン」と同様に、ドイツの作曲家たちの活躍を非常に誇りに感じたのであった。

同時に、文化に関心をもつ人びとは、自身が文化消費者であるというたしかな意識を抱いていた。たとえば、一七七八年、ミュンヘンの劇場の観客は、宮廷にたいして選帝侯の御前でもブーイングを許可するよう求め、さらに、自分たちが入場料を支払っている事実をもってこの要求を正当化しようとした(9)。こうした「消費者」としての彼らの役割は、定期刊行物やインテリゲンツ・ブラットを通じて、より多様なかたちで構築化された。たとえば、『贅沢とモードの雑誌』は、体系的な商品情報、流通市場状況の概観、夥しい広告を発信することで、「文化消費者」という社会グループを具体的にかたちづくっていった。彼らはまた、筆者からつねに「よき趣味をもつご婦人方」、あるいは「洗練された、かつ、世間によき感化をおよぼすような贅沢を愛する人びと」などと直接的に言葉をかけられ、これによって、さらなる現実性を帯びた存在となった。(10) 報道記事や挿絵、広告は、読者の眼前に、より上等で魅力ある生活様式のために欠かせない新しい調度品や器具を詳細にわたって明示した。その際、とりわけ国内産の贅沢品にたいして注意を促すスタンスは、読者グループのなかに、新たに消費と趣味をめぐる地域的アイデンティティをもたらした。特定の地域に結びついた雑誌を通じて、現地の美術出版社が発行する版画集や楽譜が販売されたことも（多くの雑誌は、実際にはドイツ全土の商品を扱っていたのだが）、同様の効果を生んだ。これらの雑誌は、読者にたいしてよき趣味なるものを教示する一方で、たとえば一八〇五年、『カーリス』がライプツィヒの女性読者に語りかけたように、現地の女性たちが趣味の点でも風俗習慣においても他地域をはるかに凌駕していることを立証しようと試みた。(11)（文化）消費者はこうして、地域的、国民的なアイデンティティに結びつけられながらも、ヨーロッパ全体におよぶより広い「趣味の文化圏」のなかに立たされたのであった。当時、特定の地域や国に連関するアイデンティティは、世界市民的な、すなわち、「すべての文明社会」を指向する意識と入り混じりながら、ゆっくりと発展していったのである。(12)

訳者あとがき

絵画、音楽、祝祭オペラ、美麗な家具調度と庭園、そして、古今の名著を立派に装丁して揃えた私蔵書。かつて、権力者とその宮廷が自身の威光を視覚化し、内外にむけて効果的にアピールする目的でいとなみ、整えたこれらの文化を、社会のより広い階層が、みずからの純粋な「楽しみ」のために金銭と引き換えに贖い、「消費」するようになるのは、ヨーロッパではおよそ一七・一八世紀のことであった。その背景には、市民階層の形成および、「教養習得と日常生活の愉楽」の両立を理想として掲げた啓蒙主義の新しい世界観が存在したことは、いうまでもない。「文化の消費」という行動様式は、やがて、民族や言語圏を問わず、世界中のあらゆる場所で発生と伝播を繰り返し、今日ではもはや、私たちにとってごくありふれた生活習慣の一部となっている。いま、通勤途中に駅のキオスクで新聞を求め、入場券を購入して映画や展覧会を鑑賞し、あるいは、インターネット上でダウンロードした音楽・動画をスマートフォンで楽しむといった行為を、あらためて「文化消費」として意識する人は、ほとんどないだろう。

こうしてわずか二世紀あまりのうちに、地域・社会横断的に凄まじい勢いで拡散、浸透した「文化消費」の概念は、歴史学はもちろん、社会学、文学研究、表象文化論にいたるまで、多様な領域において研究者たちの強い関心を集めてきた。「文化の消費」の起源と典型を一八世紀のイギリス社会のなかに跡づけたマキシン・バーグ、ジョン・ブルーアの著作は一種の世界的スタンダード・ワークとして受容され、さらに、ロンドン大学のフランク・トレントマンが二〇〇二年から二〇〇七年にわたり実施した包括的・体系的な「消費文化調査プログラム」は、消費社会研究が内包する多様性と意義を広く再認識させることになった。わが国でもまた、学習院大学の眞嶋史叙教授らを中心に発足した「消費文化史研究会」が、内外の研究者を集めて、おもに文化史の領域からきわめて活発な議論を展開している。

ミヒャエル・ノルトによる『人生の愉楽と幸福――ドイツ啓蒙主義と文化の消費』(*Genuss und Glück des Lebens: Kulturkonsum im Zeitalter der Aufklärung*) は、いうまでもなく、こうした研究史の流れのなかに位置づけられる著作にほかならない。本書は、二〇〇三年にドイツ、ベーラウ社から最初の版が出たあと、二〇〇八年、大幅に加筆訂正を加えられた英語版がイギリスのアッシュゲート社から出版され (*'Material Delight and the Joy of Living': Cultural Consumption in the Age of Enlightenment in Germany*)、欧米ではすでに、この研究領域を代表する文献として高い評価をえている。(なお、邦訳にあたってはドイツ語版を定本として使用したが、原著者から加筆希望のあった部分については、その指示にしたがった。)

長年の研究活動において経済史・交易史と文化交流史の接点を探ってきたノルト氏の本書における最大の目的は、イギリスをはじめとする英語文化圏で明らかにされてきた「文化の消費」の伝播と定着のパターンを、ドイツ語圏をフィールドとしてあらためて検証することにあった。エンゲルハルト・ヴァイグルがその著書、『啓蒙の都市周遊』(岩波書店、一九七七年) の冒頭でいみじくも明言したように、一八世紀ヨーロッパを明るく照らした「啓蒙のともし火」の光源をひとえにフランスとイギリスに求めようとするステレオタイプの一方で、ドイツ文化圏は、従来の啓蒙主義研究においていわば「後進地」として扱われることが多かった。その固定イメージを覆すためのひとつの可能性として、ヴァイグルはドイツ諸都市の文化的いとなみに着目したが、一方、ノルトは、「文化の消費」という切り口から、当時の人びとによる実際の生活の場にミクロな視点を向けることによって、これまでほとんど注目されることのなかったドイツ啓蒙主義の新たな側面を明らかにしようとする。

本書においてノルトは、ハーバマス以来、啓蒙の「指標」とみなされてきた公共性や公論形成のパラダイムをあえて手放し、英米圏を中心とする「文化消費」の先行研究と連係しながら、ドイツ各地における新しい物質文化と生活様式の受容の過程をたどっている。読書、旅行文化、ファッション、家具調度、庭園、絵画、音楽、舞台芸術、嗜好品と、テーマごとに当時の「文化消費のありさま」を詳密に再現するノルトの作業は、「啓蒙の光輝」が、じっさい、フランクフルトやハンブルクのような大都市はもとより、バルト海沿岸の小都市やバイエルンの山あいに佇む村落にもまた、確実に到達していた事実をみごとに裏づけた。とりわけ、書籍・印刷物の流通ルート、遺産目録の詳細なデータなどは、ロンドンやパリのような輝かしい首都をもたなかった一八世紀のドイツにおいて、中小の諸都市が各地で果たした経済的、社会的、文化的な中心地としてのめざましい役割を、ひときわ鮮やかに浮き彫りにするだろう。

著者自身が「序論」で示唆するように、本書は、ドイツ文化圏を対象としてとりあげた初の本格的消費文化研究にほかならない。しかし、同時に、大都市と小都市、あるいは都市と地方とのあいだに、文化を消費するための環境として決定的な格差を見いださないというノルトのスタンスは、たとえば、中・東欧諸国のように、突出して文化の消費をリードするような大都市をもたなかったがゆえに、文化消費研究がいまだ手付かずの領域として残されている周縁地域にたいして、ひとつの有効な先行モデルを示すことにもなるだろう。そして、各地域においてこうした研究史上の間隙が埋められたとき、啓蒙主義の新しい世界観と生活感情によって引き起こされた「文化消費現象」が、早期においてすでにヨーロッパ全土にほぼくまなく伝播していたことが、いよいよ確然と明証されるにちがいない。

＊

本書を日本語版として出版する計画は、二〇〇七年夏に、法政大学出版局の勝康裕さんからご提案いただいた。ノルト氏の研究はヨーロッパの学会でもきわめて高く評価されており、かつて訳者がウィーン大学に留学した折にも、その著作は、博士課程のゼミナールやコロキウムなどで「必読文献」として繰り返しとりあげられていたため、すぐに喜んでお引き受けした。しかし、実際の翻訳作業の大半は、その後、二〇一〇年の四月から一〇月にかけて、ドイツ、ベルリンでの在外研究期間中に手がけることになった。雑事に煩わされることなく翻訳に集中できたのはたいへんに幸せであったが、それに加えて、作業の途中で二度にわたってグライフスヴァルト大学に原著者を訪ねる機会にも恵まれた。

グライフスヴァルトはリック河がバルト海に注ぐ河口に位置する港湾都市で、一三世紀から一五世紀には、ハンザ都市として著しい経済的繁栄を享受したという。この街もまた、バルト海沿岸に点在する旧ハンザ都市の例に漏れず、小都市でありながら、旧市街の歴史的建造物はあくまで威風堂々として、その佇まいはまさしく、本書の随所に描かれた豊かな市民生活のありさまの一端をいまに伝えるかのようであった。ノルト氏が教鞭を執るエルンスト・モーリッツ・アルント大学は、一四五六年に建学をみた、中央ヨーロッパでもっとも伝統ある大学のひとつである。東西統一以降、大学間での激しい差別化が進むドイツにおいて、ノルト氏が主宰する「バルティック・ボーダーランド」をはじめ、地域性に根ざしたユニークなプロジェクトを数多く運営し、大都市の巨大総合大学とはまったく違った、特色ある教育研究のあり方を提示していたことが、強く印象に残った。

記録的猛暑といわれたこの年の夏、ノルト氏は訳者を、学期もすでに終わりに近づき、すっかり人気のなくなった大学の研究室に迎え入れてくれた。静かなキャンパスとは対照的に、リック河畔では目にも眩い白いマストが幾本も上がり、若い人たちの歓声が響いていた。うだるような暑さのなか、ノルト氏は、当時の庭園で栽培された植物の学名から、いまではみられない服飾小物や家具、食具を指す特殊な古ドイツ語にいたるまで、訳者を悩ませた疑問点にひとつひとつ丁寧に答え、それでも適切な訳語が見いだせない箇所については、英語版を参照しながら説明を重ね、さまざまなヒントをご提示下さった。また、話題が翻訳のテクニカルな問題を離れ、一八世紀文化史全般に関する議論へと発展することもしばしばで、そのたびに、訳者自身の研究テーマに関して多くの知見をえることができた。

こうして、原著者から直接アドバイスを受け、また、ときには、ベルリンの家具・陶磁器博物館に足を運んで、本書に登場するさまざまな「消費文化財」をみずからの目で確かめることのできた半年間は、いま思えば、研究者としてまさに至福のときであった。その後、半年のウィーン滞在を経て帰国したのちも、人名・地名の訂正から加筆箇所の確認にいたるまで、どのような質問にもメールを通じて常時快く答えてくれた原著者のノルト氏にたいして、まず深い謝意を表したい。そして、在外研究期間を与えてくれた勤務先の神戸市外国語大学、訳者のドイツ滞在のために労をおとりくださった早稲田大学時代からの恩師でベルリン自由大学名誉教授、ゲルハルト・クレープス先生、同大学日本学科のヴェレーナ・ブレッヒンガー゠タルコット教授にも、この場を借りて心より御礼を申し述べたい。

最後になったが、本書翻訳のきっかけを与えてくださった法政大学出版局の勝康裕さんからは、出版にいたるまでの五年あまり、一貫してさまざまな助言や励ましをいただいた。勝さんはとりわけ、欧米の消費文化研究が、翻訳というかたちでわが国にまだ充分に紹介されていないことを、早くから憂慮しておられた。本書の出版がその最初のいとぐちのひとつとなることを願ってやまない。また、編集の過程では、図版や地図、複雑な図表を多く含む原著を可能なかぎり見やすい形に整え、訳者の力不足で不統一のまま残された表記を拾い上げるという、たいへんに骨の折れる作業をお引き受けくださった。本書ができあがるまで、いかなる労をも厭わずご尽力いただいた勝さんに、ここにあらためて深謝申し上げたい。

二〇一三年秋

山之内　克子

＊　なお、この翻訳の最終段階での資料・図像調査、校正作業の一部には、科学研究費補助金（基盤研究C・課題番号24520835）を使用した。

地名索引

[ア　行]
アイゼナハ Eisenach　57
アイヒシュテット Eichstätt　233
アウグストゥスブルク，ブリュール近郊の Augustusburg bei Brühl　136
アウグスブルク Augsburg　217, 232-234
アペニン山脈 Apennin　50
アーヘン Aachen　55
アムステルダム Amsterdam　5, 49, 171-172, 178-179, 190, 258, 270
アメリカ Amerika　12, 283
アラビア Arabien　53, 270
アルスター湖 Alster　141
アルスフェルト Alsfeld　57
アルテンブルク Altenburg　47
アルトナ Altona　144, 244
アルメニア Armenien　271-272
アルンシュタット Arnstadt　47
アンコナ Ancona　50
アントウェルペン Antwerpen　170
アンハルト゠デッサウ Anhalt-Dessau　22, 127, 137, 184, 255, 257
イエナ Jena　42, 57, 223
イエメン Jemen　270
イェリルスベク Jersbek　141
イギリス England　6-8, 10, 21, 26, 36, 55, 58, 61-62, 65, 75-81, 84-90, 96-100, 105, 112, 117, 128-129, 131-132, 135, 137, 144, 147, 150-151, 156, 158, 161, 165, 167, 170-171, 207, 212, 243, 248, 249, 252, 257, 263-264, 269-271, 273, 277, 279, 283, 287, 292-294, 300, 301-302
イタリア Italien　7, 22, 50-51, 56, 60-61, 66, 68, 70, 75, 86, 157-158, 170-173, 179, 197, 201, 224-227, 239, 242, 248-249, 270, 299, 303
イルム川 Ilm　150, 152
インド Indien　53, 270
ヴァイセンフェルス Weißenfels　47
ヴァイセンブルク Weißenburg　113
ヴァイルハイム Weilheim　120
ヴァレー Wallis　62
ヴィテルボ Viterbo　50
ウィーン Wien　5, 41, 48, 50, 59, 88, 100, 172-173, 188, 213, 215, 220, 222, 227, 230-231, 234, 244, 247-249, 258, 260, 261, 270, 272-274, 281-282
ヴェストファーレン Westfalen　66, 106, 280
ヴェッツラー Wetzlar　48, 156
ヴェネツィア Venedig　50-51, 59-60, 270, 279
ヴェルサイユ Versailles　83, 135, 158
ヴェルリッツ，デッサウ近郊 Wörlitz bei Dessau　137, 144, 150
ヴェローナ Verona　50
ヴォルフェンビュッテル Wolfenbüttel　29, 49, 110, 113, 116, 128, 131, 288, 295
ウプサラ Uppsala　50
ヴュルツブルク Würzburg　231, 239
ヴュルテンベルク Württemberg　111, 121
ウルム Ulm　157
ヴンストルフ゠ルーテ Wunstorf an der Luthe　40
エアバッハ Erbach　143
エアフルト Erfurt　47
エジプト Ägypten　91, 172
エチオピア Äthiopien　270
エッティンゲン゠ヴァラーシュタイン Oettingen-Wallerstein　233
エディンバラ Edinburgh　5
エムデン Emden　49
エルベ・ヴェーザー地域 Elbe-Weser-Raum　40
エルベ川 Elbe　138, 144, 165, 176
オクスフォード Oxford　270
オーストリア Österreich　66, 170, 222, 274, 281, 283
オスナブリュック Osnabrück　49, 86, 107, 129
オスマンシュテット Oßmannstedt　23, 153
オスマン・トルコ帝国 Osmanisches Reich　131, 270, 272

オッフェンバッハ Offenbach 210, 217, 231-232, 301
オーデンヴァルト Odenwald 143
オーバーザクセン Obersachsen 66
オラニエンブルク Oranienburg 41, 218
オランダ（ネーデルラント） Niederlande 7, 26, 48-49, 52, 54, 61, 65, 66, 105, 127-128, 132, 138, 141, 158, 169-173, 176-181, 184, 187-198, 269-270, 274, 279-280, 283, 299, 302
オルデンブルク Oldenburg 49, 211, 231

[カ 行]
カッセル Kassel 47, 54, 136, 172, 173, 189, 198, 208, 230
カディス Cádiz 5, 77
カリブ海 Karibik 270
カールスバート（カルロビバリ） Karlsbad 46
カールスルーエ Karlsruhe 41, 172-173, 184, 198, 300
ガルトー Gartow 52
ガンダースハイム Gandersheim 116, 128
ギービヒェンシュタイン，ハレ近郊の Giebichenstein bei Halle 153
ギリシャ Griechenland 66, 90, 271
キール Kiel 158, 223
グライフスヴァルト Greifswald 106, 109, 113, 115, 119, 210, 228, 255, 287, 292
グラーツ Graz 254, 258
クールマルク Kurmark 163
クールラント Kurland 69
クレーフェ Kleve 54
ゲッティンゲン Göttingen 41, 49-50, 53, 103, 223, 275, 286
ケーテン Köthen 46-47
ケーニヒスベルク（カリーニングラード） Königsberg 41, 239
ゲーラ Gera 47
ケラー湖 Kellersee 160
ケルン Köln 55-56, 121, 181
ゴア Goa 270
広州 Kanton 279
紅海 Rotes Meer 270
ゴータ Gotha 47, 57, 240-241, 245, 250-251
ゴーダ Gouda 49
コブレンツ Koblenz 56
コペンハーゲン Kopenhagen 5, 12, 53, 106, 181, 234, 247, 287

[サ 行]
ザクセン Sachsen 37, 55, 280
ザクセン＝ワイマール Sachsen-Weimar 82
→「ワイマール」の項目も参照
ザルツダールム Salzdahlum 173
ザルツブルク Salzburg 158, 234
ザンガーハウゼン Sangerhausen 47, 219
サンクトペテルブルク St. Petersburg 49, 56, 77, 95, 132, 195, 234, 258
サンティアゴ・デ・コンポステーラ Santiago de Compostela 45
サント・ドミンゴ Santo Domingo 270
ジェノヴァ Genua 50
ジャワ Java 270
シャンゼリゼ Champs-Elysées 78
シュヴァーベン Schwaben 66
シュヴェッツィンゲン Schwetzingen 137
シュヴェービッシェ・アルプ Schwäbische Alb 35
シュヴェリーン Schwerin 172, 190, 198, 230
シュターデ Stade 40
シュテッティン（シュチェチン） Stettin 105
シュトゥットガルト Stuttgart 234
シュトゥットガルト・ソリテュード城 Stuttgart-Solitude 137
シュトラールズンド Stralsund 37, 106, 109, 113, 255, 287, 292
ジュネーヴ Genf 48
シュパイヤー Speyer 34, 217
シュプレー河 Spree 301
シュライスハイム Schleißheim 136, 173
シュライツ Schleiz 47
シュレスヴィヒ＝ホルシュタイン Schleswig-Holstein 165, 281
ショッペンシュテット Schöppenstedt 49
シレジア（シロンスク） Schlesien 66
スイス Schweiz 62-63, 66, 303
スウェーデン Schweden 50, 95
スカンディナヴィア Skandinavien 26, 111
スコットランド Schottland 280
ストックホルム Stockholm 5
スペイン Spanien 66, 68, 105, 136, 282
スリナム Surinam 270
セイロン Ceylon 270
セビリア Sevilla 5

[タ 行]
ダブリン Dublin 5

タリン Tallin 106
ダルムシュタット Darmstadt 121, 148, 190, 218
ダンチヒ（グダニスク）Danzig 287
地中海 Mittelmeer 270
チュイルリー宮 Tuilerien 78
中国 China 8, 83, 99, 144, 131, 155, 161, 278-279, 283, 293
チューリヒ Zürich 217
ツヴァイブリュッケン Zweibrücken 230
ツェルブスト Zerbst 47, 117
ツェレ Celle 54, 295
デトモルト Detmold 37, 301
デュッセルドルフ Düsseldorf 54, 56, 172-173
テュービンゲン Tübingen 23, 34-36, 39, 53
テューリンゲン Thüringen 37, 162
デルフト Delft 49, 172, 178
デルメンホルスト Delmenhorst 38
デンシュテット Denstedt 151
デン・ハーグ Den Haag 48-49, 171-173
デンマーク Dänemark 12, 50, 53, 65, 95, 181, 190
ドイツ Deutschland 3, 6-8, 12-16, 19-20, 21, 40, 42-43, 45, 49, 52, 56, 58-59, 60-62, 65-66, 68, 72, 73-75, 79-81, 85-89, 92-98, 100-101, 104-105, 122, 136, 157-158, 163, 172-173, 179-181, 192-194, 207-209, 218-231, 234, 238-245, 248-251, 254-255, 258, 263, 265, 267, 270, 273-274, 280-282, 292-296, 299-304
　神聖ローマ帝国 Altes Reich 17, 26, 52, 54-55, 101, 137, 158, 217, 272, 302
　西部ドイツ Westdeutschland 294
　中部ドイツ Mitteldeutschland 48, 88, 224
　低地ドイツ Niederdeutschland 104
　南部ドイツ Süddeutschland 17-20, 39, 56, 104, 106, 221-222, 227, 254, 282, 302
　北西部ドイツ Nordwestdeutschland 158
　北部ドイツ Norddeutschland 17-18, 20, 37, 40, 48, 54, 80, 104, 212, 221, 224, 227, 274, 294, 302
トゥーン湖 Thunersee 62
ドナウ河 Donau 248
トラウバッハ Traubach 47
トリアー Trier 13, 37, 132, 301
トリエステ Triest 258
トリノ Turin 50
ドレスデン Dresden 5, 47, 48, 55, 117, 136, 143, 146, 151, 155, 172-173, 197, 204, 230-231, 233, 247, 254, 292

［ナ　行］

ナウムブルク Naumburg 47
ナーデン Narden 49
ナポリ Neapel 5, 60-61, 71, 86, 247
ナント Nantes 270
ニーダーザクセン Niedersachsen 40, 106
日本 Japan 117, 279
ニュルティンゲン Nürtingen 112, 113
ニュルンベルク Nürnberg 145, 188, 231, 239
ノイヴィート Neuwied 132
ノルトハウゼン Nordhausen 207

［ハ　行］

バイエルン Bayern 101, 120, 136, 240, 254
ハイチ Haiti 270
ハイルブロン Heilbronn 24, 217, 231
バーゼル Basel 217
バタヴィア Batavia 279
パーダーボルン Paderborn 295
バーデン Baden 173-174, 184, 190, 193, 242
バート・ラウホシュテット Bad Lauchstädt 231
ハノーファー Hannover 40, 66
　ハノーファー選帝侯国 Kurhannover 40
　ヘレンハウゼン Hannover-Herrenhausen 136
パリ Paris 5, 25-26, 55-56, 59, 60, 63, 71-72, 76-77, 79-80, 83, 86, 88, 132, 169, 171, 173, 193, 230, 247, 263, 270, 273, 299, 303
バルセロナ Barcelona 5
バルト海沿岸地方 Baltikum 95, 106, 287
ハレ Halle 47, 153, 211
ハーレム Haarlem 151
ハンガリー Ungarn 65, 66
ハンブルク Hamburg 5, 11-12, 26, 30-32, 37, 47, 54, 58, 79, 84, 88, 98, 100, 106, 108, 110-113, 118, 119-121, 127-130, 132, 138, 141, 144, 164-166, 169, 172-173, 176-183, 190, 199, 201, 212-213, 217-218, 223, 225, 228, 230, 239, 242-244, 249-250, 254, 260, 269-270, 275-278, 282-285, 287, 289, 291, 301
　ヴァンツベク（ハンブルク）Wandsbek 141
　オトマルシェン（ハンブルク）Othmarschen 127
　ノイミューレン（ハンブルク）Neumühlen

144, 166
ハム（ハンブルク）Hamm 138, 144, 164-165
ハルヴェステフーデ（ハンブルク）Harvestehude 165
ビルヴェルダー（ハンブルク）Billwerder 138, 144, 164
ブランケネーゼ（ハンブルク）Blankenese 144
フロットベク（ハンブルク）Flottbek 144, 166
ボルクフェルデ（ハンブルク）Borgfelde 139
ホルン（ハンブルク）Horn 138, 144, 164
モーアフレート（ハンブルク）Moorfleeth 166
バンベルク Bamberg 121
東フリースラント Ostfriesland 280
ピサ Pisa 50
ヒルデスハイム Hildesheim 295
ビレ川 Bille 141
ファイツヘーヒハイム城 Veitshöchheim 137
フィレンツェ Florenz 50
フェルデン Verden 41
フォアアールベルク Vorarlberg 281
プファルツ Pfalz 121, 241-242, 254
フュルステンベルク Fürstenberg 117, 292
ブラウンシュヴァイク Braunschweig 29, 40-41, 49, 54, 106, 117, 128, 217, 274
ブラウンシュヴァイク＝ヴォルフェンビュッテル Braunschweig-Wolfenbüttel 190, 287
ブラウンシュヴァイク公国 Braunschweiger Land 40, 66, 110, 112, 116, 120, 128, 130, 287, 294
プラハ Prag 41, 247
フランクフルト・アム・マイン Frankfurt (a. M.) 5, 14-15, 18, 32-34, 41-42, 51, 54-55, 58, 79, 87-88, 99, 106, 108, 110-114, 117, 120-122, 128-130, 132, 143, 146-147, 163, 169, 173-176, 178-182, 184, 189-192, 195-198, 201, 210, 223, 231, 239, 254, 260, 265-266, 287-289, 301
ザクセンハウゼン（フランクフルト）Sachsenhausen 146-147
ボッケンハイム（フランクフルト）Bockenheim 146, 184
フランケン Franken 66
フランス Frankreich 12, 52, 55, 59-60, 65, 66, 68, 73, 75-80, 84, 86-90, 96-97, 100-101, 110, 128, 131-132, 136, 141, 145-146, 158, 162, 164-165, 170-172, 179, 182, 205, 224, 239-240, 242-243, 247, 249-250, 270, 275, 282, 299, 302
ブランデンブルク Brandenburg 54, 66
ブランデンブルク・プロイセン Brandenburg-Preußen 295
フランドル Flandern 170-171, 172-173, 176, 179-180, 194-195, 302
ブリュッセル Brüssel 136, 204
ブルグント Burgund 252
フルダ Fulda 190
ブレスラウ（ウロツワフ）Breslau 204, 217
ブレダ Breda 172
ブレーメン Bremen 28, 30, 37, 39, 42, 49, 88, 214
プロイセン Preußen 55-56, 97, 195, 240, 297
西プロイセン Westpreußen 281
東プロイセン Ostpreußen 231, 281
ブーローニュの森 Bois de Boulogne 78
フローニンゲン Groningen 49
ヘッセン Hessen 57, 66, 257, 280
ヘッセン＝カッセル Hessen-Kassel 174, 181, 295, 296
ベルカ Berka 57
ペルシャ Persien 279
ヘルスフェルト Hersfeld 57
ベルナー・オーバーラント Berner Oberland 62
ベルヒテスガデン郡 Berchtesgadener Land 281-282
ヘルムシュテット Helmstedt 49
ベルリン Berlin 19, 23, 25-26, 41, 47-48, 56, 97, 100, 132, 143, 153-156, 163, 172-173, 181, 195, 198, 204, 211, 213-215, 217, 223, 230, 233, 239-240, 254, 263, 266, 301
シャルロッテンブルク Berlin-Charlottenburg 136, 158
ポツダム Potsdam 47, 136-137, 153, 155, 172-173, 195
ボーデン湖 Bodensee 24
ボヘミア Böhmen 65
ポーランド Polen 55, 66, 202
ホルシュタイン Holstein 53, 66
ホルシュタイン＝ゴットルプ Holstein-Gottorp 190
ホルシュタイン・スイス Holsteinische Schweiz

160
ボルドー Bordeaux　5, 270
ポルトガル Portugal　279, 282
ボローニャ Bologna　50
ボン Bonn　37, 172, 217, 301
ポンペイ Pompeji　60
ポンメルン Pommern　66, 228, 255

[マ　行]
マイセン Meißen　292
マイニンゲン Meiningen　162
マイン川 Main　88, 146, 210
マインツ Mainz　38, 88, 184, 217, 233, 254
マカオ Macao　279
マグデブルク Magdeburg　297
マーストリヒト Maastricht　172
マドリード Madrid　5, 59-60
マラバール海岸 Malabarküste　270
マルセイユ Marseille　50, 270
マルティニック Martinique　270, 283
マンハイム Mannheim　173, 188, 208-209, 217, 230, 232-233, 240, 242, 251-253, 254, 261-265
ミュールハウゼン Mühlhausen　47
ミュンスター Münster　99, 106, 112, 113
ミュンヘン München　41, 101, 136-137, 208, 217, 233, 240, 254, 261, 303
　ミュンヘン＝シュライスハイム München-Schleißheim　136, 158
　ミュンヘン＝ニンフェンブルク München-Nymphenburg　136
ミラノ Mailand　50, 247
ミンデン Minden　295
メクレンブルク Mecklenburg　66, 80, 100, 181
　メクレンブルク＝シュヴェリーン Mecklenburg-Schwerin　61, 172, 181, 190
メッカ Mekka　270
メーメル（クライペダ）Memel　54
モカ Mokka　270

[ヤ　行]
ユトレヒト Utrecht　49
ヨハニスブルク Johannisburg　204
ヨルク＝アム＝アルテン＝ラント Jork　40
ヨーロッパ Europa　3-8, 46, 48, 50, 53, 54, 56, 59, 61, 64, 67, 97-98, 191, 198, 235, 265, 269, 279-280, 286, 299-300, 302, 304
　西ヨーロッパ Westeuropa　6, 80, 100, 299
　北西ヨーロッパ Nordwesteuropa　278

[ラ　行]
ライデン Leiden　49, 61, 176, 196
ライヒンゲン Laichingen　35-36
ライプツィヒ Leipzig　5, 14-19, 26, 41, 46-47, 55, 87-88, 145, 181, 187, 202-203, 204, 206-207, 211, 217-220, 222-223, 231, 239, 250, 260
ライン河 Rhein　24, 87, 227, 242
ライン・マイン地域 Rhein-Main-Gebiet　37
ラーフェンスベルク Ravensberg　295
ランゲヴィーゼン Langewiesen　47
リヴォニア Livland　69
リオデジャネイロ Rio de Janeiro　270
リガ Riga　69, 106, 287
リスボン Lissabon　5
リダグスハウゼン Riddagshausen　287
リッペ Lippe　295
リトアニア Litauen　69
リミニ Rimini　50
リューベック Lübeck　47, 201
リリーエンタール Lilienthal　42
ルツェルン Luzern　63
ルツェルン湖 Vierwaldstätter See　62
ルッカ Lucca　50
ルートヴィヒスブルク Ludwigsburg　37
ルートヴィヒスルスト Ludwigslust　144, 204
レーゲンスブルク Regensburg　48, 50, 53, 220, 234
レマン湖 Genfer See　62
レムゴ Lemgo　106, 119
ロシア Rußland　26, 55, 69, 95
ロストック Rostock　211
ロッテルダム Rotterdam　49
ローヌ氷河 Rhônetal　62
ローマ Rom　5, 50, 54, 59-60, 71
ロンドン London　5, 25-26, 59, 71, 79, 128, 132, 151, 169-170, 190, 226-227, 247, 263, 265, 271, 273, 279, 299, 303

[ワ　行]
ワイマール Weimar　4, 13, 22-27, 42, 46-47, 61, 131-132, 150, 152, 162, 188, 198, 207, 231, 240, 244-246, 249, 266, 278, 300
ワルシャワ Warschau　55, 69

人名索引

［ア　行］
アイムブケ，ヨハン・ゲオルク　Eimbke, Johann Georg　195
アウグスト強王（ザクセン選帝侯，ポーランド王）August der Starke（Kurfürst von Sachsen, König von Polen）　146
アーケン，ヨーゼフ・ファン　Aken, Joseph van　170
アッカーマン，コンラート・エルンスト　Ackermann, Konrad Ernst　239, 243
アディソン，ジョゼフ　Addison, Joseph　6, 158, 271-272
アーデルング，ヨハン・クリストフ　Adelung, Johann Christoph　74
アプト，トマス　Abbt, Thomas　21
アベッグ，ヨハン・フリードリヒ　Abegg, Johann Friedrich　57
アベル，カール・フリードリヒ　Abel, Carl Friedrich　212
アペル，ディートリヒ　Apel, Andreas Dietrich　146
アベルリ，ヨハン・ルートヴィヒ　Aberli, Johann Ludwig　63
アムジンク（家）Amsinck（Familie）　166
アモン，ヨハネス　Amon, Johannes　217, 231
アールスト，ウィレム・ファン　Aelst, Willem van　182
アルタリア，ドミニク　Artaria, Dominik　188, 222
アルント，エルンスト・モーリッツ　Arndt, Ernst Moritz　273
アルント，ヨハン　Arndt, Johann　34
アーレフェルト，ベンディクス・フォン　Ahlefeldt, Bendix von　141
アーレンス，ヨハン・アウグスト　Arens, Johann August　144, 165
アンゲリス，ピーテル　Angellis, Pieter　170
アンケルマン，カスパー　Anckelmann, Caspar　139
アンダーソン，ベネディクト　Anderson, Benedict　303
アンドレ，アントン　André, Anton　210
アンドレ，ヨハン　André, Johann　210, 217, 223, 232-233
アンナ・アマーリア（ザクセン＝ワイマール＝アイゼナハ公妃）Anna Amalia（Herzogin von Sachsen-Weimar-Eisenach）　4, 38, 61, 131
イェニッシュ，マルティン・ヨハン　Jenisch, Martin Johann　112, 144
イエンチュ，ルドルフ　Jentzsch, Rudolf　15
イエンナー，アントン・デトレフ　Jenner, Anton Detlef　110
イッツィヒ，ダニエル　Itzig, Daniel　154-155, 195, 301
イフラント，アウグスト・ヴィルヘルム　Iffland, August Wilhelm　163, 240-241, 245, 248, 251-257, 265
イムホーフ家　Imhoff（Familie）　145
ヴァイラント，ディートリヒ・マイヤース　Weyland, Diedrich Meyers　292
ヴァーゲンザイル，ゲオルク・クリストフ　Wagenseil, Georg Christoph　227
ヴァトー，ジャン・アントワーヌ　Watteau, Jean Antoine　84, 171
ヴァルター，ヨハン・ゴットフリート　Walther, Johann Gottfried　218
ヴァルダードルフ，ヨハン・フィリップ・フォン（トリアー選帝侯）Walderdorff, Johann Philipp von（Kurfürst von Trier）　132
ヴァルブルク，マイヤー　Warburg, Meyer　195
ヴァレンティン，ゴットフリート　Val(l)entin, Gottfried　234
ヴァンハル，ヨハン・バプティスト　Vanhall, Johann Baptist　222, 227-228
ウィット，ロバート　Whytt, Robert　9, 10
ヴィットマン，ヴァルター　Wittmann, Walter　32
ヴィーラント，クリストフ・マルティン　Wieland, Christoph Martin　6, 12, 18, 23-

25, 31, 33, 153, 244
ヴィルヘルム8世（ヘッセン＝カッセル方伯） Wilhelm VIII（Landgraf von Hessen-Kassel） 172
ヴィレブラント，ヨハン・ペーター Willebrandt, Johann Peter 65-66
ヴィンケルマン，ヨハン・ヨアヒム Winckelmann, Johann Joachim 60
ヴィンター，ペーター Winter, Peter 233
ヴーヴェルマン，フィリップス Wouwerman, Philips 188, 194, 196, 197
ヴェーゲナー，フランツ・ハインリヒ Wegener, Franz Heinrich 274
ヴェックマン，マティアス Weckmann, Matthias 201
ウェッジウッド，ジョサイア Wedgwood, Josiah 81-82
ウェーニクス，ヤン Weenix, Jan 181-182, 185
ヴェーバー，カール・マリア・フォン Weber, Carl Maria von 222
ヴェーラー，ハンス＝ウルリヒ Wehler, Hans-Ulrich 301
ヴェルクマイスター，ルドルフ Werckmeister, Rudolph 218
ヴェルフル，ヨーゼフ Wölfl, Joseph 231
ヴォルテール（フランソワ・マリー・アルエ） Voltaire（François-Marie Arouet） 6, 245
ヴォルフ，エルンスト・ヴィルヘルム Wolff, Ernst Wilhelm 206
ヴォルフ，カスパー Wolf, Caspar 62-63
ウッフェンバッハ，ヨハン・フリードリヒ・アルマンド・フォン Uffenbach, Johann Friedrich Armand von 141, 143
ヴラニツキー，パウル Wranitzky, Paul 232, 255, 256, 258
ヴルピウス，クリスティアーネ Vulpius, Christiane 13, 25, 147, 153, 247
ヴルピウス，クリスティアン・アウグスト Vulpius, Christian August 13, 39, 42
ウルメンシュタイン，フリードリヒ・ヴィルヘルム・フォン Ulmenstein, Friedrich Wilhelm von 156
ウンガー，ヨハン・フリードリヒ・ゴットリープ Unger, Johann Friedrich Gottlieb 23
ウンツェルマン，カール・ヴィルヘルム・フェルディナント Unzelmann, Carl Wilhelm Ferdinand 266
ウンツェルマン，フリーデリーケ・アウグステ・カロリーネ Unzelmann, Friederike Auguste Caroline 266
エクホーフ，コンラート Ekhof, Konrad 240, 245, 265
エシュストゥルト男爵，ハンス・アドルフ Eschstruth, Hans Adolf Freiherr von 230
エッカルト，フリードリヒ・ザミュエル・ルーカス・フォン Eckardt, Friedrich Samuel Lucas von 253
エトリング，ヨハン・フリードリヒ Ettling, Johann Friedrich 195
エフライム，ベンヤミン・ファイテル Ephraim, Benjamin Veitel 154, 195, 301
エベアル，カスパー・ヨーゼフ Eberl, Caspar Joseph 220
エベリング，クリストフ・ダニエル Ebeling, Christoph Daniel 213
エーベルト，ヨハン・アルノルト Ebert, Johann Arnold 40
エリアス，ノルベルト Elias, Norbert 116
エルツ伯爵，フランツ・カール Eltz, Hugo Franz Karl Graf von 184
エルトマンスドルフ，フリードリヒ・ヴィルヘルム・フォン Erdmannsdorff, Friedrich Wilhelm von 137
エーレンライヒ，ヨハン・バプティスト Ehrenreich, Johann Baptist 182, 184
エンゲルジング，ロルフ Engelsing, Rolf 10, 28, 36
オウトゲルツェン，ヨハン Outgertsen, Johann 127, 176
オスターデ，アドリアーン・ファン Ostade, Adriaen van 194, 197
オリエント，ヨーゼフ Orient, Joseph 188-189
オンスロウ，ジョルジュ Onslow, Georges 222

［カ　行］
カイザー，ラインハルト Keiser, Reinhard 242
カイスラー，ヨハン・ゲオルク Keyßler, Johann Georg 52-53, 60
ガイセマー，アウグスティン Geißemer, Augustin 33-34, 108-109, 118, 289-291
ガニ，ブロンデル・ド Gagny, Blondel de 172
カラー，ヨハン・クリスティアン Kaller, Johann Christian 174-175, 179, 182, 189, 197
カル，レオンハルト・フォン Call, Leonhard von 221

ガル，ローター Gall, Lothar 301
カール・アウグスト（ザクセン＝ワイマール＝アイゼナハ公）Carl August（Herzog von Sachsen-Weimar-Eisenach） 24, 96, 150, 266
カール・ギュンター（シュヴァルツブルク＝ルドルシュタット伯爵）Karl Günther（Graf von Schwarzburg-Rudolstadt） 48
カール・テオドール（プファルツおよびバイエルン選帝侯）Karl Theodor（Kurfürst von der Pfalz und Bayern） 240
ガルッピ，バルダッサーレ Galuppi, Baldassare 225
カルレッティ，フランチェスコ Carletti, Francesco 279
カロリーネ（ヘッセン＝ダルムシュタット方伯夫人）Caroline（Landgräfin von Hessen-Darmstadt） 148
カロリーネ・ルイーゼ（バーデン辺境伯夫人）Karoline Luise Markgräfin von Baden） 173, 182, 184, 190, 193-194
カント，イマヌエル Kant, Immanuel 6, 193
ギーヒ，カール・マクシミリアン・フォン Giech, Carl Maximilian von 52
ギーヒ，クリスティアン・カール・フォン Giech, Christian Carl von 52
ギャリック，デヴィッド Garrick, David 265
キューネル，アムブロジウス Kühnel, Ambrosius 217
ギュンター，ヨハン・アルノルト Günther, Johann Arnold 30-32
ギュンター音楽出版 Günther（Musikverlag） 217
ギリ，フリードリヒ Gilly, Friedrich 163
キルムス，カール Kirms, Karl 132
キルムス，フランツ Kirms, Franz 132
ギロヴェッツ，アダルベルト Gyrowetz, Adalbert 220-221, 232
クァリーノ，ロレンツォ Quaglio, Lorenzo 240
クヴァンツ，ヨハン・ヨアヒム Quantz, Johann Joachim 228
クック，ジェイムズ Cook, James 53, 263
クニッゲ男爵，アドルフ Knigge, Adolph Freiherr von 39, 214
グライム，ヨハン・ヴィルヘルム・ルートヴィヒ Gleim, Johann Wilhelm Ludwig 31
クラウス，ゲオルク・メルヒオール Kraus, Georg Melchior 26, 38, 246
クラウディウス，マティアス Claudius, Matthias 148
グラウプナー，クリストフ Graupner, Christoph 218
グラウン，カール・ハインリヒ Graun, Karl Heinrich 143, 206, 226-228, 239
クラコヴ，カロリーネ Krackow, Caroline 132
クラーマー，カール・フリードリヒ Cramer, Carl Friedrich 208, 212, 230
クランツ，ヨハン・フリードリヒ Kranz, Johann Friedrich 245
クリスティアン・ルートヴィヒ 2 世（メクレンブルク＝シュヴェリーン公）Christian Ludwig II（Herzog von Mecklenburg-Schwerin）172
グリースハイム，クリスティアン・ルートヴィヒ・フォン Griesheim, Christian Ludwig von 277
クリューニッツ，ヨハン・ゲオルク Krünitz, Johann Georg 158
クルス，ガスパール・ダ Cruz, Gaspar da 279
グルック，クリストフ・ヴィリバルト Gluck, Christoph Willibald 247
グレトリ，アンドレ・エルネスト・モデスト，Grétry, André Ernest Modeste 208, 255, 256, 258
クレッテンブルク，レベッカ・フォン Klettenberg, Rebecca von 147
クレベル，ゴットリープ・フリードリヒ Krebel, Gottlieb Friedrich 67
クレメンス・アウグスト（ケルン選帝侯）Clemens August（Kurfürst von Köln） 136
クロイツェル，コンラーディン Kreutzer, Konradin 220
グロースマン，グスタフ・フリードリヒ・ヴィルヘルム Großmann, Gustav Friedrich Wilhelm 253, 265-266
クローディウス，クリスティアン・アウグスト Clodius, Christian August 71
クロプシュトック，フリードリヒ・ゴットリープ Klopstock, Friedrich Gottlieb 12, 31, 33
クロムマー，フランツ Krommer, Franz 221
ゲイ，ジョン Gay, John 10
ゲインズバラ，トマス Gainsborough, Thomas 171
ゲスナー，ザロモン Gessner, Salomon 62

ゲッシェン，ゲオルク・ヨアヒム Göschen, Georg Joachim 22-23
ケッセル，マルティナ Kessel, Martina 300
ゲッツ，ヨハン・ミヒャエル Götz, Johann Michael 209, 217, 223, 232
ゲーテ，カタリーナ・エリーザベト Goethe, Catharina Elisabeth 146-147, 163, 265
ゲーテ，ヨハン・カスパー Goethe, Johann Caspar 50-51, 60, 146, 189, 197
ゲーテ，ヨハン・ヴォルフガング・フォン Goethe, Johann Wolfgang von 10, 12-13, 22-25, 33, 35, 42-43, 51, 58, 60, 64, 85-86, 131, 133, 146, 150-153, 169, 189, 191, 198, 237, 240, 244-247, 249, 256, 278
ケーニヒ，ダヴィット König, David 188
ゲミンゲン，オットー・ハインリヒ・フォン Gemmingen, Otto Heinrich von 209, 251
ケーラー，ヨハン・ダヴィット Köhler, Johann David 65
ゲリネク，ヨーゼフ Gelinek, Joseph 221
ゲルナー，ヨハン・ゴットリープ Görner, Johann Gottlieb 203, 275
ゲルラッハ，カール・ゴットヘルフ Gerlach, Carl Gotthelf 203
ゲレルト，クリスティアン・フリュヒテゴット Gellert, Christian Fürchtegott 31, 33, 36, 251
ゴーゲル，ヨハン・ノエ Gogel, Johann Noë 111, 114, 117-118, 122, 128, 129, 184, 195
ゴスラー，エリーザベト Goßler, Elisabeth 260
ゴスラー，ヨハン・ハインリヒ Goßler, Johann Heinrich 260
ゴツコヴスキ，ヨハン・エルンスト Gotzkowsky, Johann Ernst 195
コツェルッフ，レオポルト Kozeluch, Leopold 208, 221, 227
コッタ，ヨハン・フリードリヒ・フォン Cotta, Johann Friedrich von 23-24, 64
ゴッター，フリードリヒ・ヴィルヘルム Gotter, Friedrich Wilhelm 251, 253-255, 257
ゴッツィ，カルロ Gozzi, Carlo 246, 253
コッツェブー，アウグスト・フォン Kotzebue, August von 240, 245, 251-252, 254-259
ゴットシェット，ヨハン・クリストフ Gottsched, Johann Christoph 242-243, 250-251, 275
コッホ，ゴットフリート・ハインリヒ Koch, Gottfried Heinrich 239, 293
ゴドー，シモン Godeau, Simon 158
ゴドフロイ，チェーザー4世 Godeffroy, Caesar IV 165
ゴドフロイ，ペーター Godeffroy, Peter 165
コーベル，ヴィルヘルム Kobell, Wilhelm 188
コーベル，フェルディナント Kobell, Ferdinand 188
ゴムバルト音楽出版 Gombart（Musikverlag） 217, 233
ゴールドスミス，オリヴァー Goldsmith, Oliver 10
ゴルドーニ，カルロ Goldoni, Carlo 241, 246
コルマン，アウグスト・フリードリヒ・クリストフ Kollmann, August Friedrich Christoph 226-227
コンチアリーニ，カルロ Concialini, Carlo 155, 195
コンティ公 Conti, Prince de 172

［サ　行］
ザイラー，アベル Seyler, Abel 241, 244
ザイラー，ゴットフリート・ハインリヒ Seyler, Gottfried Heinrich 244
ザイラー一座 Seyler（Familie） 244-245
ザクセ，ヨハン・クリストフ Sachse, Johann Christoph 64
サッキーニ，アントニオ Sacchini, Antonio 204, 206, 208
サフトレーフェン，ハーマン Saftleven, Herman 184, 194-195
サリエリ，アントニオ Salieri, Antonio 248, 257
ザンドラルト，ヤーコプ Sandrart, Jacob 145
ザンドラルト，ヨアヒム・フォン Sandrart, Joachim von 177
シェイクスピア，ウィリアム Shakespeare, William 240-241, 243-244, 250-251, 253
シェーネマン，ヨハン・フリードリヒ Schönemann, Johann Friedrich 243
シェリング，フリードリヒ・ヴィルヘルム Schelling, Friedrich Wilhelm Joseph von 24
ジェルサン，エドメ・フランソワ Gersaint, Edme-François 84, 171
シーカネーダー，エマニュエル Schikaneder,

Emanuel 249
シックラー家 Schickler（Familie） 195
シドンス，サラ Siddons, Sarah 265
ジーネン，ヤーコプ・アルブレヒト・フォン Sienen, Jacob Albrecht von 30-31
ジーフェキング，ゲオルク・ハインリヒ Sieveking, Georg Heinrich 144, 165, 277
ジーフェキング，ヨハンナ・マルガレータ Sieveking, Johanna Margaretha 166, 277
ジムロック，ニコラウス Simrock, Nicolaus 217, 223
ジモーンス，ハンス・ハインリヒ Simons, Hans Heinrich 128
ジャルディーニ，フェリーチェ Giardini, Felice 226
シャンデル，アンドレアス・ヨーゼフ Chandelle, Andreas Joseph 195
ジャン・パウル Jean Paul 24, 39, 43
シュヴァイツァー，アントン Schweitzer, Anton 244
シュヴァンベルガー，ヨハン Schwanberger, Johann 225
シュヴェルトゲブルト，カール・アウグスト Schwerdgeburth, Carl August 25
シュタイベルト，ダニエル・ゴットリープ Steibelt, Daniel Gottlieb 221
シュタイン，ヨハン・ゴットリープ Stein, Johann Gottlieb 195
シュタミッツ，ヨハン Stamitz, Johann 206
シュッツ（父），クリスティアン・ゲオルク Schütz, Christian Georg d. Ä. 149
シュッツ，クリスティアン・ゲオルク Schütz, Christian Georg 127, 189, 197
シュッフ，フランツ Schuch, Franz 239
シュテルケル，ヨハン・フランツ・クサーヴァー Sterkel, Johann Franz Xaver 220
シュテンゲル，フランツ・ヨーゼフ・フォン Stengel, Franz Joseph von 209
シュトゥーア，ヨハン・ゲオルク Stuhr, Johann Georg 190
シュトゥルム，レオンハルト・クリストフ Sturm, Leonhard Christoph 103
シュトック家 Stock（Familie） 147
シュナイダー，ヨハン・ペーター Schneider, Johann Peter 156
シューバウアー，ヨハン・ルーカス Schubaur, Johann Lucas 256
シューバック，ヨハネス Schuback, Johannes 144
シュパール，カスパー Sparr, Caspar 120-121
シューバルト，クリスティアン・フリードリヒ・ダニエル Schubart, Christian Friedrich Daniel 35
シュパンツィヒ，イグナツ Schuppanzigh, Ignaz 216
シュピース，クリスティアン・ハインリヒ Spieß, Christian Heinrich 252
シュプリットゲルバー家 Splitgerber（Familie） 155, 301
シュペーア，ヨハン・ペーター Spehr, Johann Peter 217
シュポーア，ルイ Spohr, Louis 222
シュミット，フリードリヒ・ルートヴィヒ Schmidt, Friedrich Ludwig 237
シュミット，ヨーゼフ Schmitt, Joseph 206
シュルツ，ヨアヒム・クリストフ・フリードリヒ Schulz, Joachim Christoph Friedrich 69-70
シュルツェ・クンマーフェルト，カロリーネ Schulze-Kummerfeld, Karoline 241
シュレーゲル，ヨハン・エリアス Schlegel, Johann Elias 251
シュレーター，コローナ Schröter, Corona 204-205, 245
シュレーダー，ゾフィー Schröder, Sophie 265
シュレーダー，フリードリヒ・ルートヴィヒ Schröder, Friedrich Ludwig 243-244, 250-251, 254-257, 265
シュレーツァー，アウグスト・ルートヴィヒ Schlözer, August Ludwig 40, 58
シュレッター，ザロモン・フリードリヒ Schletter, Salomon Friedrich 257
シュロイニング，ペーター Schleuning, Peter 209
ジョゼフィーヌ（フランス皇后）Josephine（Kaiserin） 91
ショット，ゲオルク・バルタザール Schott, Georg Balthasar 202, 217, 223, 233
ショーペンハウアー，ヨハンナ Schoppenhauer, Johanna 278
シラー，フリードリヒ Schiller, Friedrich 12-13, 23, 33, 35, 237, 240-241, 246, 251, 253, 262, 265
ジラール，ドミニク Girard, Dominique 158
ジレム，ガルリープ Sillem, Garlieb 30-31

シンメルマン，ハインリヒ・カール Schimmelmann, Heinrich Carl 141
スウィフト，ジョナサン Swift, Jonathan 9-10
スカルッケン，ゴットフリート Schalcken, Gottfried 194-195
スカルラッティ，アレッサンドロ Scarlatti, Alessandro 202
スターン，ローレンス Sterne, Laurence 10
スティール，リチャード Steele, Richard 6, 271-272
スピノラ，ガブリエル Spinola, Gabriel 156
ズュース・オッペンハイマー，ヨーゼフ Süß Oppenheimer, Joseph 111, 120-121, 289
スリンヘラント，ピーテル・ファン Slingeland, Pieter van 194
ズルツァー，ヨハン・ゲオルク Sulzer, Johann Georg 159
ゼーカッツ，ヨハン・コンラート Seekatz, Johann Conrad 127, 189-190

［タ　行］

ダウ，ヘリット Dou, Gerrit 176, 194
ダヴィッド，ジャック・ルイ David, Jacques Louis 90
ダウム，フリードリヒ・カール Daum, Friedrich Carl 195, 301
ダ・ポンテ，ロレンツォ Ponte, Lorenzo da 248-249
タム，フランツ・ヴェルナー Tamm, Franz Werner 190
ダリエン，ベルンハルト・クリストフ Arien, Bernhard Christoph d' 256
ダルジャンヴィル，デザリエ Argenvilles, Dézallier d' 136, 158
ダルベルク，ヴォルフガング・ヘリベルト・フォン Dalberg, Wolfgang Heribert von 241, 251-252, 255
ダルベルク，ヨハン・フリードリヒ・フーゴ Dalberg, Johann Friedrich Hugo 209, 232
ダレラック，ニコラ・マリー Alayrac, Nicolas-Marie d' 257
タンナー，マルガレータ・バルバラ Tanner, Margaretha Barbara 108, 117, 290
タンナー，ルートヴィヒ・ゴットフリート Tanner, Ludwig Gottfried 108, 111-112, 117, 120, 128-129, 290, 292
ダンライター，フランツ・アントン Danreitter, Franz Anton 158
チェルニー，カール Czerny, Carl 222
チェンバース，ウィリアム Chambers, William 158
ツィーグラー，フリードリヒ・ヴィルヘルム Ziegler, Friedrich Wilhelm 252, 256-257
ツィンマーマン，ゴットフリート Zimmermann, Gottfried 202, 275
ツヴィンガー，テオドール Zwinger, Theodor 65
ツェードラー，ヨハン・ハインリヒ Zedler, Johann Heinrich 73
ツェドリッツ男爵 Zedlitz, Freiherr von 154
ティーク，ルートヴィヒ Tieck, Ludwig 24
ディストラー，ヨハン・ゲオルク Distler, Johann Georg 232
ディッタースドルフ，カール・ディッタース・フォン Dittersdorf, Carl Ditters von 13, 204, 206, 208, 233, 255, 257-258
ティッシュバイン，ヴィルヘルム Tischbein, Wilhelm 189
ティッシュバイン，ヨハン・アントン Tischbein, Johann Anton 277-278
ティールケ，ハインリヒ Thielcke, Heinrich 177-179, 186
デヴォー，カール・ルートヴィヒ Devaux, Carl Ludwig 110
テクシア，ペーター Texier, Peter 182
テクストーア，ヨハン・ヴォルフガング Textor, Johann Wolfgang 146
デシャルメ，シモン Decharmes, Simon 128
デトゥーシュ，フィリップ・ネリコール Destouches, Philippe Néricault 245
テニールス，ダフィット Teniers, David 185, 187, 194, 196-197
デフリエント，ルートヴィヒ Devrient, Ludwig 265
デ・ヘーム，ヤン・ダヴィス Heem, Jan Davidsz. de 194-195
デベリン，カール・テオフィール Döbbelin, Carl Theophil 239, 243, 244
デュヤルディン，カーレル Dujardin, Carel 194
デューラー，アルブレヒト Dürer, Albrecht 192
デュロン，フリードリヒ・ルートヴィヒ Dulon, Friedrich Ludwig 228, 231
テルボルフ（子），ヘラルト Terborch, Gerard

d. J.　194-195
テレマン，ゲオルク・フィリップ Telemann, Georg Philipp　141, 143, 201-202
デンナー，バルタザール Denner, Balthasar 177-179, 190, 196, 200
ドゥカン，ジャン・バプティスト Descamp, Jean Baptiste　194
トゥーフ家 Tuch, Familie　145
ドゥンカー，バルタザール・アントン Dunker, Balthasar Anton　63
ドゼード，アレクサンドル・ニコラ Desaides, Alexandre Nicolas　257
トムソン，ジェームズ Thomson, James　10
トラウトマン，ヨハン・ゲオルク Trautmann, Johann Georg　169, 189, 197
トラットナー，トーマス・エードラー・フォン Trattner, Thomas Edler von　19
ドルヴィーユ家 Orville, d'(Familie)　147
トレントマン，フランク　Trentmann, Frank 8

[ナ　行]

ナウマン，ヨハン・ゴットリープ Naumann, Johann Gottlieb　204, 208
ナポレオン・ボナパルト Napoleon Bonaparte 26, 78, 90-91, 101
ニコライ，クリストフ・フリードリヒ Nicolai, Christoph Friedrich　12, 19-22, 39-40, 56, 153-156, 195, 273
ニーブール，カルステン Niebuhr, Carsten　53
ヌニェス・デ・リアム，ドゥアルテ Nunez de Liam, Duarte　256
ネーゲリ，ハンス・ゲオルク Nägeli, Hans Georg　217
ネッチェル，カスパル Netscher, Caspar　184, 194, 196
ネール，アールト・ファン・デル Neer, Aert van der　194-195
ノイバー，フリデリーケ・カロリーネ Neuber, Friederike Caroline　242-243
ノイマン，ヒルデガルト Neumann, Hildegard 35
ノートナーゲル，ヨハン・アンドレアス Nothnagel, Johann Andreas Benjamin　184
ノールケンス，ヨーゼフ・フランス Nollekens, Josef Frans　170

[ハ　行]

パイジェッロ，ジョヴァンニ Paisiello, Giovanni　208, 255, 257
ハイスム，ヤン・ファン Huysum, Jan van 194
ハイドン，ヨーゼフ Haydn, Joseph　199, 206, 208, 220-221, 226-228
ハイニヒェン，ヨハン・ダーフィト Heinichen, Johann David　218
ハイネ・ヘーレン，ヴィルヘルミーネ Heyne-Heeren, Wilhelmine　103
バウアー，ゲオルク・フリードリヒ Baur, Georg Friedrich　144
ハウザー，アルノルト Hauser, Arnold　209
パキシェフスキ，ペーター・ヒンリヒ Packischefsky, Peter Hinrich　182
バーグ，マキシン Berg, Maxine　8, 301
ハーゲドルン，クリスティアン・ルートヴィヒ・フォン Hagedorn, Christian Ludwig von　31, 167, 186-187, 189, 193-196
ハーゲドルン，フリードリヒ・フォン Hagedorn, Friedrich von　187, 276
ハーゲマイスター，ヨハン・ゴットフリート Hagemeister, Johann Gottfried　257
ハーゲマン，フリードリヒ・グスタフ Hagemann, Friedrich Gustav　257
ハッセ，ヨハン・アドルフ Hasse, Johann Adolph　206, 228, 239
バッハ，アンナ・マグダレーナ Bach, Anna Magdalena　47, 146
バッハ，カール・フィリップ・エマヌエル Bach, Carl Philipp Emanuel　218-219, 227-229, 234
バッハ，ヨハン・クリスティアン Bach, Johann Christian　206, 212
バッハ，ヨハン・セバスティアン Bach, Johann Sebastian　46-48, 146, 199, 202-203, 207, 213, 217-218, 227-228, 275-276
バッハマン，ゲオルク・ルートヴィヒ Bachmann, Georg Ludwig　214
ハーバマス，ユルゲン Habermas, Jürgen　273
パピウス，ヘルマン・フランツ・フォン Papius, Hermann Franz von　156
バーボ，フランツ・マリウス Babo, Franz Marius　253-256
ハミルトン卿，ウィリアム Hamilton, William Sir　86
ハミルトン卿夫人，エマ Hamilton, Emma

Lady 86
ハラー，アルブレヒト・フォン Haller, Albrecht von 62
バルクハウス，ハインリヒ（父）Barckhaus, Heinrich 147
バルクハウス，ハインリヒ・ベルナルド・フォン Barckhaus, Heinrich Bernard von 147
ハルダー，ゾフィア・ウレリカ Harder, Sophia Ulerica 113
バルタザール，ヨーゼフ・アントン・フェリックス Balthasar, Joseph Anton Felix 63
ハルデンベルク，カール＝アウグスト・フォン Hardenberg, Karl-August von 48
ハンセン，クリスティアン・フリードリヒ Hansen, Christian Friedrich 165
ピクシス兄弟 Pixis, Gebrüder 231
ピゼンデル，ヨハン・ゲオルク Pisendel, Johann Georg 143
ビーダーマン，ヨハン・ヤーコプ Biedermann, Johann Jacob 63
ピッチーニ，ニコラ Piccini, Nicola 208
ピニ，ヨハン・コンラート Pini, Johann Conrad 116
ヒュスゲン，ハインリヒ・セバスティアン Hüsgen, Heinrich Sebastian 191-192, 195, 197
ビュッシュ，ヨハン・ゲオルク Büsch, Johann Georg 40
ヒューム，デイヴィッド Hume, David 10
ビュルガー，ゴットフリート・アウグスト Bürger, Gottfried August 31, 40
ピョーマー家 Pömer（Familie） 145
ヒラー，ヨハン・アダム Hiller, Johann Adam 203, 205, 258
ピール，ロジェ・ド Piles, Roger de 171
ヒルシュフェルト，クリスティアン・カイ・ロレンツ Hirschfeld, Christian Cay Lorenz 158-161
ヒルト，フリードリヒ・ヴィルヘルム Hirt, Friedrich Wilhelm 189
ビルンバッハ，カール・ヨーゼフ Birnbach, Carl Joseph 227
ピーロフ Pilow 251, 253
ファッシュ，ヨハン・フリードリヒ Fasch, Johann Friedrich 203
ファブリチウス，ヨハン・アルベルト Fabricius, Johann Albert 30-31
ファルター，マカリウス Falter, Makarius 217
ファレントラップ，フランツ Varrentrapp, Franz 19
ファン・ダイク，アンソニー Dyck, Anthony van 128, 194-195, 197
ファン・デ・ヴェルデ，アドリアーン Velde, Adriaen van de 187-188, 194
ファン・デ・ヴェルデ，ウィレム Velde, Willem van de 187
ファン・デル・ヴェルフ，アドリアーン Werff, Adriaen van der 194
フィアモント，アムブロジウス・フランツ・フォン Virmont, Graf Ambrosius Franz von 156
フィーヴェク，ヨハン・フリードリヒ Vieweg, Johann Friedrich 25
フィッシャー，フランツ・ヨーゼフ Fischer, Franz Joseph 245
フィードラー，ヨハン・クリスティアン Fiedler, Johann Christian 149
フィヒテ，ヨハン・ゴットリープ Fichte, Johann Gottlieb 24
フィリップ２世（オルレアン公）Philipp II（Herzog von Orléans） 83
フィールディング，ヘンリー Fielding, Henry 10, 39
フィールド，ジョン Field, John 222
フェイト，ヤン Fyt, Jan 188
フェルスター，エマニュエル・アロイス Förster, Emanuel Alois 232
フェルボルホト，アントン Verborcht, Anthon 177
フォークト，カスパー Voght, Caspar 30, 32, 144
フォルケル，ヨハン・ニコラウス Forkel, Johann Nicolaus 229
フォルスター，ヨハン・ゲオルク Forster, Johann Georg 53
ブース，ジェイムズ Booth, James 144
フットヴァルカー家 Hudtwalcker（Familie） 166
フート，ヘラルト Hoet, Gerard 184
フーバー，レオポルト Huber, Leopold 256
フライシャー，ヴィルヘルム Fleischer, Wilhelm 41
フライターク少尉 Freytag, von, Leutnant 48
ブライトコプフ，ゴットリープ・イマヌエル Breitkopf, Gottlob Immanuel 203, 217
ブライトコプフ，ベルンハルト・クリストフ

Breitkopf, Bernhard Christoph 217, 219, 220, 222-223, 225
ブラウエル，アドリアーン Brouwer, Adriaen 184, 194, 197
フラウエンホルツ，ヨハン・フリードリヒ Frauenholz, Johann Friedrich 188
ブラッカー，ジョン Blacker, John 165
フラックスラント，カロリーネ Flacksland, Caroline 148
ブランカルドゥス，シュテファヌス Blancardus, Stephanus 280
フランソワ，エティエンヌ François, Etienne 34
ブランデス，ヨハン・クリスティアン Brandes, Johann Christian 240
フリーデマン，ヴィルヘルム Friedemann, Wilhelm 47
フリードリヒ（メクレンブルク＝シュヴェリーン公）Friedrich（Herzog von Mecklenburg Schwerin） 61
フリードリヒ・アウグスト2世（ザクセン選帝侯，ポーランド王）Friedrich August II（Kurfürst von Sachsen, König von Polen） 198
フリードリヒ・ヴィルヘルム（ブランデンブルク選帝侯）Friedrich Wilhelm（Kurfürst von Brandenburg） 153, 274
フリードリヒ・ヴィルヘルム（プロイセン王）Friedrich Wilhelm I（König in Preußen） 153
フリードリヒ2世（プロイセン王）Friedrich II（König in Preußen） 295
ブリル，パウル Bril, Paul 185, 194
ブルーア，ジョン Brewer, John 6
フルッテンバッハ，ヨーゼフ Furttenbach, Joseph 145, 157-158
ブルトンヌ，レティフ・ド・ラ La Bretonne, Rétif de 76
プレイエル，イグナツ Pleyel, Ignaz 208, 221
フレーゲル，ゲオルク Flegel, Georg 189
ブレケンカムプ，クヴィリン Brekelenkamp, Quirin 184
プレステル，マリア・カタリーナ Prestel, Maria Katharina 187, 192
プレステル，ヨハン・ゴットリープ Prestel, Johann Gottlieb 187, 192
フレック，フリードリヒ Fleck, Friedrich 265
ブレッツナー，クリストフ・フリードリヒ Bretzner, Christoph Friedrich 253
フレデリク5世（デンマーク王）Friedrich V（König von Dänemark） 53
ブレーメル，ヨハン・フリードリヒ Brömel, Johann Friedrich 253
プレーン，アンナ Plaehn, Anna 98, 118-120, 129, 291
プレーン，ヨハン・ヴァレンティン Prehn, Johann Valentin 174-175, 179, 301
フレンツル，イグナツ Fränzl, Ignaz 209
フレンツル，フェルディナント Fränzl, Ferdinand 209, 211, 220
プーレンブルフ，コルネリス・ファン Poelenburgh, Cornelis van 184, 194-196
フロイデンベルガー，ジグムント Freudenberger, Sigmund 63
ブロックマン，ヨハン・フランツ・ヒエロニムス Brockmann, Johann Franz Hieronymus 248, 265
ブロッケス，バルトルド・ハインリヒ Brockes, Barthold Heinrich 30-32, 140, 177-179, 276
ブンドセン，アクセル Bundsen, Axel 165
フンメル，ヨハン・ネポムク Hummel, Johann Nepomuk 217, 222
ベーア，アクセル Beer, Axel 221
ベーア，フリードリヒ・マクシミリアン Beer, Friederich Maximilian 99
ヘイデン，ヤン・ファン・デル Heyden, Jan van der 194
ベーグナー，ゲオルク・ヴィルヘルム Bögner, Georg Wilhelm 184
ベック，カロリーネ Beck, Karoline 264-265
ベック，ハインリヒ Beck, Heinrich 256, 262, 265
ベックマン，ヨハン Beckmann, Johann 49-50
ヘッケル男爵，ハインリヒ・ヤーコプ Häckel, Heinrich Jakob, Baron von 174-175, 179, 189-191, 197
ヘッケン，サミュエル・ファン・デア Hecken, Samuel van der 196
ベティヒャー，カール・ハインリヒ・フォン Bötticher, Carl Heinrich von 288
ベッローモ，ヨーゼフ Bellomo, Joseph 245
ベートーヴェン，ルートヴィヒ・ファン Beethoven, Ludwig van 221-222
ベトマン家 Bethmann（Familie） 147

ベネケ，カロリーネ Beneke, Karoline 277
ベネケ，フェルディナント Beneke, Ferdinand 166, 277
ベネケ，レギーナ Beneke, Regina 166
ヘーベル，ヨハン・ペーター Hebel, Johann Peter 24
ベーメ，ヨハン・アウグスト Böhme, Johann August 217
ペラー家 Peller（Familie） 145
ベーリンガー，ヴォルフガング Behringer, Wolfgang 57
ヘリング，ジョゼフ Herring, Joseph 129
ヘルクーレス家 Hercules 113
ペルゴレージ，ジョヴァンニ・バティスタ Pergolesi, Giovanni Battista 208
ヘルダー，ヨハン・ゴットフリート Herder, Johann Gottfried 24, 56, 61, 148, 244
ヘルダーリン，フリードリヒ Hölderlin, Friedrich 24
ヘルティ，ルートヴィヒ・クリストフ・ハインリヒ Hölty, Ludwig Christoph Heinrich 40
ヘルテル，ゴットフリート・クリストフ Härtel, Gottfried Christoph 217, 220-223
ヘルテル，ヨハン・ヴィルヘルム Hertel, Johann Wilhelm 144, 204
ベルトゥーフ，フリードリヒ・ユスティン Bertuch, Friedrich Justin 3, 12, 22, 24-26, 59, 64, 74-75, 77, 81-82, 85-87, 92, 95, 100, 131, 150-151, 158, 161-163, 220, 233, 245, 293-294, 301
ベルナルト，ペーター Bernard, Peter 210, 301
ベルヌス，ヤーコプ Bernus, Jacob 174-175, 179, 197
ヘルフェリッヒ，ペーター Helferich, Peter 79
ベルヘム，ニコラース Berchem, Nicolaes 188, 194-197
ベルベリッヒ男爵，フランツ・ルートヴィヒ・フォン Berberich, Franz Ludwig Freiherr von 174-175, 179, 184, 197
ペルモーザー，バルタザール Permoser, Balthasar 146
ヘルライン，ヨハン・アンドレアス Herrlein, Johann Andreas 190
ベルンシュトルフ，アンドレアス・ゴットリープ・フォン Bernstorff, Andreas Gottlieb von 53
ベルンシュトルフ，ヨハン・ハルトヴィヒ・エルンスト・フォン Bernstorff, Johann Hartwig Ernst von 53
ベルンハルト，クリストフ Bernhard, Christoph 201
ベンダ，ゲオルク Benda, Georg 214, 228, 255-256
ヘンデル，ゲオルク・フリードリヒ Händel, Georg Friedrich 47, 143, 199, 202, 227
ヘンリエッテ・アマーリエ（アンハルト＝デッサウ侯女）Henriette Amalie（Prinzessin von Anhalt-Dessau） 127, 184, 196, 198
ホーイェン，ヤン・ファン Goyen, Jan van 128, 196
ボー・シルヴィウス，ヤーコプ・デ・レ Boe Sylvius, Jacob de le 176-177
ボステル，ルーカス・フォン Bostel, Lucas von 139, 140
ボステルマン，ミヒャエル Bostelmann, Michael 182
ボスラー，ハインリヒ・フィリップ Boßler, Heinrich Philipp 217
ボーゼ，ゲオルク・ハインリヒ Bose, Georg Heinrich 146
ボック，ヨハン・クリスティアン Bock, Johann Christian 253
ボッケリーニ，ルイージ Boccherini, Luigi 225
ボッサン，フリードリヒ・ヴィルヘルム Bossan, Friedrich-Wilhelm 255-257
ポッセルト，フランツ Posselt, Franz 51, 68-69
ポッター，ピーテル Potter, Pieter 184
ボト，ヤン Both, Jan 188
ホドヴィエツキ，ニコラウス・ダニエル Chodowiecki, Nikolaus Daniel 196
ホフマイスター，フランツ・アントン Hoffmeister, Franz Anton 217, 220-221
ホフマン，エルネスト・テオドーア・アマデウス Hoffmann, Ernst Theodor Amadeus 231
ボーマルシェ，ピエール・オギュスタン・カロン・ド Beaumarchais, Pierre Augustin Caron de 246
ホーム，ヘンリー Home, Henry 158
ホルスト，ニールス・フォン Holst, Niels von 178
ボルテン，ヒンリヒ Boldten, Hinrich 109

ホルベア，ルズヴィ Holberg, Ludvig von 246
ポルポラ，ニコラ Porpora, Nicola 202
ボワセ，ランドン・ド Boisset, Randon de 172
ボンテコー，コルネリウス Bontekoe, Cornelius 274
ポンド，アーサー Pond, Arthur 171
ポンメレッシェ，ヨハン・アルノルト・ヨアヒム Pommeresche, Johann Arnord Joachim 114

［マ 行］
マイゼーダー，ヨーゼフ Mayseder, Joseph 222
マイナース，ウーヴェ Meiners, Uwe 105, 113
マイヤー，ニコラウス Meyer, Nicolaus 42
マイヤー，フリードリヒ・ヨハン・ロレンツ Meyer, Friedrich Johann Lorenz 164
マイヤー，ヨハン・ハインリヒ Meyer, Johann Heinrich 198
マイヤー，ラインハルト Meyer, Reinhart 254
マックス・エマニュエル（バイエルン選帝侯） Max Emanuel（Kurfürst von Bayern） 136
マッケンドリック，ニール McKendrick, Neil 6
マテソン，ヨハン Mattheson, Johann 218
マーフィー，アーサー Murphy, Arthur 253
マラ，ゲルトルード・エリーザベト Mara, Gertrud Elisabeth 231, 265
マリア・テレジア（神聖ローマ帝国皇妃） Maria Theresia（Kaiserin） 247, 281
マリア・パヴロヴナ（ザクセン＝ワイマール＝アイゼナハ大公妃）Maria Pawlowna（Großherzogin von Sachsen-Weimar-Eisenach） 132, 151
マリヴォー，ピエール・カルレ・ド・シャンブラン・ド Marivaux, Pierre Carlet de Chamblain de 246
マルシャン，ルイ Marchand, Louis 47
マルティン，フィリップ・ヤーコプ Martin, Philipp Jacob 215
マルデレ，ピエール・ファン Maldere, Pierre van 204
マレル，ヤーコプ Marell, Jacob 189
マンチャル，ヨーゼフ Mančal, Josef 233
ミグノン，アブラハム Mignon, Abraham 173, 194
ミヒャエル，フリードリヒ・クリスティアン Michael, Friedrich Christian 174, 179, 197
ミュラー，ハインリヒ Müller, Heinrich 34
ミーリス，ウィレム・ファン Mieris, Willem van 194-196
ミーリス，フランス・ファン Mieris, Frans van 176, 190, 194, 195
ムーア，ジョン Moore, John 10
ムリール，ピーテル Mulier, Pieter 188
メーザー，ユストゥス Möser, Justus 49, 86, 95
メタスタシオ，ピエトロ Metastasio, Pietro 247
メツー，ハブリエル Metsu, Gabriel 194
メルク，ヨハン・ハインリヒ Merck, Johann Heinrich 148, 149, 150, 153
メルゲンバウム，ダニエル Mergenbaum, Daniel 111, 117-118
メルター，ヨハン・ゴットフリート Mölter, Johann Gottfried 163
メングス，アントン・ラファエル Mengs, Anton Raphael 180
メンデルスゾーン，モーゼス Mendelssohn, Moses 21
モーアマン，ルート＝エリーザベト Mohrmann, Ruth-Elisabeth 105, 110, 116, 120, 287
モーザー，カール・フリードリヒ・フォン Moser, Karl Friedrich von 149-150
モシェレス，イグナツ Moscheles, Ignaz 222
モーツァルト，ヴォルフガング・アマデウス Mozart, Wolfgang Amadeus 13, 199, 206, 208, 215, 220-221, 241, 244, 247-249, 255, 257, 258
モリエール，ジャン・バティスト Molière, Jean Baptiste 246
モーリッツ，カール・フィリップ Moritz, Karl Philipp 31, 40
モルゲンシュテルン，カール Morgenstern, Carl 176
モルゲンシュテルン，フリードリヒ Morgenstern, Friedrich 174-175, 178-179, 192, 197
モレイン，ピーテル・デ Molijn, Pieter de 128
モレル，ゲルハルト Morell, Gerhard 181
モロー，マリー・スー Morrow, Mary Sue 224
モンツァーニ，テバルド Monzani, Tebaldo 233

［ヤ　行］
ヤーゲマン，カロリーネ Jagemann, Karoline 265-266
ユンカー，ユストゥス Juncker, Justus 182, 189, 190, 197
ユンガー，ヨハン・フリードリヒ Jünger, Johann Friedrich 252-254, 257
ヨーゼフ２世（神聖ローマ帝国皇帝）Joseph II（Kaiser） 215, 248

［ラ　行］
ライス，ラッヘル Ruysh, Rachel 190, 194
ライゼヴィッツ，ヨハン・アントン Leisewitz, Johann Anton 9-10
ライヒ，フィリップ・エラスムス Reich, Philipp Erasmus 18-19
ライヒャルト，ヨハン・フリードリヒ Reichardt, Johann Friedrich 13, 39, 43, 153, 162, 204, 206, 214, 225, 228
ライマールス，ゾフィー Reimarus, Sophie 278
ライマールス，ヘルマン・ザミュエル Reimarus, Hermann Samuel 30-31
ラウヴォルフ，レオンハルト Rauwolf, Leonhard 270
ラウシュナー，クリスティアン・ベンヤミン Rauschner, Christian Benjamin 184-185
ラウテンシュトラウホ，ヨハン Rautenstrauch, Johann 251, 253
ラフォンテーヌ，アウグスト・ハインリヒ・ユリウス Lafontaine, August Heinrich Julius 256
ラポルテリー，ピエール Laporterie, Pierre 177-179
ラムージオ，ジョヴァンニ・バティスタ Ramusio, Giovanni Battista 279
ラメー，ジョセフ・ジャック Ramée, Joseph Jacques 144
ラモット・フーケ，カロリーネ・ド LaMotte Fouqué, Caroline de 91
ラ・ロッシュ，ヴィルヘルム・フォン La Roche, Wilhelm von 13
ラ・ロッシュ，カール・フォン La Roche, Carl von 13
ラ・ロッシュ，ゾフィー・フォン La Roche, Sophie von 13
ランガー，エルンスト・テオドール Langer, Ernst Theodor 29
ラングスドルフ，ヨハン・ゲオルク Langsdorff, Johann Georg 156
ラングハウス，カール・ゴットハルト Langhans, Carl Gotthard 163, 240
ランツァウ，ハインリヒ Rantzau, Heinrich 65
リース，フェルディナント Ries, Ferdinand 222
リースベック，ヨハン・カスパー Riesbeck, Johann Caspar 56
リーター，ハインリヒ Rieter, Heinrich 63
リッチ，マテオ Ricci, Matteo 279
リーデゼル男爵 Riedesel, Freiherr von 149
リヒェイ，ミヒャエル Richey, Michael 30-31
リヒター，エノッホ Richter, Ennoch 203
リヒター，ゲオルク・フリードリヒ Richter, Georg Friedrich 215
リヒター，ヨーゼフ Richter, Joseph 253, 281
リュトケンス，ペーター Lütkens, Peter 139-140
リョッター，ヨハン・ハインリヒ Rötter, Johann Heinrich 111-112, 118-119
リンゲルバッハ，ヨハネス Lingelbach, Johannes 189
リンネ，カール・フォン Linné, Carl von 50
ルイ14世（フランス王）Ludwig XIV（König von Frankreich） 59, 83
ルイーゼ（ザクセン＝ワイマール＝アイゼナハ公妃）Luise（Herzogin von Sachsen-Weimar-Eisenach） 245
ルケージ，アンドレア Lucchesi, Andrea 232
ルソー，ジャン・ジャック Rousseau, Jean Jaques 31, 62
ルートヴィヒ・フリードリヒ（シュヴァルツブルク＝ルドルシュタット侯）Ludwig Friedrich（Graf von Schwarzburg-Rudolstadt） 48
ルドルフィ，ヨハン・クリスティアン Rudolphi, Johann Christian 162
ル・ノートル，アンドレ Le Nôtre, André 135, 158
ルーベンス，ピーテル・パウル Rubens, Peter Paul 171, 194-197
ル・ロワ，ジュリアン Roy, Julien le 128
ルーン，ヨアヒム Luhn, Joachim 190
レオポルト３世（アンハルト＝デッサウ選帝侯）Leopold III. Fürst von Anhalt-Dessau

47, 137
レカミエ夫人 Récamier, Madame 90
レッシング，ゴットホルト・エフライム Lessing, Gotthold Ephraim 12, 21, 33, 37, 237, 240, 243, 245-246, 251, 253
レーファー，ヴァレリウス Röver, Valerius 172
レプトン，ハンフリー Repton, Humphry 161
レーマン，ペーター・アムブロジウス Lehmann, Peter Ambrosius 67
レルシュタプ，ヨハン・カール・フリードリヒ Rellstab, Johann Carl Friedrich 214, 217
レンツ，ヤーコプ・ミヒャエル・ラインホルト Lenz, Jakob Michael Reinhold 244
レントゲン，アブラハム Roentgen, Abraham 132-133
レントゲン，ダヴィット Roentgen, David 132-133
レンブラント，ファン・レイン Rembrandt, van Rijn 128, 169, 171, 172, 186, 194-197
ロイスダール，ヤーコプ・ファン Ruysdael, Jacob van 128, 188
ロイッカルト，フランツ・エルンスト・クリストフ Leuckart, Franz Ernst Christoph 217
ロカテッリ，ピエトロ・アントニオ Locatelli, Pietro Antonio 202
ロース，ヨハン・ハインリヒ Roos, Johann Heinrich 173, 180
ロース，ヨハン・メルヒオール Roos, Johann Melchior 127, 194, 197
ロスト，クリスティアン・ハインリヒ Rost, Christian Heinrich 81, 187
ロセッティ，フランツ・アントン・レスラー Rosetti, Franz Anton Rösler 208
ロック，ジョン Locke, John 10
ロッシーニ，ジャコモ Rossini, Giacchino 222
ロッテンハマー，メルヒオール Rottenhammer, Melchior 173, 194
ロビンソン，メアリー Robinson, Mary 265

［ワ 行］

ワーグナー，アブラハム Wagner, Abraham 63
ワトレー，トーマス Wathley, Thomas 158

一次史料および参考文献

Abbt, Thomas, *Vom Verdienste*, Frankfurt-Leipzig 1783.

Ackermann, Astrid, Eine nationale Aufgabe – Mode und Kommerz, in: Andreas Klinger und Gonthier-Louis Fink (Hg.), *Identitäten und Fiktion um 1800*, Frankfurt 2003, S. 323-337.

Ackermann, Astrid, *Paris, London und die europäische Provinz: Die frühen Modejournale 1770-1830*, Frankfurt 2005.

Adelung, Johann Christoph, *Grammatisch-kritisches Wörterbuch der Hochdeutschen Mundart, mit beständiger Vergleichung der übrigen Mundarten, besonders aber der Oberdeutschen*, 3. Theil, 2. Aufl., Leipzig 1798.

Albrecht, Peter, *Kaffee. Zur Sozialgeschichte eines Getränks*, Braunschweig 1980.

Albrecht, Peter, Die Nationaltracht im letzten Viertel des 18. Jahrhunderts, in: *Jahrbuch für Volkskunde* 1987, S. 43-66.

Albrecht, Peter, Es geht doch nicht an, dass all und jeder Kaffee trinkt! Kaffeeverbote in der Frühen Neuzeit, in: Eva Dietrich, Roman Rossfeld (Hg.), *Am Limit. Kaffeegenuss als Grenzerfahrung*, Zürich 2002, S. 22-35.

Allgemeine deutsche Bibliothek VIII/1 (1768).

Allgemeine Musikalische Zeitung, 1799/1800.

Allihn, Ingeborg, Organisatoren und Formen der Organisation des Musiklebens in Berlin im ausgehenden 18. Jahrhundert, in: Hans-Erich Bödeker, Patrice Veit und Michael Werner (éd.), *Le concert et son public. Mutations de la vie musicale en Europe de 1780 à 1914* (France, Allemagne, Angleterre), Paris 2002, S. 159-73.

Anderson, Benedict, *Die Erfindung der Nation. Zur Karriere eines folgenreichen Konzepts*, Berlin 1998〔*Imaged Communities: Reflections on the Origin and Spread of Nationalism*, London 1983. 白石隆・白石さや訳『定本 想像の共同体——ナショナリズムの起源と流行』書籍工房早山，2007年〕.

Badstübner-Gröger, Sibylle, Einige Bemerkungen zur geschmacksbildenden Rolle der Berliner Akademie-Ausstellungen im späten 18. Jahrhundert, in: Michael North (Hg.), *Kunstsammeln und Geschmack im 18. Jahrhundert*, Berlin 2002, S. 195-215.

Balet, Leo und Gerhard, E., *Die Verbürgerlichung der deutschen Kunst, Literatur und Musik im 18. Jahrhundert*, hrsg. von Gert Mattenklott, Frankfurt u.a. 1973.

Bamberg, Eduard von (Hg.), *Die Erinnerungen der Karoline Jagemann nebst zahlreichen unveröffentlichten Dokumenten aus der Goethezeit*, Dresden 1926.

Bauche, Ulrich, Von bürgerlicher Gartenkunst, in: *Gärten, Landhäuser und Villen des hamburgischen Bürgertums* (1975), S. 19-25.

Bausinger, Hermann, Beyrer, Klaus und Korff, Gottfried (Hg.), *Reisekultur. Von der Pilgerfahrt zum modernen Tourismus*, München 1991.

Becker-Cantarino, Barbara, *Der lange Weg zur Mündigkeit. Frau und Literatur (1500-1800)*, Stuttgart 1987.
Beckmann, Johann, *Literatur der älteren Reisebeschreibungen. Nachrichten von ihren Verfassern, von ihrem Inhalte, von ihren Ausgaben*, 2 Bde., Göttingen 1807-1810.
Beer, Axel, *Musik zwischen Komponist, Verlag und Publikum. Die Rahmenbedingungen des Musikschaffens in Deutschland im ersten Drittel des 19. Jahrhunderts*, Tutzing 2000.
Behringer, Wolfgang, „Die Welt in einen anderen Model gegossen". Der Strukturwandel des frühneuzeitlichen Kommunikationswesens am Beispiel der Reichspost, Habil.-Schrift Bonn 1996.
Berckenmeyer, Paul Ludolf, *Vermehrter Curieuser Antiquarius, Das ist: Allerhand auserlesene Geographische und Historische Merckwürdigkeiten / So in denen Europaischen Ländern zu finden / Aus Berühmter Männer Reisen zusammengetragen / und mit einem zweyfachen Register versehen / – Nunmehr zum Vierdten mahl aufgeleget und mit neuen Sachen und Anmerckungen duchgehends vermehret und verbessert*, Hamburg 1711, S. 63.
Berg, Maxine and Hellen Clifford (eds.), *Consumers and Luxury: Consumer Culture in Europe 1650-1850*, Manchester 1999.
Berg, Maxine, French Fancy and Cool Britannia. The Fashion Markets of Early Modern Europe, in: Simonetta Cavaciocchi (ed.), *Fiere e mercati nella integrazione delle economie Europe secc. XIII-XVIII*, Prato 2001, pp. 519-556.
Berg, Maxine, *Luxury & Pleasure in Eighteenth-Century Britain*, Oxford 2005.
Berg, Maxine und Elizabeth Eger (eds.), *Luxury in the Eighteenth Century: Debates, Desires, and Delectable Goods*, London 2003.
Berger, Joachim, Geselligkeit, Mäzenatentum und Kunstliebhaberei am ‚Musenhof' Anna Amalias – Neue Ergebnisse, neue Fragen, in: Ders. (Hg.), *Der Musenhof Anna Amalias. Geselligkeit, Mäzenatentum und Kunstliebhaberei im klassischen Weimar*, Köln-Weimar-Wien 2001, S. 1-17.
Berger, Theodor, *Vor-Urtheile der Deutschen bey Antretung ihrer Reisen in auswärtige Lande, u. bes. nach Franckreich, nebst Anhang von Deutschlands Macht gegen angräntzende Königreiche u. Länder*, Frankfurt 1734.
Berlinische Nachrichten 29, 9. März 1773.
Bermingham, Ann and Brewer, John, *The Consumption of Culture 1600-1800. Image, Object, Text*, London-New York 1995.
Beyrer, Klaus, Des Reisebeschreibers „Kutsche". Aufklärerisches Bewußtsein im Postreiseverkehr des 18. Jahrhunderts, in: Wolfgang Griep und Hans-Wolf Jäger (Hg.), *Reisen im 18. Jahrhundert. Neue Untersuchungen*, Heidelberg 1986, S. 50-90.
Beyrer, Klaus, (Hg.), *Zeit der Postkutschen. Drei Jahrhunderte Reisen 1600-1900*, Karlsruhe 1992.
Bibliothek der schönen Wissenschaften IV/2 (1762).
Black, Jeremy, *Italy and the Grand Tour*, New Haven-London 2003.
Blancardus, Stephanus, *Haustus polychresti: Oder Zuverlässige Gedancken vom Theé, Coffeé, Chocolate, u. Taback, mit welchen der grosse Nutze dieser ausländischen Wahren so wol in gesunden als krancken Tagen gründlich und umständlich gelehret wird*, Hamburg 1705.
Blum, Klaus, *Musikfreunde und Musici. Musikleben in Bremen seit der Aufklärung*, Tutzing

1975.

Bödeker, Hans-Erich, Reisen: Bedeutung und Funktion für die deutsche Aufklärungsgesellschaft, in: Wolfgang Griep und Hans-Wolf Jäger (Hg.), *Reisen im 18. Jahrhundert. Neue Untersuchungen*, Heidelberg 1986, S. 91-110.

Bödeker, Hans Erich, Veit, Patrice und Werner, Michael (éd.), *Mutations de la vie musicale en Europe de 1780 à 1914*, Paris 2002.

Bödeker, Hans Erich, Veit, Patrice und Werner, Michael (éd.), *Espaces et lieux de concert en Europe 1700-1920. Architecture, muisque, société*, Berlin 2008.

Bödeker, Hans Erich, Veit, Patrice und Werner, Michael (éd.), *Organisateurs et formes d'organisation du concert en Europe 1700-1920. Institutionnalisation et pratiques*, Berlin 2008.

Bok, Marten Jan, *Vraag en aanbod op de Nederlandse kunstmarkt, 1580-1700*, Utrecht 1994.

Bonfait, Oliver, Les collections de parlementaires parisiens de XVIIIe siècle, in: *Revue de l'art* 73 (1986), pp. 28-42.

Böning, Holger, *Das Intelligenzblatt. Dokumentation zu einer literarisch-publizistischen Gattung der deutschen Aufklärung*, Bremen 1991.

Böning, Holger, Aufklärung und Presse im 18. Jahrhundert, in: Hans-Wolf Jäger (Hg.), *„Öffentlichkeit" im 18. Jahrhundert*, Göttingen 1997, S. 151-163.

Böning, Holger, Das Intelligenzblatt, in: Ernst Tischer, Wilhelm Haefs und York-Gothart Mix (Hg.), *Von Almanach bis Zeitung. Ein Handbuch der Medien in Deutschland 1700-1800*, München 1999, S. 89-104.

Bontekoe, Cornelius, Drei neue curieuse Tractätgen von dem Brand Cafe, chinesischen The und der Chocolata, in: Ders., *Kurze Abhandlung von dem menschlichen Leben, Gesundheit, Krankheit und Tod*, Rudolstadt 1692.

Borchert, Angela und Dressel, Ralf (Hg.), *Das Journal des Luxus und der Moden: Kultur um 1800*, Heidelberg 2004.

Boyle, Nicholas, *Goethe. Der Dichter in seiner Zeit*, Bd. 1: *1749-1790*, München 1999.

Braunbehrens, Volkmar, *Salieri. Ein Musiker im Schatten Mozarts? Eine Biographie*, München 1989.

Braunbehrens, Volkmar, *Mozart in Wien*, 5. Aufl., München-Zürich 1997.

Braunbehrens, Volkmar, Busch-Salmen, Gabriele und Salmen, Walter (Hg.), *J. F. Reichardt – J. W. Goethe. Briefwechsel*, Weimar 2002.

Brauneck, Manfred, *Die Welt als Bühne. Geschichte des europäischen Theaters*, Bd. 2, Stuttgart 1996.

Brewer, John und Porter, Roy (eds.), *Consumption and the World of Goods*, London 1993.

Brewer, John, „The most polite age and the most vicious". Attitudes towards Culture as a Commodity, 1660-1800, in: Ann Bermingham und John Brewer (eds.), *The Consumption of Culture 1600-1800. Image, Object, Text*, London-New York 1995, pp. 348f.

Brewer, John, *The Pleasures of the Imagination: English Culture in the Eighteenth Century*, New York 1997.

Brewer, John, Was können wir aus der Geschichte der frühen Neuzeit für die moderne Konsumgeschichte lernen?, in: Hannes Siegrist, Hartmut Kaelble und Jürgen Kocka (Hg.), *Europäische Konsumgeschichte. Zur Gesellschafts- und Kulturgeschichte des Konsums*

(18. bis 20. Jahrhundert), Frankfurt-New York 1997, S. 51-74.

Brewer, John and Frank Trentmann (eds.), *Consuming Cultures, Global Perspectives: Historical Trajectories, Transnational Exchanges*, Oxford-New York 2006.

Bringemeier, Martha, Wandel der Mode im Zeitalter der Aufklärung, in: *Rheinisch-Westfälische Zeitschrift für Volkskunde* 13 (1966), S. 5-59.

Brockes, Barthold Heinrich, *Irdisches Vergnügen in Gott bestehend in verschiedenen aus der Natur und Sitten=Lehre hergenommenen Gedichten, nebst einem Anhange etlicher hieher gehörigen Uebersetzungen von des Hrn. de La Motte Französis. Fabeln mit Genehmhaltung des Herrn Verfassers nebst einer Vorrede herausgegeben von C. F. Weichmann*, Hamburg 1721.

Busch-Salmen, Gabriele, Salmen, Walter und Michel, Christoph, *Der Weimarer Musenhof. Dichtung, Musik und Tanz, Gartenkunst, Geselligkeit, Malerei*, Stuttgart-Weimar 1998.

Buttlar, Adrian von, *Der Landschaftsgarten*, München 1980.

Caspar Wolf (1735-1783). Landschaft im Vorfeld der Romantik, Ausstellungskatalog, Basel 1980.

Caspar Wolf. Ein Panorama der Schweizer Alpen, Aarau 2001.

Catalogus einer Sammlung auserlesener Kunst-Malereyen, welche am Donnerstage, den 31 Julii, vormittags um 10 Uhr, im Dennerischen Hause am Gaensemarkt oeffentlich an die Meistbietende verkauft werden sollen, Hamburg 1749 (Schwerin: Landeshauptarchiv).

Catalogue d'un fameux Cabinet de tableaux des meilleurs maîtres, recueilli, avec beaucoup de choix et d'exactitude pendant plusieurs années et délaisse par feu monsieur le baron de Haeckel dont la vente se fera publiquement a Francfort sur le Mein, dans un terme qu'on annoncera par les Gazettes, 1762 (Frankfurt: Städelsches Kunstinstitut).

Catalogue d'un magnifique cabinet de tableaux des plus grands maîtres, flamands hollandois etc. Rassemblés avec beaucoup de soin & grande dépense par un fameux connoisseur & amateur Monsieur ***, Frankfurt 1762 (Frankfurt: Städelsches Kunstinstitut).

Catalogue d'un magnifique cabinet de tableaux des plusieurs grands maîtres, Italiens, Flammands, Allemands & Hollandois. Recueillis avec beaucoup de foins & de frais par Monsieur ***, Frankfurt 1763 (Frankfurt: Städelsches Kunstinstitut).

Catalogus der Sammlung eines großen Herrns verschiedener ausnehmender Schildereyen von den grösten Italienischen, Französischen, Niederländischen, Holländischen und Deutschen meistern, welche aus den Niederlanden nacher Frankfurt am Mayn gebracht worden, Frankfurt 1765.

Catalogus einer schönen Sammlung auserlesener Cabinet=Mahlereyen und Portraits, welche in einem bekannten Sterbehause in der Neustädter Fuhlentwiete, an der Ecke der Neustraße, den 12 ten April 1775 an die Meistbietenden verkauft werden sollen durch den Makler Johann Hinrich Neumann (Hamburg: Hamburger Kunsthalle).

Catalogus einer vortrefflichen Sammlung Cabinet=Mahlereyen, welche vor funfzig und mehreren Jahren mit vielem Gusto und Kenntniß gesammelt worden und sich unter dem Nachlaß des seel. Herrn Joachim Hinrich Thielcke befinden, in dessen Sterbehause auf den großen Bleichen selbige auch den 18 Merz, 1782, und folgende Tage durch Mackler Peter Texier an den Meistbiethenden, gegen baare Bezahlung, grob Courant, öffentlich verkauft werden sollen. Acht Tage vorher können solche in beliebigen Augenschein

genommen werden (Hamburg: Hamburger Kunsthalle).

Chartier, Roger, *Lesewelten. Buch und Lektüre in der Frühen Neuzeit*, Frankfurt-New York 1990 〔*Pratiques de la lecture, sous la direction* de R. Chartier, Marseille, Rivages, 1985. 水林章・泉利明・露崎俊和訳『書物から読書へ』みすず書房，1992年〕.

Cilleßen, Wolfgang, Modezeitschriften, in: Ernst Fischer, Wilhelm Haefs und York-Gothart Mix (Hg.), *Von Almanach bis Zeitung. Ein Handbuch der Medien in Deutschland 1700-1800*, München 1999, S. 207-224.

Clodius, Christian August, *Neue vermischte Schriften,* Th. 3: Dinokrates, Leipzig 1780.

Clunas, Craig, *Superfluous things: Material culture and Social Status in early modern China*, Chicago 1991.

Cohen, Lizabeth, *A Consumer's Republic: The Politics of Mass Consumption in Postwar America*, New York 2003.

Conrady, Karl Otto, *Goethe: Leben und Werk*, Düsseldorf-Zürich 1999.

Cowan, Brian, Areas of Connoisseurship: Auctioning Art in Later Stuart England, in: Michael North and David Ormrod (eds.), *Art Markets in Europe, 1400-1800*, Aldershot 1998, pp. 153-166.

Cowan, Brian, *The Social Life of Coffee: The Emergence of the British Coffeehouse*, New Haven-London 2005.

Cramer, Carl Friedrich, *Magazin der Musik*, Hamburg 1784-1787.

Cremer, Claudia Susannah, Hagedorns Geschmack. Studien zur Kunstkennerschaft in Deutschland im 18. Jahrhundert, Diss. phil. Bonn 1989.

Damm, Sigrid, *Christiane und Goethe. Eine Recherche*, Frankfurt u.a. 2001 〔西山力也訳『クリスティアーネとゲーテ』法政大学出版局，2011年〕.

Daniel, Ute, *Hoftheater. Zur Geschichte des Theaters und der Höfe im 18. und 19. Jahrhundert*, Stuttgart 1995.

Daniel, Ute, How Bourgeois was the Public Sphere of the Eighteenth Century? or: Why it is Important to Historicize „Strukturwandel der Öffentlichkeit", in: *Das Achtzehnte Jahrhundert* 26, Wolfenbüttel 2002, pp. 9-17.

Daniel, Ute, Höfe und Aufklärung in Deutschland – Plädoyer für eine Begegnung der dritten Art, in: Marcus Ventzke (Hg.), *Hofkultur und aufklärerische Reformen in Thüringen. Die Bedeutung des Hofes im späten 18. Jahrhundert*, Köln-Weimar-Wien 2002, S. 11-31.

Daniel, Ute, Vom fürstlichen Gast zum Konsumenten: Das Hoftheaterpublikum in Deutschland vom 18. zum 19. Jahrhundert, in: Hans-Erich Bödeker, Patrice Veit und Michael Werner (éd.), *Le concert et son public. Mutations de la vie musicale en Europe de 1780 à 1914 (France, Allemagne, Angleterre)*, Paris 2002, S. 347-382.

Dann, Otto (Hg.), *Lesegesellschaften und bürgerliche Emanzipation – Ein europäischer Vergleich*, München 1981.

Dann, Otto, Die Lesegesellschaften und die Herausbildung einer modernen bürgerlichen Gesellschaft in Europa, in: Ders. (Hg.), *Lesegesellschaften und bürgerliche Emanzipation – Ein europäischer Vergleich*, München 1981, S. 9-28.

Dann, Otto, Eine höfische Gesellschaft als Lesegesellschaft, in: Hans-Erich Bödeker (Hg.), *Lesekulturen im 18. Jahrhundert*, Hamburg 1992, S. 43-57.

Danreitter, Frantz Antoni, *Die Gärtnerey, so wohl in ihrer Theorie oder Betrachtung als Praxi*

oder Übung: allwo von denen schönen Gärten, welche man nur insgemein die Lust- und Zierd-Gärten zu nennen pflegt [...], Augsburg 1731.

Daunton, Martin und Hilton, Matthew（ed.）, *The Politics of Consumption: Material Culture and Citizenship in Europe and America*, Oxford 2001.

Deatheridge, John, The Invention of German Music, c.1800, in: Tim Blanning und Hagen Schulze（eds.）, *Unity and Diversity in European Culture c.1800*, Oxford 2006, pp. 35-60, 41-46.

Der geheime Ausrufer 11（1808）.

Der Teutsche Merkur, November 1784.

Descamps, Jean Baptis, *La vie des peintres flamands, allemands et hollandois: avec des portraits gravés en taille-douce, une indication de leurs principaux ouvrages, [et] des réflexions sur leurs differentes manieres*, Paris 1753-1763.

Doering-Manteuffel, Sabine, Mančal, Josef und Wüst, Wolfgang（Hg.）, *Pressewesen der Aufklärung. Periodische Schriften im Alten Reich*, Berlin 2001.

Dörffel, Alfred, *Geschichte der Gewandhausconcerte zu Leipzig vom 25. November 1781 bis 25. November 1881*, Leipzig 1884.

Driesner, Jörg, Materielle Kultur in Greifswald im 17. und 18. Jahrhundert, Magisterarbeit Greifswald 2002.

Driesner, Jörg, Frühmoderne Alltagswelten im Ostseeraum: Materielle Kultur in Stralsund, Kopenhagen und Riga – Drei Regionen im Vergleich, Diss. phil. Greifswald 2006.

Eckhart, Edith, Die Verlassenschaften von Gobelsburg und Hadersdorf am Kamp als Quelle für die Kultur von Bürgern und Inwohnern im 18. Jahrhundert, Diss. phil. Wien 1977.

Ehret, Gloria, *Deutsche Möbel des 18. Jahrhunderts. Barock – Rokoko – Klassizismus*, München 1986, S. 160.

Eichhorn, Herbert, *Konrad Ernst Ackermann. Ein deutscher Theaterprinzipal. Ein Beitrag zur Theatergeschichte im deutschen Sprachraum*, Emsdetten 1965.

Eilert, Heide, Bertuch und das zeitgenössische Theater, in: Gerhard R. Kaiser und Siegfried Seifert（Hg.）, *Friedrich Justin Bertuch (1747-1822). Verleger, Schriftsteller und Unternehmer im klassischen Weimar*, Tübingen 2000, S. 113-131.

Elias, Norbert, *Über den Prozeß der Zivilisation*, 2. Aufl., Bern-München 1969〔赤井慧爾・波田節夫ほか訳『文明化の過程』上・下，法政大学出版局，1977-78年〕.

Elkar, Rainer S., Reisen bildet, in: B. I. Krasnobaev, Gert Robel und Herbert Zeman（Hg.）, *Reisen und Reisebeschreibungen im 18. und 19. Jahrhundert als Quellen der Kulturbeziehungsforschung*, Essen 1987, S. 51-82.

Emde, Ruth B., *Schauspielerinnen im Europa des 18. Jahrhunderts. Ihr Leben, ihre Schriften und ihr Publikum*, Amsterdam-Atlanta 1997.

Emmerich, Angelika und Schroeder, Susanne, Weimarer historische Interieurs. Zum Ameublement im „Journal des Luxus und der Moden“, in: Gerhard R. Kaiser und Siegfried Seifert（Hg.）, *Friedrich Justin Bertuch (1747-1822), Verleger, Schriftsteller und Unternehmer im klassischen Weimar*, Tübingen 2000, S. 501-518.

Engel, Helmut, *Villen und Landhäuser*, Berlin 2001.

Engelsing, Rolf, Die Perioden der Lesegeschichte in der Neuzeit. Das statistische Ausmaß und die soziokulturelle Bedeutung der Lektüre, in: *Archiv für Geschichte des Buchwesens* X

(1970), Sp. 945-1002.
Engelsing, Rolf, *Analphabetentum und Lektüre. Zur Sozialgeschichte des Lesens in Deutschland zwischen feudaler und industrieller Gesellschaft*, Stuttgart 1973〔中川勇治訳『読書と文盲の社会史』思索社, 1985年〕.
Engelsing, Rolf, *Der Bürger als Leser. Lesegeschichte in Deutschland 1500-1800*, Stuttgart 1974.
Erhart, Walter, Beziehungsexperimente: Goethes „Werther" und Wielands „Musarion", in: *Deutsche Vierteljahrschrift für Literaturwissenschaft und Geistesgeschichte* 66 (1992), S. 333-360.
Eschstruth, Hans Adolf Freiherr von, *Musikalische Bibliothek*, 2 Stücke, 1784/1785; Nachdruck, Hildesheim-New York 1977.
Faessler, Peter, Reiseziel Schweiz: Freiheit zwischen Idylle und „großer" Natur, in: Hermann Bausinger, Klaus Beyrer und Gottfried Korff (Hg.), *Reisekultur. Von der Pilgerfahrt zum modernen Tourismus*, München 1991, S. 243-248.
Faulstich, Werner, *Die bürgerliche Mediengesellschaft (1700-1830)*, Göttingen 2002.
Fischer-Lichte, Erika, Entwicklung einer neuen Schauspielkunst, in: Wolfgang F. Bender (Hg.), *Schauspielkunst im 18. Jahrhundert*, Stuttgart 1992, S. 51-70.
Fischer-Lichte, Zur Einleitung, in: Dies. und Jörg Schönert (Hg.), *Theater im Kulturwandel des 18. Jahrhunderts. Inszenierung und Wahrnehmung von Körper – Musik – Sprache*, Göttingen 1999, S. 11-20.
Fischer-Lichte, Der Körper als Zeichen und als Erfahrung. Über die Wirkung von Theateraufführungen, in: Dies. und Jörg Schönert (Hg.), *Theater im Kulturwandel des 18. Jahrhunderts. Inszenierung und Wahrnehmung von Körper – Musik – Sprache*, Göttingen 1999, S. 53-68.
Flaherty, Gloria, *Opera in the Development of German Critical Thought*, Princeton 1978.
Flik, Reiner, Statt Hofpoet Kulturunternehmer. Der Werdegang Friedrich Justin Bertuchs (1747-1822) und sein Beitrag zur Weimarer Klassik, in: Marcus Ventzke (Hg.), *Hofkultur und aufklärerische Reformen in Thüringen. Die Bedeutung des Hofes im späten 18. Jahrhundert*, Köln-Weimar-Wien 2002, S. 197-222.
Flik, Reiner, Kultur-Merkantilismus? Friedrich Justin Bertuchs „Journal des Luxus und der Moden" (1786-1827), in: Angela Borchert und Ralf Dressel (Hg.), *Das Journal des Luxus und der Moden: Kultur um 1800*, Heidelberg 2004, S. 21-55.
Folter, Roland, *Deutsche Dichter- und Germanistenbibliotheken. Eine kritische Bibliographie ihrer Kataloge*, Stuttgart 1975.
Forkel, Johann Nicolaus, *Über die Theorie der Musik, insofern sie Liebhabern und Kennern nothwendig und nützlich ist*, Göttingen 1777.
Forkel, Johann Nicolaus, *Musikalischer Almanach*, IV (1789).
Forner, Johannes (Hg.), *Die Gewandhauskonzerte zu Leipzig. Mit einem zusammenfassenden Rückblick von den Anfängen bis 1781*, 2. Aufl., Leipzig 1983.
Fouqué, Caroline de LaMotte, *Geschichte der Moden 1785-1829*, Ndr. Hanau 1988.
François, Etienne, Buch, Konfession und städtische Gesellschaft im 18. Jahrhundert. Das Beispiel Speyer, in: *Mentalitäten und Lebensverhältnisse. Beispiele aus der Sozialgeschichte der Neuzeit. Rudolf Vierhaus zum 60. Geburtstag*, Göttingen 1982, S. 34-91.

Frank, Christoph, Die Gemäldesammlungen Gotzkowsky, Eimbke und Stein: Zur Berliner Sammlungsgeschichte während des Siebenjährigen Krieges, in: Michael North (Hg.), *Kunstsammeln und Geschmack im 18. Jahrhundert*, Berlin 2002, S. 117-194.

Frankfurter Modespiegel. Katalog hrsg. vom Historischen Museum der Stadt Frankfurt am Main 1962.

Friedhoff, Jens, „Magnificence" und „Utilité". Bauen und Wohnen 1600-1800, in: Ulf Dirlmeier (Hg.), *Geschichte des Wohnens*, Bd. 2: 500-1800: Hausen, Wohnen, Residieren, Stuttgart 1998, S. 503-815.

Fühler, Armas Sten, Das Schauspielrepertoire des Mannheimer Hof- und Nationaltheaters im Geschmackswandel des 18. und 19. Jahrhunderts (1779-1870), Diss. phil. Heidelberg 1935.

Furttenbach, Joseph, *Architectura civilis*, Ulm 1628.

Furttenbach, Joseph, *Architectura universalis*, Ulm 1635.

Furttenbach, Joseph, *Architectura recreationis*, Ulm 1640.

Furttenbach, Joseph, *Architectura privata*, Ulm 1641.

Füssel, Stephan, *Studien zur Verlagsgeschichte und zur Verlegertypologie der Goethe-Zeit.* Bd. 1: *Georg Joachim Göschen. Ein Verleger der Spätaufklärung und der deutschen Klassik*, Berlin-New York 1999.

Gabrielsson, Peter, Zur Entwicklung des bürgerlichen Garten- und Landhausbesitzes bis zum Beginn des 19. Jahrhunderts, in: *Gärten, Landhäuser und Villen des hamburgischen Bürgertums: Kunst, Kultur und gesellschaftliches Leben in 4 Jahrhunderten* (1975), S. 11-18.

Gall, Lothar, „... Ich wünschte ein Bürger zu sein." Zum Selbstverständnis des deutschen Bürgertums im 19. Jahrhundert, in: *Historische Zeitschrift* 245 (1987), S. 601-623.

Gerhard, Hans-Jürgen, *Diensteinkommen der Göttinger Officianten 1750-1850*, Göttingen 1978.

Gerhard, Hans-Jürgen und Kaufhold, Karl Heinrich, *Preise im vor- und frühindustriellen Deutschland.* Bd. 2: *Nahrungsmittel, Getränke, Gewürze, Rohstoffe und Gewerbeprodukte*, Stuttgart 2001.

Gerhard, Hans-Jürgen, Entwicklungen auf europäischen Kaffeemärkten 1735-1810. Eine preishistorische Studie zur Geschichte eines Welthandelsgutes, in: Rainer Gömmel und Markus A. Denzel (Hg.), *Weltwirtschaft und Wirtschaftsordnung (Festschrift Jürgen Schneider)*, Stuttgart 2002, S. 151-168.

Gersdorff, Dagmar von, *Goethes Mutter. Eine Biographie*, Frankfurt-Leipzig 2001.

Gierl, Irmgard, Die Einrichtung der Weilheimer Bürgerhäuser von 1650-1724, in: *Bayerisches Jahrbuch für Volkskunde* (1969), S. 120-124.

Giesen, Bernhard (Hg.), *Nationale und kulturelle Identität. Studien zur Entwicklung des kollektiven Bewußtseins in der Neuzeit*, Frankfurt 1991.

Gläntzer, Volker, Nord-Süd-Unterschiede städtischen Wohnens um 1800 im Spiegel der zeitgenössischen Literatur, in: Günter Wiegelmann (Hg.), *Nord-Süd-Unterschiede in der städtischen und ländlichen Kultur Mitteleuropas*, Münster 1985, S. 73-88.

Goethes Werke in zehn Bänden, Bd. 2: *Dichtung und Wahrheit*, hrsg. von Reinhard Buchwald, Weimar 1958.

Goldfriedrich, Johann, *Geschichte des deutschen Buchhandels*, Bd. 2, Leipzig 1908.

Gottsched, Johann Christoph, *Versuch einer Critischen Dichtkunst vor die Deutschen: darin-*

nen erstlich die allgemeinen Regeln der Poesie, hernach alle besondere Gattungen der Gedichte abgehandelt und mit Exempeln erläutert werden, überall aber gezeiget wird, daß das inner Wesen der Poesie in einer Nachahmung der Natur besteht, Leipzig 1730.

Graf, Martina, *Buch- und Lesekultur in der Residenzstadt Braunschweig zur Zeit der Spätaufklärung unter Herzog Karl Wilhelm Ferdinand (1770-1806)*, Frankfurt 1994.

Granit, David, Selling the Serious: The Commodification of Music and Resistance to it in Germany, circa 1800, in: W. Weber (ed.), *The Musician as Entrepreneur, 1700-1914: Managers, Charlatans, and Idealists*, Bloomington 2004, pp. 81-101.

Grazia, Victoria de and Furlough, Ellen (eds.), *The Sex of Things: Gender and Consumption in Historical Perspective*, Berkeley, CA 1996.

Griep, Wolfgang und Jäger, Hans-Wolf (Hg.), *Reisen im 18. Jahrhundert. Neue Untersuchungen*, Heidelberg 1986.

Grimm, Jacob und Wilhelm, *Deutsches Wörterbuch*, Bd. 12, L-Myth, München 1991.

Grosser, Thomas, Tour de France – Frankreich als Ziel deutscher Reisender, in: Hermann Bausinger, Klaus Beyrer und Gottfried Korff (Hg.), *Reisekultur. Von der Pilgerfahrt zum modernen Tourismus*, München 1991, S. 229-235.

Grosser, Thomas, Der mediengeschichtliche Funktionswandel der Reiseliteratur in den Berichten deutscher Reisender aus dem Frankreich des 18. Jahrhunderts, in: Hans-Wolf Jäger (Hg.), *Europäisches Reisen im Zeitalter der Aufklärung*, Heidelberg 1992, S. 275-310.

Haase, Carl, Der Bildungshorizont der norddeutschen Kleinstadt am Ende des 18. Jahrhunderts. Zwei Bücherverzeichnisse der Lesegesellschaften in Wunstorf aus dem Jahre 1794, in: Otto Brunner, Hermann Kellenbenz, Erich Maschke und Wolfgang Zorn (Hg.), *Festschrift Hermann Aubin zum 80. Geburtstag*, Bd. 2, Wiesbaden 1965, S. 518-525.

Haase, Carl, Die Buchbestände einiger Lesegesellschaften im Elbe-Weser-Winkel im Jahre 1794, in: *Stader Jahrbuch 1977*, S. 56-80.

Habermas, Jürgen, *Strukturwandel der Öffentlichkeit. Untersuchungen zu einer Kategorie der bürgerlichen Gesellschaft*, 5. Aufl., Frankfurt 1996〔細谷貞雄・山田正行訳『公共性の構造転換――市民社会の一カテゴリーについての探求』未來社, 1994年〕.

Hadamowsky, Franz, *Die Josefinische Theaterreform und das Spieljahr 1776/77 des Burgtheaters. Eine Dokumentation*, Wien 1978.

Hadamowsky, Franz, *Wiener Theatergeschichte. Von den Anfängen bis zum Ende des Ersten Weltkriegs*, Wien 1988.

Haider-Pregler, Hilde, Der wienerische Weg zur K.K.-Hof- und Nationalbühne, in: Roger Bauer und Jürgen Wertheimer (Hg.), *Das Ende des Stegreifspiels. Die Geburt des Nationaltheaters. Ein Wendepunkt in der Geschichte des europäischen Dramas*, München 1983, S. 24-37.

Hamburgische neue Zeitung 61, 18. April 1775.

Hamburgischer Correspondent 102, 26. Juni 1773.

Hartmann, Peter C., *Kulturgeschichte des Heiligen Römischen Reiches 1648 bis 1806. Verfassung, Religion und Kultur*, Wien-Köln-Graz 2001.

Haupt, Heinz-Gerhard, *Konsum und Handel: Europa im 19. und 20. Jahrhundert*, Göttingen 2003.

Hauser, Arnold, *Sozialgeschichte der Kunst und Literatur*, München 1972〔高橋義孝訳『芸

術と文学の社会史』平凡社，1968年〕.
Hedinger, Bärbel, *C. F. Hansen in Hamburg, Altona und den Elbvororten. Ein dänischer Architekt des Klassizismus*, München-Berlin 2000.
Hein, Dieter und Schulz, Andreas (Hg.), *Bürgerkultur im 19. Jahrhundert. Bildung, Kunst und Lebenswelt*, München 1996.
Heise, Ulla, *Kaffee und Kaffeehaus. Eine Kulturgeschichte*, Leipzig 1987.
Hennebo, Dieter und Hoffmann, Alfred, *Geschichte der deutschen Gartenkunst*, 3 Bde., Hamburg 1962-65.
Heß, Corina, Die materielle Wohnkultur Danzigs des 17. und 18. Jahrhunderts im Spiegel von Nachlassinventaren, Diss. phil. Greifswald, 2005.
Heß, Corina, *Danziger Wohnkultur in der Frühen Neuzeit*, Münster 2007.
Hinrichs, Ernst, 'Öffentliche Concerte' in einer norddeutschen Residenzstadt im späteren 18. Jahrhundert: Das Beispiel Oldenburg, in: Hans Erich Bödeker und Patrice Veit (éd.), *Les sociétés de musique en Europe 1700-1920. Structures, pratiques musicales, sociabilités*, Berlin 2007, S. 23-44.
Hirsch, Erhard, Hortus Oeconomicus: Nutzen, Schönheit, Bildung. Das Dessau-Wörlitzer Gartenreich als Landschaftsgestaltung der europäischen Aufklärung, in: Heinke Wunderlich (Hg.), *„Landschaft" und Landschaften im achtzehnten Jahrhundert*, Heidelberg 1995, S. 179-207.
Hirschfeld, Christian Cay Lorenz, *Theorie der Gartenkunst* [in 1 Bd.], Leipzig 1775.
Hirschfeld, Christian Cay Lorenz, *Theorie der Gartenkunst*, 5 Bde., Leipzig 1779-1785.
Höher, Peter, Konstanz und Wandel in Wohnausstattung und Hauswirtschaft (1630-1899). Das Beispiel Nürtingen am Neckar, in: Günter Wiegelmann (Hg.), *Wandel der Alltagskultur seit dem Mittelalter*, Münster 1987, S. 309-331.
Hollmer, Heide, „Ohne Künstler kann man nicht leben weder in Süden noch Norden" – Herzogin Anna Amalias Kunstwahrnehmung und Kunstförderung während der Italienreise (1788-1790), in: Joachim Berger (Hg.), *Der Musenhof Anna Amalias. Geselligkeit, Mäzenatentum und Kunstliebhaberei im klassischen Weimar*, Köln-Weimar-Wien 2001, S. 107-124.
Holst, Niels von, Beiträge zur Geschichte des Sammlertums und des Kunsthandels in Hamburg von 1700 bis 1840, in: *Zeitschrift des Vereins für Hamburgische Geschichte*, Bd. 38 (1939), S. 253-288.
Hundert Jahre Staatliches Museum Schwerin 1882-1982. Holländische und flämische Malerei des 17. Jahrhunderts, Schwerin 1982.
Hüsgen, Heinrich Sebastian, *Verrätherische Briefe von Historie und Kunst*, Frankfurt 1776.
Hüsgen, Heinrich Sebastian, *Nachrichten von Frankfurter Künstlern und Kunst-Sachen enthaltend das Leben und die Werke aller hiesigen Mahler*, Frankfurt 1780.
Institut für Stadtgeschichte Frankfurt, Reichskammergerichtsakten.
Jaacks, Gisela, Landhausleben, in: *Gärten, Landhäuser und Villen des hamburgischen Bürgertums. Kunst, Kultur und gesellschaftliches Leben in vier Jahrhunderten*, Hamburg 1975, S. 45-52.
Jaacks, Gisela, Modechronik, Modekritik oder Modediktat? Zu Funktion, Thematik und Berichtstil früher deutscher Modejournale am Beispiel des „Journal des Luxus und der

Moden“, in: *Waffen- und Kostümkunde* 24 (1982), S. 58-61.

Jardine, Lisa, *Worldly Goods: A New History of the Renaissance*, London 1996.

Jaumann, Herbert, Emanzipation als Positionsverlust. Ein sozialgeschichtlicher Versuch über die Situation des Autors im 18. Jahrhundert, in: *Zeitschrift für Literaturwissenschaft und Linguistik* 11 (1981), S. 46-72.

Jentzsch, Rudolf, *Der deutsch-lateinische Büchermarkt nach den Leipziger Ostermeß-Katalogen von 1740, 1770 und 1800 in seiner Gliederung und Wandlung*, Leipzig 1912.

Journal des Luxus und der Moden (Weimar, 1815-37).

Jünger, Wolfgang, *Herr Ober, ein' Kaffee! Illustrierte Kulturgeschichte des Kaffeehauses*, München 1955.

Kaiser, Gerhard R. und Seifert, Siegfried (Hg.), *Friedrich Justin Bertuch (1747-1822). Verleger, Schriftsteller und Unternehmer im klassischen Weimar*, Tübingen 2000.

Kaltwasser, Inge (Bearb.), *Inventar der Akten des Reichskammergerichts 1495-1806: Frankfurter Bestand*, Frankfurt 2000.

Kant, Immanuel, *Anthropologie in pragmatischer Hinsicht* (Werkausgabe, hrsg. von Wilhelm Weischedel, Bd. 12), 7. Aufl., Frankfurt 1988〔渋谷治美・高橋克也訳『人間学』(カント全集15), 岩波書店, 2003年〕.

Kehn, Wolfgang, Ästhetische Landschaftserfahrung und Landschaftsgestaltung in der Spätaufklärung: Der Beitrag von Christian Cay Lorenz Hirschfelds Gartentheorie, in: Heinke Wunderlich (Hg.), *„Landschaft“ und Landschaften im achtzehnten Jahrhundert*, Heidelberg 1995, S. 1-23.

Kemper, Hans-Georg, Ketelsen, Uwe-K. und Zelle, Carsten (Hg.), *Barthold Heinrich Brockes (1680-1747) im Spiegel seiner Bibliothek und Bildergalerie*, 2 Bde., Wiesbaden 1998.

Kennedy, Rachel, Fashion Magazines, in: Michael Snodin und John Styles (eds.), *Design and the Decorative Arts: Georgian Britain 1714-1838*, London 2004, pp. 92-93.

Kessel, Martina, *Langeweile. Zum Umgang mit Zeit und Gefühlen in Deutschland vom späten 18. bis zum frühen 20. Jahrhundert*, Göttingen 2001.

Ketelsen, Thomas, Barthold Heinrich Brockes' „irdisches Vergnügen“ in Gemälden und Zeichnungen. Ein Beitrag zum Sammlungs- und Auktionswesen im frühen 18. Jahrhundert, in: *Das Achtzehnte Jahrhundert. Mitteilungen der Deutschen Gesellschaft für die Erforschung des achtzehnten Jahrhunderts* (1997), Heft 2, S. 153-160.

Ketelsen, Thomas, Art Auctions in Germany during the Eighteenth Century, in: Michael North and David Ormrod (eds.), *Art Markets in Europe, 1400-1800*, Aldershot 1998, pp. 143-152.

Ketelsen, Thomas, und Stockhausen, Tilmann von, *Verzeichnis der verkauften Gemälde im deutschsprachigen Raum vor 1800*, 3 Bde., München 2002.

Kiesel, Helmuth und Münch, Paul, *Gesellschaft und Literatur im 18. Jahrhundert. Voraussetzungen und Entstehung des literarischen Marktes in Deutschland*, München 1977.

Kleinert, Annemarie, *Die frühen Modejournale in Frankreich. Studien zur Literatur der Mode von den Anfängen bis 1848*, Berlin 1980.

Kleinert, Annemarie, *Le „Journal des Dames et des Modes“ ou la conquête de l'Europe féminine (1797-1839)*, Stuttgart 2001.

Klessmann, Eckart, *Geschichte der Stadt Hamburg*, Hamburg 1981.

Koch, Hugo, *Sächsische Gartenkunst*, Berlin 1910, Ndr. Beucha 1999.

Koch-Mertens, Wiebke, *Der Mensch und seine Kleider*, Teil 1: *Die Kulturgeschichte der Mode bis 1900*, Düsseldorf 2000.

König-von Dach, Charlotte, *Johann Ludwig Aberli, 1723-1786*, Bern 1987.

Köhler, Johann David, *Anweisung zur Reiseklugheit für junge Gelehrte, um Bibliotheken, Münzkabinette, Antiquitätenzimmer, Bildergalerien, Naturalienkabinette und Kunstkammern mit Nutzen zu besehen. Neu überarbeitet von Johann Friedrich August Kinderling*, T. 1. 2, Magdeburg 1788.

Kölsch, Gerhard, Die Gemäldesammlung der Prinzessin Henriette Amalie von Anhalt-Dessau sowie ihre weiteren Sammlungen im Überblick, in: Manfred Großkinsky und Norbert Michels (Hg.), *Die verstoßene Prinzessin. Kunst, Karriere und Vermächtnis der Henriette Amalie von Anhalt-Dessau*, Frankfurt 2002, S. 71-90.

Kopitzsch, Franklin, *Grundzüge einer Sozialgeschichte der Aufklärung in Hamburg und Altona*, 2. Aufl., Hamburg 1990.

Korff, Gottfried, Museumsreisen, in: Hermann Bausinger, Klaus Beyrer und Gottfried Korff (Hg.), *Reisekultur. Von der Pilgerfahrt zum modernen Tourismus*, München 1991, S. 311-319.

Kothals-Altes, Everard, The Art Tour of Friedrich of Mecklenburg-Schwerin, in: *Simiolus* 31/3 (2004-2005), S. 216-250.

Krämer, Jörg, *Deutschsprachiges Musiktheater im späten 18. Jahrhundert. Typologie, Dramaturgie und Anthropologie einer populären Gattung*, Tübingen 1998.

Krämer, Jörg, Auge und Ohr. Rezeptionsweisen im deutschen Musiktheater des späten 18. Jahrhunderts, in: Erika Fischer-Lichte und Jörg Schönert (Hg.), *Theater im Kulturwandel des 18. Jahrhunderts. Inszenierung und Wahrnehmung von Körper – Musik – Sprache*, Göttingen 1999, S. 109-132.

Krasnobaev, B. I., Robel, Gert und Zeman, Herbert (Hg.), *Reisen und Reisebeschreibungen im 18. und 19. Jahrhundert als Quellen der Kulturbeziehungsforschung*, Essen 1987.

Krebs, Roland, *L'Idée de «Théâtre National» dans L'Allemagne des Lumières. Théorie et Réalisations*, Wiesbaden 1985.

Krieger, Martin, "Ein scharfsinniger Gelehrter, und dabey ein redlicher Mann ..." – Zur Biographie Johann Georg Keyßlers, Privatgelehrter und Erzieher bei den Grafen Bernstorff (1689-1743), in: *Zeitschrift der Gesellschaft für Schleswig-Holsteinische Geschichte* 125 (2000), S. 63-89.

Krieger, Martin, Patriotismus-Diskurs und die Konstruktion kollektiver Identitäten in Hamburg in der ersten Hälfte des 18. Jahrhunderts, Habil.-Schrift Greifswald 2001.

Kripsin, Stefanie, *„bei seinem Vergnügen in müßigen Stunden unterhalten seyn". Lesegesellschaften in Detmold um 1800*, Bielefeld 1999.

Krünitz, Johann Georg, *Oekonomische Encyclopädie*, Bd. XXXII, Berlin 1784.

Kuczynski, Ingrid, Ins gelobte Land der Freiheit und des Wohlstands: Reisen nach England, in: Hermann Bausinger, Klaus Beyrer und Gottfried Korff (Hg.), *Reisekultur. Von der Pilgerfahrt zum modernen Tourismus*, München 1991, S. 237-243.

Kuhles, Doris, Das „Journal des Luxus und der Moden" (1786-1827). Zur Entstehung seines inhaltlichen Profils und seiner journalistischen Struktur, in: Gerhard R. Kaiser und Sieg-

fried Seifert (Hg.), *Friedrich Justin Bertuch (1747-1822). Verleger, Schriftsteller und Unternehmer im klassischen Weimar*, Tübingen 2000, S. 489-499.

Kuhles, Doris, *Journal des Luxus und der Moden 1786-1827. Analytische Bibliographie mit sämtlichen 517 schwarzweißen und 976 farbigen Abbildungen der Originalzeitschrift*, München 2003.

Küster, Hansjörg und Ulf (Hg.), *Garten und Wildnis. Landschaft im 18. Jahrhundert*, München 1997.

Kutter, Uli, *Reisen – Reisehandbücher – Wissenschaft: Materialien zur Reisekultur im 18. Jahrhundert*, Neuried 1996.

Lady's Magazine or Entertaining Companion for the Fair Sex, London 1801.

Laird, Mark, *Der formale Garten. Architektonische Landschaftskunst aus fünf Jahrhunderten*, Stuttgart 1994.

Latvijas Valsts Vestures Arhivs (Lettisches Historisches Staatsarchiv) Riga (StA Riga), Vogteigericht no. 1378 - 1 - 936: Inventar Paul Wagler, 1733.

StA Riga, Vogteigericht no. 1378 - 1 - 936: Inventar Martin Hayden, 1745.

StA Riga, Vogteigericht no. 1378 - 1 - 94: Inventar Johann George Lehmann, 1797.

Lauts, Jan, *Karoline Luise von Baden. Ein Lebensbild aus der Zeit der Aufklärung*, Karlsruhe 1990.

Lehmann, Peter Ambrosius, *Die vornehmsten Europäischen Reisen*, Hamburg 1729.

Linder, Jutta, *Ästhetische Erziehung: Goethe und das Weimarer Hoftheater*, Bonn 1991.

Lippincott, Louise, *Selling Art in Georgian London: The Rise of Arthur Pond*, New Haven-London 1983.

Luther, Edith, *Johann Friedrich Frauenholz 1758-1822: Kunsthändler und Verleger in Nürnberg*, Nürnberg 1988.

Mack, Heinrich und Lochner, Johannes (Hg.), *Johann Anton Leisewitzens Tagebücher*, 2 Bde., Weimar 1920.

Mančal, Josef, Zu Musik und Aspekten des Musikmarkts des 18. Jahrhunderts, in: Sabine Doering-Manteuffel, Josef Mančal und Wolfgang Wüst (Hg.), *Pressewesen der Aufklärung. Periodische Schriften im Alten Reich*, Berlin 2001, S. 391-432.

Martens, Wolfgang, *Die Botschaft der Tugend. Die Aufklärung im Spiegel der deutschen Moralischen Wochenschriften*, Stuttgart 1968.

Mathieu, Kai und Fischer, Manfred, Baukunst und Architekten, in: *Gärten, Landhäuser und Villen des hamburgischen Bürgertums. Kunst, Kultur und gesellschaftliches Leben in vier Jahrhunderten*, Hamburg 1975, S. 26-44.

Maurer, Michael (Hg.), *Ich bin mehr Herz als Kopf. Sophie von La Roche. Ein Lebensbild in Briefen*, Leipzig-Weimar 1985.

Maurer, Michael, *Aufklärung und Anglophilie in Deutschland*, Göttingen u.a. 1987.

Maurer, Michael, Italienreisen – Kunst und Konfession, in: Hermann Bausinger, Klaus Beyrer und Gottfried Korff (Hg.), *Reisekultur. Von der Pilgerfahrt zum modernen Tourismus*, München 1991, S. 221-229.

Maurer-Schmoock, Sybille, *Deutsches Theater im 18. Jahrhundert*, Tübingen 1982.

Mayer, Johann Prokop, *Pomona Franconia: Description des arbres fruitiers les plus connus et les plus éstimés en Europe, qui se cultivent maintenent au Jardin de La Cour de Wur-*

zbourg, vol. 1, Nürnberg 1776.

McClellan, A., Watteau's Dealer: Gersaint and the Marketing of Art in Eighteenth-Century Paris, in: *Art Bulletin* 78 (1996), pp. 439-453.

McKendrick, Neil, John Brewer and J. H. Plumb, *The History of a Consumer Society: The Commercialization of Eighteenth-Century England*, London 1982.

McVeigh, Simon, The Musician as Concert-Promoter in London, 1780-1850, in: Hans Erich Bödeker, Patrice Veit und Michael Werner (éd.), *Mutations de la vie musicale en Europe de 1780 à 1914*, Paris 2002, pp. 71-89.

Medick, Hans, Ein Volk „mit" Büchern. Buchbesitz und Buchkultur auf dem Lande am Ende der Frühen Neuzeit: Laichingen 1748-1820, in: Hans-Erich Bödeker (Hg.), *Lesekulturen im 18. Jahrhundert*, Hamburg 1992, S. 59-94.

Meier, Albert, Als Moralist durch Italien. Johann Caspar Goethes „Viaggio per l'Italia fatto nel anno MDCCXL", in: Hans-Wolf Jäger (Hg.), *Europäisches Reisen im Zeitalter der Aufklärung*, Heidelberg 1992, S. 71-85.

Meier, Albert, Textsorten-Dialektik. Überlegungen zur Gattungsgeschichte des Reiseberichts im späten 18. Jahrhundert, in: Michael Maurer (Hg.), *Neue Impulse der Reiseforschung*, Berlin 1999, S. 237-245.

Meiners, Uwe, Zur Wohnkultur der münsterschen Bevölkerung in der zweiten Hälfte des 18. Jahrhundert. Eine Fallstudie anhand von Nachlaßverzeichnissen, in: *Rheinisch-westfälische Zeitschrift für Volkskunde*, 25 (1979/80), S. 80-103.

Meiners, Uwe, Stufen des Wandels. Aspekte der Periodisierung der bürgerlichen und bäuerlichen Kultur im Münsterland (1500-1800), in: Günter Wiegelmann (Hg.), *Wandel der Alltagskultur seit dem Mittelalter. Phasen – Epochen – Zäsuren*, Münster 1987, S. 275-308.

Meiners, Uwe, Wohnkultur in süddeutschen Kleinstädten vom 17. bis zum 19. Jahrhundert. Soziale Unterschiede und Wertstrukturen, in: Günter Wiegelmann (Hg.), *Nord-Süd-Unterschiede in der städtischen und ländlichen Kultur Mitteleuropas*, Münster 1985, S. 157-222.

Melton, James V. H., *The Rise of the Public in Enlightenment Europe*, Cambridge 2001.

Menninger, Annerose, *Genuss im kulturellen Wandel. Tabak, Kaffee, Tee und Schokolade in Europa (16.-19. Jahrhundert)*, Stuttgart 2004.

Merck, E., *Johann Heinrich Merck (1741-1791). Ein Leben für Freiheit und Toleranz – Zeitdokumente*, Darmstadt 1991.

Meyer, Friedrich Johann Lorenz, *Skizzen zu einem Gemälde von Hamburg*, 1. H. 4., Hamburg 1802.

Meyer, Reinhart, *Das deutsche Trauerspiel des 18. Jahrhunderts. Eine Bibliographie*, München 1977.

Meyer, Reinhart, Der Anteil des Singspiels und der Oper am Repertoire der deutschen Bühnen in der zweiten Hälfte des 18. Jahrhunderts, in: *Das deutsche Singspiel im 18. Jahrhundert*, Heidelberg 1981, S. 27-76.

Michel, Patrick, Quelques aspects du marché de l'art à Paris dans la 2 e moitié du XVIIIe siècle: collectionneurs, ventes publiques et marchands, in: Michael North (Hg.), *Kunstsammeln und Geschmack im 18. Jahrhundert*, Berlin 2002, pp. 25-46.

Michelletti, Michele (ed.), *Political Virtue and Shopping: Individuals, Consumerism, and Collective Action*, Basingstoke 2003.

Möhring, Paul, *Von Ackermann bis Ziegel. Theater in Hamburg*, Hamburg 1970.

Mohrmann, Ruth-Elisabeth, Leben und Wohnen in der alten Stadt – Osnabrück im hansestädtischen Vergleich, in: *Hansische Geschichtsblätter* 106 (1988), S. 109-126.

Mohrmann, Ruth-Elisabeth, Städtische Wohnkultur in Norddeutschland vom 17. bis zum 19. Jahrhundert (aufgrund von Inventaren), in: Günter Wiegelmann (Hg.), *Nord-Süd-Unterschiede in der städtischen und ländlichen Kultur Mitteleuropas*, Münster 1985, S. 90-96.

Mohrmann, Ruth-Elisabeth, *Alltagswelt im Land Braunschweig: Städtische und ländliche Wohnkultur vom 16. bis zum frühen 20. Jahrhundert*, 2 Bde., Münster 1990.

Möller, Horst, *Aufklärung in Preußen. Der Verleger, Publizist und Geschichtsschreiber Friedrich Nicolai*, Berlin 1974.

Montias, John Michael, Estimates of the Number of Dutch Master-Painters, their Earnings and their Output in 1650, in: *Leidschrift* 6, 3 (1990), pp. 59-74.

Montias, John Michael, Cost and Value in Seventeenth-Century Dutch Art, in: *Art History* 10 (1987), pp. 455-466.

Morrow, Mary Sue, *German Music Criticism in the Late Eighteenth Century. Aesthetic Issues in Instrumental Music*, Cambridge 1997.

Morrow, Mary Sue, *Concert Life in Haydn's Vienna: Aspects of a Developing Musical and Social Institution*, Stuyvesant, New York 1989.

Mosser, Monique und Teyssot, Georges, *Die Gartenkunst des Abendlandes. Von der Renaissance bis zur Gegenwart*, Stuttgart 1993.

Mount, H. T., The Reception of Dutch Genre Painting in England, 1695-1829, PhD-Thesis Cambridge 1991.

Müller, Ulrich, Friedrich Justin Bertuch und die landschaftliche Gartenkunst, in: Gerhard R. Kaiser und Siegfried Seifert (Hg.), *Friedrich Justin Bertuch (1747-1822). Verleger, Schriftsteller und Unternehmer im klassischen Weimar*, Tübingen 2000, S. 607-627.

Müller, Winfried, *Die Aufklärung*, München 2002.

Müller-Harang, Ulrike, *Das Weimarer Theater zur Zeit Goethes*, Weimar 1991.

Musikalisches Kunstmagazin I/4 (1782).

Nahrstedt, Wolfgang, *Die Entstehung der Freizeit. Dargestellt am Beispiel Hamburgs. Ein Beitrag zur Strukturgeschichte und zur strukturgeschichtlichen Grundlegung der Freizeitpädagogik*, Bielefeld 1998.

Nehring, Dorothee, Die Gartenentwürfe Joseph Furttenbachs d. Ä., in: Monique Mosser und Georges Teyssot (Hg.), *Die Gartenkunst des Abendlandes. Von der Renaissance bis zur Gegenwart*, Stuttgart 1993, S. 156-158.

Neue Bibliothek der wichtigsten Reisebeschreibungen [...], hrsg. v. Friedrich Justin Bertuch, 65 Bde., Weimar 1815-1832.

Neueste Gemälde von Wien, Hamburg 1797.

Neumann, Hildegard, *Der Bücherbesitz der Tübinger Bürger von 1750-1850*, München 1978.

Nicolai, Friedrich, *Beschreibung der Königlichen Residenzstädte Berlin und Potsdam, Berlin 1769*, Nachdruck Hildesheim-Zürich-New York 1988.

Nicolai, Friedrich, *Das Leben und die Meinungen des Herrn Magister Sebaldus Nothanker*, 1. Bd., Berlin-Stettin 1774.

Nicolai, Friedrich, *Beschreibung einer Reise durch Deutschland und die Schweiz im Jahre 1781*, 12 Bde., Berlin 1783-1785.

Nicolai, Friedrich, *Beschreibung der Königlichen Residenzstädte Berlin und Potsdam, aller daselbst befindlicher Merkwürdigkeiten, und der umliegenden Gegend*, 2 Bde., Berlin 1786.

Niebuhr, Carsten, *Reisebeschreibung nach Arabien und andern umliegenden Ländern*, 2 Bde., Kopenhagen 1774-1778, Bd. 3, Hamburg 1837.

Niedermeier, Michael, Germanen in den Gärten. „Altdeutsche Heldengräber", „gotische" Denkmäler und die patriotische Gedächtniskultur, in: Jost Hermand und Michael Niedermeier, *Revolutio germanica. Die Sehnsucht nach der „alten Freiheit" der Germanen 1750-1820*, Frankfurt 2002, S. 21-116.

Nipperdey, Thomas, *Deutsche Geschichte 1800-1866. Bürgerwelt und starker Staat*, München 1983.

North, Gottfried, Eine Revolution im Reiseverkehr – Die Schnellpost, in: Hermann Bausinger, Klaus Beyrer und Gottfried Korff (Hg.), *Reisekultur. Von der Pilgerfahrt zum modernen Tourismus*, München 1991, S. 291-297.

North, Michael and Ormrod, David (eds.), *Markets for Art, 1400-1800*, Aldershot 1998.

North, Michael, *Kommunikation, Handel, Geld und Banken in der Frühen Neuzeit* (Enzyklopädie Deutscher Geschichte, Bd. 59), München 2000.

North, Michael, *Das Goldene Zeitalter. Kunst und Kommerz in der niederländischen Malerei des 17. Jahrhunderts*, Köln-Weimar-Wien 2001.

North, Michael, Kunstsammeln in Hamburg im 18. Jahrhundert, in: Olaf Matthes und Arne Steinert (Hg.), *Museum – Musen – Meer (Festschrift Bracker)*, Hamburg 2001, S. 53-65.

North, Michael (Hg.), *Kunstsammeln und Geschmack im 18. Jahrhundert*, Berlin 2002.

North, Michael, Kunstsammeln und Geschmack im ausgehenden 18. Jahrhundert: Frankfurt und Hamburg im Vergleich, in: Ders. (Hg.), *Kunstsammeln und Geschmack im 18. Jahrhundert*, Berlin 2002, S. 85-103.

North, Michael, *Art and Commerce in the Dutch Golden Age*, New Haven-London 1997.

North, Michael, Republican Art? Dutch and Swiss Art and Art-Production Compared, in: A. Holenstein, Th. Maissen and M. Prak (eds.), *The Republican Alternative. The Netherlands and Switzerland Compared*, Amsterdam 2008, pp. 193-210.

Ormrod, David, Dealers, Collectors and Connoisseurship in Seventeenth & Eighteenth-Century London 1660-1760, in: Michael North (Hg.), *Kunstsammeln und Geschmack im 18. Jahrhundert*, Berlin 2002, pp. 15-23.

Pallach, Ulrich-Christian, *Materielle Kultur und Mentalitäten im 18. Jahrhundert*, München 1987.

Panke-Kochinke, Birgit, *Göttinger Professorenfamilien. Strukturmerkmale weiblichen Lebenszusammenhangs im 18. und 19. Jahrhundert*, Pfaffenweiler 1993.

Paul, Jean, Brief und bevorstehender Lebenslauf. Konjektural-Biographie, sechste poetische Epistel, in: Ders., *Werke*, hrsg. von Norbert Miller, Bd. 4, München 1962.

Pomeranz, Kenneth, *The Great Divergence: China, Europe and the Making of the Modern*

World Economy, Princeton 2000.
Pomian, Krzysztof, *Collectors and Curiosities. Paris and Venice, 1500-1800*, Cambridge 1990.
Posselt, Franz, *Apodemik oder die Kunst zu reisen. Ein systematischer Versuch zum Gebrauch junger Reisenden aus den Gebildeten Ständen überhaupt und angehender Gelehrten und Künstler*, 2 Bde., Leipzig 1795.
Prinz, Michael (Hg.), *Der lange Weg in den Überfluss. Anfänge und Entwicklung der Konsumgesellschaft seit der Vormoderne*, Paderborn 2003.
Pullat, Raimo, *Die Nachlassverzeichnisse der deutschen Kaufleute in Tallin 1702-1750*, Tallinn 1997.
Purdy, Daniel L., *The Tyranny of Elegance. Consumer Cosmopolitanism in the Era of Goethe*, Baltimore 1998.
Raabe, Mechthild, *Leser und Lektüre im 18. Jahrhundert. Die Ausleihbücher der Herzog August Bibliothek Wolfenbüttel 1714-1799*, 4 Bde., München-London-New York 1989.
Raeber, W., *Caspar Wolf 1735-1783. Sein Leben und sein Werk*, München 1979, S. 57-84.
Rapaport, Erika Diane, *Shopping for Pleasure: Women and the Making of London's West End*, Princeton 2000.
Rauers, Friedrich, *Kulturgeschichte der Gaststätte*, 2 Bde., Berlin 1942.
Rees, Joachim, Vom Fürst und Bürgerfreund. Zum Funktionswandel der Prinzenreise in der zweiten Hälfte des 18. Jahrhunderts – ein Generationsvergleich aus Schwarzburg-Rudolstadt, in: Marcus Ventzke (Hg.), *Hofkultur und aufklärerische Reformen in Thüringen. Die Bedeutung des Hofes im späten 18. Jahrhundert*, Köln-Weimar-Wien 2002, S. 100-137.
Rees, Joachim, Siebers, Winfried und Tilgner, Hilmar, Reisen im Erfahrungsraum Europa. Forschungsperspektiven zur Reisetätigkeit politisch-sozialer Eliten des Alten Reiches (1750-1800), in: *Das Achtzehnte Jahrhundert* 26 (2002), S. 35-62.
Reinhardt, Helmut, Gartenkunst in Deutschland im 18. Jahrhundert: Klassik, Rokoko und Neoklassizismus, in: Monique Mosser und Georges Teyssot (Hg.), *Die Gartenkunst des Abendlandes. Von der Renaissance bis zur Gegenwart*, Stuttgart 1993, S. 289-300.
Reipsch, Ralph-Jürgen, Telemanns „Bluhmen-Liebe", in: *Telemann-Beiträge: Abhandlungen und Berichte, 2. Folge: Günter Fleischhauer zum 60. Geburtstag am 8. Juli 1988,* Zentrum für Telemann-Pflege und -Forschung (1989), S. 34-46.
Elfie Rembold, Das Leipziger Gewandhaus. Von der Egalität zur Exklusivität bürgerlicher Musikkultur, in: Hans Erich Bödeker, Patrice Veit et Michael Werner (éd.), *Espaces et lieux de concert en Europe 1700-1920. Architecture, muisque, société*, Berlin 2008, S. 183-206.
Rheinische Musen 1795, III. Bd., III. Heft, 9. Stück.
Riemer, Robert, Exotische Genußmittel: Kaffee, Tabak, Tee, Zucker. Mit Schwerpunkt beim Kaffee und seiner Sozialgeschichte in Form der Kaffeehäuser – von ihrem Aufkommen bis in die Mitte des 19. Jahrhunderts, Hauptseminararbeit Greifswald 1999.
Riesbeck, Johann Kaspar, *Briefe eines reisenden Franzosen über Deutschland. An seinen Bruder in Paris*, Bd. 1, o.O. 1783.
Robel, Gert, Reisen und Kulturbeziehungen im Zeitalter der Aufklärung, in: B. I. Krasnobaev, Gert Robel und Herbert Zeman (Hg.), *Reisen und Reisebeschreibungen im 18. und 19. Jahrhundert als Quellen der Kulturbeziehungsforschung*, Essen 1987, S. 9-37.

Roche, Daniel, *The Culture of Clothing. Dress and Fashion in the Ancien Regime*, Cambridge 1994.

Roeck, Bernd, Musik und Alltag im 18. Jahrhundert. Die Kunst der Mozarts und die Entstehung der Freizeit, in: Josef Mančal und Wolfgang Plath (Hg.), *Beiträge des Internationalen Leopold-Mozart-Kolloquiums Augsburg 1994*, Augsburg 1997, S. 175-190.

Rosenstrauch, Hazel, *Buchhandelsmanufaktur und Aufklärung. Die Reformen des Buchhändlers und Verlegers Ph. E. Reich (1717-1787)*, Frankfurt 1986.

Rostow, W. W., *The Stages of Economic Growth: a Non-Communist Manifesto*, Cambridge 1960〔木村健康・久保まち子ほか訳『経済成長の諸段階――一つの非共産主義宣言』ダイヤモンド社，1961年〕.

Runge, Hartmut, *Dessauer Theaterbilder. Zur 200-jährigen Geschichte des Theaters in Dessau*, Dessau 1994.

Saldern, Adelheid von, Im Hause, zu Hause. Wohnen im Spannungsfeld von Gegebenheiten und Aneignungen, in: Jürgen Reulecke (Hg.), *Geschichte des Wohnens*, Bd 3: *1800-1918. Das bürgerliche Zeitalter*, Stuttgart 1997, S. 145-332.

Salmen, Wallter, *Johann Friedrich Reichardt, Komponist, Schriftsteller, Kapellmeister und Verwaltungsbeamter der Goethezeit*, Hildesheim, 2002.

Sandgruber, Roman, *Die Anfänge der Konsumgesellschaft. Konsumgüterverbrauch, Lebensstandard und Alltagskultur in Österreich im 18. und 19. Jahrhundert*, Wien 1982.

Scheibe, Jörg, *Der „Patriot" (1724-1726) und sein Publikum. Untersuchungen über die Verfasserschaft und die Leserschaft einer Zeitschrift der frühen Aufklärung*, Göppingen 1973.

Schaller, M.-L., *Annäherung an die Natur. Schweizer Kleinmeister in Bern 1750-1800*, Bern 1990.

Schiller, Friedrich von, *Werke. Nationalausgabe*, vol. 31, Hg. Stefan Ormanns, Weimar 1985.

Schleuning, Peter, *Die Freie Fantasie. Ein Beitrag zur Erforschung der klassischen Klaviermusik*, Göppingen 1973.

Schleuning, Peter, *Der Bürger erhebt sich. Geschichte der deutschen Musik im 18. Jahrhundert*, Stuttgart 2000.

Schlögl, Rudolf, Geschmack und Interesse. Privater Bildbesitz in rheinisch-westfälischen Städten vom 18. bis zum beginnenden 19. Jahrhundert, in: Hans-Ulrich Thamer (Hg.), *Bürgertum und Kunst in der Neuzeit*, Köln 2002, S. 125-157.

Schloß Wilhelmshöhe Kassel, München-London-New York 2000.

Schlözer, August Ludwig, *Vorlesungen über Land- und Seereisen (1795/96)*, Ndr. Göttingen u.a. 1962.

Schmidt, Friedrich Ludwig, *Denkwürdigkeiten des Schauspielers, Schauspieldichters und Schauspieldirectors Friedrich Ludwig Schmidt (1772-1841). Nach hinterlassenen Entwürfen zusammengestellt und hg. von Hermann Uhde*, 2 Teile, 2. Aufl., Stuttgart 1878.

Schmidt, Georg, Das Jahr 1783: Goethe, Herder und die Zukunft Weimars, in: Marcus Ventzke (Hg.), *Hofkultur und aufklärerische Reformen in Thüringen. Die Bedeutung des Hofes im späten 18. Jahrhundert*, Köln-Weimar-Wien 2002, S. 138-168.

Schmidt, Siegfried J., *Die Selbstorganisation des Sozialsystems Literatur im 18. Jahrhundert*, Frankfurt 1989.

Schmidt, Ulrich, Die privaten Kunstsammlungen in Frankfurt am Main von ihren Anfängen bis

zur Ausbildung der reinen Kunstsammlung, Diss. phil. Göttingen 1960.
Schmidt-Linsenhoff, Viktoria und Wettengl, Kurt, *Bürgerliche Sammlungen in Frankfurt 1700-1830*, Frankfurt 1988.
Schmitt, Peter, *Schauspieler und Theaterbetrieb. Studien zur Sozialgeschichte des Schauspielerstandes im deutschsprachigen Raum 1700-1900*, Tübingen 1900.
Schnabel, Johann Gottfried, *Wunderliche Fata einiger See-Fahrer, absonderlich Alberti Julii, eines gebohrnen Sachsens, und seiner auf der Insel Felsenburg errichteten in vollkommenen Stand gebrachten Colonien*, Nordhausen 1737ff.
Schneider, Angelika, Friedrich Justin Bertuch – ein Beförderer der Gartenkunst, in: Gerhard R. Kaiser und Siegfried Seifert (Hg.), *Friedrich Justin Bertuch (1747-1822). Verleger, Schriftsteller und Unternehmer im klassischen Weimar*, Tübingen 2000, S. 629-657.
Schneider, Jürgen, Die neuen Getränke: Schokolade, Kaffee und Tee (16.-18. Jahrhundert), in: Simonetta Cavaciocchi (ed.), *Prodotti e tecniche d'oltremare nelle economie europee secc. XIII-XVIII*, Prato 1998, S. 541-590.
Schneider, Jürgen, Krawehl, Otto-Ernst und Denzel, Markus A. (Hg.), *Statistik des Hamburger seewärtigen Einfuhrhandels im 18. Jahrhundert. Nach den Admiralitäts- und Convoygeld-Einnahmebüchern*, St. Katharinen 2001.
Schramm, Percy Ernst, *Neun Generationen. Dreihundert Jahre deutscher „Kulturgeschichte" im Lichte der Schicksale einer Hamburger Bürgerfamilie (1648-1948)*, Bd. 1, Hamburg 1963.
Schultz, Helga, Der Verleger Friedrich Justin Bertuch als Kaufmann und Literaturpolitiker, in: Gerhard R. Kaiser und Siegfried Seifert (Hg.), *Friedrich Justin Bertuch (1747-1822). Verleger, Schriftsteller und Unternehmer im klassischen Weimar*, Tübingen 2000, S. 331-350.
Schulz, Andreas, Der Künstler im Bürger. Dilettanten im 19. Jahrhundert, in: Dieter Hein und Andreas Schulz (Hg.), *Bürgerkultur im 19. Jahrhundert*, München 1996, S. 34-52.
Schulz, Joachim Christoph Friedrich, *Reise eines Liefländers von Riga nach Warschau, durch Südpreußen, über Breslau, Dresden, Karlsbad, Bayreuth, Nürnberg, Regensburg, München, Salzburg, Linz, Wien und Klagenfurt, nach Botzen in Tyrol*, Th. 1, Berlin 1795.
Schütz, Rosemarie, David Roentgen (1743-1807). Der „Königliche Kabinettmacher" aus Neuwied, in: *Möbel von Abraham und David Roentgen. Sammlung Kreismuseum Neuwied*, Neuwied 1990, S. 17-38.
Schwab, Heinrich W., *Konzert. Öffentliche Musikdarbietungen vom 17. bis 19. Jahrhundert*, Leipzig 1971.
Schwetschke, Gustav, *Codex nundinarius Germaniae literatae bisecularis. Meß-Jahrbücher des Deutschen Buchhandels*, Bd. 1: *Von dem Erscheinen des ersten Meß-Katalogs im Jahre 1564 bis zu der Gründung des ersten Buchhändlervereins im Jahre 1765*, Halle 1850.
Seibert, Peter, *Der literarische Salon. Literatur und Geselligkeit zwischen Aufklärung und Vormärz*, Stuttgart-Weimar 1993.
Seifert, Siegfried, „Genie und Lumpen" – Programmatische Entwürfe Bertuchs zur Reform des deutschen Verlagsbuchhandels vor 1800. Überlegungen zu einem Forschungsansatz, in: Gerhard R. Kaiser und Siegfried Seifert (Hg.), *Friedrich Justin Bertuch (1747-1822). Verleger, Schriftsteller und Unternehmer im klassischen Weimar*, Tübingen 2000, S. 291-

299.
Selwyn, Pamela E., *Everyday Life in the German Book Trade. Friedrich Nicolai as Bookseller and Publisher in the Age of Enlightenment 1750-1810*, University Park, Pennsylvania 2000.
Shammas, Carole, *The Pre-Industrial Consumer in England and America*, Oxford 1990.
Siebers, Winfried, Bildung auf Reisen. Bemerkungen zur Peregrinatio academica, Gelehrten- und Gebildetenreise, in: Michael Maurer (Hg.), *Neue Impulse der Reiseforschung*, Berlin 1999, S. 177-188.
Simanowski, Roberto, *Die Verwaltung des Abenteuers. Massenkultur um 1800 am Beispiel Christian August Vulpius*, Göttingen 1998.
Slater, Don, *Consumer Culture and Modernity*, Cambridge 1997.
Solkin, David H., *Painting for Money: The Visual Arts and the Public Sphere in Eighteenth-Century England*, New Haven-London 1993.
Spohn, Thomas, Veränderungen der Tischsitten im Spiegel bürgerlicher Inventare des 17. und 18. Jahrhunderts, in: *Rheinisch-westfälische Zeitschrift für Volkskunde* 30/31 (1954), S. 167-181.
Staatsarchiv Hamburg, Erbschaftsamt, Reichskammergerichtsakten.
Staatsarchiv Schwerin, Hofstaatssachen – Kunstsammlungen – Angebote und Erwerbungen: 101, Gemäldehändler Morell 1745.
Stadtarchiv Stralsund (StA HST), Rep. 3, Das Gerichtswesen der Stadt Stralsund, Nr. 5384: Inventar des Diedrich Meyers Weyland, 1738.
StA HST, Rep. 3, Das Gerichtswesen der Stadt Stralsund, Nr. 5468: Inventar des Advocaten Hercules, 1775.
StA HST, Rep. 37, Nr. 199: Inventar des Hinrich Boldten, 1704.
Stagl, Justin, Der wohl unterwiesene Passagier. Reisekunst und Gesellschaftsbeschreibung vom 16. bis zum 18. Jahrhundert, in: B. I Krasnobaev, Gert Robel und Herbert Zeman (Hg.), *Reisen und Reisebeschreibungen im 18. und 19. Jahrhundert als Quellen der Kulturbeziehungsforschung*, Essen 1987, S. 353-384.
Stagl, Justin, *Eine Geschichte der Neugier. Die Kunst des Reisens 1550-1800*, Wien-Köln-Weimar 2002, S. 317.
Stamm-Kuhlmann, Thomas (Hg.), *Karl August von Hardenberg 1750-1822. Tagebücher und autobiographische Aufzeichnungen*, München 2000.
Steiner, Walter und Kühn-Stillmark, Uta, *Friedrich Justin Bertuch. Ein Leben im klassischen Weimar zwischen Kultur und Kommerz*, Köln-Weimar-Wien 2001.
Stockhausen, Tilmann von, Kunstauktionen im 18. Jahrhundert. Ein Überblick über das „Verzeichnis der verkauften Gemälde im deutschsprachigen Raum vor 1800", in: *Das Achtzehnte Jahrhundert* 26 (2002), S. 63-78.
Stoewer, Ulfhardt, Der „Kulturunternehmer" Friedrich Justin Bertuch im Spiegel seines „Journals des Luxus und der Moden", Hausarbeit im Rahmen der Ersten Staatsprüfung für das Lehramt an Gymnasien, Greifswald 2001.
Stollberg-Rilinger, Barbara, *Europa im Jahrhundert der Aufklärung*, Stuttgart 2000.
Strasser, Susan, McGovern, Charles and Judt, Mathias (eds.), *European and American Consumer Societies in the Twentieth Centuries*, Cambridge 1998.

Stuck, Gottlieb Heinrich, *Gottlieb Heinrich Stuck's Verzeichnis von älteren und neueren Land- und Reisebeschreibungen*, Th. 1. 2, Halle 1783-1787.

Sturm, Leonhard Christoph, *Vollständige Anweisung alle Arten von Bürgerlichen Wohn-Häusern wohl anzugeben*, Augspurg 1721.

Stürmer, Michael, *Handwerk und höfische Kultur. Europäische Möbelkunst im 18. Jahrhundert*, München 1982.

Stützel-Prüsener, Marlies, Die deutschen Lesegesellschaften im Zeitalter der Aufklärung, in: Otto Dann (Hg.), *Lesegesellschaften und bürgerliche Emanzipation – Ein europäischer Vergleich*, München 1981, S. 71-86.

Sulzer, Johann Georg, *Allgemeine Theorie der schönen Künste*, Leipzig 1771-74.

Thomke, Hellmut, Martin Bircher und Wolfgang Proß (Hg.), *Helvetien und Deutschland. Kulturelle Beziehungen zwischen der Schweiz und Deutschland in der Zeit von 1770-1830*, Amsterdam-Atlanta 1994.

Thurn, Hans Peter, *Der Kunsthändler. Die Wandlungen eines Berufes*, München 1994.

Tischer, Ernst, Haefs, Wilhelm und Mix, York-Gothart (Hg.), *Von Almanach bis Zeitung. Ein Handbuch der Medien in Deutschland 1700-1800*, München 1999.

Torras, Jaume y Yun, Bartolomé (ed.), *Consumo, Condiciones de vida y comercialización. Cataluña y Castilla, siglos XVII-XIX*, Valladolid 1999.

Trachsler, Beat, '1750-1790: Ludwig Aberli und Caspar Wolf' and '1790-1810: Die Kleinmeister und ihre Welt', in: *Malerische Reisen durch die schöne alte Schweiz*, Zürich 1982, S. 88-185.

Trentmann, Frank (ed.), *The Making of the Consumer: Knowledge, Power and Identity in the Modern World*, Oxford-New York 2006.

Trentmann, Frank, The Modern Genealogy of the Consumer: Meanings, Identities and Political Synapses, in: J. Brewer und Frank Trentmann (eds.), *Consuming Cultures, Global Perspectives*, Oxford-New York 2006, pp. 19-69.

Trentmann, Frank, Knowing Consumers – Histories, Identities, Practices: An Introduction, in: Frank Trentmann (ed.), *The Making of the Consumer*, Oxford-New York 2006, pp. 1-27.

Trentmann, Frank, Beyond Consumerism: New Perspectives on Consumption, in: *Journal of Contemporary History* 39, 3 (2004), pp. 373-401.

Trepp, Anne-Charlott, *Sanfte Männlichkeit und selbständige Weiblichkeit. Frauen und Männer im Hamburger Bürgertum zwischen 1770 und 1840*, Göttingen 1996.

Treue, Wilhelm, Zum Thema der Auslandsreisen im 17. Jahrhundert, in: *Archiv für Kulturgeschichte* 35 (1953), S. 199-212.

Treue, Wilhelm, Zum Thema der Auslandsreisen im 18. und 19. Jahrhundert, in: *Archiv für Kulturgeschichte* 35 (1953), S. 328-333.

Umbach, Maiken, *Federalism and Enlightenment in Germany 1740-1806*, London-Rio Grande 2000.

Unseld, Siegfried, *Goethe und seine Verleger*, Frankfurt-Leipzig 1993〔西山力也・坂巻隆弘・関根裕子訳『ゲーテと出版者——一つの書籍出版文化史』法政大学出版局, 2005年〕.

Ventzke, Marcus (Hg.), *Hofkultur und aufklärerische Reformen in Thüringen. Die Bedeutung des Hofes im späten 18. Jahrhundert*, Köln-Weimar-Wien 2002.

Verzeichnis einiger Schildereyen und auserlesener Zeichnungen von den beruehmtesten Meistern, so von dem seel. Herrn Raths-Herrn Brockes gesamlet worden, und allhier im April dieses Jahres oeffentliche an den Meistbietenden verkaufet werden sollen, Hamburg 1747 (Schleswig: Schleswig-Holsteinisches Landesarchiv).

Verzeichnis einer betraechtlichen Sammlung von Gemaelden der besten und beruehmtesten Teutschen, Italiaenischen und Niederlaendischen Meißter, nebst einem Anhang von einigen Kupferstichen. Welche die Jacob Bernusische Beneficial-Erben in ihrem Haus zum großen Saalhof allhier in Frankfurt am Mayn, gleich nach hiesiger Ostermeß, Montag den [7 May] 1781 und die folgende Tage, durch oeffentliche Versteigerung zu den Meistbietenden zu überlassen gesonnen sind, Frankfurt 1780 (Frankfurt: Städelsches Kunstinstitut).

Verzeichnis von Gemaelden der beruehmtesten Niederlaendischen, Franzoesischen, Italiaenischen und Deutschen Meister, welche von den Freyherrl. Von Berberichschen Erben zu Frankfurt am Mayn in dem Senkenbergischen Stiftungs-Hause nach der naechstbevorstehenden Herbst-Messe, Montags, den 27. September und die darauf folgenden Tage, oeffentlich an den Meistbietenden gegen baare Bezahlung ueberlassen werden sollen, Frankfurt 1784 (Frankfurt: Städelsches Kunstinstitut).

Verzeichnis einer betraechtlichen Gemaeldesammlung von den beruehmtesten Italiaenischen, Deutschen und Niederlaendischen Meistern, welche von den Eigenthümern Kaller und Michael in dem allhiesigen Bildersaal im Creuzgange, Mittwochs den 25 ten August durch die Geschwornen Herrn Ausruefer an die Meistbietende gegen baare Bezahlung im 24 fl. Fuß losgeschlagen und ueberlassen werden sollen, Frankfurt 1790 (Frankfurt: Städelsches Kunstinstitut).

Verzeichnis einer schoenen Gemaelde-Sammlung von Italienischen, hollaendischen und Deutschen Meistern, groeßtenteils in sehr saubern Raehmen, aus einer hiesigen bekannten Verlassenschaft entstehend, welche den 7 ten Juny 1793 auf dem Boersen-Saal oeffentlich an den Meistbietenden verkauft werden soll, durch die Mackler: Bostelmann & Pakischefski (Hamburg: Hamburger Kunsthalle).

Verzeichnis der Gemälde, Handzeichnungen, Kupferstiche und Bücher, welche zur Hinterlassenschaft von Herrn Johann Valentin Prehn gehören, und zu Ende nächster Herbstmesse versteigert werden sollen, Frankfurt 1829.

Vickery, Amanda, *The Gentleman's Daughter: Women's Lives in Georgian England*, New Haven und London 1998.

Viehberg, Maud Antonia, Vom Tauschhandel zum modernen Buchmarkt. Die Etappen des deutschen Buchhandels im 18. Jahrhundert, Magisterarbeit Greifswald 2001.

Vries, Jan de, The Industrial Revolution and the Industrious Revolution, in: *The Journal of Economic History* 54, 2 (1994), pp. 249-270.

Vries, Jan de, Between Purchasing Power and the World of Goods, in: John Brewer and Roy Porter (eds.), *Consumption and the World of Goods*, London 1993, pp. 85-132.

Weatherill, Lorna, *Consumer Behaviour and Material Culture in Britain, 1660-1760*, London-New York 1988.

Weber, Walter, Von Wirtshäusern, Reisenden und Literaten. Eine kleine Chronique scandaleuse des Wirtshauslebens, in: Hermann Bausinger, Klaus Beyrer und Gottfried Korff (Hg.),

Reisekultur. Von der Pilgerfahrt zum modernen Tourismus, München 1991, S. 82-90.
Wehler, Hans-Ulrich, *Deutsche Gesellschaftsgeschichte 1700-1815*, München 1987.
Welke, Martin, Gemeinsame Lektüre und frühe Formen von Gruppenbildung im 17. und 18. Jahrhundert: Zeitungslesen in Deutschland, in: Otto Dann (Hg.), *Lesegesellschaften und bürgerliche Emanzipation – Ein europäischer Vergleich*, München 1981, S. 29-53.
Wiegelmann, Günter, *Alltags- und Festspeisen. Wandel und gegenwärtige Stellung*, Marburg 1967.
Wiegelmann, Günter (Hg.), *Nord-Süd-Unterschiede in der städtischen und ländlichen Kultur Mitteleuropas*, Münster 1985.
Wiegelmann, Günter (Hg.), *Wandel der Alltagskultur seit dem Mittelalter. Phasen – Epochen – Zäsuren*, Münster 1987.
Wies, Ruth, Das Journal des Luxus und der Moden (1786-1827), ein Spiegel kultureller Strömungen der Goethezeit, Diss. phil. München 1953.
Wiesehöfer, Josef und Conermann, Stephan (Hg.), *Carsten Niebuhr (1733-1815) und seine Zeit*, Stuttgart 2002.
Wietek, Gerhard, *C. F. Hansen 1756-1845 und seine Bauten in Schleswig-Holstein*, Neumünster 1982.
Willebrandt, Johann Peter, *Historische Berichte und practische Anmerkungen auf Reisen in Deutschland, in die Niederlande, in Frankreich, England, Dännemark, Böhmen und Ungarn*, Hamburg 1758.
Willebrandt, Johann Peter, *Historische Berichte und praktische Anmerkungen auf Reisen in Deutschland, in die Niederlande, in Frankreich, England, Dänemark, Böhmen und Ungarn*, 3. Aufl., Hamburg 1761.
Wills, John E., European Consumption and Asian Production in the Seventeenth and Eighteenth Centuries, in: John Brewer and Roy Porter (eds.), *Consumption and the World of Goods*, London 1993, pp. 133-147.
Winkler, Lutz, Musiktheater in der 2. Hälfte des 18. Jahrhunderts in Stralsund und Greifswald, in: Ekkard Ochs, Nico Schüler und Lutz Winkler (Hg.), *Musica Baltica. Interregionale musikalische Beziehungen im Ostseeraum*, Frankfurt-Berlin-Bern 1995, S. 212-225.
Wittmann, Reinhard, Die frühen Buchhändlerzeitschriften als Spiegel des literarischen Lebens, in: *Archiv für Geschichte des Buchwesens* 13 (1973), Sp. 614-931.
Wittmann, Reinhard (Hg.), *Bücherkataloge als buchgeschichtliche Quellen in der frühen Neuzeit*, Wiesbaden 1984.
Wittmann, Reinhard, *Geschichte des deutschen Buchhandels. Ein Überblick*, München 1991.
Wittmann, Reinhard, Gibt es eine Leserevolution am Ende des 18. Jahrhunderts?, in: Roger Chartier und Guglielmo Cavallo (Hg.), *Die Welt des Lesens. Von der Schriftrolle zum Bildschirm*, Frankfurt 1999, S. 419-454〔大野英二郎訳「18世紀末に読書革命は起こったか」, ロジェ・シャルティエ, グリエルモ・カヴァッロ編著／田村毅ほか訳『読むことの歴史』大修館書店, 2002年, 407-446ページ所収〕.
Wittmann, Walter, *Beruf und Buch im 18. Jahrhundert. Ein Beitrag zur Erfassung und Gliederung der Leserschaft im 18. Jahrhundert, insbesondere unter Berücksichtigung des Einflusses auf die Buchproduktion*, Hannover 1934.
Wöchentliche Nachrichten, 8. Juni 1767.

Wolbring, Barbara, Auch ich in Arkadien! Die bürgerliche Kunst- und Bildungsreise im 19. Jahrhundert, in: Dieter Hein und Andreas Schulz（Hg.）, *Bürgerkultur im 19. Jahrhundert. Bildung, Kunst und Lebenswelt*, München 1996, S. 82-101.

Wolff, Christoph, *Johann Sebastian Bach*, Frankfurt 2000, 2. Auflage 2007〔秋元里予訳『ヨハン・ゼバスティアン・バッハ――学識ある音楽家』春秋社，2004年〕.

Woude, Ad van der and Schuurmann, Anton（eds.）, *Probate Inventories. A New Source for the Historical Study of Wealth, Material Culture and Agricultural Development*, Utrecht 1980.

Woude, Ad van der., De schilderijenproduktie in Holland tijdens de Republiek. Een poging tot kwantificatie, in: J. C. Dagevos etc.（bew.）, *Kunstzaken: particulier initiatief en overheidsbeleid in de wereld van de beeldene kunst*, Kampen 1991, pp. 286-297.

Wurst, Karin A., The Self-Fashioning of the Bourgeoisie in Late-Eighteenth-Century German Culture: Bertuch's Journal des Luxus under Moden, in: *Germanic Review* 72/3（1997）, pp. 170-182.

Zedelmaier, Helmut, Lesetechniken. Die Praktiken der Lektüre in der Neuzeit, in: Helmut Zedelmaier und Martin Mulsow（Hg.）, *Die Praktiken der Gelehrsamkeit in der Frühen Neuzeit*, Tübingen 2001, S. 11-30.

Zedler, Johann Heinrich, *Großes Vollständiges Universal-Lexikon*, Bd. 21, Mi-Mt, Leipzig-Halle 1739, Ndr. Graz 1995.

Zelle, Carsten, Kunstmarkt, Kennerschaft und Geschmack. Zu Theorie und Praxis in der Zeit zwischen Barthold Heinrich Brockes und Christian Ludwig von Hagedorn, in: Michael North（Hg.）, *Kunstsammeln und Geschmack im 18. Jahrhundert*, Berlin 2002, S. 217-238.

Zelle, Carsten, Auf dem Spielfeld der Autorschaft. Der Schriftsteller des 18. Jahrhunderts im Kräftefeld von Rhetorik, Medienentwicklung und Literatursystem, in: Klaus Städtke und Ralph Kray（Hg.）, *Spielräume des auktorialen Diskurses*, Berlin 2003, S. 1-37.

註　記

序　論　18世紀——文化消費の時代

（1）　Jürgen Habermas, *Strukturwandel der Öffentlichkeit. Untersuchungen zu einer Kategorie der bürgerlichen Gesellschaft*, 5. Aufl., Frankfurt 1996. このほか，啓蒙主義全般に関する研究書，そして，ハーバマスを論じた諸文献も見落とせない。啓蒙主義と公共圏を概観した文献としては，つぎの二点を参照。Roy Porter, *The Enlightenment*, Houndmills, Basingstoke 2001; Barbara Stollberg-Rilinger, *Europa im Jahrhundert der Aufklärung*, Stuttgart 2000. ハーバマスの公共圏理論に対する批判的見解としては，つぎの文献を参照のこと。James V. H. Melton, *The Rise of the Public in Enlightenment Europe*, Cambridge 2001, pp. 1-15; Tim C.W. Blanning, *The Culture of Power and the Culture of Power*, Oxford 2002, pp. 5-14.

（2）　この点については，以下の文献がきわめて重要な意味を持っている。Carsten Zelle, Kunstmarkt, Kennerschaft und Geschmack. Zu Theorie und Praxis in der Zeit zwischen Barthold Heinrich Brockes und Christian Ludwig von Hagedorn, in: Michael North（Hg.）, *Kunstsammeln und Geschmack im 18. Jahrhundert*, Berlin 2002, S. 217-238, hier S. 217f. なお，ベルトゥーフによるこうした考えは，『贅沢とモードの雑誌』第一冊の序文（*Journals des Luxus und der Moden*, Januar 1786, S. 4f.）において表明され，その論考の全文は本文（S. 57）にも掲載されている。

（3）　Vgl. Joachim Berger, Geselligkeit, Mäzenatentum und Kunstliebhaberei am ‚Musenhof' Anna Amalias − Neue Ergebnisse, neue Fragen, in: Ders.（Hg.）, *Der Musenhof Anna Amalias. Geselligkeit, Mäzenatentum und Kunstliebhaberei im klassischen Weimar,* Köln-Weimar-Wien 2001, S. 1-17; Ute Daniel, Höfe und Aufklärung in Deutschland − Plädoyer für eine Begegnung der dritten Art, in: Marcus Ventzke（Hg.）, *Hofkultur und aufklärerische Reformen in Thüringen. Die Bedeutung des Hofes im späten 18. Jahrhundert*, Köln-Weimar-Wien 2002, S. 11-31.

（4）　John Brewer, „The most polite age and the most vicious". Attitudes towards Culture as a Commodity, 1660-1800, in: Ann Bermingham and John Brewer（eds.）, *The Consumption of Culture 1600-1800. Image, Object, Text*, London-New York 1995, pp. 348-349.

（5）　John Brewer, *The Pleasures of the Imagination: English Culture in the Eighteenth Century*, London-New York 1997, p. XVIII.

（6）　Immanuel Kant, *Anthropologie in pragmatischer Hinsicht*（Werkausgabe, hg. von W. Weischedel, Bd. 12）, 7. Aufl., Frankfurt 1988, S. 565. ここでカントは，さらにつぎのように続けている。「よき趣味とは……，想像力のなかで外的な対象を社会的に判定する能力である」。

（7）　Brewer, *Pleasures of the Imagination*.

（8）　Neil McKendrick, John Brewer and J. H. Plumb, *The History of a Consumer Society:*

The Commercialization of Eighteenth-Century England, London 1982, pp. 9-33.

(9) Carole Shammas, *The Pre-Industrial Consumer in England and America*, Oxford 1990; Jan de Vries, The Industrial Revolution and the Industrious Revolution, in: *The Journal of Economic History* 54/2 (1994), pp. 249-270; Idem, Between Purchasing Power and the World of Goods, in: John Brewer and Roy Porter (eds.), *Consumption and the World of Goods*, London 1993, pp. 85-132; Lisa Jardine, *Worldly Goods: A New History of the Renaissance*, London 1996.

(10) この時期には，膨大な数の文献が公刊された。とりわけ重要な通論として，以下のものを挙げておく。S. Strasser, C. McGovern and M. Judt (eds.), *European and American Consumer Societies in the Twentieth Centuries*, Cambridge 1998; V. de Grazia and E. Furlough (eds.), *The Sex of Things: Gender and Consumption in Historical Perspective*, Berkeley, CA 1996; M. Daunton and M. Hilton (eds.), *The Politics of Consumption: Material Culture and Citizenship in Europe and America*, Oxford 2001; E. D. Rapaport, *Shopping for Pleasure: Women and the Making of London's West End*, Princeton 2000; M. Michelletti (ed.), *Political Virtue and Shopping: Individuals, Consumerism, and Collective Action*, Basingstoke 2003; D. Slater, *Consumer Culture and Modernity*, Cambridge 1997; H.-G. Haupt, *Konsum und Handel: Europa im 19. und 20. Jahrhundert*, Göttingen 2003; L. Cohen, *A Consumer's Republic: The Politics of Mass Consumption in Postwar America*, New York 2003.

(11) W. W. Rostow, *The Stages of Economic Growth: A Non-Communist Manifesto*, Cambridge 1960.

(12) こうしたパラダイムのドイツにおける受容の典型的事例としては，Michael Prinz (Hg.), *Der lange Weg in den Überfluss. Anfänge und Entwicklung der Konsumgesellschaft seit der Vormoderne*, Paderborn 2003.

(13) 消費プログラムの文化に関する基本文献としては，以下の二点がある。Frank Trentmann (ed.), *The Making of the Consumer: Knowledge, Power and Identity in the Modern World*, Oxford-New York 2006; John Brewer and Frank Trentmann (eds.), *Consuming Cultures, Global Perspectives: Historical Trajectories, Transnational Exchanges*, Oxford-New York 2006.

(14) Craig Clunas, *Superfluous Things: Material Culture and Social Status in Early Modern China*, Chicago 1991. こうした点も含め，中国についての過小評価に関しては，以下の文献を参照のこと。Kenneth Pomeranz, *The Great Divergence: China, Europe and the Making of the Modern World Economy*, Princeton 2000.

(15) Maxine Berg, *Luxury and Pleasure in Eighteenth-Century Britain*, Oxford 2005.

(16) Frank Trentmann, The Modern Genealogy of the Consumer: Meanings, Identities and Political Synapses, in: J. Brewer and Frank Trentmann (eds.), *Consuming Cultures, Global Perspectives*, Oxford-New York 2006, pp. 19-69; Idem, Knowing Consumers − Histories, Identities, Practices: An Introduction, in: Frank Trentmann (ed.), *The Making of the Consumer*, Oxford-New York 2006, pp. 1-27.

(17) たとえば，フランク・トレントマンはつぎのように述べている。「歴史家たちは，大量消費社会について，みずから定義した理論的枠組みのなかでだけ議論するのではなく，たがいに異なる消費の形態や機能，それに連携した社会的ビジョンと相互に競合しあう政治制度を，同時に関連づける必要がある」。Frank Trentmann, Be-

yond Consumerism: New Perspectives on Consumption, in: *Journal of Contemporary History* 39 (3) (2004), pp. 373-401, quote on p. 398.

第1章　書物と読書

(1) Heinrich Mack und Johannes Lochner (Hg.), *Johann Anton Leisewitzens Tagebücher*, 2 Bde., Weimar 1920, Bd. 2, S.104.

(2) Ebd., Bd. 1, S. 216.

(3) Ebd., Bd. 1, S. 162.

(4) Martina Graf, *Buch- und Lesekultur in der Residenzstadt Braunschweig zur Zeit der Spätaufklärung unter Herzog Karl Wilhelm Ferdinand (1770-1806)*, Frankfurt 1994, S. 228-230.

(5) Rolf Engelsing, Die Perioden der Lesegeschichte in der Neuzeit. Das statistische Ausmaß und die soziokulturelle Bedeutung der Lektüre, in: *Archiv für Geschichte des Buchwesens* X (1970), Sp. 945-1002. Vgl. auch Helmut Zedelmaier, Lesetechniken. Die Praktiken der Lektüre in der Neuzeit, in: Helmut Zedelmaier und Martin Mulsow (Hg.), *Die Praktiken der Gelehrsamkeit in der Frühen Neuzeit*, Tübingen 2001, S. 11-30.

(6) Rolf Engelsing, *Der Bürger als Leser. Lesegeschichte in Deutschland 1500-1800*, Stuttgart 1974, S. 198. 読書の実践について，ロジェ・シャルチエは，エンゲルジングよりもさらに詳細な分析を行なった。Roger Chartier, *Lesewelten. Buch und Lektüre in der Frühen Neuzeit*, Frankfurt-New York 1990, S. 130-145.

(7) Holger Böning, *Das Intelligenzblatt. Dokumentation zu einer literarisch-publizistischen Gattung der deutschen Aufklärung*, Bremen 1991; Ders., Das Intelligenzblatt, in: Ernst Tischer, Wilhelm Haefs und York-Gothart Mix (Hg.), *Von Almanach bis Zeitung. Ein Handbuch der Medien in Deutschland 1700-1800*, München 1999, S. 89-104. Vgl. auch Sabine Doering-Manteuffel, Josef Mančal und Wolfgang Wüst (Hg.), *Pressewesen der Aufklärung. Periodische Schriften im Alten Reich*, Berlin 2001.

(8) Wolfgang Martens, *Die Botschaft der Tugend. Die Aufklärung im Spiegel der deutschen Moralischen Wochenschriften*, Stuttgart 1968; Jörg Scheibe, *Der „Patriot" (1724-1726) und sein Publikum. Untersuchungen über die Verfasserschaft und die Leserschaft einer Zeitschrift der frühen Aufklärung*, Göppingen 1973; Martin Krieger, Patriotismus-Diskurs und die Konstruktion kollektiver Identitäten in Hamburg in der ersten Hälfte des 18. Jahrhunderts, Habil.-Schrift Greifswald 2001.

(9) Martin Welke, Gemeinsame Lektüre und frühe Formen von Gruppenbildung im 17. und 18. Jahrhundert: Zeitungslesen in Deutschland, in: Otto Dann (Hg.), *Lesegesellschaften und bürgerliche Emanzipation – Ein europäischer Vergleich*, München 1981, S. 29-53, hier S. 30. Vgl. auch Holger Böning, Aufklärung und Presse im 18. Jahrhundert, in: Hans-Wolf Jäger (Hg.), *„Öffentlichkeit" im 18. Jahrhundert*, Göttingen 1997, S. 151-163.

(10) Ernst Tischer, Wilhelm Haefs und York-Gothart Mix, Aufklärung, Öffentlichkeit und Medienkultur in Deutschland im 18. Jahrhundert, in: Dies. (Hg.), *Von Almanach bis Zeitung. Ein Handbuch der Medien in Deutschland 1700-1800*, München 1999, S. 18-21. カルステン・ツェレもまた，同様のデータを示している。Carsten Zelle, Auf dem Spielfeld der Autorschaft. Der Schriftsteller des 18. Jahrhunderts im Kräftefeld von

Rhetorik, Medienentwicklung und Literatursystem, in: Klaus Städtke und Ralph Kray (Hg.), *Spielraume des auktorialen Diskurses*, Berlin 2003, S. 1-37, hier S. 17. こうした数値を基礎として，ジークフリート・シュミットは，新たに「社会システムとしての文学」というパラダイムの構築を試みている。Vgl. Siegfried J. Schmidt, *Die Selbstorganisation des Sozialsystems Literatur im 18. Jahrhundert*, Frankfurt 1989, S. 254-272.

(11) Zelle, Autorschaft, S. 18. 身分ある知識人，とりわけ官僚を中心とした文壇と，市場向けの作品制作とのあいだで揺れ動く作家たちの，いわば「どっちつかずの立場」は，その後18世紀後半になっても大きく変化することはなかった。この問題については，とりわけ以下の文献も参照のこと。Herbert Jaumann, Emanzipation als Positionsverlust. Ein sozialgeschichtlicher Versuch über die Situation des Autors im 18. Jahrhundert, in: *Zeitschrift für Literaturwissenschaft und Linguistik* 11 (1981), S. 46-72.

(12) ゾフィー・フォン・ラ・ロッシュはラヴァーターに宛ててつぎのように書いている。「私が多くの女性読者を得られるよう，助力をお願いできませんでしょうか。それによって貴方は，私の息子たちを助けることになるでしょう。といいますのも，私はこの『ポモーナ』を，わが息子，カールとヴィルヘルムのために書くのですから。この雑誌によって，彼らの父の敵がふたりから奪い去ったものを，幾分なりとも埋めあわせることができればと，私は切に願っているのです。神様がふたりを加護してくださいますように。そして，貴方にも，私の計画を祝福し，救いの手を差し伸べていただきたいのです」。Sophie von La Roche an Johann Caspar Lavater, Speyer, 27. Oktober 1782; 以下の箇所に引用。Michael Maurer (Hg.), *Ich bin mehr Herz als Kopf. Sophie von La Roche. Ein Lebensbild in Briefen*, Leipzig-Weimar 1985, S. 245.

(13) Sigrid Damm, *Christiane und Goethe. Eine Recherche*, Frankfurt u.a. 2001, S. 102, 174, 212-216.

(14) Roberto Simanowski, *Die Verwaltung des Abenteuers. Massenkultur um 1800 am Beispiel Christian August Vulpius*, Göttingen 1998.

(15) Gustav Schwetschke, *Codex nundinarius Germaniae literatae bisecularis. Meß-Jahrbücher des Deutschen Buchhandels,* Bd. 1: *Von dem Erscheinen des ersten Meß-Katalogs im Jahre 1564 bis zu der Gründung des ersten Buchhändlervereins im Jahre 1765*, Halle 1850, S. 178, 188, 198, 208, 218, 228, 238, 253, 273, 293, 313. この史料にもとづいた以下の研究も参照のこと。Maud Antonia Viehberg, Vom Tauschhandel zum modernen Buchmarkt. Die Etappen des deutschen Buchhandels im 18. Jahrhundert, Magisterarbeit Greifswald 2001, S. 121.

(16) Reinhard Wittmann, Die frühen Buchhändlerzeitschriften als Spiegel des literarischen Lebens, in: *Archiv für Geschichte des Buchwesens* 13 (1973), S. 828f.

(17) Viehberg, *Buchhandel*, S. 123f.

(18) この表は，ローベルト・リーマーが以下の史料をもとに作成したものである。Rudolf Jentzsch, *Der deutsch-lateinische Büchermarkt nach den Leipziger Ostermeß-Katalogen von 1740, 1770 und 1800 in seiner Gliederung und Wandlung*, Leipzig 1912, Tafeln I-III.

(19) Jentzsch, *Büchermarkt*, S. 315-316; Helmuth Kiesel und Paul Münch, *Gesellschaft und Literatur im 18. Jahrhundert. Voraussetzungen und Entstehung des literarischen Marktes*

in Deutschland, München 1977, S. 198-200; Johann Goldfriedrich, *Geschichte des deutschen Buchhandels*, Bd. 2, Leipzig 1908, S. 16ff.

(20) 唯一の例外は，「一般教養」の項目だけである。

(21) Reinhard Wittmann, *Geschichte des deutschen Buchhandels. Ein Überblick*, München 1991, S. 115-120; Helga Schultz, Der Verleger Friedrich Justin Bertuch als Kaufmann und Literaturpolitiker, in: Gerhard R. Kaiser und Siegfried Seifert (Hg.), *Friedrich Justin Bertuch (1747-1822). Verleger, Schriftsteller und Unternehmer im klassischen Weimar*, Tübingen 2000, S. 331-350, hier S. 332-34. ライヒについては，以下の文献も参照のこと。Hazel Rosenstrauch, *Buchhandelsmanufaktur und Aufklärung. Die Reformen des Buchhändlers und Verlegers Ph. E. Reich (1717-1787)*, Frankfurt 1986.

(22) Horst Möller, *Aufklärung in Preußen. Der Verleger, Publizist und Geschichtsschreiber Friedrich Nicolai*, Berlin 1974, S. 80, 99-114.

(23) Friedrich Nicolai, *Das Leben und die Meinungen des Herrn Magister Sebaldus Nothanker*, 1. Bd., Berlin-Stettin 1774, S. 97.

(24) Ebd., S. 122f.『ファルゼンブルク島』とは，シュナーベルによる以下の連載小説を指している。Johann Gottfried Schnabel, *Wunderliche Fata einiger See-Fahrer, absonderlich Alberti Julii, eines gebohrnen Sachsens, und seiner auf der Insel Felsenburg errichteten in vollkommenen Stand gebrachten Colonien*, Nordhausen 1737ff.

(25) Möller, *Aufklärung*, S. 198-208. 以下の文献も参照のこと。Pamela E. Selwyn, *Everyday Life in the German Book Trade. Friedrich Nicolai as Bookseller and Publisher in the Age of Enlightenment 1750-1810*, University Park Pennsylvania 2000.

(26) ゲーテからゲッシェンへ，1787 年 10 月 27 日の書簡。以下の文献に引用。Karl Otto Conrady, *Goethe. Leben und Werk*, Düsseldorf-Zürich 1999, S. 626.

(27) Ebd., S. 612. 第六巻刊行ののち，ゲッシェンはベルトゥーフにたいして広告費の中間決済を行なっている。これについては，以下を参照のこと。Stephan Füssel, *Studien zur Verlagsgeschichte und zur Verlegertypologie der Goethe-Zeit,* Bd. 1: *Georg Joachim Göschen. Ein Verleger der Spätaufklärung und der deutschen Klassik*, Berlin-New York 1999, S. 114. また，ゲーテ全集に関しては，同書の以下の箇所を参照。S. 106-125.

(28) ゲッシェンからゲーテへ，1791 年 7 月 4 日の書簡。以下の文献に引用。Conrady, *Goethe*, S. 612, S. 624-27. また，Nicholas Boyle, *Goethe. Der Dichter in seiner Zeit,* Bd. 1: *1749-1790*, München 1999, S. 454f. も参照。さらに，つぎの文献も，きわめて興味深い議論を展開している。Sigrid Unseld, *Goethe und seine Verleger*, Frankfurt-Leipzig 1993.

(29) Füssel, *Verlagsgeschichte*, S. 91-104.

(30) Conrady, *Goethe*, S. 626-627.

(31) ベルトゥーフが抱いた，ワイマールで書籍出版業に着手する構想については，以下を参照。Siegfried Seifert, „Genie und Lumpen" – Programmatische Entwürfe Bertuchs zur Reform des deutschen Verlagsbuchhandels vor 1800. Überlegungen zu einem Forschungsansatz, in: Gerhard R. Kaiser u.a. (Hg.), *Friedrich Justin Bertuch (1747-1822)*, S. 291-299.

(32) これについては，本書第 3 章も参照のこと。

(33) Vlg. Walter Steiner und Uta Kühn-Stillmark, *Friedrich Justin Bertuch. Ein Leben im*

klassischen Weimar zwischen Kultur und Kommerz, Köln-Weimar-Wien 2001, S. 42-120.

(34) 雑誌の流通に関しては，テュービンゲンのライナー・フリック氏からたいへん好意的な情報提供を受けた。ローベルト・リーマーによって作成された地図のデータもまた，同氏によって教示されたものである。これらに関しては，つぎの文献も参照のこと。Reiner Flik, Kultur-Merkantilismus? Friedrich Justin Bertuchs „Journal des Luxus und der Moden“ (1786-1827), in: Angela Borchert und Ralf Dressel (Hg.), *Das Journal des Luxus und der Moden: Kultur um 1800*, Heidelberg 2004, S. 21-55.

(35) Schultz, Bertuch, S. 336-347. 企業家としてのベルトゥーフについては，以下も参照のこと。Reiner Flik, Statt Hofpoet Kulturunternehmer. Der Werdegang Friedrich Justin Bertuchs (1747-1822) und sein Beitrag zur Weimarer Klassik, in: Marcus Ventzke (Hg.), *Hofkultur und aufklärerische Reformen in Thüringen. Die Bedeutung des Hofes im späten 18. Jahrhundert*, Köln-Weimar-Wien 2002, S. 197-222.

(36) Engelsing, *Bürger als Leser*.

(37) Reinhard Wittmann (Hg.), *Bücherkataloge als buchgeschichtliche Quellen in der frühen Neuzeit*, Wiesbaden 1984; Roland Folter, *Deutsche Dichter- und Germanistenbibliotheken. Eine kritische Bibliographie ihrer Kataloge*, Stuttgart 1975.

(38) Mechthild Raabe, *Leser und Lektüre im 18. Jahrhundert. Die Ausleihbücher der Herzog August Bibliothek Wolfenbüttel 1714-1799*, 4 Bde., München-London-New York 1989.

(39) Ebd., Bd. 1: l-lXXX.

(40) Ebd., Bd. 4: *Systematisches Verzeichnis der entliehenen Bücher*, S. 577.

(41) Ebd., Bd. 1: lXXX-lXXXI.

(42) Engelsing, *Bürger als Leser*, S. 94-100.

(43) ブロッケスとその蔵書については，以下の文献で詳しい議論がなされている。Hans-Georg Kemper, Uwe-K. Ketelsen und Carsten Zelle (Hg.), *Barthold Heinrich Brockes (1680-1747) im Spiegel seiner Bibliothek und Bildergalerie*, 2 Bde., Wiesbaden 1998.

(44) この表は，マルティン・クリーガーおよびローベルト・リーマーによって作成されたものである。Krieger, *Patriotismus-Diskurs*, S. 125; Franklin Kopitzsch, *Grundzüge einer Sozialgeschichte der Aufklärung in Hamburg und Altona*, 2. Aufl., Hamburg 1990, S. 431ff.

(45) Kopitzsch, *Sozialgeschichte*, S. 428-445.

(46) Walter Wittmann, *Beruf und Buch im 18. Jahrhundert. Ein Beitrag zur Erfassung und Gliederung der Leserschaft im 18. Jahrhundert, insbesondere unter Berücksichtigung des Einflusses auf die Buchproduktion (Nachlaßinventare 1695-1705, 1746-1755 und 1795-1805)*, Hannover 1934, S. 46-59, hier S. 51. ここで扱われたケースのうち，八件の遺産目録では，図書の存在を確認しえなかったという。

(47) Wittmann, *Beruf und Buch*, S. 68-83.

(48) Institut für Stadtgeschichte Frankfurt, Reichskammergerichtsakte 453, Aktennummer: 810, Quad. 15: Inventarium des Nachlasses von Augustin Geißemer, aufgenommen in seinem Haus auf der Zeil (1777).

(49) Hildegard Neumann, *Der Bücherbesitz der Tübinger Bürger von 1750-1850*, München 1978, S. 36; Etienne François, Buch, Konfession und städtische Gesellschaft im 18. Jahrhundert. Das Beispiel Speyer, in: *Mentalitäten und Lebensverhältnisse. Beispiele aus der*

Sozialgeschichte der Neuzeit. Rudolf Vierhaus zum 60. Geburtstag, Göttingen 1982, S. 34-91, hier S. 45.

(50) Neumann, *Bücherbesitz*, S. 35a.

(51) François, Speyer, S. 37.

(52) Neumann, *Bücherbesitz*, S. 6-10. 手工業者の内訳は，以下のとおりである。靴職人（1750-60 年＝9.5 人，1800-10 年＝4 人），パン屋（1750-60 年＝7 人，1800-10 年＝7 人），仕立屋（1750-60=12 人，1800-10 年＝7 人），肉屋（1750-60 年＝5 人，1800-10 年＝5 人）。

(53) Ebd., S. 142-144.

(54) Hans Medick, Ein Volk „mit" Büchern. Buchbesitz und Buchkultur auf dem Lande am Ende der Frühen Neuzeit: Laichingen 1748-1820, in: Hans-Erich Bödeker（Hg.）, *Lesekulturen im 18. Jahrhundert*, Hamburg 1992, S. 59-94, hier S. 68. 蔵書の冊数の減少は，フランソワによるシュパイヤーの研究でも確認されている。François, Speyer, S. 39-42. ここでは，どの遺産目録でも，宗教書の冊数が世俗書と比較しておよそ倍のペースで減少したという。その背景には，おそらく，宗教的慣習の変化が指摘できるだろう。

(55) Medick, Volk „mit" Büchern, S. 90-93.

(56) Vgl. François, Speyer, S. 53f.

(57) Otto Dann, Die Lesegesellschaften und die Herausbildung einer modernen bürgerlichen Gesellschaft in Europa, in: Ders.（Hg.）, *Lesegesellschaften und bürgerliche Emanzipation*, S. 9-28.

(58) Engelsing, *Bürger als Leser*, S. 224.

(59) Marlies Stützel-Prüsener, Die deutschen Lesegesellschaften im Zeitalter der Aufklärung, in: Otto Dann（Hg.）, *Lesegesellschaften und bürgerliche Emanzipation*, S. 71-86, hier S. 74.

(60) Dann, *Lesegesellschaften*, S. 18.

(61) Otto Dann, Eine höfische Gesellschaft als Lesegesellschaft, in: Hans-Erich Bödeker（Hg.）, *Lesekulturen im 18. Jahrhundert*, S. 43-57.

(62) Rolf Engelsing, *Analphabetentum und Lektüre. Zur Sozialgeschichte des Lesens in Deutschland zwischen feudaler und industrieller Gesellschaft*, Stuttgart 1973; Ute Daniel, How Bourgeois was the Public Sphere of the Eighteenth Century? or: Why it is Important to Historicize „Strukturwandel der Öffentlichkeit", in: *Das Achtzehnte Jahrhundert* 26, Wolfenbüttel 2002, S. 9-17, hier S. 14; Stefanie Kripsin, *„bei seinem Vergnügen in müßigen Stunden unterhalten seyn". Lesegesellschaften in Detmold um 1800*, Bielefeld 1999.

(63) Kopitzsch, *Sozialgeschichte*, S. 573f.

(64) *Der geheime Ausrufer* 11（1808）, S. 189. 以下の文献に引用。Engelsing, *Bürger als Leser*, S. 235ff.

(65) Stützel-Prüsener, Lesegesellschaften, S. 80.

(66) Engelsing, *Bürger als Leser*, S. 238-240.

(67) Carl Haase, Der Bildungshorizont der norddeutschen Kleinstadt am Ende des 18. Jahrhunderts. Zwei Bücherverzeichnisse der Lesegesellschaften in Wunstorf aus dem Jahre 1794, in: Otto Brunner, Hermann Kellenbenz, Erich Maschke und Wolfgang Zorn（Hg.）,

Festschrift Hermann Aubin zum 80. Geburtstag, 2 Bde., Wiesbaden 1965, S. 518-525.

(68) Carl Haase, Die Buchbestände einiger Lesegesellschaften im Elbe-Weser-Winkel im Jahre 1794, in: *Stader Jahrbuch* 1977, S. 56-80, hier S. 65-73.

(69) Wittmann, *Buchhandel*, S. 193-197; Ders., Gibt es eine Leserevolution am Ende des 18. Jahrhunderts?, in: Roger Chartier und Guglielmo Cavallo (Hg.), *Die Welt des Lesens. Von der Schriftrolle zum Bildschirm*, Frankfurt 1999, S. 419-454.

(70) Engelsing, *Bürger als Leser*, S. 271f.

(71) Jean Paul, Brief und bevorstehender Lebenslauf. Konjektural-Biographie, sechste poetische Epistel, in: Ders., *Werke*, hg. von Norbert Miller, Bd. 4, München 1962, S. 1070. 以下の文献に引用。Wittmann, *Buchhandel*, S. 199. 一方，トマス・アプトはジャン・パウルよりも悲観的な見方をしている。つぎの論考の第三項，「文筆家，芸術家，説教師の功績」(„Vom Verdienste des Schriftstellers, des Künstlers und des Predigers“) のなかで彼は，ドイツ全土の読者公衆を，総じておよそ8万人と見積もっている。Thomas Abbt, *Vom Verdienste*, Frankfurt-Leipzig 1783, S. 270.

(72) ゲーテからライヒャルトへ，1790年2月28日の書簡。以下の文献に引用。Volkmar Braunbehrens, Gabriele Busch-Salmen und Walter Salmen (Hg.), *J. F. Reichardt – J. W. Goethe. Briefwechsel*, Weimar 2002, S. 107-108.

第2章　旅と旅行文化

(1) *Der Teutsche Merkur*, November 1784, S. 151, 以下の箇所に引用。Uli Kutter, *Reisen – Reisehandbücher – Wissenschaft: Materialien zur Reisekultur im 18. Jahrhundert*, Neuried 1996, S. 13f.

(2) Christoph Wolff, *Johann Sebastian Bach*, Frankfurt 2000, S. 227f. この表が示すのは，史料によって裏づけ可能な旅行にかぎられており，短期の旅行および，ライプツィヒのごく近郊を目的地とした家族旅行などは挙げられていない。

(3) Ebd., S. 227-232.

(4) Thomas Stamm-Kuhlmann (Hg.), *Karl August von Hardenberg 1750-1822. Tagebücher und autobiographische Aufzeichnungen*, München 2000, S. 25f., 109-112.

(5) Joachim Rees, Vom Fürst und Bürgerfreund. Zum Funktionswandel der Prinzenreise in der zweiten Hälfte des 18. Jahrhunderts – ein Generationsvergleich aus Schwarzburg-Rudolstadt, in: Marcus Ventzke (Hg.), *Hofkultur und aufklärerische Reformen in Thüringen. Die Bedeutung des Hofes im späten 18. Jahrhundert*, Köln-Weimar-Wien 2002, S. 100-137.

(6) Vgl. Joachim Rees, Winfried Siebers und Hilmar Tilgner, Reisen im Erfahrungsraum Europa. Forschungsperspektiven zur Reisetätigkeit politisch-sozialer Eliten des Alten Reiches (1750-1800), in: *Das Achtzehnte Jahrhundert* 26 (2002), S. 35-62.

(7) Kutter, *Reisen*, S. 274-283.

(8) Albert Meier, Als Moralist durch Italien. Johann Caspar Goethes „Viaggio per l'Italia fatto nel anno MDCCXL“, in: Hans-Wolf Jäger (Hg.), *Europäisches Reisen im Zeitalter der Aufklärung*, Heidelberg 1992, S. 71-85.

(9) Franz Posselt, *Apodemik oder die Kunst zu reisen. Ein systematischer Versuch zum Gebrauch junger Reisenden aus den Gebildeten Ständen überhaupt und angehender Gelehrten und Künstler*, 2 Bde., Leipzig 1795, 1. Bd., S. 28f.

(10) Martin Krieger, Patriotismus-Diskurs und die Konstruktion kollektiver Identitäten in Hamburg in der ersten Hälfte des 18. Jahrhunderts, Habil-Schrift Greifswald 2001, S. 96-102.

(11) Carsten Niebuhr, *Reisebeschreibung nach Arabien und andern umliegenden Ländern*, 2 Bde., Kopenhagen 1774-1778.

(12) Josef Wiesehöfer und Stephan Conermann (Hg.), *Carsten Niebuhr (1733-1815) und seine Zeit*, Stuttgart 2002.

(13) Gottfried Korff, Museumsreisen, in: Hermann Bausinger, Klaus Beyrer und Gottfried Korff (Hg.), *Reisekultur. Von der Pilgerfahrt zum modernen Tourismus*, München 1991, S. 311-319.

(14) Wilhelm Treue, Zum Thema der Auslandsreisen im 17. Jahrhundert, in: *Archiv für Kulturgeschichte* 35 (1953), S. 199-212. Ders., Zum Thema der Auslandsreisen im 18. und 19. Jahrhundert, in: *Archiv für Kulturgeschichte* 35 (1953), S. 328-333.

(15) Wolfgang Behringer, „Die Welt in einen anderen Model gegossen". Der Strukturwandel des frühneuzeitlichen Kommunikationswesens am Beispiel der Reichspost, Habil.-Schrift Bonn 1996.

(16) Behringer, *Strukturwandel*, S. 440-446.

(17) Klaus Beyrer (Hg.), *Zeit der Postkutschen. Drei Jahrhunderte Reisen 1600-1900*, Karlsruhe 1992, S. 16f.

(18) Gottfried North, Eine Revolution im Reiseverkehr – Die Schnellpost, in: Hermann Bausinger u.a. (Hg.), *Reisekultur,* S. 291-297.

(19) Friedrich Nicolai, *Beschreibung einer Reise durch Deutschland und die Schweiz, im Jahre 1781. Nebst Bemerkungen über Gelehrsamkeit, Industrie, Religion und Sitten*, Bd. 1, Berlin-Stettin 1783, S. 6.

(20) Johann Kaspar Riesbeck, *Briefe eines reisenden Franzosen über Deutschland. An seinen Bruder in Paris*, Bd. 1, o.O. 1783, S. 2f. 以下の箇所に引用。Klaus Beyrer, Des Reisebeschreibers „Kutsche". Aufklärerisches Bewußtsein im Postreiseverkehr des 18. Jahrhunderts, in: Wolfgang Griep und Hans-Wolf Jäger (Hg.), *Reisen im 18. Jahrhundert. Neue Untersuchungen*, Heidelberg 1986, S. 50-90, hier S. 70-71.

(21) Behringer, *Strukturwandel*, S. 385.

(22) 宿屋に関しては，豊富な史料を用いた以下の基礎研究も参照のこと。Friedrich Rauers, *Kulturgeschichte der Gaststätte*, 2 Bde., Berlin 1942.

(23) August Ludwig Schlözer, *Vorlesungen über Land- und Seereisen (1795/96)*, Göttingen 1962, S. 40f.

(24) Walter Weber, Von Wirtshäusern, Reisenden und Literaten. Eine kleine Chronique scandaleuse des Wirtshauslebens, in: Hermann Bausinger u.a. (Hg.), *Reisekultur*, S. 82-90.

(25) Theodor Berger, *Vor-Urtheile der Deutschen bey Antretung ihrer Reisen in auswärtige Lande, u. bes. nach Franckreich, nebst Anhang von Deutschlands Macht gegen angräntzende Königreiche u. Länder*, Frankfurt 1734, S. 22. 以下の箇所に引用。Thomas Grosser, Tour de France – Frankreich als Ziel deutscher Reisender, in: Hermann Bausinger u.a. (Hg.), *Reisekultur*, S. 229-235, hier S. 230.

(26) 以下の文献に引用。Michael Maurer, Italienreisen – Kunst und Konfession, in: Hermann Bausinger u.a. (Hg.), *Reisekultur*, S. 222.

(27) Jeremy Black, *France and the Grand Tour*, Basingstoke 2003, S. 123-137.

(28) たとえばイギリス人のローマ，および南方へのまなざしについては，以下の文献を参照。Jeremy Black, *Italy and the Grand Tour*, New Haven-London 2003, S. 46-67.

(29) 以下の文献に引用。Barbara Wolbring, Auch ich in Arkadien! Die bürgerliche Kunst- und Bildungsreise im 19. Jahrhundert, in: Dieter Hein und Andreas Schulz (Hg.), *Bürgerkultur im 19. Jahrhundert. Bildung, Kunst und Lebenswelt*, München 1996, S. 82-101, hier S. 85.

(30) Heide Hollmer, „Ohne Künstler kann man nicht leben weder in Süden noch Norden" – Herzogin Anna Amalias Kunstwahrnehmung und Kunstförderung während der Italienreise (1788-1790), in: Joachim Berger (Hg.), *Der Musenhof Anna Amalias. Geselligkeit, Mäzenatentum und Kunstliebhaberei im klassischen Weimar*, Köln-Weimar-Wien 2001, S. 107-124.

(31) Everard Kothals-Altes, The Art Tour of Friedrich of Mecklenburg-Schwerin, in: *Simiolus* 31/3 (2004-2005), S. 216-50; Martin Krieger, "Ein scharfsinniger Gelehrter, und dabey ein redlicher Mann ..." – Zur Biographie Johann Georg Keyßlers, Privatgelehrter und Erzieher bei den Grafen Bernstorff (1689-1743)', in: *Zeitschrift der Gesellschaft für Schleswig-Holsteinische Geschichte* 125 (2000), S. 63-89.

(32) Ingrid Kuczynski, Ins gelobte Land der Freiheit und des Wohlstands: Reisen nach England, in: Hermann Bausinger u.a. (Hg.), *Reisekultur*, S. 237-243. Vgl. auch Michael Maurer, *Aufklärung und Anglophilie in Deutschland*, Göttingen u.a. 1987.

(33) Gert Robel, Reisen und Kulturbeziehungen im Zeitalter der Aufklärung, in: B. I. Krasnobaev, Gert Robel und Herbert Zeman (Hg.), *Reisen und Reisebeschreibungen im 18. und 19. Jahrhundert als Quellen der Kulturbeziehungsforschung*, Essen 1987, S. 9-37, hier S. 18; Wolbring, *Auch ich in Arkadien!*, S. 89; Peter Faessler, Reiseziel Schweiz: Freiheit zwischen Idylle und „großer" Natur, in: Hermann Bausinger u.a. (Hg.), *Reisekultur*, S. 243-248. 18世紀の旅行者を魅了した「スイス神話」についての体系的研究としては，以下の論集がある。Hellmut Thomke, Martin Bircher und Wolfgang Proß (Hg.), *Helvetien und Deutschland. Kulturelle Beziehungen zwischen der Schweiz und Deutschland in der Zeit von 1770-1830*, Amsterdam-Atlanta 1994.

(34) W. Raeber, *Caspar Wolf 1735-1783. Sein Leben und sein Werk*, München 1979, S. 57-84; *Caspar Wolf (1735-1783). Landschaft im Vorfeld der Romantik, Ausstellungskatalog*, Basel 1980; *Caspar Wolf. Ein Panorama der Schweizer Alpen*, Aarau 2001.

(35) M.-L. Schaller, *Annäherung an die Natur. Schweizer Kleinmeister in Bern 1750-1800*, Bern 1990; C. Koenig von Dach, *Johann Ludwig Aberli, 1723-1786*, Bern 1987; B. Trachsler, 1750-1790: Ludwig Aberli und Caspar Wolf; 1790-1810: Die Kleinmeister und ihre Welt in: *Malerische Reisen durch die schöne alte Schweiz*, Zürich 1982, S. 88-185. また，オランダの美術市場との関連については，以下の文献も参照。M. North, *Art and Commerce in the Dutch Golden Age*, New Haven-London 1997; Ders., Republican Art? Dutch and Swiss Art and Art-Production Compared, in: A. Holenstein, Th. Maissen and M. Prak (eds.), *The Republican Alternative. The Netherlands and Switzerland Compared*, Amsterdam 2008, pp. 193-210; M. J. Bok, *Vraag en aanbod op de Nederlandse kunstmarkt, 1580-1700*, Utrecht 1994; J. M. Montias, Estimates of the Number of Dutch Master-Painters, their Earnings and their Output in 1650, in: *Leidschrift* 6/3 (1990), pp.

59-74; Idem, Cost and Value in Seventeenth-Century Dutch Art, in: *Art History* 10 (1987), pp. 455-466; Ad van der Woude, De schilderijenproduktie in Holland tijdens de Republiek. Een poging tot kwantificatie', in: J. C. Dagevos u.a. (eds.), *Kunstzaken: particulier initiatief en overheidsbeleid in de wereld van de beeldene kunst*, Kampen 1991, pp. 286-297.

(36) Johann Wolfgang von Goethe, *Der deutsche Gil Blas*. 以下の箇所に引用。J. Chr. Sachse, *Der deutsche Gil Blas*, München 1964, S. 5f.

(37) 当時の「旅行記集成」の例として，つぎの二点を挙げておく。*Gottlieb Heinrich Stuck's Verzeichnis der/von älteren und neueren Land- und Reisebeschreibungen*, Th. 1. 2, Halle 1783-1787 (ein „Nachtrag" zu Th. 1 erschien Halle 1785); Johann Beckmann, *Literatur der älteren Reisebeschreibungen. Nachrichten von ihren Verfassern, von ihrem Inhalte, von ihren Ausgaben*, 2 Bde., Göttingen 1807-1810.

(38) *Neue Bibliothek der wichtigsten Reisebeschreibungen [...]*, hrsg. v. Friedrich Justin Bertuch, 65 Bde., Weimar 1815-1832.

(39) Albert Meier, Textsorten-Dialektik. Überlegungen zur Gattungsgeschichte des Reiseberichts im späten 18. Jahrhundert, in: Michael Maurer (Hg.), *Neue Impulse der Reiseforschung*, Berlin 1999, S. 243-245.

(40) Thomas Grosser, Der mediengeschichtliche Funktionswandel der Reiseliteratur in den Berichten deutscher Reisender aus dem Frankreich des 18. Jahrhunderts, in: Hans-Wolf Jäger (Hg.), *Europäisches Reisen*, S. 275-310.

(41) Johann David Köhler, *Anweisung zur Reiseklugheit für junge Gelehrte, um Bibliotheken, Münzkabinette, Antiquitätenzimmer, Bildergalerien, Naturalienkabinette und Kunstkammern mit Nutzen zu besehen. Neu überarbeitet von Johann Friedrich August Kinderling*, T. 1. 2, Magdeburg 1788.

(42) Justin Stagl, Der wohl unterwiesene Passagier. Reisekunst und Gesellschaftsbeschreibung vom 16. bis zum 18. Jahrhundert, in: B. I Krasnovaev u.a. (Hg.), *Reisen und Reisebeschreibungen*, S. 353-384.

(43) Johann Peter Willebrandt, *Historische Berichte und practische Anmerkungen auf Reisen in Deutschland, in die Niederlande, in Frankreich, England, Dännemark, Böhmen und Ungarn*, Hamburg 1758, S. 18-20. 以下の箇所に引用。Uli Kutter, *Reisen – Reisehandbücher – Wissenschaft: Materialien zur Reisekultur im 18. Jahrhundert*, Neuried 1996, S. 159.

(44) Willebrandt, *Historische Berichte*, S. 18f.

(45) Ebd., S. 431f.

(46) Peter Ambrosius Lehmann, *Die vornehmsten Europäischen Reisen*, Hamburg 1729, Vorrede (A4).

(47) Posselt, *Apodemik*, 1. Bd., Leipzig 1795: S. IIIff.

(48) Ebd., S. Vff., Zitat: S. VI.

(49) Ebd., S. 5.

(50) Fr. Schulz, *Reise eines Liefländers von Riga nach Warschau, durch Südpreußen, über Breslau, Dresden, Karlsbad, Bayreuth, Nürnberg, Regensburg, München, Salzburg, Linz, Wien und Klagenfurt, nach Botzen in Tyrol*, Th. 1, Berlin 1795, S. 60, 66-67. 以下の箇所に引用。Rainer S. Elkar, Reisen bildet, in: B. I. Krasnobaev u.a. (Hg.), *Reisen und*

Reisebeschreibungen, S. 51-82, hier S. 61f.

(51) Vgl. Justin Stagl, *Eine Geschichte der Neugier. Die Kunst des Reisens 1550-1800*, Wien-Köln-Weimar 2002, S. 317.

(52) Winfried Siebers, Bildung auf Reisen. Bemerkungen zur Peregrinatio academica, Gelehrten- und Gebildetenreise, in: Michael Maurer (Hg.), *Neue Impulse der Reiseforschung*, S. 177-188.

(53) Christian August Clodius, *Neue vermischte Schriften*, Th. 3: Dinokrates, Leipzig 1780, S. 14-17. クローディウス（1737-1784年）については，以下の文献も参照のこと。Ernst Fischer „Clodius, Christian August", in: *Literaturlexikon. Autoren und Werke deutscher Sprache*, hrsg. von Walther Killy, Bd. 2, Gütersloh-München 1989, S. 431f.

第3章　モードと奢侈

(1) Jacob und Wilhelm Grimm, *Deutsches Wörterbuch*, Bd. 12, L-Myth, München 1991.

(2) Johann Heinrich Zedler, *Großes Vollständiges Universal-Lexikon*, Bd. 21, Mi-Mt, Leipzig-Halle 1739, Ndr. Graz 1995, S. 700f.

(3) Johann Christoph Adelung, *Grammatisch-kritisches Wörterbuch der Hochdeutschen Mundart, mit beständiger Vergleichung der übrigen Mundarten, besonders aber der Oberdeutschen*, 3. Theil, 2. Aufl., Leipzig 1798, Sp. 253f. 以下の箇所に引用。Doris Kuhles, Das „Journal des Luxus und der Moden" (1786-1827). Zur Entstehung seines inhaltlichen Profils und seiner journalistischen Struktur, in: Gerhard R. Kaiser und Siegfried Seifert (Hg.), *Friedrich Justin Bertuch (1747-1822). Verleger, Schriftsteller und Unternehmer im klassischen Weimar*, Tübingen 2000, S. 489-499, hier. S. 494. また，つぎの文献も参照。Kuhles, *Journal des Luxus und der Moden 1786-1827. Analytische Bibliographie mit sämtlichen 517 schwarzweißen und 976 farbigen Abbildungen der Originalzeitschrift*, München 2003. さらに，こうした問題については，以下の研究がいまなお重要な意味をもっている。Ruth Wies, Das Journal des Luxus und der Moden (1786-1827), ein Spiegel kultureller Strömungen der Goethezeit, Diss. phil. München 1953. モードの見方については，つぎの研究も参照のこと。Gisela Jaacks, Modechronik, Modekritik oder Modediktat?, Zu Funktion, Thematik und Berichtstil früher deutscher Modejournale am Beispiel des „Journal des Luxus und der Moden", in: *Waffen- und Kostümkunde* 24 (1982), S. 58-61.

(4) *Journal des Luxus und der Moden*, April 1794, S. 193.

(5) *Journal des Luxus und der Moden*, in der Einbandinnenseite eines jeden Heftes, Nachdruck Leipzig 1967, S. 29-30.

(6) Vgl. Maxine Berg and Helen Clifford (eds.), *Consumers and Luxury: Consumer Culture in Europe 1650-1850*, Manchester 1999; Maxine Berg and Elizabeth Eger (eds.), *Luxury in the Eighteenth Century: Debates, Desires and Delectable Goods*, London 2003.

(7) *Journal des Luxus und der Moden*, aus dem einleitenden Text zu Heft 1, Jg. 1, Januar 1786, S. 4f.

(8) Annemarie Kleinert, *Die frühen Modejournale in Frankreich. Studien zur Literatur der Mode von den Anfängen bis 1848*, Berlin 1980, S. 37; Idem, *Le „Journal des Dames et des Modes"ou la conquête de l'Europe féminine (1797-1839)*, Stuttgart 2001.

(9) Daniel Roche, *The Culture of Clothing. Dress and Fashion in the Ancien Regime*,

Cambridge 1994, pp. 13-15.

(10) Kleinert, *Modejournale*, S. 45.

(11) Roche, *Culture of Clothing*, pp. 481-482.

(12) モード年鑑の重要性については，以下の研究も参照のこと。Rachel Kennedy, 'Fashion Magazines', in: Michael Snodin and John Styles (eds.), *Design and the Decorative Arts: Georgian Britain 1714-1838*, London 2004, pp. 92f.; Amanda Vickery, *The Gentleman's Daughter: Women's Lives in Georgian England*, New Haven und London 1998, pp. 161-194.

(13) Kleinert, *Modejournale*, S. 60f.

(14) „Essay on Dress", in: *Lady's Magazine or Entertaining companion for the Fair Sex,* London 1801, pp. 635-638, hier p. 365. 英語の原文は以下のとおりである。„There have been at all times violent declaimers against an attention to dress, which has also had, from time immemorial, illustrious defenders. In fact, it is averred, that the most polished and enlightened nations have been precisely those that have been most addicted to the cultivation of the arts of dress. It seems as if there were an immutable analogy between a taste for the arts and a taste for dress, in such a manner that the latter may almost be considered as a certain thermometer of the degree of the former." この引用文に関して，イエナのアストリッド・アッカーマン氏に感謝したい。同氏による以下の研究も参照のこと。Astrid Ackermann, *Paris, London und die europäische Provinz. Die frühen europäischen Modejournale (1770-1830)*, Frankfurt 2005.

(15) Kleinert, *Modejournal*, S. 84.

(16) 以下の文献に引用。*Wiebke Koch-Mertens, Der Mensch und seine Kleider*, Teil 1: *Die Kulturgeschichte der Mode bis 1900*, Düsseldorf 2000, S. 339.

(17) *Journal des Luxus und der Moden*, September 1787, S. 301.

(18) *Journal des Luxus und der Moden*, August 1793, S. 410. ユストゥス・メーザー (Justus Möser) もまた，ベルトゥーフと「類似の」考えを抱いていた。すなわち彼は，フランスのモードについての金のかかる情報入手の必要性を減らし，また，自国の産業をフランスと充分に競合できるようなレベルへと引き上げるために，独自のモード雑誌を創刊することを推奨している。Wolfgang Cilleßen, Modezeitschriften, in: Ernst Fischer, Wilhelm Haefs und York-Gothart Mix (Hg.), *Von Almanach bis Zeitung. Ein Handbuch der Medien in Deutschland 1700-1800*, München 1999, S. 207-224, hier S. 219f.

(19) *Journal des Luxus und der Moden*, August 1793, S. 410.

(20) Maxine Berg, French Fancy and Cool Britannia. The Fashion Markets of Early Modern Europe, in: Simonetta Cavaciocchi (ed.), *Fiere e mercati nella integrazione delle economie Europe secc. XIII-XVIII*, Prato 2001, pp. 519-556, hier pp. 540-546; Berg, *Luxury & Pleasure in Eighteenth-Century Britain*, Oxford 2005, pp. 85-110.

(21) *Journal des Luxus und der Moden*, August 1786, S. 295f.

(22) Ackermann, *Paris*, S. 107f.

(23) Vgl. Purdy, *Tyranny of Elegance*, pp. 1-21.

(24) Koch-Mertens, *Der Mensch*, S. 291f.

(25) Paul Ludolf Berckenmeyern, *Vermehrter Curieuser Antiquarius, Das ist: Allerhand auserlesene Geographische und Historische Merckwürdigkeiten / So in denen Europæischen*

Ländern zu finden / Aus Berühmter Männer Reisen zusammengetragen / und mit einem zweyfachen Register versehen / ... von. – Nunmehr zum Vierdten mahl aufgeleget und mit neuen Sachen und Anmerckungen duchgehends vermehret und verbessert, Hamburg 1711, S. 63. 以下の箇所に引用。Koch-Mertens, *Der Mensch*, S. 296.

(26) *Journal des Luxus und der Moden*, April 1786, S. 141.

(27) Martha Bringemeier, Wandel der Mode im Zeitalter der Aufklärung, in: *Rheinisch-Westfälische Zeitschrift für Volkskunde* 13 (1966), S. 5-59, hier S. 17-19.

(28) *Journal des Luxus und der Moden*, Februar 1787, S. 17ff.

(29) Ulfhardt Stoewer, Der „Kulturunternehmer" Friedrich Justin Bertuch im Spiegel seines „Journals des Luxus und der Moden", Hausarbeit im Rahmen der Ersten Staatsprüfung für das Lehramt an Gymnasien, Greifswald 2001.

(30) *Journal des Luxus und der Moden*, Juni 1802, S. 353. 以下の箇所に引用。*Frankfurter Modespiegel*, Katalog hrsg. vom Historischen Museum der Stadt Frankfurt am Main 1962, Einleitung von Bernward Deneke.

(31) *Journal des Luxus und der Moden*, Dezember 1768, S. 439f.

(32) *Journal des Luxus und der Moden*, Dezember 1791, S. 687.

(33) Kleinert, *Vermarktung*.

(34) *Journal des Luxus und der Moden*, März 1798, S. 204f.

(35) Caroline de la Motte Fouqué, *Geschichte der Moden 1785-1829*, Ndr. Hanau 1988, S. 47.

(36) *Journal des Luxus und der Moden*, Februar 1786, S. 72ff.

(37) *Journal des Luxus und der Moden*, Februar 1786, S. 79ff.

(38) Purdy, *Tyranny of Elegance*, pp. 180-185.

(39) *Journal des Luxus und der Moden*, August 1786, S. 293f. Vgl. auch Martha Bringemeier, Wandel der Mode im Zeitalter der Aufklärung, in: *Rheinisch-Westfälische Zeitschrift für Volkskunde* 13 (1966), S. 5-59, hier S. 24.

(40) *Journal des Luxus und der Moden*, April 1791, S. 178. Vgl. Purdy, *Tyranny of Elegance*, pp. 147-179. 「ウェルテル・ファッション」については，つぎの文献も参照のこと。Walter Erhart, Beziehungsexperimente: Goethes „Werther" und Wielands „Musarion", in: *Deutsche Vierteljahrschrift für Literaturwissenschaft und Geistesgeschichte*, Heft 2 (1992), S. 333-360.

(41) この問題については，つぎの研究がきわめて有意義な考察を提示している。Astrid Ackermann, Eine nationale Aufgabe – Mode und Kommerz, in: Andreas Klinger und Gonthier-Louis Fink (Hg.), *Identitäten und Fiktion um 1800*, Frankfurt 2003, S. 323-337.

(42) Staatsarchiv Hamburg, Erbschaftsamt D 71.

(43) Uwe Meiners, Stufen des Wandels. Aspekte der Periodisierung der bürgerlichen und bäuerlichen Kultur im Münsterland (1500-1800), in: Günter Wiegelmann (Hg.), *Wandel der Alltagskultur seit dem Mittelalter. Phasen – Epochen – Zäsuren*, Münster 1987, S. 275-308, hier S. 300f.

(44) Meiners, Wandel, S. 302.

(45) Institut für Stadtgeschichte Frankfurt, Reichskammergericht, Akte 802: Auszug Inventariums über entseelten Bürgers und Handelsmannes Friederich Maximilian Beer, Nachlaß

vom 4. und 6. May 1795.

(46) *Journal des Luxus und der Moden*, März 1802, S. 162.

(47) *Journal des Luxus und der Moden*, Juni 1814, S. 388ff.

(48) *Journal des Luxus und der Moden*, Juni 1814, S. 387ff. und Tafel 16. Sowie Wies, Journal, S. 153f.

第4章　住まいの文化

(1) 以下の文献に引用。Birgit Panke-Kochinke, *Göttinger Professorenfamilien. Strukturmerkmale weiblichen Lebenszusammenhangs im 18. und 19. Jahrhundert*, Pfaffenweiler 1993, S. 90.

(2) Vgl. auch Adelheid von Saldern, Im Hause, zu Hause. Wohnen im Spannungsfeld von Gegebenheiten und Aneignungen, in: Jürgen Reulecke (Hg.), *Geschichte des Wohnens*, Bd 3: *1800-1918. Das bürgerliche Zeitalter*, Stuttgart 1997, S. 155-156.

(3) Leonhard Christoph Sturm, Vollständige Anweisung alle Arten von Bürgerlichen Wohn-Häusern wohl anzugeben, Augspurg 1721, fol. B 1a, fol. C 1b. 以下の文献に引用。Jens Friedhoff, „Magnificence" und „Utilité". Bauen und Wohnen 1600-1800, in: Ulf Dirlmeier (Hg.), *Geschichte des Wohnens*, Bd. 2: *500-1800: Hausen, Wohnen, Residieren*, Stuttgart 1998, S. 503-815, hier S. 646-647.

(4) Uwe Meiners, Stufen des Wandels. Aspekte der Periodisierung der bürgerlichen und bäuerlichen Kultur im Münsterland (1550-1800), in: Günter Wiegelmann (Hg.), *Wandel der Alltagskultur seit dem Mittelalter*, Münster 1987, S. 275-308, hier S. 307.

(5) Friedhoff, „Magnificence" und „Utilité", S. 503-815, hier S. 620-633.

(6) Johann Jacob Sell, *Brief über Stettin und die umliegende Gegend auf einer Reise dahin im Sommer 1797 geschrieben*, Berlin 1800. 以下の文献に引用。Volker Gläntzer, Nord-Süd-Unterschiede städtischen Wohnens um 1800 im Spiegel der zeitgenössischen Literatur, in: Günter Wiegelmann (Hg.), *Nord-Süd-Unterschiede in der städtischen und ländlichen Kultur Mitteleuropas*, Münster 1985, S. 83.

(7) 当時の，後見人の依頼による遺産目録作成については，以下を参照のこと。Uwe Meiners, Zur Wohnkultur der münsterschen Bevölkerung in der zweiten Hälfte des 18. Jahrhundert. Eine Fallstudie anhand von Nachlaßverzeichnissen, in: *Rheinisch-westfälische Zeitschrift für Volkskunde*, Bd. 25 (1979/80), S. 82f. また，フランクフルト，ハンブルクのように，確認できる現物の目録そのものがごく僅少な都市に関しては，帝国最高法院裁判史料に収められた遺産記録を参照した。

(8) 代表的な研究としては，Lorna Weatherill, *Consumer Behaviour and Material Culture in Britain, 1660-1760*, London-New York 1988; Ad Van der Woude and Anton Schuurmann (eds.), *Probate Inventories. A New Source for the Historical Study of Wealth, Material Culture and Agricultural Development*, Utrecht 1980; Jaume Torras y Bartolomé Yun (eds.), *Consumo, Condiciones de vida y comercialización. Cataluña y Castilla, siglos XVII-XIX*, Valladolid 1999.

(9) Ruth-Elisabeth Mohrmann, *Alltagswelt im Land Braunschweig: Städtische und ländliche Wohnkultur vom 16. bis zum frühen 20. Jahrhundert*, 2 Bde., Münster 1990; Dies., Städtische Wohnkultur in Norddeutschland vom 17. bis zum 19. Jahrhundert (aufgrund von Inventaren), in: Günter Wiegelmann (Hg.), *Nord-Süd-Unterschiede*, S. 90-96; Meiners,

Zur Wohnkultur, S. 80-103.

(10) Jörg Driesner, Materielle Kultur in Greifswald im 17. und 18. Jahrhundert, Magisterarbeit, Universität Greifswald 2002; Ders., Frühmoderne Alltagswelten im Ostseeraum: Materielle Kultur in Stralsund, Kopenhagen und Riga – Drei Regionen im Vergleich, Diss. phil. Greifswald 2006; Corina Heß, Die materielle Wohnkultur Danzigs des 17. und 18. Jahrhunderts im Spiegel von Nachlassinventaren, Diss. phil. Greifswald, 2005; Dies. *Danziger Wohnkultur in der Frühen Neuzeit*, Münster 2007; Raimo Pullat, *Die Nachlassverzeichnisse der deutschen Kaufleute in Tallin 1702-1750*, Tallinn 1997.

(11) Mohrmann, Städtische Wohnkultur, S. 90-96.

(12) Ebd., S. 101ff.

(13) Ebd., S. 104-108.

(14) Institut für Stadtgeschichte Frankfurt, Reichskammergerichtsakten (künftig RKG Frankfurt) 453 (G16/736, 810-811, 1780-1788), Maria Catharina Geißemer, geb. Schmidt, 2. Ehefrau bzw. Witwe des Hofschmieds Augustin Geißemer, jetzt verehelichte Damm, Aktennummer: 810: Quad. 15: Inventarium des Nachlasses von Augustin Geißemer, aufgenommen in seinem Haus auf der Zeil 1777.

(15) RKG Frankfurt 37 (A36/1654, 76-78, [1585-] 1776-1781), Peter Aull, Eisenhändler, Frankfurt, Aktennummer 77: Quad 44: Inventar des Nachlasses der Margaretha Barbara Tanner.

(16) Jörg Driesner, Materielle Kultur in Greifswald, S. 55f.; Ders, Frühmoderne Alltagswelten im Ostseeraum, S. 288; StA HST, Rep. 37, Nr. 199: Inventar Hinrich Boldten, 1704. これにたいして，商業の中心都市であったダンツィヒやリガでは，住居空間の単純な構造は，17 世紀にはすでに変化の兆しを現わしていた。

(17) Mohrmann, *Alltagswelt*, Bd. 1, S. 56.

(18) Ebd., Bd. 2, S. 490-92.

(19) Ebd., Bd. 1, S. 78-83.

(20) RKG Frankfurt 756 (J 149/1832, 1200-1205, 1738-1766), Johann Georg und Johann Carl Wahler, Handelsleute und Beer Hertz Oppenheimer als Vertreter des Frankfurter Kreditorenausschuß des Juden [Joseph] Süß [Oppenheimer], Württemberg. Hoffaktors und, ab 1734, Residenten zu Frankfurt, hingerichtet 1738 Febr. 4 in Stuttgart, Aktennummer 1203: diverse Inventare etc. über die Süß Oppenheimer'sche Verlassenschaft in Frankfurt, z. B. Hausrat aus dem Posthaus Bll. 34-40.

(21) Driesner, Frühmoderne Alltagswelten im Ostseeraum, S. 178ff.

(22) RKG Frankfurt 578 (H 62/5202, 982-983, 1750-1766), Franz Adam Baron von Holbach, Bankier, Paris (geb. Edesheim i. d. Pfalz) darin: Aktennummer 982, Schuldschein 1720 (Bl. 68), Inventar über den Nachlaß der Eheleute Gogel 1753 (Bll. 346-373), Auflistung des Status massae von Johann Noe Gogel (Bll. 381-384). RKG Frankfurt 455 (G 18/797, 814-816 [1749] 1762-1766) [Maria?] Eva Gelhaar, geb. Mergenbaum, Witwe des Rotgerbermeisters Johann David Gelhaar, Schwester des Georg Daniel Mergenbaum, Frankfurt, Aktennummer 816: Inventar der Verlassenschaft des Georg Daniel Mergenbaum im Haus im Rebstock (Bll. 36-73). Hamburg, Erbschaftsamt, D 74.

(23) Meiners, Münster, S. 97; Mohrmann, *Alltagswelt*, Bd. 2, S. 497.

(24) Peter Höher, Konstanz und Wandel in Wohnausstattung und Hauswirtschaft (1630-

1899). Das Beispiel Nürtingen am Neckar, in: Günter Wiegelmann (Hg.), *Wandel der Alltagskultur seit dem Mittelalter*, Münster 1987, S. 309-331, hier S. 318, 320.

(25) Staatsarchiv Hamburg, Erbschaftsamt, D 74.

(26) Mohrmann, *Alltagswelt*, Bd. 2, S. 501.

(27) Ebd., S. 503 sowie Bd. 1, S. 95-100.

(28) Staatsarchiv Hamburg, Erbschaftsamt, D 71.

(29) Driesner, Materielle Kultur, S. 30-31.

(30) Uwe Meiners, 'Wohnkultur in süddeutschen Kleinstädten vom 17. bis zum 19. Jahrhundert. Soziale Unterschiede und Wertstrukturen, in: Günter Wiegelmann (Hg.), *Nord-Süd-Unterschiede*, S. 157-222, hier S. 179, 187.

(31) Mohrmann, Städtische Wohnkultur, S. 103. また，オーストリア，ニーダーエスタライヒのゴーベルスブルクでも，1797 年に行政書記，ヨハン・バプティスト・マイクスナーがソファ一台を所有していたことが確認されている。一方，当地の教区農場所有者，シュレードルは，1761 年にはすでにカナペを有していた。シュレードル邸には膨大な絵画コレクションも収められており，所有者はカナペに座して，これらの傑作をじっくりと鑑賞していたのかもしれない。Edith Eckhart, Die Verlassenschaften von Gobelsburg und Hadersdorf am Kamp als Quelle für die Kultur von Bürgern und Inwohnern im 18. Jahrhundert, Diss. Wien 1977, S. 292.

(32) Driesner, Materielle Kultur; Heß, *Die Materielle Wohnkultur Danzigs*, S. 148 (StA HST, Rep. 3, Das Gerichtswesen der Stadt Stralsund, Nr. 5468: Inventar des Advokaten Hercules, 1775). 一方，リガでもまた，18 世紀末葉には，椅子類をセットで揃える傾向が顕著にみられるようになっていた。たとえば，1797 年に死去したヨハン・ゲオルク・レーマンは，「青い布張りのソファ一台，同様の安楽椅子二台……，黒色革張りの大型肘掛け椅子五台，同様のベンチ型ソファ・ベット一台……，黄味がかった茶色のソファ一台，同様の安楽椅子三台」を残している。複数の座部をもつ椅子類についてみられた唯一の大きな変化は，18 世紀半ば以降，カナペが多く現われることである。ソファやオットマンなど，ほかの椅子類は言及されなくなる。Driesner, Frühmoderne Alltagswelten im Ostseeraum, S. 152 (StA Riga, Vogteigericht Nr. 1378-1-94: Inventar des Johann George Lehmann, 1797).

(33) Meiners, Münster, S. 89.

(34) RKG Frankfurt 578.

(35) Driesner, Materielle Kultur, S. 16-23.

(36) Höher, Nürtingen, S. 322.

(37) Norbert Elias, *Über den Prozeß der Zivilisation*, 2. Aufl., Bern-München 1969, Bd. 1, S. 14.

(38) Mohrmann, *Alltagswelt*, Bd. 1, S. 201.

(39) Ebd., S. 203-206.

(40) Ebd., S. 222f., Bd. 2, S. 565. コーヒー，茶のための器具類については，本書第 9 章も参照のこと。

(41) RKG Frankfurt 37.

(42) RKG Frankfurt 455.

(43) RKG Frankfurt 578.

(44) RKG Frankfurt 453.

(45) Staatsarchiv Hamburg, Erbschaftsamt, D 71.
(46) Staatsarchiv Hamburg, Erbschaftsamt, D 74.
(47) Driesner, Materielle Kultur, S. 72-75; Thomas Spohn, Veränderungen der Tischsitten im Spiegel bürgerlicher Inventare des 17. und 18. Jahrhunderts, in: *Rheinisch-westfälische Zeitschrift für Volkskunde* 30/31 (1954), S. 167-181.
(48) Irmgard Gierl, Die Einrichtung der Weilheimer Bürgerhäuser von 1650-1724, in: *Bayerisches Jahrbuch für Volkskunde* (1969), S. 120-124, hier S. 122; Mohrmann, *Alltagswelt*, Bd. 2, S. 545.
(49) Meiners, *Wohnkultur in süddeutschen Kleinstädten,* S. 169f.
(50) Staatsarchiv Hamburg, Erbschaftsamt, D 71, D 74.
(51) RKG Frankfurt 37, 756, 1302 (S 18/1838, 1946, 1699-1732 (1777-1781) Johann Philipp Sparr, Handelsmann, Frankfurt darin: Quad. 25: Aufstellung der Verlassenschaft des Dr. Caspar Sparr mit Erbschaftsanteil seiner Großmutter; Quad. 127: Inventar bei Verehelichung der Anna Margaretha verwitwete Sparr mit Peter Petschmann 1702.
(52) 膨大な絵画コレクションについては，本書第 6 章も参照のこと。
(53) RKG Frankfurt 1302.
(54) RKG Frankfurt 578.
(55) RKG Frankfurt 578.
(56) Thomas Ketelsen und Tilmann von Stockhausen, *Verzeichnis der verkauften Gemälde im deutschsprachigen Raum vor 1800*, Bd. 1: A-Hi, München 2002, S. 107f., Nr. 146 (1782/09/30).
(57) シュトラールズンドおよびリガでもまた，同様の傾向がみられた。すなわち，目録の作成者が絵画の主題を記述するために労をとることは，ほとんどなかったのである。1738 年，ほかの多くの絵画とともに「家禽類やその他の家畜を描いた大判の作品五枚」を遺したというシュトラールズンドのディートリヒ・マイヤー・ヴァイラントの目録は，例外的存在といえるだろう。したがって，額縁についてまで詳しい描写をするケースは，きわめて貴重な例といえる。たとえば，リガのパウル・ヴァーグラー家の目録は，以下のように記している。「並の出来の偽作二点，額縁なし，小型の偽作三点，黒色の焼つけ処理をほどこした額入り，ニュルンベルクの絵画七点，金箔加工の額入り，同三点，オリジナルから切り取られ，オーク材の額に納められたもの」。一方，個々の絵画作品の内容について具体的に描写した唯一の例は，1745 年，リガの手工業親方，マルティン・ハイデンの目録である。「風景画二点，同三点……，家禽画一点……，聖人画の偽作一点，同一点，オランダ風絵画，銀の額入り二点，同小判，同様の額入り一点，オランダ風風景画，茶色の額入り一点，額なしの風景画一点，銀の額入り静物画一点」。また，ダンツィヒやタリンでも，絵画の主題に言及される事例はごくまれであり，作者名が記されるケースは皆無である。Driesner, Frühmoderne Alltagswelten im Ostseeraum, pp. 239ff. (StA HST, Rep. 3, Das Gerichtswesen der Stadt Stralsund, Nr. 5384: Inventar des Diedrich Meyers Weyland, 1738), (StA Riga, Vogteigericht Nr. 1378-1-936: Inventar des Paul Wagler, 1733), (StA Riga, Vogteigericht Nr. 1378-1-936: Inventar des Martin Hayden, 1745).
(58) RKG Hamburg, O 17 und S 116.
(59) Mohrmann, *Alltagswelt*, Bd. 2, S. 539f.

(60) Ebd., S. 535.

(61) RKG Frankfurt 578, 37.

(62) Staatsarchiv Hamburg, Erbschaftsamt, D 71. 時計製作者についての言及については，つぎの文献を参照のこと。Granville Hugh Baillie, *Watchmakers and Clockmakers of the World*, 3rd ed., London 1951（reprint: London 1972）. この文献に関しては，ブレーメンのギュンター・エストマン教授（PD Dr. Günther Oestmann）からご教示を頂いた。

(63) Mohrmann, Städtische Wohnkultur, S. 108.

(64) *Journal des Luxus und der Moden*, November 1797, S. 578f. 以下の文献に引用。Angelika Emmerich und Susanne Schroeder, Weimarer historische Interieurs. Zum Ameublement im „Journal des Luxus und der Moden", in: Gerhard R. Kaiser und Siegfried Seifert（Hg.）, *Friedrich Justin Bertuch（1747-1822）, Verleger, Schriftsteller und Unternehmer im klassischen Weimar*, Tübingen 2000, S. 512.

(65) レントゲン家具工房については，以下の研究が優れた概観を示している。Friedhoff, „Magnificence" und „Utilité", S. 723-735. 18 世紀の住文化における宮廷の影響力については，以下の研究がなお重要な意味をもっている。Michael Stürmer, *Handwerk und höfische Kultur. Europäische Möbelkunst im 18. Jahrhundert*, München 1982; Gloria Ehret, *Deutsche Möbel des 18. Jahrhunderts. Barock – Rokoko – Klassizismus*, München 1986, S. 160.

(66) 以下の文献に引用。Rosemarie Schütz, David Roentgen（1743-1807）. Der „Königliche Kabinettmacher" aus Neuwied, in: *Möbel von Abraham und David Roentgen. Sammlung Kreismuseum Neuwied*, Neuwied 1990, S. 17-38, hier S. 17.

第５章　庭園と郊外邸宅

(1) Christian Cay Lorenz Hirschfeld, *Theorie der Gartenkunst*, 5 Bde., Leipzig 1779-1785, hier Bd. 1, S. 154. 以下の文献に部分掲載されたテクストによる。Hansjörg und Ulf Küster（Hg.）, *Garten und Wildnis. Landschaft im 18. Jahrhundert*, S. 90-98.

(2) Monique Mosser und Georges Teyssot, *Die Gartenkunst des Abendlandes. Von der Renaissance bis zur Gegenwart*, Stuttgart 1993, S. 105-198, 289-300; Mark Laird, *Der formale Garten. Architektonische Landschaftskunst aus fünf Jahrhunderten*, Stuttgart 1994, S. 41-90, 123-130.

(3) Erhard Hirsch, Hortus Oeconomicus: Nutzen, Schönheit, Bildung. Das Dessau-Wörlitzer Gartenreich als Landschaftsgestaltung der europäischen Aufklärung, in: Heinke Wunderlich, *„Landschaft" und Landschaften im achtzehnten Jahrhundert*, Heidelberg 1995, S. 179-207; Adrian von Buttlar, *Der Landschaftsgarten*, München 1980; Helmut Reinhardt, Gartenkunst in Deutschland im 18. Jahrhundert: Klassik, Rokoko und Neoklassizismus, in: Monique Mosser u.a., *Die Gartenkunst des Abendlandes,* S. 289-300; 古来の神聖ローマ帝国およびドイツの歴史にたいする追想・回顧については，以下の文献も参照のこと。Maiken Umbach, *Federalism and Enlightenment in Germany 1740-1806*, London-Rio Grande 2000, chs. 3 and 5; Michael Niedermeier, Germanen in den Gärten. „Altdeutsche Heldengräber", „gotische"Denkmäler und die patriotische Gedächtniskultur, in: Jost Hermand und Michael Niedermeier, *Revolutio germanica. Die Sehnsucht nach der „alten Freiheit" der Germanen 1750-1820*, Frankfurt 2002, S. 21-116.

（4） Peter Gabrielsson, Zur Entwicklung des bürgerlichen Garten- und Landhausbesitzes bis zum Beginn des 19. Jahrhunderts, in: *Gärten, Landhäuser und Villen des hamburgischen Bürgertums: Kunst, Kultur und gesellschaftliches Leben in 4 Jahrhunderten*（1975）, S. 11-18.

（5） 以下の箇所に引用。Gabrielsson, Entwicklung, S. 16.

（6） Barthold Heinrich Brockes, *Irdisches Vergnügen in Gott bestehend in verschiedenen aus der Natur und Sitten=Lehre hergenommenen Gedichten, nebst einem Anhange etlicher hieher gehörigen Uebersetzungen von des Hrn. de La Motte Französis. Fabeln mit Genehmhaltung des Herrn Verfassers nebst einer Vorrede herausgegeben von C. F. Weichmann*, Hamburg 1721, S. 91.

（7） 以下の文献に引用。Wolfgang Kehn, Ästhetische Landschaftserfahrung und Landschaftsgestaltung in der Spätaufklärung: Der Beitrag von Christian Cay Lorenz Hirschfelds Gartentheorie, in: Heinke Wunderlich（Hg.）, *„Landschaft“ und Landschaften*, S. 1-23, hier S. 4.

（8） 以下の文献に引用。Hansjörg und Ulf Küster（Hg.）, *Garten und Wildnis. Landschaft im 18. Jahrhundert*, München 1997, S. 66f.

（9） Ralph-Jürgen Reipsch, Telemanns „Bluhmen-Liebe“, in: *Telemann-Beiträge: Abhandlungen und Berichte, 2. Folge: Günter Fleischhauer zum 60. Geburtstag am 8. Juli 1988*, Zentrum für Telemann-Pflege und -Forschung（1989）, S. 34-46.

（10） 以下の文献に引用。Ulrich Bauche, Von bürgerlicher Gartenkunst, in: *Gärten, Landhäuser und Villen des hamburgischen Bürgertums*, S. 19-25, hier S. 24.

（11） Johann Prokop Mayer, *Pomona Franconia: Description des arbres fruitiers les plus connus et les plus éstimés en Europe, qui se cultivent maintenent au Jardin de La Cour de Wurzbourg*, Bd. 1, Nürnberg 1776, S. XLIV; 以下の文献に引用。Jens Friedhoff, „Magnificence“ und „Utilité“. Bauen und Wohnen 1600-1800, in: Ulf Dirlmeier（Hg.）, *Geschichte des Wohnens*, Bd. 2, *500-1800: Hausen, Wohnen, Residieren*, Stuttgart 1998, S. 747.

（12） 以下の文献は，これらの庭園について概観している。Hugo Koch, *Sächsische Gartenkunst*, Berlin 1910, Ndr. Beucha 1999, S. 71-84.

（13） Christoph Wolff, *Johann Sebastian Bach*, Frankfurt 2000, S. 429.

（14） Dagmar von Gersdorff, *Goethes Mutter. Eine Biographie*, Frankfurt-Leipzig 2001, S. 45, 75. 引用は，以下の箇所による。S. 375-376, 392.

（15） *Inventar der Akten des Reichskammergerichts 1495-1806. Frankfurter Bestand, bearb. von Inge Kaltwasser*, Frankfurt 2000, S. 648-649, RKG Frankfurt 902, Quad. 23: Taxation des von Barckhaus'schen Gartens vor dem Allerheiligentor, am Hanauer Weg gelegen.

（16） 以下の文献に引用。E. Merck, *Johann Heinrich Merck (1741-1791). Ein Leben für Freiheit und Toleranz – Zeitdokumente*, Darmstadt 1991, S. 108.

（17） Niedermeier, Germanen in den Gärten, S. 99f.

（18） Angelika Schneider, Friedrich Justin Bertuch – ein Beförderer der Gartenkunst, in: Gerhard R. Kaiser und Siegfried Seifert（Hg.）, *Friedrich Justin Bertuch (1747-1822). Verleger, Schriftsteller und Unternehmer im klassischen Weimar*, Tübingen 2000, S. 629-657, hier S. 632-633.

(19) 1776年5月17日から24日にかけて，ワイマールにて，アウグステ・シュトルベルク伯爵夫人に宛てた書簡。*Johann Wolfgang von Goethe, Briefe an Auguste Gräfin zu Stolberg*, hrsg. von Jürgen Behrens, Frankfurt 1982, S. 43. 以下の文献に引用。Gabriele Busch-Salmen, Walter Salmen und Christoph Michel, *Der Weimarer Musenhof. Dichtung, Musik und Tanz, Gartenkunst, Geselligkeit, Malerei*, Stuttgart-Weimar 1998, S. 33.

(20) 1778年8月27日付けのメルク宛の書簡。*Wielands Briefwechsel*, Bd. 7（Januar 1778-Juni 1782）, bearb. von Waltraud Hagen, Berlin 1992, S. 113f.

(21) Busch-Salmen u.a., *Weimarer Musenhof*, S. 34-36.

(22) Friedrich Nicolai, *Beschreibung der Königlichen Residenzstädte Berlin und Potsdam, Berlin 1769*, Nachdruck Hildesheim-Zürich-New York 1988, S. 50f., 119. Ders., *Beschreibung der Königlichen Residenzstädte Berlin und Potsdam, aller daselbst befindlicher Merkwürdigkeiten, und der umliegenden Gegend*, 2 Bde., Berlin 1786, S. 569f., 929-935, 937ff.

(23) Nicolai, *Beschreibung*（1786）, S. 929-933.

(24) Ebd., S. 938f.

(25) Ebd., S. 940f.

(26) Friedhoff, „Magnificence“, S. 751f.

(27) Joseph Furttenbach, *Architectura civilis*, Ulm 1628; Ders., *Architectura universalis*, Ulm 1635; Ders., *Architectura recreationis*, Ulm 1640; Ders., *Architectura privata*, Ulm 1641.

(28) Dorothee Nehring, Die Gartenentwürfe Joseph Furttenbachs d. Ä., in: Monique Mosser u.a.（Hg.）, *Die Gartenkunst des Abendlandes*, S. 156-158. Vgl. auch Dieter Hennebo und Alfred Hoffmann, *Geschichte der deutschen Gartenkunst*, Bd. II: *Der Architektonische Garten. Renaissance und Barock*, Hamburg 1965, S. 96-103; Friedhoff, „Magnificence“, S. 740-746.

(29) Frantz Antoni Danreitter, *Die Gärtnerey, so wohl in ihrer Theorie oder Betrachtung als Praxi oder Übung: allwo von denen schönen Gärten, welche man nur insgemein die Lust- und Zierd-Gärten zu nennen pflegt [...]*, Augsburg 1731.

(30) Christian Cay Lorenz Hirschfeld, *Theorie der Gartenkunst*［in 1 Bd.］., Leipzig 1775; Joh. Georg Krünitz, *Oeconomische Enyclopädie*, 16. Th., Berlin 1779.

(31) Johann Georg Sulzer, *Allgemeine Theorie der schönen Künste*, Leipzig 1771-74, Bd. I, S. 421. 以下の文献に引用。Dieter Hennebo u.a., *Geschichte der deutschen Gartenkunst*, Bd. III: *Der Landschaftsgarten*, Hamburg 1981, S. 111-112.

(32) *Theorie der Gartenkunst*, Bd. I, S. 209-211. この理論の解釈については，以下の文献も参照のこと。Kehn, Ästhetische Landschaftserfahrung, S. 6.

(33) Kehn, Ästhetische Landschaftserfahrung, S. 8.

(34) *Theorie der Gartenkunst*［in 1 Bd.］, S. 83f. 以下の箇所に引用。Kehn, Ästhetische Landschaftserfahrung, S. 11.

(35) *Theorie der Gartenkunst*, Bd. II, S. 154.

(36) 以下の文献に引用。Ulrich Müller, Friedrich Justin Bertuch und die landschaftliche Gartenkunst, in: Gerhard R. Kaiser u.a.（Hg.）, *Friedrich Justin Bertuch*, S. 613.

(37) Müller, Bertuch, S. 622f.

(38) Angelika Schneider, Friedrich Justin Bertuch, S. 652f.

(39) Ebd., S. 643.

(40) Helmut Engel, *Villen und Landhäuser*, Berlin 2001, S. 7-16.

(41) Friedrich Johann Lorenz Meyer, *Skizzen zu einem Gemälde von Hamburg*, 1. H. 4., Hamburg 1802, S. 59f.

(42) Gisela Jaacks, Landhausleben, in: *Gärten, Landhäuser und Villen des hamburgischen Bürgertums*, S. 45-52, hier S. 46.

(43) Bärbel Hedinger, *C. F. Hansen in Hamburg, Altona und den Elbvororten. Ein dänischer Architekt des Klassizismus*, München-Berlin 2000; Gerhard Wietek, *C. F. Hansen 1756-1845 und seine Bauten in Schleswig-Holstein*, Neumünster 1982.

(44) Kai Mathieu und Manfred F. Fischer, Baukunst und Architekten, in: *Gärten, Landhäuser und Villen des hamburgischen Bürgertums*, S. 26-44, hier S. 38-41.

(45) Anne-Charlott Trepp, *Sanfte Männlichkeit und selbständige Weiblichkeit. Frauen und Männer im Hamburger Bürgertum zwischen 1770 und 1840*, Göttingen 1996, S. 203-208.

(46) Ebd., S. 235-237, S. 388f.

(47) Jaacks, Landhausleben, S. 47 に引用。つぎの文献も参照のこと。Percy Ernst Schramm, *Neun Generationen. Dreihundert Jahre deutscher „Kulturgeschichte" im Lichte der Schicksale einer Hamburger Bürgerfamilie (1648-1948)*, Bd. 1, Hamburg 1963, S. 344.

(48) Jaacks, Landhausleben, S. 48. つぎの文献も参照のこと。Claudia Susannah Cremer, Hagedorns Geschmack. Studien zur Kunstkennerschaft in Deutschland im 18. Jahrhundert, Diss. phil. Bonn 1989, S. 273-275.

第 6 章　美術と審美眼

(1) *Goethes Werke*, hrsg. von Reinhard Buchwald, I: *Dichtung und Wahrheit*, Weimar 1958, S. 32.

(2) Brian Cowan, Areas of Connoisseurship: Auctioning Art in Later Stuart England, in: Michael North and David Ormrod (eds.), *Art Markets in Europe, 1400-1800*, Aldershot 1998, pp. 153-166; H. T. Mount, The Reception of Dutch Genre Painting in England, 1695-1829, PhD-Thesis Cambridge 1991.

(3) David H. Solkin, *Painting for Money: The Visual Arts and the Public Sphere in Eighteenth-Century England*, New Haven-London 1993, pp. 48-77.

(4) Louise Lippincott, *Selling Art in Georgian London: The Rise of Arthur Pond*, New Haven-London 1983; David Ormrod, Dealers, Collectors and Connoisseurship in Seventeenth & Eighteenth-Century London 1660-1760, in: Michael North (Hg.), *Kunstsammeln und Geschmack im 18. Jahrhundert*, Berlin 2002, pp. 15-23.

(5) A. McClellan, Watteau's Dealer: Gersaint and the Marketing of Art in Eighteenth-Century Paris, in: *Art Bulletin* 78 (1996), pp. 439-453.

(6) Patrick Michel, Quelques aspects du marché de l'art à Paris dans la 2e moitié du XVIIIe siècle: collectionneurs, ventes publiques et marchands, in: Michael North (Hg.), *Kunstsammeln und Geschmack im 18. Jahrhundert*, Berlin 2002, pp. 25-46. 18 世紀パリにおけるコレクションについては，以下の論考も参照のこと。Oliver Bonfait, Les collections de parlementaires parisiens de XVIIIe siècle, in: *Revue de l'art* 73 (1986), pp. 28-42; Krzysztof Pomian, *Collectors and Curiosities. Paris and Venice, 1500-1800*, Cam-

bridge 1990.

(7) *100 Jahre Staatliches Museum Schwerin 1882-1982. Holländische und flämische Malerei des 17. Jahrhunderts*, Schwerin 1982.

(8) *Schloß Wilhelmshöhe Kassel*, München-London-New York 2000, S. 61-71.

(9) Jan Lauts, *Karoline Luise von Baden. Ein Lebensbild aus der Zeit der Aufklärung*, Karlsruhe 1990, S. 155-212.

(10) Claudia Susannah Cremer, Hagedorns Geschmack. Studien zur Kunstkennerschaft in Deutschland im 18. Jahrhundert, Diss. phil. Bonn 1989, S. 120-126.

(11) この見解を筆者は以下の論考でもすでに提示した。Michael North, Kunstsammeln und Geschmack im ausgehenden 18. Jahrhundert: Frankfurt und Hamburg im Vergleich, in: Michael North (Hg.), *Kunstsammeln und Geschmack im 18. Jahrhundert*, Berlin 2002, S. 85-103. また，つぎに挙げる諸研究も参照のこと。Ulrich Schmidt, Die privaten Kunstsammlungen in Frankfurt am Main von ihren Anfängen bis zur Ausbildung der reinen Kunstsammlung, Diss. phil. Göttingen 1960; Viktoria Schmidt-Linsenhoff und Kurt Wettengl, *Bürgerliche Sammlungen in Frankfurt 1700-1830*, Frankfurt 1988; Thomas Ketelsen, Art Auctions in Germany during the Eighteenth Century, in: Michael North and David Ormrod (eds.), *Art Markets in Europe, 1400-1800*, Aldershot 1998, pp. 143-152; Rudolf Schlögl, Geschmack und Interesse. Privater Bildbesitz in rheinisch-westfälischen Städten vom 18. bis zum beginnenden 19. Jahrhundert, in: Hans-Ulrich Thamer (Hg.), *Bürgertum und Kunst in der Neuzeit*, Köln 2002.

(12) ここでのサンプルとなったカタログは，以下のとおりである。*Catalogue d'un fameux Cabinet de tableaux des meilleurs maîtres, recueilli, avec beaucoup de choix et d'exactitude pendant plusieurs années et délaisse par feu monsieur le baron de Haeckel dont la vente se fera publiquement a Francfort sur le Mein, dans un terme qu'on annoncera par les Gazettes*, 1762 (Frankfurt: Städelsches Kunstinstitut); *Verzeichnis einer betraechtlichen Sammlung von Gemaelden der besten und beruehmtesten Teutschen, Italiaenischen und Niederlaendischen Meißter, nebst einem Anhang von einigen Kupferstichen. Welche die Jacob Bernusische Beneficial-Erben in ihrem Haus zum großen Saalhof allhier in Frankfurt am Mayn, gleich nach hiesiger Ostermeß, Montag den May 1781 und die folgende Tage, durch oeffentliche Versteigerung zu den Meistbietenden zu überlassen gesonnen sind*, Frankfurt 1780 (Frankfurt: Städelsches Kunstinstitut); *Verzeichnis von Gemaelden der beruehmtesten Niederlaendischen, Franzoesischen, Italiaenischen und Deutschen Meister, welche von den Freyherrl. Von Berberichschen Erben zu Frankfurt am Mayn in dem Senkenbergischen Stiftungs-Hause nach der naechstbevorstehenden Herbst-Messe, Montags, den 27. September und die darauf folgenden Tage, oeffentlich an den Meistbietenden gegen baare Bezahlung ueberlassen werden sollen*, Frankfurt 1784 (Frankfurt: Städelsches Kunstinstitut); *Verzeichnis einer betraechtlichen Gemaeldesammlung von den beruehmtesten Italiaenischen, Deutschen und Niederlaendischen Meistern, welche von den Eigenthümern Kaller und Michael in dem allhiesigen Bildersaal im Creuzgange, Mittwochs den 25 ten August durch die Geschwornen Herrn Ausruefer an die Meistbietende gegen baare Bezahlung im 24 fl. Fuß losgeschlagen und ueberlassen werden sollen*, Frankfurt 1790 (Frankfurt: Städelsches Kunstinstitut); *Verzeichnis der Gemälde, Handzeichnungen, Kupferstiche und Bücher, welche zur Hinterlassenschaft von*

Herrn Johann Valentin Prehn gehören, und zu Ende nächster Herbstmesse versteigert werden sollen, Frankfurt 1829, abgedruckt in Viktoria Schmidt-Linsenhoff und Kurt Wettengl, *Bürgerliche Sammlungen in Frankfurt 1700-1830*, S. 45-107. なお，同書には，モルゲンシュテルンの蒐集室が収めた作品のリストも収録されている。

(13) Staatsarchiv Hamburg, Reichskammergerichtsakten, O 17, S. 785-787: Johann Outgersen in Othmarschen, für sich und als Bevollmächtigter des Johann Simons, Bürger zu Glückstadt, und des Johann van de Wouwer in Othmarschen.

(14) Thomas Ketelsen, Barthold Heinrich Brockes' „irdisches Vergnügen" in Gemälden und Zeichnungen. Ein Beitrag zum Sammlungs- und Auktionswesen im frühen 18. Jahrhundert, in: *Das Achtzehnte Jahrhundert. Mitteilungen der Deutschen Gesellschaft für die Erforschung des achtzehnten Jahrhunderts* 2 (1997), S. 153-160.

(15) *Verzeichnis einiger Schildereyen und auserlesener Zeichnungen von den beruehmtesten Meistern, so von dem seel. Herrn Raths-Herrn Brockes gesamlet worden, und allhier im April dieses Jahres oeffentliche an den Meistbietenden verkaufet werden sollen*, Hamburg 1747 (Schleswig: Schleswig-Holsteinisches Landesarchiv); Nachdruck in: Hans-Georg Kemper, U.-K. Ketelsen und Carsten Zelle (Hg.), *Barthold Heinrich Brockes (1680-1747) im Spiegel seiner Bibliothek und Bildergalerie*, Wiesbaden 1998, S. 309-315; *Catalogus einer Sammlung auserlesener Kunst-Malereyen, welche am Donnerstage, den 31 Julii, vormittags um 10 Uhr, im Dennerischen Hause am Gaensemarkt oeffentlich an die Meistbietende verkauft werden sollen*, Hamburg 1749 (Schwerin: Landeshauptarchiv); *Verzeichnis einer schoenen Gemaelde-Sammlung von Italienischen, hollaendischen und Deutschen Meistern, groeßtenteils in sehr saubern Raehmen, aus einer hiesigen bekannten Verlassenschaft entstehend, welche den 7 ten Juny 1793 auf dem Boersen-Saal oeffentlich an den Meistbietenden verkauft werden soll, durch die Mackler: Bostelmann & Pakischefski* (Hamburg: Hamburger Kunsthalle).

(16) 註（15）のカタログをサンプルとしたデータから作成。なお，以下の論考も参照のこと。Michael North, Kunstsammeln in Hamburg im 18. Jahrhundert, in: Olaf Matthes und Arne Steinert (Hg.), *Museum – Musen – Meer (Festschrift Bracker)*, Hamburg 2001, S. 53-65.

(17) 参考までに，1775年，同じくハンブルクで所有者名を匿して競売にかけられたコレクションの内容構成を挙げておく。ここでもまた，歴史画と並んで風俗画が中心的な役割を果していた。*Catalogus einer schönen Sammlung auserlesener Cabinet= Mahlereyen und Portraits, welche in einem bekannten Sterbehause in der Neustädter Fuhlentwiete, an der Ecke der Neustraße, den 12ten April 1775 an die Meistbietenden verkauft werden sollen durch den Makler Johann Hinrich Neumann,* Kunsthalle Hamburg.

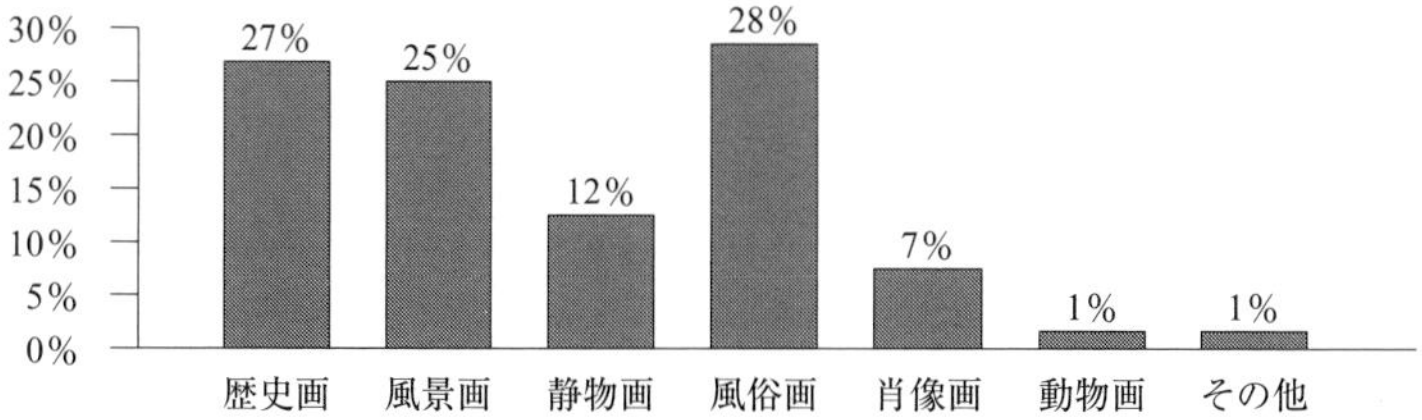

(18) Niels v. Holst, Beiträge zur Geschichte des Sammlertums und des Kunsthandels in Hamburg von 1700 bis 1840, in: *Zeitschrift des Vereins für Hamburgische Geschichte*, Bd. 38 (1939), S. 253-288, hier S. 256; Cremer, Hagedorns Geschmack, S. 131.

(19) これらのデータは以下のふたつの競売カタログから抽出した。*Catalogue d'un magnifique cabinet de tableaux des plus grands maîtres, flamands hollandois etc. Rassemblés avec beaucoup de soin & grande dépense par un fameux connoisseur & amateur Monsieur* ***, Frankfurt 1762 (Frankfurt: Städelsches Kunstinstitut); *Catalogue d'un magnifique cabinet de tableaux des plusieurs grands maîtres, Italiens, Flammands, Allemands & Hollandois. Recueillis avec beaucoup de foins & de frais par Monsieur* ***, Frankfurt 1763 (Frankfurt: Städelsches Kunstinstitut). 前者の競売は1763年1月19日に開催，カタログは前年の1762年に公刊された。また，後者の競売は1763年11月9日，カタログ公刊は同年の1763年であった。両者とも，美術商ヨハン・クリスティアン・カラーおよび画家ユストゥス・ユンカーによって執り行なわれた。

(20) Tilmann von Stockhausen, Kunstauktionen im 18. Jahrhundert. Ein Überblick über das „Verzeichnis der verkauften Gemälde im deutschsprachigen Raum vor 1800", in: *Das Achtzehnte Jahrhundert. Zeitschrift der Deutschen Gesellschaft für die Erforschung des Achtzehnten Jahrhunderts* 26 (2002), S. 63-78.

(21) Thomas Ketelsen und Tilmann von Stockhausen, *Verzeichnis der verkauften Gemälde im deutschsprachigen Raum vor 1800*, Bd. 1: A-Hi, München 2002, S. 21.

(22) Staatsarchiv Schwerin, Hofstaatssachen – Kunstsammlungen – Angebote und Erwerbungen: 101, Gemäldehändler Morell 1745, f.14 v-25.

(23) Ketelsen, Art Auctions, pp. 145f.

(24) Gerhard Kölsch, Die Gemäldesammlung der Prinzessin Henriette Amalie von Anhalt-Dessau sowie ihre weiteren Sammlungen im Überblick, in: Manfred Großkinsky und Norbert Michels (Hg.), *Die verstoßene Prinzessin. Kunst, Karriere und Vermächtnis der Henriette Amalie von Anhalt-Dessau*, Frankfurt 2002, S. 71-90.

(25) *Catalogus der Sammlung eines großen Herrns verschiedener ausnehmender Schildereyen von den grösten Italienischen, Französischen, Niederländischen, Holländischen und Deutschen meistern, welche aus den Niederlanden nacher Frankfurt am Mayn gebracht worden*, Frankfurt 1765, S. 15.

(26) Ebd., S. 35.

(27) *Catalogus einer vortrefflichen Sammlung Cabinet=Mahlereyen, welche vor funfzig und mehreren Jahren mit vielem Gusto und Kenntniß gesammelt worden und sich unter dem Nachlaß des seel. Herrn Joachim Hinrich Thielcke befinden, in dessen Sterbehause auf den großen Bleichen selbige auch den 18 Merz, 1782, und folgende Tage durch Mackler Peter Texier an den Meistbiethenden, gegen baare Bezahlung, grob Courant, öffentlich verkauft werden sollen. Acht Tage vorher können solche in beliebigen Augenschein genommen werden.*

(28) 以下の箇所に引用。Cremer, Hagedorns Geschmack, S. 28.

(29) Hans Peter Thurn, *Der Kunsthändler. Die Wandlungen eines Berufes*, München 1994, S. 88-93; StA Riga Lehmann.

(30) Cremer, Hagedorns Geschmack, S. 20-25.

(31) Schmidt, Die privaten Kunstsammlungen, Anhang.

(32) Einrichtung der Schildereyen=Lotterie, die mit Einwilligung der hohen Obrigkeit in Hamburg ehestens soll gezogen werden (Landeshauptarchiv Schwerin, Akten Denner).

(33) Lauts, *Karoline Luise von Baden*, S. 165.

(34) Goethe, *Dichtung und Wahrheit*, Bd. I, S. 81.

(35) Ebd., S. 97f.

(36) Heinrich Sebastian Hüsgen, *Verrätherische Briefe von Historie und Kunst*, Frankfurt 1776.

(37) Heinrich Sebastian Hüsgen, *Nachrichten von Frankfurter Künstlern und Kunst-Sachen enthaltend das Leben und die Werke aller hiesigen Mahler*, Frankfurt 1780.

(38) Carsten Zelle, Kunstmarkt, Kennerschaft und Geschmack. Zu Theorie und Praxis in der Zeit zwischen Barthold Heinrich Brockes und Christian Ludwig von Hagedorn, in: Michael North (Hg.), *Kunstsammeln und Geschmack im 18. Jahrhundert*, S. 217-238; Cremer, Hagedorns Geschmack, S. 103, 129.

(39) Immanuel Kant, *Anthropologie in pragmatischer Hinsicht* (Werkausgabe, hg. von W. Weischedel, Bd. 12), 7. Aufl., Frankfurt 1988, S. 565.

(40) Jean Baptiste Descamps, *La vie des peintres flamands, allemands et hollandois: avec des portraits gravés en taille-douce, une indication de leurs principaux ouvrages, [et] des réflexions sur leurs differentes manieres*, Paris 1753-1763.

(41) Lauts, *Karoline Luise von Baden*, S. 157f.

(42) Christoph Frank, Die Gemäldesammlungen Gotzkowsky, Eimbke und Stein: Zur Berliner Sammlungsgeschichte während des Siebenjährigen Krieges, in: Michael North (Hg.), *Kunstsammeln und Geschmack im 18. Jahrhundert*, S. 117-194.

(43) Kölsch, Gemäldesammlung, S. 79.

(44) Goethe, *Dichtung und Wahrheit*, S. 353.

(45) たとえば，フラウエンホルツによる1808年のカタログでは，油画などのオリジナルをもとに制作された〔エッチングによる〕複製画の大部分は，およそ1グルデン12クロイツァーから5グルデン30クロイツァーのあいだで取引されていた。以下の研究も参照のこと。Edith Luther, *Johann Friedrich Frauenholz 1758-1822: Kunsthändler u. Verleger in Nürnberg*, Nürnberg 1988.

(46) Sibylle Badstübner-Gröger, Einige Bemerkungen zur geschmacksbildenden Rolle der Berliner Akademie-Ausstellungen im späten 18. Jahrhundert, in: Michael North (Hg.), *Kunstsammeln und Geschmack im 18. Jahrhundert*, S. 195-215.

(47) Karl Otto Conrady, *Goethe – Leben und Werk*, Düsseldorf-Zürich 1994, S. 706-710.

第7章　音楽文化

(1) Carl Friedrich Cramer, *Magazin der Musik*, Hamburg 1784, II/I, S. 2, „Aus einem Briefe aus Hamburg, den 10 ten Februar 1784".

(2) Christoph Wolff, *Johann Sebastian Bach*, Frankfurt 2000, S. 379-391.

(3) Johannes Forner (Hg.), *Die Gewandhauskonzerte zu Leipzig. Mit einem zusammenfassenden Rückblick von den Anfängen bis 1781*, 2. Aufl., Leipzig 1983, S. 19.

(4) Ebd., S. 39, Abb. 22.

(5) 以下の文献に引用。Peter Schleuning, *Der Bürger erhebt sich. Geschichte der deutschen Musik im 18. Jahrhundert*, Stuttgart 2000, S. 79f.

（6） ライヒャルトについてはつぎの研究も参照のこと。Walter Salmen, *Johann Friedrich Reichardt, Komponist, Schriftsteller, Kapellmeister und Verwaltungsbeamter der Goethezeit*, Hildesheim 2002.

（7） 他方，この演奏活動にたいする好意的な意見もあった。すなわち，同時代のエルンスト・ルートヴィヒ・ゲルバーは，同じく「大コンサート」について，「当地における宮廷楽団の熟練を証明するものだ」と賞賛している。Schleuning, *Der Bürger*, S. 91.

（8） Elfie Rembold, Das Leipziger Gewandhaus. Von der Egalität zur Exklusivität bürgerlicher Musikkultur, in: Hans Erich Bödeker, Patrice Veit, Michael Werner（éd.）, *Espaces et lieux de concert en Europe 1700-1920. Architecture, muisque, société*, Berlin 2008, S. 183-206.

（9） 以下の文献に引用。Alfred Dörffel, *Geschichte der Gewandhausconcerte zu Leipzig vom 25. November 1781 bis 25. November 1881*, Leipzig 1884, S. 16.

（10） 以下の文献に引用。Heinrich W. Schwab, *Konzert. Öffentliche Musikdarbietungen vom 17. bis 19. Jahrhundert*, Leipzig 1971, S. 11.

（11） Cramer, *Magazin der Musik*, II/2（1787）, S. 1274, Kassel, 21. März.

（12） Arnold Hauser, *Sozialgeschichte der Kunst und Literatur*, München 1972, S. 236. ここでハウザーはつぎのように主張している。「音楽は市民の所有物となった。オーケストラがその本拠地を，城や宮殿の大広間から，市民によって埋め尽くされたコンサートホールへと移すと同時に，室内楽もまた，貴族のサロンではなく，市民の家庭において営まれるようになったのだ」。こうしたテーマに関するスタンダード・ワークとして，つぎの研究を挙げておく。Leo Balet und E. Gerhard, *Die Verbürgerlichung der deutschen Kunst, Literatur und Musik im 18. Jahrhundert*, hrsg. von Gert Mattenklott, Frankfurt u.a. 1973.

（13） 以下の箇所に引用。Schleuning, *Der Bürger*, S. 93.

（14） Cramer, *Magazin der Musik*, II/2（1786）, S. 965f., Greifswald, 12. Mai.

（15） Andreas Schulz, Der Künstler im Bürger. Dilettanten im 19. Jahrhundert, in: Dieter Hein und Andreas Schulz（Hg.）, *Bürgerkultur im 19. Jahrhundert*, München 1996, S. 34-52, hier S. 36f.

（16） Dörffel, *Leipzig*, S. 15-18.

（17） ロンドンの演奏会市場を扱った最新の研究としては，以下のような文献がある。Simon McVeigh, The Musician as Concert-Promoter in London, 1780-1850, in: Hans Erich Bödeker, Patrice Veit, Michael Werner（éd.）, *Mutations de la vie musicale en Europe de 1780 à 1914*, Paris 2002, pp. 71-89. また，以下の文献も参照のこと。Hans Erich Bödeker, Patrice Veit, Michael Werner（éd.）, *Organisateurs et formes d'organisation du concert en Europe 1700-1920. Institutionnalisation et pratiques*, Berlin 2008.

（18） Cramer, *Magazin der Musik*, II/1, S. 2ff., „Aus einem Briefe aus Hamburg, den 10ten Februar 1784".

（19） Klaus Blum, *Musikfreunde und Musici. Musikleben in Bremen seit der Aufklärung*, Tutzing 1975, S. 44.

（20） Ingeborg Allihn, Organisatoren und Formen der Organisation des Musiklebens in Berlin im ausgehenden 18. Jahrhundert, in: Hans Erich Bödecker etc.（éd.）, *Mutations de la vie musicale*, pp. 159-173.

(21) *Vaterländische Blätter für den österreichischen Kaiserstaat* (1808): 39. 以下の文献に引用。Mary Sue Morrow, *Concert Life in Haydn's Vienna: Aspects of a Developing Musical and Social Institution, Stuyvesant*, New York 1989, pp. 22-23.

(22) Morrow, *Concert Life*, pp. 49-64.

(23) Axel Beer, *Musik zwischen Komponist, Verlag und Publikum. Die Rahmenbedingungen des Musikschaffens in Deutschland im ersten Drittel des 19. Jahrhunderts*, Tutzing 2000, S. 47-50.

(24) Wolff, *Bach*, S. 450.

(25) Schleuning, *Der Bürger*, S. 394-401. シュロイニングはこの曲集の予約件数について，以下の文献でさらに詳しく分析している。Peter Schleuning, *Die Freie Fantasie. Ein Beitrag zur Erforschung der klassischen Klaviermusik*, Göppingen 1973, S. 234-270.

C. P. E. バッハによる六組のクラヴィーア曲集（各 **1,000** 部発行）と予約件数

巻数	発行年	予約者数（専門家）
1	1779	519
2	1780	330
3	1781	307
4	1783	388
5	1785	308
6	1787	288

(26) 以下の箇所に引用。Beer, *Musik*, S. 251.

(27) Ebd., S. 252.

(28) Ebd., S. 255.

(29) Ein Wort zu seiner Zeit über das Modeinstrument der Ghitarre, *Journal des Luxus und der Moden*, August 1803, S. 429-433.

(30) Vgl. Ueber die neueste Favorit=Musik in großen Concerten, sonderlich in Rücksicht auf Damen=Gunst, in Clavier=Liebhaberey, *Journal des Luxus und der Moden*, Juni 1788, S. 230-235.

(31) Beer, *Musik*, S. 259.

(32) Ebd., S. 262f.

(33) *Journal für Literatur, Kunst, Luxus und Mode*, Weimar, 28. August 1823, S. 635.

(34) Beer, *Musik*, S. 268.

(35) Ebd., S. 272.

(36) Ebd., S. 273-279.

(37) Mary Sue Morrow, *German Music Criticism in the Late Eighteenth Century. Aesthetic Issues in Instrumental Music*, Cambridge 1997, pp. 31-35.

(38) *Bibliothek der schönen Wissenschaften IV/2* (1762), S. 822. 以下の箇所に引用。Morrow, *German Music*, p. 177.

(39) *Hamburgischer Correspondent* 102, 26. Juni 1773. 以下の箇所に引用。Morrow, *German Music*, pp. 177f.

(40) *Hamburgische neue Zeitung* 61, 18. April 1775. 以下の箇所に引用。Morrow, *German Music*, p. 179.

(41) *Allgemeine deutsche Bibliothek VIII/1* (1768), S. 272f. 以下の箇所に引用。Morrow,

German Music, p. 181.

(42) *Wöchentliche Nachrichten* I: 50, 8. Juni 1767, S. 390f. 以下の箇所に引用。Morrow, *German Music*, p. 181.

(43) John Deatheridge, The Invention of German Music, c.1800, in: Tim Blanning etc. (eds.), *Unity and Diversity in European Culture c.1800*, Oxford 2006, pp. 35-60, 41-46.

(44) *Magazin der Musik* I/2, 7. Dezember 1783, S. 1314f. 以下の箇所に引用。Morrow, *German Music*, p. 184.

(45) 以下の箇所に引用。Schleuning, *Der Bürger*, S. 232.

(46) *Musikalisches Kunstmagazin* I/4 (1782), S. 205. 以下の箇所に引用。Morrow, *German Music*, p. 187.

(47) *Berlinische Nachrichten* 29, 9. März 1773, S. 144. 以下の箇所に引用。Morrow, *German Music*, p. 182.

(48) Johann Nicolaus Forkel, *Musikalischer Almanach*, Bd. IV (1789), S. 36.

(49) Ebd., *Über die Theorie der Musik, insofern sie Liebhabern und Kennern nothwendig und nützlich ist*, Göttingen 1777, S. 32/9. 以下の箇所に引用。Schleuning, *Der Bürger*, S. 131.「愛好家」の育成と，音楽関係業者による販売戦略との関連性については，以下の論考を参照のこと。David Granit, Selling the Serious: The Commodification of Music and Resistance to It in Germany, circa 1800, in: W. Weber (ed.), *The Musician as Entrepreneur, 1700-1914: Managers, Charlatans, and Idealists*, Bloomington 2004, pp. 81-101.

(50) Hans Adolf Freiherr von Eschstruth, *Musikalische Bibliothek*, 2 Stücke, 1784/1785; Nachdruck, Hildesheim-New York 1977.

(51) *Journal des Luxus und der Moden*, September 1787, S. 307-310.

(52) Vgl. Ernst Hinrichs, „Öffentliche Concerte“ in einer norddeutschen Residenzstadt im späteren 18. Jahrhundert: Das Beispiel Oldenburg, in: Hans Erich Bödeker, Patrice Veit (éd.), *Les sociétés de musique en Europe 1700-1920. Structures, pratiques musicales, sociabilités*, Berlin 2007, pp. 23-44.

(53) Beer, *Musik*, S. 126-129.

(54) 音楽にたいするベルトゥーフの商業的関心を扱った優れた研究として，つぎの文献を挙げておく。Ulfhardt Stoewer, Der „Kulturunternehmer“ Friedrich Justin Bertuch im Spiegel seines „Journals des Luxus und der Moden“, Hausarbeit im Rahmen der Ersten Staatsprüfung für das Lehramt an Gymnasien, Greifswald 2001, S. 61-62.

(55) こうした問題については，本書第2章も参照のこと。

(56) Josef Mančal, Zu Musik und Aspekten des Musikmarkts des 18. Jahrhunderts, in: Sabine Doering-Manteuffel, Josef Mančal und Wolfgang Wüst (Hg.), *Pressewesen der Aufklärung. Periodische Schriften im Alten Reich*, Berlin 2001, S. 412-415.

(57) ヴァレンティンはたとえば1791年，つぎのような広告を掲載している。「夏の季節，5月，6月，7月，8月に，兼ねてよりいろいろな行事の会場となってきた，ローテン市門とゲッギガー市門のあいだに位置するシュタール庭園を舞台に，悪天候の際には室内のホールに会場を移して，演奏会を主催してきたものであります。これまで，特別なビラなどを通じてご周知を図り，高貴な身分の方がた，声望ある音楽愛好家の皆さまより有難くも書面による多くのご予約を賜りました。しかし，かくなる方法では，その他大勢の愛好家の方がたにはお心得おき頂けないゆえ，この

場を借りまして広くお知らせさせて頂きます。全17回の演奏会の予約料金は，ご家族の入場券も含めて5フローリン，予約入場券は，現金と引き換えに，以下に記します住所，ユーデンベルク303番地にてお渡しいたします。ご予約頂かない方がたは，そのつど，会場で36クローネを払ってご入場頂くことになります。第一回目の演奏会は5月6日夕刻5時から，そしてその後17週連続で，毎週水曜日に開催されるものといたします。1789年5月4日，ゴットフリート・ヴァレンティン」(AIZ 19/1789)。「音楽愛好家の方がたに耳寄りなお知らせを申し上げます。来週水曜日の10月12日より，隔週水曜日夕刻6時に，アイベル氏の旅館にて，大編成の楽団による演奏会を開催いたします。予約入場券はお一人4フローリン，あるいは，各回，会場入口にて30クローネをお支払いください。ゴットフリート・ヴァレンティン，都市専属トランペット奏者」(AIZ 40/1791)。以下の箇所に引用。Manĉal, Musikmarkt, S. 430.

(58) Eschstruth, *Musicalische Bibliothek*, 1. Stück, 1784, S. 152. この言説は本来，クロプシュトック作詞，C. P. E. バッハ作曲による『創造祭の朝の歌』について，ハンブルクでなされた談話（Besprechung von Klopstock's Morgengesang am Schöpfungsfeste, in Musik gesezt von C. P. E. Bach）の文脈で述べられたものであった。オリジナルの引用は以下のとおりである。「わが国における文芸と音楽，それぞれの分野での一大巨匠が手を組んで創りあげた，このような共作の広告を目にしたとき，どうにかして作品を盛り立てるために一役を担いたいという気持ちが湧き上がってこないとしたら，その人物はもはや音楽の専門家，あるいは愛好家を自称することはできないだろう」。

第8章　演劇とオペラ

(1) Friedrich Ludwig Schmidt, *Denkwürdigkeiten des Schauspielers, Schauspieldichters und Schauspieldirectors Friedrich Ludwig Schmidt (1772-1841)*. Nach hinterlassenen Entwürfen zusammengestellt und hg. von Hermann Uhde, 2 Teile, 2. Aufl., Stuttgart 1878, Teil 2: S. 365. 以下の文献に引用。Ute Daniel, *Hoftheater. Zur Geschichte des Theaters und der Höfe im 18. und 19. Jahrhundert*, Stuttgart 1995, S. 146.

(2) ドイツ18世紀研究協会は，このような見解が演劇史の発展過程を説明するにはあまりに不十分なのではないかという問題提起をさらに掘り下げる目的で学会を開催し，その成果が以下の論集として公刊された。Erika Fischer-Lichte und Jörg Schönert (Hg.), *Theater im Kulturwandel des 18. Jahrhunderts. Inszenierung und Wahrnehmung von Körper – Musik – Sprache*, Göttingen 1999, Vgl. Fischer-Lichte, Zur Einleitung, S. 11-20.

(3) Manfred Brauneck, *Die Welt als Bühne. Geschichte des europäischen Theaters*, Bd. 2, Stuttgart 1996, S. 707-718.

(4) Ebd., S. 737.

(5) Daniel, *Hoftheater*, S. 188.

(6) Protokolle der Ausschußsitzung vom 2. April 1784. 以下の箇所に引用。Daniel, *Hoftheater*, S. 196. ここでダルベルクはイフラントの成功作，『功名心からの罪』を評してつぎのように述べている。「この作品は，その作者，そしてわれらが劇場にも，おおいなる栄誉をもたらした。戯曲としてみるなら，本作はまさに壮大なフレスコ画だといえるだろう。みごとに選び抜かれた場面，高貴なまでの簡潔性，言葉と表

現の真実味，また，特定の地域にしか通用しない訛りや暗喩，諷刺，苦々しい批判からはおよそかけ離れた，混じりけのない〔言語の〕道徳性。この戯曲は，かくのごとき構想にしたがって，まさにこの舞台のために制作されたのである。これほどの作品を得た劇場は，間違いなく新たな時代を切り拓くことになるだろう」。

（7） ロラン・クレープスの調査によれば，国民劇場において1767年から1769年までの期間に上演された作品の内訳は以下のとおりであった。フランス作品237件（59.8%），ドイツ作品121件（30.6%），イギリス作品17件（4.3%），その他21件（5.3%）。Roland Krebs, *L'Idée de «Théâtre National» dans L'Allemagne des Lumières. Théorie et Réalisations*, Wiesbaden 1985, pp. 634f. また，以下の文献には，1754年から1771年までにアッカーマンによって上演された作品のリストおよび上演データが収録されている。Herbert Eichhorn, *Konrad Ernst Ackermann, Ein deutscher Theaterprinzipal. Ein Beitrag zur Theatergeschichte im deutschen Sprachraum*, Emsdetten 1965, S. 263-274.

（8） ハンブルクについて概観した研究としては，つぎの文献を参照のこと。Paul Möhring, *Von Ackermann bis Ziegel. Theater in Hamburg*, Hamburg 1970.

（9） つぎの文献に引用。Karl Otto Conrady, *Goethe: Leben und Werk*, Düsseldorf-Zürich 1999, S. 339.

（10） Heide Eilert, Bertuch und das zeitgenössische Theater, in: Gerhard R. Kaiser und Siegfried Seifert（Hg.）, *Friedrich Justin Bertuch (1747-1822). Verleger, Schriftsteller und Unternehmer im klassischen Weimar*, Tübingen 2000, S. 113-131.

（11） 両作品のための音楽は，いずれも，カール・ジグムント・フォン・ゼッケンドルフ（Karl Siegmund von Seckendorff）が担当した。これについては，つぎの文献を参照のこと。Jörg Krämer, *Deutschsprachiges Musiktheater im späten 18. Jahrhundert. Typologie, Dramaturgie und Anthropologie einer populären Gattung*, Tübingen 1998, S. 522-537.

（12） Conrady, *Goethe*, S. 369-376, 550-558. 以下の文献も参照のこと。Jutta Linder, *Ästhetische Erziehung: Goethe und das Weimarer Hoftheater*, Bonn 1991; Ulrike Müller-Harang, *Das Weimarer Theater zur Zeit Goethes*, Weimar 1991.

（13） Müller-Harang, *Weimarer Theater*, S. 21-43.

（14） Linder, *Ästhetische Erziehung*, S. 101-117. ゲーテによる自作の演出については，以下の文献も参照のこと。Georg Schmidt, Das Jahr 1783: Goethe, Herder und die Zukunft Weimars, in: Marcus Ventzke（Hg.）, *Hofkultur und aufklärerische Reformen in Thüringen. Die Bedeutung des Hofes im späten 18. Jahrhundert*, Köln-Weimar-Wien 2002, S. 138-168.

（15） 以下の箇所に引用。Conrady, *Goethe*, S. 735.

（16） Müller-Harang, *Weimarer Theater*, S. 32-38.

（17） Volkmar Braunbehrens, *Salieri. Ein Musiker im Schatten Mozarts? Eine Biographie*, München 1989, Kapitel 4 und 5.

（18） Brauneck, *Welt als Bühne*, S. 883-899. Franz Hadamowsky, *Die Josefinische Theaterreform und das Spieljahr 1776/77 des Burgtheaters. Eine Dokumentation*, Wien 1978; Ders., *Wiener Theatergeschichte. Von den Anfängen bis zum Ende des Ersten Weltkriegs*, Wien 1988; Krämer, *Deutschsprachiges Musiktheater*, S. 396-464.

（19） Reinhart Meyer, *Das deutsche Trauerspiel des 18. Jahrhunderts. Eine Bibliographie*,

München 1977, S. 20-24.

(20) Johann Christoph Gottsched, *Versuch einer Critischen Dichtkunst vor die Deutschen: darinnen erstlich die allgemeinen Regeln der Poesie, hernach alle besondere Gattungen der Gedichte abgehandelt und mit Exempeln erläutert werden, überall aber gezeiget wird, daß das inner Wesen der Poesie in einer Nachahmung der Natur besteht*, Leipzig 1730, S. 604. 以下の文献に引用。Gloria Flaherty, *Opera in the Development of German Critical Thought*, Princeton 1978, p. 95.

(21) Vgl. Erika Fischer-Lichte, Der Körper als Zeichen und als Erfahrung. Über die Wirkung von Theateraufführungen, in: Dies. und Jörg Schönert (Hg.), *Theater im Kulturwandel des 18. Jahrhunderts*, S. 53-68; Dies., Entwicklung einer neuen Schauspielkunst, in: Wolfgang F. Bender (Hg.), *Schauspielkunst im 18. Jahrhundert*, Stuttgart 1992, S. 51-70.

(22) Armas Sten Fühler, Das Schauspielrepertoire des Mannheimer Hof- und Nationaltheaters im Geschmackswandel des 18. und 19. Jahrhunderts (1779-1870), Diss. Phil. Heidelberg 1935, S. 68f.

(23) *Rheinische Musen* 1795, III. Bd., III. Heft, 9. Stück, S. 108ff.

(24) Reinhart Meyer, Der Anteil des Singspiels und der Oper am Repertoire der deutschen Bühnen in der zweiten Hälfte des 18. Jahrhunderts, in: *Das deutsche Singspiel im 18. Jahrhundert*, Heidelberg 1981, S. 27-76.

(25) *Journal des Luxus und der Moden*, Januar 1790, S. 47-55; März 1790, S. 141-156; Februar 1794, S. 72-78.

(26) 以下の箇所に引用。Daniel, *Hoftheater*, S. 243.

(27) Hartmut Runge, *Dessauer Theaterbilder. Zur 200-jährigen Geschichte des Theaters in Dessau*, Dessau 1994, S. 122-124.

(28) Lutz Winkler, Musiktheater in der 2. Hälfte des 18. Jahrhunderts in Stralsund und Greifswald, in: Ekkard Ochs et al. (Hg.), *Musica Baltica. Interregionale musikalische Beziehungen im Ostseeraum*, Frankfurt-Berlin-Bern 1995, S. 212-225, hier S. 221f.

(29) Krämer, *Deutschsprachiges Musiktheater*, S. 859-868.

(30) Ebd., S. 113-118.

(31) *Allgemeines Theater-Lexikon oder Encyklopädie alles Wissenswerthen für Bühnenkünstler, Dilettanten und Theaterfreunde*. Hrsg. von Robert Blum, Karl Herloßsohn und Herrmann Marggraff, Altenburg-Leipzig 1839. 以下の箇所に引用。Sybille Maurer-Schmoock, *Deutsches Theater im 18. Jahrhundert*, Tübingen 1982, S. 119f., Anm. 2.

(32) Dagmar von Gersdorff, *Goethes Mutter. Eine Biographie*, Frankfurt-Leipzig 2001, S. 312.

(33) Trepp, *Sanfte Männlichkeit*, S. 394-396.

(34) 1800年5月10日から14日まで，パートナーのクリスティアーネとともにライプツィヒに滞在し，贅沢な買物と文化消費を楽しんだゲーテのケースは，まさしくこのような教養旅行の典型的事例といえよう。Sigrid Damm, *Christiane und Goethe: eine Recherche*, Frankfurt am Main u.a. 2001, S. 258.

(35) Maurer-Schmoock, *Deutsches Theater*, S. 75-86.

(36) Daniel, *Hoftheater*, S. 240f.

(37) Jörg Krämer, Auge und Ohr. Rezeptionsweisen im deutschen Musiktheater des späten

18. Jahrhunderts", in: Erika Fischer-Lichte u.a. (Hg.), *Theater im Kulturwandel des 18. Jahrhunderts*, S. 109-132, hier S. 121-129.

(38) Krämer, Musiktheater, S. 11-113. ベックの引用は 113 頁を参照。

(39) Daniel, *Hoftheater*, S. 237.

(40) *Journal des Luxus und der Moden*, März 1786, S. 121f.

(41) *Journal des Luxus und der Moden*, Januar 1790, S. 53.

(42) Ebd., S. 55.

(43) *Journal des Luxus und der Moden*, März 1790, S. 147.

(44) Ebd., S. 146f.

(45) Ebd., S. 143.

(46) Peter Schmitt, *Schauspieler und Theaterbetrieb. Studien zur Sozialgeschichte des Schauspielerstandes im deutschsprachigen Raum 1700-1900*, Tübingen 1900, S. 190-194.

(47) Gersdorff, *Goethes Mutter*, S. 283-310.

(48) Ruth B. Emde, *Schauspielerinnen im Europa des 18. Jahrhunderts. Ihr Leben, ihre Schriften und ihr Publikum*, Amsterdam-Atlanta 1997, S. 268-300.

(49) Barbara Becker-Cantarino, *Der lange Weg zur Mündigkeit. Frau und Literatur (1500-1800)*, Stuttgart 1987, S. 333-339. また，ヤーゲマン自身による自伝的記録も参照のこと。Eduard v. Bamberg (Hg.), *Die Erinnerungen der Karoline Jagemann nebst zahlreichen unveröffentlichten Dokumenten aus der Goethezeit*, Dresden 1926.

第 9 章　新しい嗜好品と社交のかたち

(1) 以下の文献に引用。Wolfgang Jünger, *Herr Ober, ein' Kaffee! Illustrierte Kulturgeschichte des Kaffeehauses*, München 1955, S. 32.

(2) Jürgen Schneider, Die neuen Getränke: Schokolade, Kaffee und Tee (16.-18. Jahrhundert), in: Simonetta Cavaciocchi (ed.), *Prodotti e tecniche d'oltremare nelle economie europee secc. XIII-XVIII*, Prato 1998, S. 541-590, hier S. 556.

(3) Ulla Heise, *Kaffee und Kaffeehaus. Eine Kulturgeschichte*, Leipzig 1987, S. 131.

(4) John Brewer, *The Pleasures of the Imagination: English Culture in the Eighteenth Century*, New York 1997, pp. 33f.

(5) Brewer, *Pleasures*, pp. 34-40.

(6) Robert Riemer, Exotische Genußmittel: Kaffee, Tabak, Tee, Zucker. Mit Schwerpunkt beim Kaffee und seiner Sozialgeschichte in Form der Kaffeehäuser – von ihrem Aufkommen bis in die Mitte des 19. Jahrhunderts, Hauptseminararbeit Greifswald 1999, S. 32; Roman Sandgruber, *Die Anfänge der Konsumgesellschaft. Konsumgüterverbrauch, Lebensstandard und Alltagskultur in Österreich im 18. und 19. Jahrhundert*, Wien 1982, S. 193f.

(7) 以下の箇所に引用。Riemer, *Exotische Genußmittel*, S. 34.

(8) Jürgen Habermas, *Strukturwandel der Öffentlichkeit. Untersuchungen zu einer Kategorie der bürgerlichen Gesellschaft*, 5. Aufl., Frankfurt 1996. コーヒーハウスでの社交と社会的結合については，以下の文献も参照のこと。James V. H. Melton, *The Rise of the Public in Enlightenment Europe*, Cambridge 2001, pp. 240-251; Brian Cowan, *The Social Life of Coffee: The Emergence of the British Coffeehouse*, New Haven-London 2005.

(9) Friedrich Nicolai, *Beschreibung einer Reise durch Deutschland und die Schweiz im*

Jahre 1781, 12 Bde., Berlin 1783-1785, hier Bd. 5., S. 236. 以下の箇所に引用。Sandgruber, *Konsumgesellschaft*, S, 195.

(10) Cornelius Bontekoe, Drei neue curieuse Tractätgen von dem Brand Cafe, chinesischen The und der Chocolata, in: Ders., *Kurze Abhandlung von dem menschlichen Leben, Gesundheit, Krankheit und Tod*, Rudolstadt 1692.

(11) Heise, Kaffee, S. 333.

(12) Johannes Forner (Hg.), *Die Gewandhauskonzerte zu Leipzig. Mit einem zusammenfassenden Rückblick von den Anfängen bis 1781*, 2. Aufl., Leipzig 1983, S. 18f.

(13) Wolfgang Nahrstedt, *Die Entstehung der Freizeit. Dargestellt am Beispiel Hamburgs. Ein Beitrag zur Strukturgeschichte und zur strukturgeschichtlichen Grundlegung der Freizeitpädagogik*, Bielefeld 1998, S. 177f.

(14) Nach Gisela Jaacks, Landhausleben, in: *Gärten, Landhäuser und Villen des hamburgischen Bürgertums. Kunst, Kultur und gesellschaftliches Leben in vier Jahrhunderten*, Hamburg 1975, S. 45-52, hier S. 46.

(15) Anne-Charlott Trepp, *Sanfte Männlichkeit und selbständige Weiblichkeit. Frauen und Männer im Hamburger Bürgertum zwischen 1770 und 1840*, Göttingen 1996, S. 226-231.

(16) 以下の文献に引用。Eckart Klessmann, *Geschichte der Stadt Hamburg*, Hamburg 1981, S. 297.

(17) Schneider, Getränke, S. 564f.

(18) John E. Wills, European Consumption and Asian Production in the Seventeenth and Eighteenth Centuries, in: John Brewer and Roy Porter (eds.), *Consumption and the World of Goods*, Rutledge 1993, pp. 141f., 144.

(19) Stephanus Blancardus, *Haustus polychresti: Oder Zuverlässige Gedancken vom Theé, Coffeé, Chocolate, u. Taback, mit welchen der grosse Nutze dieser ausländischen Wahren so wol in gesunden als krancken Tagen gründlich und umständlich gelehret wird*, Hamburg 1705.

(20) Günter Wiegelmann, *Alltags- und Festspeisen. Wandel und gegenwärtige Stellung*, Marburg 1967, S. 171ff.

(21) 以下の箇所に引用。Sandgruber, *Konsumgesellschaft,* S. 196.

(22) 「ドイツ北部でこれまで好んで飲用されてきたコーヒーは，ここ数十年のうちにベルヒテスガデンの谷々にもすっかり行きわたった。そして，恰幅のいいベルヒテスガデンの女たちは，こってりしたクリームをたっぷり入れて，華奢なベルリンのご婦人方よりもおそらくはさらに美味しくこの飲み物を楽しんでいるのだ」。Johann Peter Willebrandt, *Historische Berichte und praktische Anmerkungen auf Reisen in Deutschland, in die Niederlande, in Frankreich, England, Dänemark, Böhmen und Ungarn, Hamburg*, 3. Aufl. 1761, S. 306.

(23) *Neueste Gemälde von Wien*, Hamburg 1797, S. 167. 以下の文献に引用。Sandgruber, *Konsumgesellschaft*, S. 195-196.

(24) Annerose Menninger, *Genuss im kulturellen Wandel. Tabak, Kaffee, Tee und Schokolade in Europa (16.-19. Jahrhundert)*, Stuttgart 2004, S. 355-363.

(25) これらのデータ提供に関して，フランク・シュレンブルク (Frank Schulenburg) 氏に心より謝意を表したい。また，以下の文献も参照のこと。Jürgen Schneider, Otto-Ernst Krawehl und Markus A. Denzel (Hg.), *Statistik des Hamburger seewärtigen*

Einfuhrhandels im 18. Jahrhundert. Nach den Admiralitäts- und Convoygeld-Einnahmebüchern, St. Katharinen 2001, S. 391-396, 541f.

(26) Hans-Jürgen Gerhard und Karl Heinrich Kaufhold, *Preise im vor- und frühindustriellen Deutschland,* Bd. 2: *Nahrungsmittel, Getränke, Gewürze, Rohstoffe und Gewerbeprodukte*, Stuttgart 2001, S. 112f., 126f.

(27) Hans-Jürgen Gerhard, Entwicklungen auf europäischen Kaffeemärkten 1735-1810. Eine preishistorische Studie zur Geschichte eines Welthandelsgutes, in: Rainer Gömmel und Markus A. Denzel (Hg.), *Weltwirtschaft und Wirtschaftsordnung (Festschrift Jürgen Schneider)*, Stuttgart 2002, S. 151-168.

(28) Hans-Jürgen Gerhard, *Diensteinkommen der Göttinger Officianten 1750-1850*, Göttingen 1978, S. 156-183; John Brewer, Was können wir aus der Geschichte der frühen Neuzeit für die moderne Konsumgeschichte lernen?, in: Hannes Siegrist, Hartmut Kaelbe und Jürgen Kocka (Hg.), *Europäische Konsumgeschichte. Zur Gesellschafts- und Kulturgeschichte des Konsums (18. bis 20. Jahrhundert)*, Frankfurt-New York 1997, S. 51-74, hier S. 63f.

(29) 本書第4章も参照のこと。また，バルト海沿岸地域に関する代表的研究として，以下を挙げておく。Jörg Driesner, *Materielle Kultur in Greifswald im 17. und 18. Jahrhundert*, Greifswald 2002; Ders., Frühmoderne Alltagswelten im Ostseeraum: Materielle Kultur in Stralsund, Kopenhagen und Riga – Drei Regionen im Vergleich, Diss., Greifswald 2006; Corina Heß, Die materielle Wohnkultur Danzigs des 17. und 18. Jahrhunderts im Spiegel von Nachlassinventaren, Diss., Greifswald 2005; Dies., *Danziger Wohnkultur in der Frühen Neuzeit*, Münster 2007.

(30) Mohrmann, *Alltagswelt*, S. 562.

(31) Ebd., S. 562.

(32) Ebd., S. 564.

(33) RKG Frankfurt 756.

(34) RKG Frankfurt 37.

(35) RKG Frankfurt 453.

(36) Staatsarchiv Hamburg, Erbschaftsamt, D 71.

(37) Jörg Driesner, Materielle Kultur in Greifswald im 17. und 18. Jahrhundert, Magisterarbeit Greifswald 2002, S. 18, 73.

(38) Driesner, Frühmoderne Alltagswelten im Ostseeraum, S. 132; Stadtarchiv Hansestadt Stralsund (StA HST), Rep. 3, Das Gerichtswesen der Stadt Stralsund, Nr. 5384: Inventar des Diedrich Meyers Weyland, 1738.

(39) Ruth-Elisabeth Mohrmann, Leben und Wohnen in der alten Stadt – Osnabrück im hansestädtischen Vergleich, in: *Hansische Geschichtsblätter* 106 (1988), S. 109-126, hier S. 124f.

(40) VI. Ueber den modernen Luxus des Thee=Trinkens, in: *Journal des Luxus und der Moden*, 3. August 1788, S. 336-337.

(41) VII. Tisch= und Trink=Geschirr. Englisches Thee=Zeug, in: *Journal des Luxus und der Moden*, August 1788, S. 340f. ベルトゥーフはさらにみずからの広告文をつぎのように続けて，新製品の詳細な紹介を行なっている（本文図版22もあわせて参照のこと)。「図表24に示した，こうした類の最新の趣味による茶器は，本誌を通じて購

入可能である。ただし，これらは読者にとってまったく目新しいものではなく，むしろ，本誌の誌面企画（「現代の贅沢とモード，その記録と一覧」）に沿いつつ，それを補完するような性質の商品といっていい。このうち，図案 1 はイギリス風の紅茶沸かし器。茶色のつや出し銅製で，さらに銀あるいは鍍金製の装飾をほどこしたものである。図案 6 はこの器具に付属のコックだが，その細部をよりわかりやすくするため，個別に図解した。イギリス人は通常，その内部に灼熱した鉄製のシリンダーを設置して湯の温度を保とうとするが，この方法は困難をともなうわりには効果的ではない。イエナの宮廷御用達銅細工師，プフーク氏，とりわけその優れた技能については本誌でもこれまでたびたび紹介したが，今回もまた，同氏によって，図にみるようような紅茶沸かし器が開発された。これは，美しい形態と色，つやの点でイギリス製品に勝るとも劣らないばかりか，内部には，より扱いやすく効率的な石炭皿を備えた逸品にほかならない。一方，図案 2, 3, 4 はそれぞれ，イギリス製ティーポット，ミルクピッチャー，砂糖入れである。これらはウェッジウッド特製の黒色磁器で，白地に青色を用いて，同窯の名高いエトルリア模様をほどこしている。図案 5 もイギリス渡りの品，こちらは素晴らしい研磨ガラス製の茶葉用容器である。こうした容器は，理想をいえば，同じく美しい細工をほどこした茶箪笥のなかに，それぞれ熙春茶，武夷茶用として，合計 2 個，用意するのがよいだろう。これらに加えて，銅製の装飾をほどこした上品な茶卓と，細密に彩色された漆塗りの盆を揃えれば，当世風のイギリス式茶会に必要な用具はおおむねすべて整うだろう」。

(42) Schneider, Getränke, S. 563; Menninger, *Genuss*, S. 384-390.

(43) Johann Georg Krünitz, *Oekonomische Encyclopädie*, Bd. XXXII, Berlin 1784, S. 195-199.

(44) Peter Albrecht, Es geht doch nicht an, dass all und jeder Kaffee trinkt! Kaffeeverbote in der Frühen Neuzeit, in Eva Dietrich, Roman Rossfeld (Hg.), *Am Limit. Kaffeegenuss als Grenzerfahrung*, Zürich 2002, S. 22-35.

(45) Menninger, *Genuss*, S. 338-345.

結　論　文化の消費とアイデンティティ

(1) Martina Kessel, *Langeweile. Zum Umgang mit Zeit und Gefühlen in Deutschland vom späten 18. bis zum frühen 20. Jahrhundert*, Göttingen 2001, S. 40.

(2) Thomas Nipperdey, *Deutsche Geschichte 1800-1866. Bürgerwelt und starker Staat*, München 1983, S. 539-542.

(3) Karin A. Wurst, The Self-Fashioning of the Bourgeoisie in Late-Eighteenth-Century German Culture: Bertuch's Journal des Luxus under Moden, in: *Germanic Review* 72/3 (1997), pp. 170-182.

(4) *Journal des Luxus und der Moden*, Mai 1798, S. 279; Astrid Ackermann, *Paris, London und die europäische Provinz: Die frühen Modejournale 1770-1830*, Frankfurt 2005, S. 396.

(5) Maxine Berg, *Luxury & Pleasure in Eighteenth-Century Britain*, Oxford 2005, pp. 195f.

(6) Lothar Gall, „... Ich wünschte ein Bürger zu sein". Zum Selbstverständnis des deutschen Bürgertums im 19. Jahrhundert, in: *Historische Zeitschrift* 245 (1987), S. 601-623.

(7) Hans-Ulrich Wehler, *Deutsche Gesellschaftsgeschichte 1700-1815*, München 1987, S.

202-210. 以下の文献の序論も参照。Dieter Hein und Andreas Schulz（Hg.）, *Bürgerkultur im 19. Jahrhundert. Bildung, Kunst und Lebenswelt*, München 1996, S. 9-16.

（8） Benedict Anderson, Die Erfindung der Nation. Zur Karriere eines folgenreichen Konzepts, Berlin 1998; Bernhard Giesen（Hg.）, *Nationale und kulturelle Identität. Studien zur Entwicklung des kollektiven Bewußtseins in der Neuzeit*, Frankfurt 1991; Martin Krieger, Patriotismus-Diskurs und die Konstruktion kollektiver Identitäten in Hamburg in der ersten Hälfte des 18. Jahrhunderts, Habil.-Schrift Greifswald 2001.

（9） Ute Daniel, Vom fürstlichen Gast zum Konsumenten: Das Hoftheaterpublikum in Deutschland vom 18. zum 19. Jahrhundert, in: Hans-Erich Bödecker, Patrice Veit, Michael Werner（éd.）, *Le concert et son public. Mutations de la vie musicale en Europe de 1780 à 1914 (France, Allemagne, Angleterre)*, Paris 2002, pp. 349-382, hier p. 355.

（10） *Journal des Luxus und der Moden*, Januar 1786, S. 16.

（11） *Charis. Das Magazin für das Neueste in Kunst, Geschmack und Mode, Lebensgenuss und Lebensglück*（1805）, S. 341-342. 以下の箇所に引用。Ackermann, *Paris, London*, S. 110.

（12） 1802年10月10日，フリードリヒ・シラーより，ドレスデン古代コレクション陳列室監督官，ヴィルヘルム・ゴットリープ・ベッカーに宛てた書簡を参照。In: Stefan Ormanns（Hg.）, *Schillers Werke. Nationalausgabe*, Bd. 31, Weimar 1985, S. 164f., hier S. 165.

人生の愉楽と幸福
ドイツ啓蒙主義と文化の消費

2013年11月25日　初版第1刷発行

著　者　ミヒャエル・ノルト
訳　者　山之内 克子
発行所　一般財団法人 法政大学出版局
〒102-0071 東京都千代田区富士見 2-17-1
電話03(5214)5540／振替 00160-6-95814
製版・印刷　三和印刷／製本　誠製本

ISBN 978-4-588-37119-6　Printed in Japan

著 者
ミヒャエル・ノルト（Michael North）
ドイツ，グライフスヴァルト大学教授。同大学歴史学科にて近世史を担当，これまで，ヨーロッパ経済史・交易史から文化交流史にいたるまで，一貫して広い視座からの歴史研究を行なってきた。また，現在，グライフスヴァルト大学，ルンド大学（スウェーデン），タルトゥ大学（エストニア）との国際大学院共同コロキウム「バルティック・ボーダーランド」の代表・スポークスマンとして，多くの研究プロジェクトを主宰。複数の言語圏と国家がその境界線を接しあうバルト海沿岸地域を対象に，15 世紀から現代までの歴史的変遷のなかで展開した，さまざまな物質的・文化的受容と精神的「感受」のあり方にたいして体系的アプローチを試みている。
おもな著書に，『黄金の時代──17 世紀におけるオランダ絵画をめぐる文化と交易』（*Das Goldene Zeitalter: Kunst und Kommerz in der niederländischen Malerei des 17. Jahrhundert*, Köln: Böhlau, 2001），『バルト海の歴史──交易と文化』（*Geschichte der Ostsee: Handel und Kulturen*, München: Beck 2011），『ヨーロッパの拡大──1250 年から 1500 年まで』（*The Expansion of Europe: 1250–1500*, Manchester: Manchester Unversity Press, 2012），『ネーデルラントの歴史』（*Geschichte der Niederlande*, 4. Auflage, München: Beck, 2013）など，ドイツ語，英語による多数の著書がある。

訳 者
山之内 克子（やまのうち よしこ）
神戸市外国語大学教授。早稲田大学大学院文学研究科西洋史学専修博士後期課程単位取得満期退学，ウィーン大学精神科学部経済社会史学科博士課程修了。専攻領域は，旧ハプスブルク君主国領およびドイツ語圏の社会文化史。
著書に，*Bürgerliche Lesekultur im 19. Jh.: Eine sozialgeschichtliche Untersuchung am Beispiel Wiens*, Wien: WUV-Universitätsverlag, 1998,『ウィーン──ブルジョアの時代から世紀末へ』（講談社，1995 年），『啓蒙都市ウィーン』（山川出版社，2003 年），『ハプスブルクの文化革命』（講談社，2005 年），『ドイツ文化史入門──16 世紀から現代まで』（共著，昭和堂，2011 年）ほか，訳書に，ディーター・ヒルデブラント著『第九──世界的讃歌となった交響曲の物語』（法政大学出版局，2007 年）がある。

関連書

D. ヒルデブラント著／山之内克子 訳 4700円
第九
世界的讃歌となった交響曲の物語

W. シヴェルブシュ著／福本義憲 訳 3000円
楽園・味覚・理性
嗜好品の歴史

W. シヴェルブシュ著／加藤二郎 訳 3200円
鉄道旅行の歴史
19世紀における空間と時間の工業化

W. シヴェルブシュ著／小川さくえ 訳 3000円
闇をひらく光
19世紀における照明の歴史

J. アプルトン著／菅野弘久 訳 5200円
風景の経験
景観の美について

S. ギャラップ著／城戸朋子・小林曾俊夫 訳 3800円
音楽祭の社会史
ザルツブルク・フェスティヴァル

S. トムソン著／湯川 新・田口孝吉 訳 3300円
モーツァルトとフリーメーソン

F. ナイト著／深沢 俊 訳 3200円
ベートーヴェンと変革の時代

R. ワーグナー著／三光長治監訳，杉谷恭一 他訳 6500円
友人たちへの伝言

H. ブラウコップフ編／須永恒夫 訳 8300円
マーラー書簡集

J. カールパティ著／江原望・伊藤信宏 訳 6600円
バルトークの室内音曲

B. モールバッハ著／井本晌二 訳 7500円
中世の音楽世界
テキスト，音，図像による新たな体験

法政大学出版局 （表示価格は税別です）